예수 그리스도의
충만한 교리

이스라엘의 유다 지파와 요셉 지파의 정경(正經)들의 연결

예수 그리스도의 충만한 교리

초판인쇄 2020년 6월 1일
초판발행 2020년 6월 1일

지은이 신용인
옮긴이 이건철
펴낸이 채종준
펴낸곳 한국학술정보(주)
주소 경기도 파주시 회동길 230(문발동)
전화 031 908 3181(대표)
팩스 031 908 3189
홈페이지 http://ebook.kstudy.com
E-mail 출판사업부 publish@kstudy.com
등록 제일산-115호(2000. 6. 19)

ISBN 978-89-268-9892-5 03290

책에 대한 더 나은 생각, 끊임없는 고민, 독자를 생각하는 마음으로 보다 좋은 책을 만들어갑니다.

예수 그리스도의 충만한 교리

이스라엘의 유다 지파와
요셉 지파의 정경(正經)들의 연결

신용인 지음
이건철 옮김

사랑하는 나의 아들 사무엘에게

한글본을 내면서

한국에서 책을 출판하기는 두 번째다. 2007년에 삼성전자에서 전무이사로 은퇴한 후 약 이 년에 걸쳐 준비해 출판한 "삼성과 인텔 (Samsung vs. Intel): 과거의 성공, 현재의 딜레마, 미래의 성장 전략" (랜덤하우스코리아, 2009)은 최근 이번 달에 돌아가신 하버드 경영대의 클레이턴 크리스텐슨 (Clayton Christensen: 1952-2020) 교수가 서문을 썼고, 당시 서울대의 김태유 교수, 이정동 교수, 카이스트의 안철수 교수, 한밭대의 최종인 교수, 한국경제신문의 안현실 논설위원 등 여러분들의 격려와 지원으로 출판을 할 수가 있었다. 내가 30여 년간 미국의 인텔사, 유럽의 필립스사, 한국의 삼성전자 등 세계 굴지의 대기업에서 근무해 왔던 나의 전공 분야인 반도체 사업 경영 분야에 미국과 한국에서 대학원 강의를 하면서 정립했던 경영이론을 접목하여 매우 재미있게 집필했던 기억이 아직도 생생하다.

이번에 출판하는 이 책은 그리스도교 종교 서적이다. 1970년에 기독교인이 된 후로 지난 50년 동안 세계 여러 나라에서 계속 신앙생활을 하면서 개인적으로 경전들을 탐구해 왔던 내용을 지난 삼 년간 심도 깊게 연구를 하여 정리한 결과이다. 미국 유타주에 있는 종교 서적 출판사인 Covenant Communications 출판사에서 "Plain and Precious: Finding the Fullness of the Gospel through the Bible-Book of Mormon Connection"이란 제목으로 2019년 9월에 출판을 했다.

영문에서 한글 번역은 미국 Novell사에서 Technical Editor로 근무를 했었고 현재는 유타밸리대학에서 강의를 하는 이건철 교수께 부탁했다. 2019년 거의 한 해에 걸쳐 약 12만 개나 되는 단어를 번역하는 이건철 교수를 지켜보면서, 어떤 영어 단어들은 한글로 번역하는 데 있어서 독자들에게는 혼동이 될 수가 있을 것 같아 다음 페이지에 있는 도표를 만들어 그 혼동을 최소화하도록 하였다. 이런 과정에서 번역은 쉽지 않은 하나의 예술과도 같다는 생각을 많이 하게 되었다. 이건철 교수의 동의하에 이 한글본의 출판사인 KSI 출판사로부터 저자와 역자에게 주어지는 로열티는 최욱환 장로께서 설립하신 우림장학재단에 기부하기로 하였다.

일 년이라는 긴 시간 동안 이 책을 번역해 주신 이건철 교수의 노고에 매우 감사드리고, KSI 출판사를 소개하는 모든 과정에서 보여 주신 박승호 회장의 수고와 격려에 감사드린다. 또한 서문을 써 주신 브리검영대학교 철학과와 맥스웰 (종교) 연구소의 제임스 폴코너 (James Faulconer) 교수와 한글 번역본을 검토해 주신 김광윤 박사, 허양회 교수, 이강우 회장께 감사를 드린다.

신용인

미국 유타주 하이랜드시에서

2020년 1월

특이한 한글 단어의 번역

영어로 쓰인 이 책을 한글로 번역하는 과정에서, 때로는 영어로도 잘 쓰이지 않는 생소한 단어들, 때로는 영어로는 뜻이 분명한 단어이지만 한글로는 분명치 않은 경우, 때로는 영어로는 한 단어인데 한글로는 몇 개의 단어로 번역될 수 있는 등, 여러 면에서 혼란스러운 경우가 있었다. 이러한 점들을 보강하기 위해 다음과 같은 도표를 만들었다. 이 도표가 독자들에게 이 책의 깊은 내용을 좀 더 분명히 이해하는 데 도움이 되기를 바란다.

(영어 알파벳 순)

영어	한글 번역	추가 설명
Affusion	머리에 물을 붓는 세례 의식	여러 세례 의식의 일종
Anabaptist	재세례파	일반 침례교회와는 다른 개신교. 일부는 6세기경에도 있었다고 주장하기도 함.
Apocrypha	외경	현재 쓰고 있는 66권의 성경 외의 유대 성서들. 개신교들은 이를 사용하지 않지만, 천주교는 이 중 7권을 성경에 포함하여 쓰고 있음.

Atonement (또는 Reconciliation)	속죄 (또는 화해)	Atonement라는 단어는 틴데일이 17세기에 신약을 그리스어에서 영어로 번역할 때 만들어 낸 단어로 알려지고 있으며, 일부 영어 성경들은 Reconciliation(화해)으로 번역을 하기도 하였음.
Baptism	침례 또는 세례	영어로는 한 단어이지만 한글로는 두 개의 단어로 번역됨. - 침례: 물속에 몸을 완전히 잠김을 뜻함. - 세례: 물을 머리에 붓거나 뿌리는 등 여러 방식들이 있음.
Book of Jasher	야살의 책	현존하지는 않으나 구약에서 언급된 책
Birth right	장자권	이스라엘의 지파나 가족의 아들 중에 선택된 법적인 계승자
Canonized Bible	정경화된 성경 또는 정경	천주교에서 5세기 초에 현재의 66권 성경을 정경화하였음. 예수 그리스도 후기 성도 교회는 정경화된 성경 외에 몰몬경, 교리와 성약, 값진 진주와 같은 성서들도 정경화하였음. - Closed canon: 더 이상 정경에 보탤 수 없다는 주장 (예: 대부분의 개신교들) - Open canon: 계속 새로운 계시를 정경에 보탤 수 있다는 주장 (예: 예수 그리스도 후기 성도 교회)
Chiasmus	교차 대구법	고대 히브리어 문헌에서 쓰던 서술 방식
Creed	신경, 신조, 종교적인 강령	예: 천주교의 공식 발표들
Creedal Christian Churches	신경이나 강령을 토대로 세워진 그리스도 교회들	일반적으로 천주교와 개신교들을 일컬음.

Dead Sea Scroll	사해 두루마리	1947~1948년경 이스라엘의 사해 서쪽 동굴들에서 발굴된 구약을 비롯한 고대 문서들.
Dedicate	헌정하다	특별히 헌납함
Deity	신성	하나님과 같은 신을 일컫는 말
Eucharist	(기독교의) 성찬	천주교나 개신교에서 행하는 성찬
Holy Ghost	성신 또는 성령	많은 경우 Holy Spirit과 같이 쓰임.
infallible	무류 또는 무오류	오류가 없이 완전함.
Joseph	요셉 또는 조셉	같은 이름 (요셉은 히브리어, 조셉은 영어)
Judeo-Christian	유대-크리스천	유대 종교와 그리스도교를 통틀어 일컬음.
Jewish Christian	유대인 크리스천	그리스도교인이 된 유대인들
Latter day	후일, 말일, 또는 마지막 세대	Latter는 내용에 따라 "나중"이나 "마지막"과 같은 뜻을 가지고 있고, day는 "날(하루)"을 뜻하나, days와 같이 "기간", "시기", "세대"와 같은 뜻을 갖기도 함. 이 책에서는 latter day가 "예수 그리스도의 재림을 준비하는 마지막 세대"를 뜻함.
Major Prophet	대표적으로 잘 알려진 선지자	예: 이사야, 예레미야, 에스겔 등
Mashiach	많은 유대인들이 기다리던 메시야	유대인들을 외부 침략자들로부터 군사적으로 해방시켜 주리라고 믿고 기다리던 구세주
Metanarrative	담론	과거 역사를 이야기식으로 서술하는 필체 방식
Minor Prophet	잘 알려지지 않은 선지자	구약 시대에 많이 있었음. (예: 선지자 학교 교생들)

Mikveh	미크베	유대인들이 물에 완전히 잠겨 몸을 정결하게 하던 의식
Nag Hammadi Texts	나그함마디 문서	1950년 초반에 이집트에서 발굴된 기독교 문서들
Patriarch	족장 또는 축복사	- 족장: 이스라엘의 가족이나 지파의 제일 어른 (예: 아브라함, 이삭, 야곱 등) - 축복사: 예수 그리스도 후기 성도 교회에서 회원들을 이스라엘의 특정 지파로 구분할 수 있도록 축복할 수 있는 특별히 성임된 신권 지도자
Pauline doctrine	사도 바울의 교리	신약에서 사도 바울이 주로 가르친 독특한 교리
Priesthood	신권	일부 예수 그리스도 교회에서는 priesthood를 성직자의 직분으로 해석하나, 원래의 뜻은 하나님을 대신하여 성스러운 종교 의식을 대행할 수 있도록 주님으로부터 부여된 권한임 (예: 레위 (아론) 신권, 멜기세덱 신권)
Pentateuch	모세 5경 (그리스어)	히브리어의 Torah와 같은 뜻
Sacrament	성스러운 의식 또는 성찬	천주교나 개신교에서는 7가지의 성스러운 종교 의식을 총체적으로 말하나, 예수 그리스도 후기 성도 교회에서는 예수님의 살과 피를 상징하는 성찬만을 뜻함.
Sanhedrin	산헤드린	제2 성전 시대에 유대인들을 대표하던 71명의 지도자들로 구성된 종교/정치/사법 권한을 가진 의회 형식의 조직. 주로 사두개인들이었지만 일부는 바리새인으로 구성되어 있었음. 안나스, 가야바 등의 주도하에 예수님에게 사형을 구형한 조직으로 유명함.

Septuagint	70인역 그리스어 구약	기원전 4세기에 그리스어로 번역된 구약 성경
Synoptist	공관복음 저자	요한을 제외한 마태, 마가, 누가 등 세 명의 신약 복음서 저자들을 부르는 말
Tanakh	유대인의 (구약) 성경	그리스도 교회의 구약(39권)과 같으나 24권으로 되어 있음.
Tender Mercy	친절하신 자비	하늘에서 특별히 내려 주신 기적적이고 자비스러운 축복
Textual Criticism	본문 비평학	비슷한 여러 고대 문헌들을 (예: 신약 전서의 사본들) 비교하여 차이점들을 연구하는 학문. 신약 전서의 경우는 원본은 현존하지 않으나 약 6000개 정도의 크고 작은 사본들이 발견되었음.
Torah	모세 5경 (유대어)	그리스어로 된 Pentateuch와 같음.
Vulgate	불가타 성경	4세기 말을 전후하여 천주교에서 라틴어로 번역한 성경
Yom Kippur (Day of Atonement)	욤 키퍼 (속죄의 날)	속죄와 회개를 위해 유대인들이 기도와 금식을 하며 지키는 가장 성스러운 날(유대 달력으로 7월 10일)

추천사

저자 신용인 박사의 소개의 글에서 알 수 있듯이, 이 책은 매우 큰 시련과 고통의 시기 가운데 집필되었지만 그 어려움의 산물일 뿐만 아니라 기쁨과 희망과 사랑의 산물이기도 하다. 이 책은 신용인 박사의 아들을 향한 아버지의 사랑이자 예수 그리스도의 복음 안에서 그의 소망이며 복음 말씀 안에서 그의 기쁨의 표현이다. 신용인 박사는 아들 사무엘을 잃은 크나큰 어려움에 직면하여서도 그러한 기쁨과 소망과 사랑이 있었기에 복음에 대한 더 많은 빛과 지식을 받을 수 있었다. 그는 엔지니어로서의 자신의 경력을 몰몬경과 성경의 상관관계에 적용하느라 오랜 기간 동안 이 두 경전을 샅샅이 탐독하였고 그러한 과정에서 떠오르는 질문들에 대하여 깊이 생각을 하게 되었다. 그는 자신의 질문에 대한 대답을 찾으며 이 두 책의 가르침 사이에 존재하는 튼튼한 연결 고리를 발견하느라 아주 많은 시간을 보냈다. 신용인 박사의 대답들은 예수 그리스도와 그의 복음에 대한, 특히 성경과 몰몬경이 복음을 가르치는 일에 서로 어떤 상관관계가 있는지에 대한 강한 간증이 된다.

신용인 박사는 이 책에서 이 두 가지 경전의 연관 관계를 신중하게 추적하고 있으며, 그들이 어떻게 함께 예수 그리스도의 충만한 복음을 가르쳐 주는지를 보여주고 있다. 그는 성경과 몰몬경이 어떻게 서로를 증거해 주며 그리스도의 가르침에 대한 이해를 강화시켜 주는지를 원칙적이고 논리적인 방식으로 설명하고 있다. 이렇게 하는 과정에서 그는 성경에서는 찾아볼 수 없는 교리들이 몰몬경에서는, 비록 이 교리들이 상반된 것은 아니라 할지라도, 어떻게 나타나고 있는지도 보여주고 있다. 다시 말하면, 신용인 박사는 우리에게 몰몬경이 어떻게 성경에서 주어진 복음에 대한 지식을 강화시켜 주는지를 보여주고 있는 것이다.

이 책의 처음 세 장은 그리스도의 오심에 대한 예언들과 그의 지상 생활, 그리고 그가 백성들 사이에서 베푸신 성역을 다루고 있다. 이 세 장들은 구주께서 팔레스타인에서 행하신 성역 기간 중 주신 가르침들과 미 대륙에 사는 이스라엘의 남은 자들에게 주신 가르침들을 분석함으로써 성경과 몰몬경이 어떤 부분에서 일치하고 어떤 부분에서 다른지를 언급하고 있다.

그리스도께서 가르치신 신성과 교리에 대한 신용인 박사의 토론은 역사적 사실에 기반을 두고 있으며, 사도들의 죽음 이후 여러 다른 종파들 간에 존재해 온 신성과 교리에 대한 이견에 관해서도 토론하고 있다. 그는 교리적 논란을 조리 있게 설명하고 있으며, 성경과 몰몬경이 어떻게 함께 이러한 논란을 불식시켜 주는지를 보여줌으로써 크리스천들 사이에서 화합의 가능성을 열어 놓고 있다.

그다음 다섯 장에서는 신성, 신권의 이해, 성경의 무오류성, 믿음으로 의롭게 됨 등과 같은 특정한 교리들을 분석하고 있다. 또한 몰몬경에서 인용된 성경의 구절들을 모두 유익하게 분석하고 있다.

제9장은 실질적으로 이 책의 마지막 장으로서, 몰몬경에만 나오는 독특한 예언들을 주의 깊게 분석한 것이다. 몰몬경에는 신약에서처럼 세상의 종말에 대한 계시적 예언들이 별로 없기에, 신용인 박사는 요셉 지파를 포함한 이스라엘의 분산과 마지막 날에 그리스도교에서 차지할 몰몬경의 위치를 중점적으로 설명함으로써 몰몬경의 예언들의 중요성에 대한 이해를 돕고 있다.

이 책의 마지막 장은 이 책 전체에 대한 요약이다. 이 장은 신용인 박사가 성경과 몰몬경을 연구하면서 발견한 내용들을 수집한 것이다. 이 88가지의 발견 내용들을 6개의 그룹으로 나누어 이 두 경전이 그 88가지의 발견 내용들에 대해서 무엇을 말해 주고 있는지를 설명하고 있다. 이 두 경전은 많은 경우에 함께 서로를 뒷받침해 준다. 몰몬경은 때로는 성경의 가르침에서 누락된 부분을 채워주고, 때로는 성경에는 누락되어 있으나 성경의 다른 가르침과 함께 연관 지을 때 그 의미가 확실해지도록 해 준다. 독자들은 이 책을 읽고 나서는 예수 그리스도와 그의 가르침에 대한 지식이 견고해지지 않을 수가 없는데, 이러한 결과를 얻기 위해서는 성경의 가르침을 더 잘 이해할 수 있도록 도와주는 몰몬경의 중요성을 이해하는 것이 필요하다.

이 책의 각 토론은 성경만으로는 이해하기 힘든 교리들을 몰몬경과 성경의 공통된 가르침을 통하여 해결하는 방법을 보여주는 것이지, 성경이 잘못되었음을 입증하려는 것이 아니다. 예를 들면, 성경에서는 침례의 필요성을 가르치고 있지만 이 의식을 어떻게 수행하는지는 말해 주지 않는다. 몰몬경은 침례 시 사용할 기도문뿐만 아니라 몸이 물에 잠겨야 하는 방법까지 설명함으로써 이 질문에 대한 답을 제시하고 있다. 또한 신용인 박사는 몰몬경이 어떻게 성경에서 누락된 부분을 채워주는지, 그리고 성경의 가르침을 어떻게 뒷받침해 주고 있는지도 보여준다. 즉 이 두 경전들은 서로 협력하여 예수님의 복음을 가르치고 있는 것이다.

내가 신용인 박사를 안 지가 어느덧 40년이 다 되어 간다. 처음 알게 된 계기는 1980년대에 같은 예수 그리스도 후기 성도 교회의 회원으로서였다. 그런 후 1980년대 중반에 우리는 한국으로 선교사업을 가기 위해 준비하는 젊은 선교사들을 감리하는 지도자들로 부름받아 함께 봉사했었다. 그 당시 우리는 함께 봉사하는 기간 동안 좋은 친구가 되었고, 비록 해외에서 서로 멀리 떨어져 살았지만 계속 연락을 유지하며 지냈다. 그런 과정에서 나는 그의 지성과 인격에 매우 깊은 감명을 받아왔다. 내가 그와 함께 일하면서 그가 지닌 복음에 대한 사랑과 이 복음을 전파하는 선교사들에게 그가 보인 사랑을 알게 된 것은 큰 특권이었다. 내가 가진 예수는 그리스도이시라는 간증은 신용인 박사와의 교류를 통하여 한층 강화되었다. 또한 이 책을 읽음으로써 신용인 박사가 좋아하는 몰몬경 구절들을 사용하여 성경과 몰몬경이 함께 나아가는 방법을 새롭게 이해하게 된 것도 특권이었다. 나는 독자 여러분들께 신용인 박사의 이 책을 읽고 공부함으로써 이 두 경전들과 함께 발전해 가기를 권하여 마지않는다.

제임스 이 폴코너 박사
전 브리검영 대학교 학장, 철학과 학과장
현 브리검영 대학교 철학 교수 겸 맥스웰 연구소 선임 연구 펠로우

감사의 글

이 책을 집필함에 있어서 무엇보다도 먼저 나는 성신의 인도하심에 따라 집필 과정에서 주님의 신성한 도움을 받았음을 표명하는 바이다. 그 과정에서 어려움에 봉착할 때마다 성신으로부터 받은 영감과 새로운 아이디어 덕분에 꾸준히 진행해 나갈 수 있었고 효과적인 해결책을 얻을 수 있었다.

이 책의 집필 과정에서 많은 분들의 도움을 받았다. 내 아내는 이 책을 쓰는 동안 줄곧 내용의 참됨을 확인해 주었고, 나를 위해 주님께 수없이 많은 도움을 간청했다. 내 자녀들도 건설적인 비평을 제공하면서 여러 번씩이나 필요할 때마다 도움을 주었다. 마이클 파스켓은 이 책의 원고 전체를 두 번씩이나 공들여 검토 및 확인을 해 주면서 집필 과정 전체를 통틀어 귀중한 의견들을 제공했다. 내 며느리 하이디는 몇 달 동안에 걸쳐 모든 단어에 대한 교정을 해 주었다.

또한 알리샤 프랜콤, 써니 워싱턴, 매트 올러, 데릭 드리그스 같은 분들은 내가 도움을 청할 때마다 주저 없이 시간과 노력을 아끼지 않았다. 그래픽 디자인 전문가인 패트리샤 헤르난데스는 책의 표지 첫 원본 디자인을 해 주었다. 제임스 폴코너 교수, 존 맥큔 장로, 마이클 링우드 장로, 줄리 벡 전 본부 상호부조회 회장 등 많은 분들이 이 책의 원고를 검토하면서 권고와 격려를 아끼지 않았다.

머리말

나는 이 책을 유년기부터 한국에서 시작한 나의 인생에서 일어난 몇 가지 중대한 일들의 결과라고 여긴다. 나의 종교적인 견해는 할머니와 어머니의 영향을 받았는데, 그분들은 한국에서는 불교에서 파생한 형태의 자연신을 믿는 샤머니즘을 신봉하셨다. 또한 할아버지와 아버지의 영향도 받았는데, 그분들은 도교와 혼합된 한국식 주자학을 신봉하셨다. 그분들은 다섯 가지의 도덕적 원리[1]와 조상을 기리기 위한 제례 의식을 엄격히 준수하셨다. 나의 부모님과 조부모님께서 준수하신 이 두 가지 관습은 나의 유년 시절 한국 시골 농가에서는 흔히 볼 수 있는 종교적인 전통이었다. 지금 돌이켜보면 이것들은 중세 유럽의 미신적인 기독교인들이나 율법을 엄격히 지키는 유대인의 전통을 연상시킨다.

나는 고등학교와 대학교에 다닐 때 교회 다니는 친구들과 함께 도심 지역에 있는 몇몇 기독교회에 참석해 보았는데 나는 그들의 예배 방식이 생소하게 느껴졌기에 기독교에 별로 관심이 없었다. 그렇지만 이십 대 초반이 되었을 때 서울에서 나를 가르쳐 준 선교사들의 노력을 통하여 예수

1 이 다섯 가지의 원리는 삼강오륜이라고 하며 다음과 같다.
① 임금과 신하 사이의 도리에는 의리가 있다. (군신유의) ② 남편과 아내 사이에는 엄격히 지켜야 할 인륜의 구별이 있다. (부부유별) ③ 어버이와 아들 사이의 도는 친애에 있다. (부자유친) ④ 벗의 도리는 믿음에 있다. (붕우유신) ⑤ 윗사람과 아랫사람 사이에는 지켜야 할 차례와 질서가 있다. (장유유서)

그리스도 후기 성도 교회에 가입하게 되었다. 당시에는 예수 그리스도나 그의 교리에 대하여 별로 이해하지 못했지만 내가 배운 것들에 관해서는 좋은 느낌을 가졌었다.

1974년 미국으로 유학을 시작하여 브리검영 대학교에서 학부 과정을 시작했을 때 유타주 프로보시에 거주하는 트로터 가족과 함께 이 년 동안 살게 되었다. 개종한 지 얼마 되지 않은 나는 그 가족의 기독교적인 믿음이 가정과 지역 사회에서 어떤 역할을 하는지 관찰하게 되었는데 그것이 나로서는 가르침과 감동을 주는 영적인 경험이었다.

1977년 지효선 자매와 결혼 후, 아내가 가진 예수 그리스도에 대한 강하고 타협하지 않는 신앙 덕택에 나는 더 진지한 마음으로 경전을 공부하게 되었다. 아내는 한국에서 천주교 집안에서 자랐으나 훗날 이십 대 초반에 예수 그리스도 후기 성도 교회로 개종했다. 그런 후 약 이 년 가까이 이 교회의 전임 선교사로 봉사했다. 우리 부부는 여섯 자녀를 두는 축복을 받았으며, 거룩한 경전들은 나의 개인 및 가족생활의 토대가 되었다. 교회에서 수십 년 동안 여러 부름과 임무를 맡아 봉사하면서 영감과 계시를 받는 신성한 경험들을 했고, 예수 그리스도와 그의 회복된 복음에 대한 나의 신앙은 계속하여 강해져갔다.

나는 이 교회의 한국 대전 선교부 회장으로 부름을 받아 아내와 함께 삼 년간 전임 선교사로 봉사하면서 수백 명의 젊고 헌신적인 선교사들을 감리했다. 이 기간 동안 나는 다양한 종교적 배경을 가진 사람들을 많이 만났는데, 이들은 내가 만약 선교사로 봉사하지 않았더라면 결코 만나지 못했을 것이다. 그 이전에 나는 미국, 유럽, 아시아 등지에서 회사 중역과 대학교수로 경력을 쌓아온 터라 새로운 사람들과 자주 교류하게 되었는데, 이러한 경험 덕택에 새로운 사람들과 대화를 나누는 것은 내 선교활동 중 가장 좋아하는 일이 되었다. 나는 각기 다른 기독교 배경을 가진 사람들과 대화를 나누면서 다수의 기독교회 사이에 여러 가지로 다른 신학적인 교리의 차이점들을 배우게 되었다. 나는 유대-기독교(Judeo-Christian)를 이해하기 위하여 각기 다른 종파 간의 신학적 관점과 성경의 특정 구절들에 대한 그들의 해석을 공부했다.

선교사업이 끝나고 귀환한 지 한 달이 되었을 때 내 둘째 아들인 사무엘이 암벽 타기를 하다가 사고를 당해 28세의 나이에 장막 저편으로 떠났다[2]. 아들은 아주 의로운 삶을 살았고, 경전을 진지하게 공부했으며, 어릴 때부터 예리하고 영적인 통찰력을 가지고 있었다. 이렇게 갑작스러운 충격을 받은 상황에서 나와 내 가족은 영적인 경험과 친절하신 주님의 자비를 많이 경험했다. 돌이켜보면, 아들이 떠난 후 수없이 많은 잠 못 이루는 밤에 이 책을 집필하면서 경전을 심도 있게 연구한 것이 그 어려웠던 시기를 극복하는 데 상당히 큰 도움이 되었다. 이 책을 집필하면서 신성한 도움을 받는 경험을 하는 특권을 누리면서 생각이 든 것은 아마도 내 아들 사무엘이 천사처럼 내 곁에서 영감이 솟아나도록 도와주었다고 할 수밖에 없다. 이 책을 내 소중한 아들 사무엘을 위하여 출판하게 된 것을 영광으로 여긴다.

나는 이 책을 집필하는 과정에서 성신의 인도를 많이 받았다. 한 가지 예를 들면, 나는 어느 한 시점에서 예수 그리스도께서 가르치신 가장 큰 사랑의 계명 두 가지(마태복음 22:35-40, 마가복음 12:28-34, 누가복음 10:25-37 참조)는 신앙, 소망, 사랑에 관한 사도 바울의 가르침(고린도전서 13장)과 결합될 수 있으며, 선지자 몰몬의 사랑에 대한 강론(모로나이서 7:38-48 참조)을 통하여 예수 그리스도의 속죄와 연결될 수 있음을 깨달았다[3]. 나는 이 개념을 이해하기 위하여 수 주일 동안 많은 심사숙고와 기도를 하면서 노력하였다. 어느 날 새벽 나는 비몽사몽간에 "모로나이서 7장, 몰몬서 7장, 앨마서 7장"이란 말들을 약 한 시간 이상 여러 번 반복하여 되뇌고 있는 나 자신을 발견했다. 나는 잠에서 깨자마자 이 세 개의 장들을 매

---

2 자세한 경위는 다음 사이트에 있다.
https://www.lds.org/church/news/what-my-son-taught-me-after-his-death?lang=eng

3 몰몬은 사랑을 "그리스도의 순수한 사랑"으로 정의했다. (모로나이서 7:47 참조)

우 조심스럽게 검토해 보았다. 나는 모로나이서 7장에 수록된 몰몬의 강론은, 예수 그리스도와 사도 바울의 사랑에 관한 가르침을 그리스도의 속죄와 연결해 주는 가교 역할을 한다는 사실은 이미 잘 이해하고 있었지만, 몰몬서 7장과 앨마서 7장은 이것과 무슨 관계가 있는지 알지 못했다. 나는 이 두 개의 장들을 자세히 검토해 본 결과 앨마는 신앙, 소망, 사랑은 선행이 넘쳐야 하며(앨마서 7:24 참조), 행함은 사랑의 본질적인 부분임을 가르쳤음을 발견했다. 나중에 나는 모로나이도 신앙, 소망, 사랑이 모든 의의 근원인 주님께로 인도함(이더서 12:28 참조)을 가르쳤음을 알게 되었다. 나는 이제 이러한 발견들이 몰몬이 예언한 바와 같이 성경과 몰몬경이 연합하여 예수 그리스도의 충만한 복음을 명확히 설명해 주는 (몰몬서 7:9 참조) 훌륭한 예가 됨을 깨닫게 되었다. 이것은 내가 성신으로부터 받은 결코 잊지 못할 가르침이다.

나는 또한 경전에 나온 하나님의 말씀을 새롭게 깨달으며 “아 그렇구나!”라고 느끼는 순간을 많이 경험했는데, 이로써 나는 경전을 연구하면서 더 많은 기쁨을 얻게 되었다. 한 가지 예를 들면, 나는 선지자 아빈아다이가 모사이야서 15:1-5에서 아버지와 아들은 과연 동체라는 교리를 가르쳤는지 몇 년 동안 궁금해했다. 그의 가르침은 유대-기독교에서 가르치는 삼위일체 교리와 매우 유사해 보인다. 나는 선교사업 기간 중에 이 다섯 구절을 약 4개월간 연구했으며, 때때로 하루에 두 시간 동안을 연구한 적도 있었다. 그 결과 나는 아빈아다이는 아버지와 아들은 동체라는 교리를 가르치지 않았음을 깨닫기 시작했다. 나는 내가 발견한 것들을 언어 및 종교 전문 교수 네 명과 토론했는데 그들은 내가 발견한 것들이 맞음을 확인해 주었다. 이러한 과정을 통하여 나는 아빈아다이가 누가복음 1:35에 기록된 대로 예수님은 지극히 높으신 이(아버지 하나님)의 아들이심을 마리아에게 일러 준 가브리엘 천사의 말씀을 확인시켜 준 것임을 확신하게 되었다.

또 다른 예를 들면, 나는 최근까지 몰몬경에서는 죽은 자를 위한 침례 의식은 가르치지 않는다고 생각했다. 나는 고린도전서 15:29-30에 나오는 이 주제를 예수 그리스도 후기 성도 교회의 성전에서 수행하는 죽은 자를 위한 대리 의식과 연관하여 몇 주 동안 숙고했다. 내가 제3니파이 26장을 연구하고 있는 동안 성령이 이 주제에 관하여 나에게 깨달음을 주셨다. 나는 부활하신 예수께서 니파이인들에게 말라기 3-4장을 인용하시면서 이를 장래 세대에게 주는 것이라고 (제3니파이 26:2 참조) 설명하셨을 때 그는 죽은 자를 위한 대리 의식을 간접적으로 가르치셨음을 깨달았다. 주님께서는 죽은 자를 위한 신권 의식을 특히 장래 세대(즉, 우리 세대)를 위해 1836년 4월 3일 엘리야의 방문 이후까지 보존하신 것이다. "아 그렇구나!" 하면서 깨닫게 된 대부분의 내용들은 부록의 질의응답 편에서도 다루었다.

신학적 주제에 관한 종교적 관점은 일반적으로 주관적인 문제이므로 모순되거나 상이한 견해를 가지고 논쟁하기가 쉽다. 이 책에 서술된 나의 연구와 발견 내용들을 더욱 객관화하기 위한 노력의 일환으로, 나는 내가 인용한 출처들을 정경으로 인정받은 흠정역 성서(King James Version)와 몰몬경, 그리고 여러 기독교 종파의 공식적인 교리 및 발표로 국한하였다. 내 학문의 배경은 과학과 엔지니어링이라서, 나는 이 책의 집필도 과학적 접근 방법으로 했다. 즉, (대부분 경전으로부터의) 정보 수집, 정보의 분석, 분석 결과로 결론 도출 등이 그것이다. 관련 성구의 인용은 표를 만들어 비교를 쉽게 하였다. 전반적으로 나의 접근 방식은 사실을 찾는 것이었으며 다음과 같은 사도 베드로의 훈계를 따르려고 노력했다. "먼저 알 것은 성경의 모든 예언은 사사로이 풀 것이 아니니 예언은 언제든지 사람의 뜻으로 낸 것이 아니요 오직 성령의 감동하심을 받은 사람들이 하나님께 받아 말한 것임이라." (베드로후서 1:20-21)

나는 성경(유다 지파의 막대기 또는 기록)과 몰몬경(요셉 지파의 막대기 또는 기록) 간의 교리적 상관관계에 관한 나의 연구를 함께 나누면서 니파이가 언급한 명백하고 귀한 부분들(니파이전서 13장 참조)에 관하여 내가 발견한 내용들을 독자 여러분께 전하게 됨을 기쁘게 여긴다. 이 책은 성경이 유대인으로부터 나왔고 몰몬경은 다른 양들인 요셉인으로부터 나왔다는 고대 선지자들의 예언들(요한복음 10:16, 제3니파이 15:21-24 참조)이 성취되었고 또 성취되고 있음을 입증하고 확인해 줄 것이다. 이 두 책들은 함께 애굽의 요셉(니파이후서 3:12 참조)[4], 에스겔(에스겔 37:15-19 참조), 스가랴(스가랴 10:6-7 참조), 니파이(니파이전서 13:40-41, 니파이후서 30:3-5 참조), 몰몬(몰몬서 7:9)의 예언들이 성취되었음을 소상히 설명해 준다.

이 책을 집필하면서 나는 성경과 몰몬경은 이스라엘의 경전이 될 것으로 예정되었으며, 함께 그리스도의 올바른 교리를 가르치고 있으며, 아버지와 아들과 성신의 신성을 증거한다는 것을 영적으로뿐만 아니라 지적으로도 흔들림 없이 더욱더 확신하게 되었다. 오늘날에는 (일부 종교 분야를 포함하여) 전반적인 사회의 격동적인 환경에서 제대로 검증되지 않은 역사적 보고와 눈에 띄는 종교 지도자들의 비행, 회의론으로 꾸민 지적인 궤변, 너무나도 많은 (옳고 그른) 정보 등으로 인하여 도덕적인 타락과 배도가 상당히 만연되어 있다. 이 책을 집필하기 위해 수많은 연구를 하는 동안 갖게 된 여러 가지 영적인 체험을 생각해 볼 때 나는 장막 양쪽에서 도움을 받아 이 책을 집필했음을 느낀다. 나는 이 책이 성경과 몰몬경에 대한 독자 여러분의 올바른 이해를 향상시키는 데 도움이 되고, 예수 그리스도에 대한 신앙과 간증을 강화시켜 주길 바란다.

2019년 5월
유타주 하이랜드시에서
신용인

---

4 조셉 스미스 역의 창세기 50장에 유사한 예언들이 기록되어 있다.

소개

이스라엘 또는 야곱은 죽기 전 그의 열두 아들들에게 족장의 축복을 주었는데 이 축복에는 유다 지파와 요셉 지파가 다른 지파들의 지도자가 될 것임을 보여준다. 이 축복은 유다 지파는 건재할 것이며, 실로(즉, 메시야)는 유다 지파에서 태어날 것이며, 유대인들은 실로가 오시기까지 홀(권세의 상징)을 갖게 될 것이며, 사람들은 실로로 모여들 것임을 보여준다. 이 축복은 또한 요셉 지파가 무성할 것이며, 일부는 담을 넘을 것이며(즉, 다른 장소로 옮겨질 것이며), 주님께서 그들을 원수로부터 보호해 주실 것이며, 그들을 다른 지파와 구별하도록 머리에 관(장자권 또는 신권)을 씌어 줄 것임을 보여준다. 따라서 역대상 5:1-2에서 확인된 바와 같이 요셉 지파는 이스라엘의 법적 상속인이다.

족장 야곱이 이 두 지파에게 준 축복을 생각해 보자.

유다에게 준 족장의 축복 (창세기 49:8-12)	요셉에게 준 족장의 축복 (창세기 49:22-26)
유다야, 너는 네 형제의 찬송이 될지라. 네 손이 네 원수의 목을 잡을 것이요 네 아버지의 아들들이 네 앞에 절하리로다. 유다는 사자 새끼로다. 내 아들아, 너는 움킨 것을 찢고 올라갔도다.	요셉은 무성한 가지 곧 샘 곁의 무성한 가지라. 그 가지가 담을 넘었도다. 활 쏘는 자가 그를 학대하며 적개심을 가지고 그를 쏘았으나 요셉의 활은 도리어 굳세며 그의 팔은 힘이 있으니 이는 야

그가 엎드리고 웅크림이 수사자 같고 암사자 같으니 누가 그를 범할 수 있으랴. 규가 유다를 떠나지 아니하며 통치자의 지팡이가 그 발 사이에서 떠나지 아니하기를 실로가 오시기까지 이르리니 그에게 모든 백성이 복종하리로다. 그의 나귀를 포도나무에 매며 그의 암나귀 새끼를 아름다운 포도나무에 맬 것이며 또 그 옷을 포도주에 빨며 그의 복장을 포도즙에 빨리로다. 그의 눈은 포도주로 인하여 붉겠고 그의 이는 우유로 말미암아 희리로다.

곱의 전능자 이스라엘의 반석인 목자의 손을 힘입음이라. 네 아버지의 하나님께로 말미암나니 그가 너를 도우실 것이요 전능자로 말미암나니 그가 네게 복을 주실 것이라. 위로 하늘의 복과 아래로 깊은 샘의 복과 젖 먹이는 복과 태의 복이리로다. 네 아버지의 축복이 내 선조의 축복보다 나아서 영원한 산이 한없음같이 이 축복이 요셉의 머리로 돌아오며 그 형제 중 뛰어난 자의 정수리로 돌아오리로다.

야곱은 요셉의 두 아들인 므낫세와 에브라임을 양자로 삼은 후 족장의 축복을 주면서 에브라임이 장자권을 갖게 될 것이라고 했다(창세기 48장 참조)[1]. 또한 선지자 스가랴는 유다와 요셉의 족속이 함께 모일 것이요 에브라임족은 후일(역자 주: 마지막 경륜의 시대)에 강대하여 질 것이라고 예언했다(스가랴 10:6-9 참조). 따라서, 유다와 요셉(에브라임족)의 두 지파는 기원전 8세기경부터 이스라엘 지파가 흩어지기 전과 같이 후일에 그들을 다시 인도하게 될 것으로 예정된 것 같다.

예수 그리스도께서는 유대인들에게 다른 양들에 관하여 가르치셨다. “또 이 우리에 들지 아니한 다른 양들이 내게 있어 내가 인도하여야 할 터이니 그들도 내 음성을 듣고 한 무리가 되어 한 목자에게 있으리라.” (요한복음 10:16) 예수께서는 니파이인들에게 다음과 같이 가르치시면서 요셉의 남은 자들(니파이인들)이 “다른 양들”임을 확인해 주셨다. “또 진실로 내가

1 또한 역대상 5:1–2를 참조한다. “이스라엘의 장자 르우벤의 아들들은 이러하니라 (르우벤은 장자라도 그의 아버지의 침상을 더럽혔으므로 장자의 명분이 이스라엘의 아들 요셉의 자손에게로 돌아가서 족보에 장자의 명분대로 기록되지 못하였느니라. 유다는 형제보다 뛰어나고 주권자가 유다에게서 났으나 장자의 명분은 요셉에게 있으니라)”

너희에게 이르노니 너희는 내가 말하기를, 이 무리에 들지 아니한 다른 양들이 내게 있어 그들도 내가 인도하여야 할 터이니 그들이 내 음성을 듣고 한 무리가 되어 한 목자에게 있으리라 한 그 양이라." (제3니파이 15:21)

따라서, 이스라엘이 유다, 요셉, 에브라임에게 준 족장의 축복은 성취되었으며, 부활하신 예수 그리스도께서는 니파이인들이 바로 다른 곳으로 옮겨진 요셉인들의 가지임을 확인해 주셨다.

유다와 요셉 지파의 행방

기원전 975년 이스라엘 왕국이 두 왕국으로 분열되었을 때 북왕국은 에브라임 지파가 이끄는 열 지파로 구성되었고, 남왕국은 유다 지파가 이끄는 남은 두 지파로 구성되었다. 기원전 721년 북왕국이 앗수르에게 정복당한 후 이 열 지파는 시간이 지나면서 그들의 종적과 정체성을 잃게 되었고 지금은 잃어버린 열 지파라고 일컬어진다. 그 후 남왕국은 기원전 587년 바벨론에게 정복당했지만 칠십 년간의 유배 생활 후 예루살렘으로 귀환하여 유대 국가를 재건할 수 있게 되었다. 이 유대 국가는 서기 70년 로마가 예루살렘을 멸망시킬 때까지 존속했다. 유대 민족은 서기 1948년 국제 연합이 이스라엘 국가를 재건할 때까지 유배 생활을 했다. 유다 지파의 막대기 또는 기록은 성경(유대-기독교 경전)이다.

기원전 600년, 유다 왕국이 바벨론에게 정복당하기 약 십여 년 전, 요셉 지파의 두 가족(므낫세 지파의 리하이 가족과 에브라임 지파의 이스마엘 가족)이 주님의 인도로 예루살렘을 떠나게 되었다. 그들은 하나님께서 예비하신 약속의 땅으로 이주했다. 그들이 약속의 땅에 도착한 얼마 후, 이 민족은 니파이인과 레이맨인의 두 집단으로 분리된다. 그들은 스스로를 요셉 (또는 야곱) 지파의 남은 자들이라고 일컬었다. 니파이인들은 그들이 예루살렘을 떠난 때로부터 서기 400년경 레이맨인들에게 전멸될 때까지 약 천 년간의 역사를 기록으로 남겼다. 그들의 기록은 땅에 묻혔고 서기 1827년 발견될 때까지 주님에 의해 보존되었다. 요셉 지파의 남은 자들의 이 막대기 또는 기록은 몰몬경(요셉인의 경전)이다.

◆ 서로 연합할 두 막대기: 성경과 몰몬경

성경은 세상의 창조로 시작하고 세상의 종말에 대한 계시적 예언으로 끝난다. 몰몬경은 선지자 리하이의 가족이 이스라엘의 분산 시기(기원전 587년) 즈음인 기원전 600년에 예루살렘을 떠나는 것으로 시작하고 성경이 마지막으로 정경화되었던 시기(서기 419년)인 서기 400년경에 니파이인들이 레이맨인들에게 전멸당하는 것으로 끝난다. 따라서 몰몬경은 성약의 이스라엘 백성이 분산되는 시기부터 이방인에 의한 성경의 편집 및 기독교의 형성까지 일천 년간의 특정 기간을 다루고 있다.

주님께서는 선지자 에스겔에게 이 두 막대기 또는 기록이 그 안에서 하나가 될 것이라고 하셨다.

> 여호와의 말씀이 또 내게 임하여 이르시되,
> 인자야, 너는 막대기 하나를 가져다가 그 위에 유다와 그 짝 이스라엘 자손이라 쓰고, 또 다른 막대기 하나를 가지고 그 위에 에브라임의 막대기 곧 요셉과 그 짝 이스라엘 온 족속이라 쓰고,
> 그 막대기들을 서로 합하여 하나가 되게 하라. 네 손에서 둘이 하나가 되리라.
> 네 민족이 네게 말하여 이르기를 이것이 무슨 뜻인지 우리에게 말하지 아니하겠느냐 하거든,
> 너는 곧 이르기를 주 여호와께서 이같이 말씀하시기를 *내가 에브라임의 손에 있는바, 요셉과 그 짝 이스라엘 지파들의 막대기를 가져다가 유다의 막대기에 붙여서 한 막대기가 되게 한즉, 내 손에서 하나가 되리라 하셨다 하고,* (에스겔 37: 15-19, 강조체 첨가)

몰몬경은 선지자 에스겔에게 두 막대기를 합치라고 명한 것에 관하여 더 많은 정보를 제공해 준다. 리하이는 애굽의 요셉을 인용하면서 성경과 몰몬경의 공동 역할을 가르쳤다. 이 예언은 성경에는 포함되어 있지 않

지만 아마도 놋쇠판에서 인용되었을 것이다.

> 그런즉 네 [요셉의] 허리의 열매가 기록할 것이요, 유다의 허리의 열매가 기록할 것이라. *네 허리의 열매에 의해 기록될 것과 또한 유다의 허리의 열매에 의해 기록될 것이 함께 자라 거짓 교리들을 무너뜨리며, 다툼을 가라앉히며, 네 허리의 열매 가운데 평화를 이루며, 후일에 그들로 하여금 그들 조상에 대하여 알게 하고, 또한 나의 성약에 대하여 알게 하리라, 주께서 말씀하시느니라.* (니파이후서 3:12, 강조체 첨가)

그러므로 성경과 몰몬경은 모두 함께 나아와 이스라엘의 두 주요 족속들을 대표하도록 예정되어 있었던 것이다.

◆ 유다의 막대기: 성경

성경은 구약과 신약을 편찬한 것으로 외경을 제외하고 66권으로서 구약 39권, 신약 27권으로 구성되어 있다. 성경은 창세기의 천지 창조로 시작하여 요한계시록의 세상의 종말에 대한 계시적 예언으로 끝난다. 구약의 전개는 유대 역사와 밀접한 관계가 있고 신약은 초기 기독교와 밀접한 관계가 있다.

성경의 정경화

구약은 대부분 모세부터 말라기까지 선지자들과 율법학자들이 쓴 기록이다. 구약의 39권의 책은 유대 경전인 타나크의 24권에서 파생되었으며 기원전 5세기경에 에스라에 의해 정경화를 시작한 것으로 알려져 있다. 구약은 모세 오경(토라 또는 펜타투크)으로 시작하여 말라기서로 끝난다.

신약은 서기 1세기에 예수 그리스도의 몇몇 사도들과 제자들이 쓴 그에 관한 기록이다. 신약의 27권의 책은 가톨릭교회의 평의회에서 선택한 기독교 문서를 편찬한 것이다. 기독교 성경은 서기 397년과 419년에 가톨릭교회의 성 아우구스티누스 등이 이끄는 카르타고 평의회에서 처음으로 정경화되었다. 이 과정에서 요한계시록이 서기 419년에 마지막으로 추가되었고 신약의 마지막 부분에 두게 되었다. 그러나 일부 동방 정교회에서는 요한계시록을 수용하지 않았다.

16세기부터 일부 종교 개혁 지도자들과 학자들은 성경을 다국어로 번역했다. 그 결과, 대부분의 기독교인들은 자국어로 성경을 공부할 수 있게 되었다.

세상에서 가장 영향력 있는 책

성경은 히브리/유대 국가와 기독교 역사를 통하여 수십억 명에게 감동을 주었다. 이 책은 여호와의 율법과 예수 그리스도의 복음에 대한 엄청난 출처를 가진 방대한 자료집이다. 즉, 유대인을 위한 모세의 율법과 기독교인을 위한 예수 그리스도의 생애와 가르침이다. 수많은 율법학자들과 성직자들이 수천 년에 걸쳐 이 신성한 기록을 쓰고, 번역하고, 보호하고, 정경화하고, 보존하기 위해 헌신했으며 심지어는 목숨까지도 바쳤다. 전 인류 사회에 끼친 그 귀중한 영향력은 실로 엄청난 것이다.

그렇지만 유대 측과 기독교 측 사이에 아직도 해결해야 할 깊은 골이 있는데, 그것은 곧 나사렛 예수가 하나님의 아들이신 구주가 되심에 대한 상반된 견해이다. 성경은 수천 년 동안 여러 경륜의 시대를 거쳐 아주 많은 사람들에 의해 기록되고 복사되고 번역되어 편집된 자료집이기 때문에, 여기에는 일부 오류와 불일치와 일관성의 결여 등이 포함되어 있다는 것은 이해할 만하다. 또한, 기독교의 다른 종파들은 성경의 일부 가르침에 대하여 다른 해석을 갖고 있다. 그럼에도 불구하고, 성경은 세상에서 가장 영향력 있는 책이 되어 왔으며, 특히 16세기의 종교 개혁 이후 다국어로 번역된 후에는 더욱 그러하다. 성경이 전 세계로 널리 퍼짐에 따라 기독교는 세계에서 가장 큰 종교가 되었다.

유대인과 기독교인

유대인과 기독교인은 모두 타나크(구약)를 믿지만, 유대인은 신약을 믿지도 않고 나사렛 예수를 하나님의 아들인 메시야로도 인정하지 않았다. 그렇지만 기독교인은 신약을 믿으며 예수님을 그들의 구주요 하나님의 아들로 숭배한다.

구약에는 메시야의 출현에 대한 예언이 많이 있지만 이러한 예언들은 유대인으로 하여금 예수님을 그들의 메시야로 받아들이도록 이끌지는 못했다. 신약에서 예수님은 그가 메시야임을 가르쳤고, 그의 사도들은 예수님은 메시야요 하나님의 아들이심을 간증했다. 이러한 차이는 서기 1세기에 예수 그리스도와 그의 사도들의 성역 기간 중에 존재했으며, 이천 년이 지난 현재에도 여전히 존재하고 있다. 이러한 차이는 유대인과 기독교인 사이의 믿음에 깊은 골을 만들었다. 신약의 저자들은 그들의 개인적인 기록들이 몇 세기가 흐른 후 성경에 포함되어 수십억 명의 기독교인들에게 매우 중요한 역할을 할 것임을 알지 못했을 것이다.

◆ 기독교의 역사적 사실성

야곱은 그의 축복에서 사람들이 실로로 모일 것이라고 했는데 이 축복의 성취는 기독교 신앙을 가진 수십억 명의 사람들로 입증되었다. 유대교는 유대 인종(유다 지파)을 위한 단일 종교적 조직인 반면, 기독교는 수세기에 걸쳐 다양화되어 왔다. 다음 도표는 예수 그리스도께서 승천하신 이후 기독교의 다양화와 발전을 보여준다.

다음 도표를 왼쪽으로부터 오른쪽으로 보면, 니케아 공의회 이전 시대에는 지중해를 둘러싼 지역에 걸쳐 흩어진 소규모의 지역 기독교 단체들이 많이 있었다. 이러한 단체들 중 두 개의 중심 조직은 예루살렘의 히브리파 (또는 유대) 기독교와 로마의 그리스파 기독교였다.

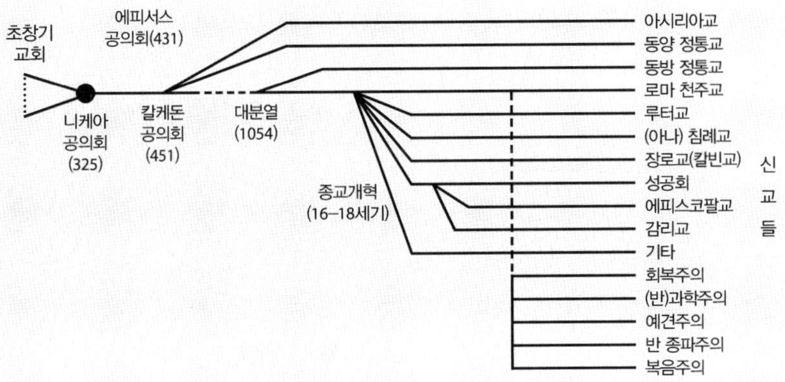

로마 가톨릭교회와 동방 정교회

니케아 공의회 (서기 325년) 이전의 기독교인들은 로마 황제의 반기독교 지도자들의 통치 아래 심한 고난을 겪었다. 그들은 살아남기 위해 지하로 숨어들어야 했다. 심한 박해를 받으며 지중해 지역으로 넓게 흩어지면서 기독교의 많은 소규모 집회가 지역적으로 설립되기 시작했으며, 기독교인들의 수는 빠르게 증가해 갔다. 그렇지만 전체 기독교회를 위한 지도력은 중심부가 없었고 강하지도 않았다. 처음 2세기 동안 이러한 집단들은 그 당시 교통이 매우 제한적이고 지역마다 독립적으로 운영되었기에 지역적으로 각기 다른 주장과 신조가 생기는 것은 자연스러운 것이었다. 의도는 모두 선한 것이었으나 예수 그리스도의 가르침으로부터의 배도가 이 시기에 서서히 나타나기 시작했다.

로마 황제 콘스탄티누스의 지시 아래 로마에서 공식적으로 가톨릭교회가 니케아 공의회에서 시작되었다(서기 325년). 서기 431년 에베소 공의회에서는 아시리아 교회가 로마 가톨릭교회로부터 갈라져 나왔다. 20년 후 칼케돈 공의회에서는 동방 정교회가 갈라져 나왔다. 서기 1054년, 대부분이 그리스 동방 정교회가 로마 가톨릭교회로부터 갈라져 나왔을 때 로마 가톨릭교회와 그리스 가톨릭교회가 분리되었다. 그 당시에는 교회 내에서의 불화와 다툼이 매우 심하여 이것을 "대분열" 또는 "동서 교회의 분열"이라고 일컬었다. 그때로부터 로마 가톨릭교회는 서방 의식이라 불리었고 동방 정교회는 동방 의식이라 불리었다. 나중에는 동방 정교회의 일부가 로마 가톨릭교회로 다시 합류하기도 했다.

개혁과 개신교 교회

16~17세기경, 일부 가톨릭 성직자들, 성경 학자들, 정계의 지도자들이 로마 가톨릭교회와 교황에게 반란을 일으켰다. 그들은 교황의 권위에 도전하면서 자신들의 교회를 시작했다. 주요 개신교 교회로는 루터교회(서기 1526년에 설립), 영국 성공회(서기 1534년), 칼빈교회(서기 1536년), 장로교회(서기 1560년), 침례교회(서기 1609년), 감리교회(서기 1739년) 등이 있다.

이 개신교 교회들은 처음에는 유럽의 가톨릭교회로부터 많은 박해를 받았으나, 신대륙 미국에서는 종교의 자유를 찾았다. 몇 세기가 지나기도 전에 그들은 전 세계로 퍼져갔고 총체적으로 기독교의 중요한 부분이 되었다. 교황과 같은 권위를 가진 인물이 개신교 교회를 감리하지 않았기 때문에 그들 대부분은 기본적으로 정경을 그들의 모든 교리와 영감의 유일한 출처로 여겼다.

대각성 운동과 더 많은 분산

중세기의 모든 평신도들도 성경을 접할 수 있게 되면서 주로 미국에서 교리와 원리의 전통적인 해석이나 이해를 바로잡고자 하는 운동이 일어났다. 일부 개신교 교회 지도자들은 개신교 교회의 많은 종파들을 통합하고자 했다. 일부는 성경의 계시로부터 산출한 근거로 예수 그리스도의 재림 시점을 논하기 시작했다[2]. 일부는 성경의 가르침을 증명하는 데 집중하고 새로 개발된 의학의 영향력은 회피했다. 다른 지도자들은 신약에서 가르친 대로 종교적 관행을 복원시키려 했다. 이러한 교회들로는 제칠일 안

---

2 이것은 19세기와 20세기에 일종의 기독교적인 일시적 유행이었던 것 같다.

식일 예수 재림 교회(서기 1863년 설립), 여호와의 증인(서기 1870년), 크리스천 사이언스(서기 1879년), 하나님의 집회(Assembly of God, 서기 1914년), 기타 복음주의(evangelism) 운동 등이 있다. 이렇게 새로 시작된 모든 기독교 운동을 "대각성 운동"이라고 한다.

기독교의 한 가지 뿌리

위의 도표에서 보듯이, 모든 교회들은 같은 뿌리를 가지고 있다. 기독교 초기 시대에 로마 가톨릭교회는 서유럽에서는 종교적으로나 정치적으로 우세했다. 유럽에서 개혁 운동이 일어났던 즈음에 성경은 유럽의 여러 언어로 번역되어 모든 사람들이 읽을 수 있게 되었다. 모든 교회들의 대부분의 교리는, 로마 가톨릭교회가 개발했지만 성경의 다른 해석을 기반으로 여러 면에서 차이가 있을 정도로 크게 영향을 받았다[3].

최근 몇 세기 동안 평민들의 식자율이 높아짐에 따라 많은 사람들이 성경 구절들을 달리 해석함으로써 새로운 종파를 설립했으며 그들의 교리와 다른 종파들의 교리를 차별화했다. 종교 개혁 이후, 성경은 개신교도들에게는 가장 중요한 기초가 되었고, 구교도들은 교황의 권위와 전통을 계속 숭상했다. 이러한 다양화는 사도 바울이 가르친 "주도 한 분이시요 믿음도 하나요 침례도 하나요"(에베소서 4:5)라고 한 것과는 전혀 상반되는 현상이다. 그럼에도 불구하고, 우리가 알고 있는 기독교는 (일부 사람들은 이들을 "사도신경 기독교(creedal Christianity)"라고 부름) 근본적으로 니케아 공의회와 4세기와 5세기의 로마 가톨릭교회에 의한 정경에 뿌리를 두고 있다고 말하는 것이 타당할 것이다.

기독교인의 전통

기독교회는 수천 년 동안 발전시켜 온 풍부한 전통을 가지고 있으며,

---

3 외경은 성경에서 제외되었다.

일부 전통은 그들의 경전이 가르치는 것만큼이나 중요한 것 같다. 예를 들면, 기독교인의 풍부한 전통은 삼위일체, 유아 세례(침례), 보수를 받는 성직자 제도, 사제의 독신주의, 지역적 예배의식, (대리) 면죄부, 십자가 사용, 마리아를 통한 기도, 믿음과 행함의 논쟁, 예수 그리스도의 재림의 정확한 시기 등과 같은 강한 믿음 또는 관행을 가져왔다. 흥미롭게도, 성경에서는 이러한 것들을 직접 가르치지 않는다.

◆ 요셉의 막대기: 몰몬경

이것은 하나님께서 첫 번째 저자인 니파이에게 기록하라고 (니파이전서 19:2-3, 니파이후서 5:30-31 참조) 명하신 책이다. 이 책은 20명 이상의 저자가 쓴 15권의 책으로 구성되어 있다(초판의 분량은 588쪽이다). 역사적 기록으로서의 몰몬경의 기록 양식은 몰몬과 모로나이의 기록을 담은 거대한 담론 (metanarrative) 형식이다. 예를 들면, "이렇게 되었나니"와 같은 이야기체 구절이 자주 사용된다(마지막 책인 모로나이서를 제외하고 15권 모두에 1,359번 나온다). 일반적인 기록 양식은 자세한 묘사와 자주 반복되는 메시지로 설명되어 있다. 심지어는 교차 대구법(Chiasmus)도 여러 군데에서 사용되었다.

몰몬경의 역사

몰몬경은 주님의 지시 아래 예루살렘으로부터 약속의 땅(현재의 미대륙)으로 이주한 요셉 지파의 두 가족에 의한 일천 년간의 역사적 기록이다. 이 책은 아버지와 아들인 리하이와 니파이의 기록으로 시작하여 또 다른 아버지와 아들인 몰몬과 모로나이의 기록으로 끝난다.

첫 번째 저자인 니파이는 그의 일행이 정착한 약속의 땅(니파이 땅)

지역에서 많은 금을 발견하였고 이것으로 금판[4]을 만들어 니파이인들 사이에서만 쓰이던 개정된 애굽어로 그의 기록을 새겼다. 니파이부터 아맬레카이까지 처음 9명의 저자들은 금판에 기록을 함에 있어서 니파이와 그의 동생 야곱의 혈통을 따랐다(이들의 기록 기간을 모두 합치면 400년이 넘는다).

기원전 130년경, 베냐민 왕이 아맬레카이로부터 그 판들을 넘겨받은 후 그와 그의 아들 모사이야 왕은 기원전 90년까지 약 40년간 그 판들을 관리했다. 모사이야 왕은 그의 기록을 한 후 선지자 앨마 이세에게 그 판들을 넘겨주었다. 앨마의 후손들은 계속해서 그들의 기록을 새겨 가면서 서기 약 321년에 앰마론이 시므 땅에 그 기록들을 숨길 때까지 약 400년간 보존했다.

(리하이의 후예인) 몰몬이 열 살이었을 때 앰마론은 그에게 몰몬이 이십사 세가 되거든 그 기록들을 땅에서 꺼내라고 지시했다. 몰몬은 그 지시에 따랐고 그 판들을 갖게 되었다. 몰몬은 베냐민 왕의 기록부터 시작하여 그 판들을 편집하였고, 그 자신의 기록을 더하였으며, 그 편집된 기록들을 그의 이름을 따라 몰몬경이라고 불렀다. 그는 대부분의 판들을 쿠모라 언덕에 묻었고 판의 일부는 그의 아들 모로나이에게 넘겨주면서 그들 역사의 나머지 이야기를 기록하라고 하였다. 몰몬이 전사한 후, 모로나이는 그들 역사의 마지막 부분과 그가 편집한 이더서를 그 판들에 추가했다. 모사이야 왕[5]이 번역한 이더서는 같은 땅으로 이주한 또 다른 집단의 역사이다. 또한 모로나이는 그의 마지막 말로 자신의 기록을 추가한 다음, 서기 421년 모든 기록을 함께 쿠모라 언덕에 묻었다.

서기 1823년 조셉 스미스는 모로나이 천사로부터 땅에 묻힌 금판에

---

4 그는 대양을 건너기 위해 배를 건조하는 과정에서 광석을 다루는 일에 매우 노련하게 되었다.

5 몰몬경은 또한 주님의 인도 아래 현재의 미 대륙으로 이주한 다른 두 집단 즉, 야렛 백성과 뮬렉 백성들에 대해서도 소개한다. 전자는 바벨탑 시대에 미 대륙으로 이주했으며 수 세대 동안 내전뿐 아니라 왕가의 사악함과 음모로 인하여 자멸했다(이더서 15장 참조). 후자는 기원전 587년에 유다 왕국이 바벨론에 의해 멸망당했을 때 예루살렘으로부터 미 대륙으로 이주했다. 그들은 제이라헤믈라라고 하는 곳에서 니파이 백성들과 합류하면서 한 백성이 되었다(옴나이서 1:13–19 참조).

관하여 알게 되었다. 이 천사는 약 1,400년 전에 그 판을 묻은 바로 그 모로나이다. 조셉 스미스는 서기 1827년 9월 22일 쿠모라 언덕에서 그 판들을 꺼내도록 허용을 받았다. 조셉 스미스의 교육 수준은 비록 초등학교 3학년 정도까지였지만 필경사로 일한 올리버 카우드리의 도움을 받아 주님의 신성한 인도 아래 몰몬경을 고대의 사장된 언어에서 영어로 번역하는 데 3개월(서기 1829년 4-6월)[6]이 채 걸리지 않았다. 그 책은 서기 1830년 몰몬경이라는 이름으로 출판되었다.

구약은 모세의 시대(기원전 약 1500년경)부터 알려져 온 반면, 몰몬경은 겨우 이 경륜의 시대에 서기 1830년부터 세상에 알려져 왔다. 이 책이 처음 출판되었을 때 세상에 처음 알려진 것이다.

요셉인들의 기록

몰몬경의 니파이인들은 이스라엘의 장자권을 소유한 요셉(요셉인)의 후손들(남은 자들)의 일부였다. 므낫세 지파의 후손인 선지자 리하이는 그들 자신의 기록을 쓰기 시작한 첫 번째 가족의 족장이었다. 성경에서는 리하이가 알려져 있지 않지만, 아마도 당대에 예루살렘에서 살던 별로 잘 알려지지 않았던 선지자 중 한 명이었을 것이다. 그의 이름은 삼손이 살았던 리하이 성[7]과 같다(사사기 15장 참조). 그 당시의 주요 선지자는 예레미야였다. 리하이의 가족은 에브라임 지파인 이스마엘 가족을 설득하여 그들과 합류하도록 했고, 이 두 가족은 유다 왕국의 시드기야 왕 치세 첫해인 기원전 600년에 예루살렘을 떠났다. 이 일행은 하나님의 인도 아래 현재의 미대륙인 약속의 땅으로 이주하게 되었다.

리하이와 니파이로부터 시작하여 약속의 땅의 수많은 선지자들이 사

---

6 조셉 스미스는 필기를 잘 할 줄 몰랐다. 올리버 카우드리와 몇 명은 서기로 봉사하면서 조셉이 그 번역을 구술하면 필기했다. 조셉 스미스는 번역이 완성된 직후 그 판들을 모로나이 천사에게 돌려주었다.

7 히브리어로 리하이라는 단어는 턱뼈라는 뜻인데, 이것은 삼손을 연상시킨다. 이 글을 쓰고 있는 현시점에서 이스라엘의 리하이시에서는 발굴 작업이 진행 중이다. 자세한 정보는 beitlehi.org를 참조한다.

회 정치적인 이야기, 전쟁, 가르침, 예언, 그들의 하나님(주로 예수 또는 예수 그리스도라고 불렀으나, 한 경우에 여호와라고도 부름)에 대한 간증 등이 포함된 그들의 역사를 기록했다. 그들의 가르침과 예언들은 여러 가지 면에서 성경과 비교할 만하지만, 성경의 일부 역사와 가르침을 명확히 해주거나 심지어는 바로 잡아주기도 한다. 신약의 저자들과는 달리, 몰몬경의 저자들은 그들의 기록이 그들의 후손과 기타 다른 사람들에게 경전의 일부가 될 것이며, 후일에 예수 그리스도의 복음이 회복되는 데 역할을 하리라는 것을 인식하고 있었다.

몰몬경은 예수 그리스도께서 부활하신 후에 미 대륙의 니파이인들을 삼 일간 방문하신 사실을 밝혀준다. 예수께서는 그들을 "다른 양들"이라고 부르셨다(요한복음 10:16 참조). 몰몬경은 요셉 지파의 경전이므로 요셉의 후손들의 미래에 관하여 후일에 있을 요셉인들을 통한 예수 그리스도의 복음의 회복, 그들의 기업의 땅, 새 예루살렘 등과 같은 많은 예언을 담고 있다. 따라서, 성경은 유다 지파에서 나온 유대-기독교의 경전인 반면, 몰몬경은 요셉 지파에서 나온 기독교 경전이다.

명백하고 귀한 부분들과 성약들을 포함한 예수 그리스도의 또 하나의 성약

몰몬경은 예수 그리스도의 복음과 교리를 담은 또 하나의 경전 기록이다. 몰몬경의 저자들은 예수 그리스도를 믿는 기독교인들이었으며, 기원전 600년경 기록을 시작할 때부터 근본적으로 예수 그리스도의 교리와 무한한 속죄(또는 대속)의 실체에 대하여 가르침을 받았다. 유대인들과 마찬가지로, 니파이 백성들은 서기 33~34년경 부활하신 예수께서 그들을 방문할 때까지 600년 동안 모세의 율법을 지켰다.

일반적으로 몰몬경은 성경에서 가르치는 교리들을 더 자세하고 명백하게 설명해 주거나 보완해 준다. 몰몬경은 책 전체를 통하여 복음 및 역사적 메시지에 현저한 일관성이 있다. 또한 성경에서 빠진 명백하고 귀한 진리들, 특히 요셉 지파의 예언과 후일에 그들의 역할에 관한 진리들을 회복시켜 준다. 또한 신권의 의식과 성약에 관한 계시도 포함하고 있다. 이 책은 침례를 받고 예수 그리스도에게로 나아온 이방인들도 아브라함의 혈통을 통하여 성약을 받아들인 이스라엘의 백성과 똑같은 성약의 백성이 될 것임을 가르치고 있다. 이 책은 그리스도를 믿는 신앙을 갖고, 물과 성신(성령)으로 침례를 받고, 그의 계명을 지키고, 선택 의지를 의롭게 행사하고, 예수 그리스도의 속죄를 매일의 삶에 적용하면서 끝까지 견디는 것이 중요함을 반복해서 가르치고 있다.

성경과 관련된 몰몬경의 독특한 가르침 중의 하나는 천사가 니파이에게 가르쳐 준 것이다. 몰몬경에 의하면, 주님의 복음의 충만함이 포함된 유다의 순수한 기록(원래의 성경)이 십이사도를 통하여 이방인들에게 전해진 후, 크고 가증한 교회가 하나님의 어린 양의 책에서 많은 명백하고 귀한 부분과 성약들을 제하여 버릴 것이다. 그 결과, 아주 많은 사람들이 그 잃어버린 부분으로 인하여 사탄의 영향 아래서 비틀거리고 넘어질 것이나(니파이전서 13:24-28 참조), 그 잃어버린 명백하고 귀한 부분들과 성약들은 니파이 백성들의 기록, 즉 몰몬경을 통하여 회복될 것이다.

그리스도 이전과 이후의 기독교인들의 기록

오늘날까지도 예수님을 그리스도로 받아들이지 않는 유대인들과는 대조적으로, 리하이의 후손들은 그들의 일천 년 역사 전체를 통틀어 예수님을 그들의 그리스도로 숭배했다.

기원전 559-545년에 리하이 후손들의 역사의 첫 번째 저자인 니파이와 그의 동생 야곱은 예수님이 그리스도이시요 구주이심을 증거했다(니파이후서 10:3, 7; 25:19-20 참조). 그들은 자신들을 그리스도인이라고 불렀다(앨마서 46:15-16, 48:10 참조). 마지막 저자인 모로나이는 서기 421년경 그의 고별사에서 몰몬경을 읽는 사람들에게 그리스도에게로 나아와 하나님의 은혜로 그리스도 안에서 온전하게 되고 성결하게 되라고 권면했다(모로나이서 10:32 참조).

몰몬경의 주된 메시지는 예수님은 그리스도이시며 하나님의 아들이시요, 사람은 그의 은혜롭고 무한한 속죄를 통하여서만 구원을 받을 수 있다는 것이다. 고대에는 아브라함, 이삭, 야곱이 여호와를 증거한 것과 유사한 방법으로 오늘날 몰몬경은 예수 그리스도를 장자권 소유자(에브라임인들)의 기록으로서 증거하고 있다. 몰몬경을 통하여 수천만 명의 사람들이 나사렛 예수가 하나님의 아들이시며 구주이시요 사람은 그의 은혜롭고 무한한 속죄를 통하여서만 영원한 구원을 받을 수 있다는 것을 알게 되었다.

◆ 예수 그리스도 후기 성도 교회

다양화된 유대-기독교 집단의 많은 기독교 교회와는 대조적으로, 유대 종교가 유다 지파를 대표하듯이 요셉 지파의 교회는 요셉 지파를 대표함에 있어서 거의 단일화되었다[8]. 예수 그리스도 후기 성도 교회는 하늘로부터 구체적인 지시를 받아 서기 1830년 뉴욕주 북부에서 조셉 스미스와 그 외 5명에 의하여 조직되었다(교리와 성약 20편 참조).

이 교회의 조직은 하나님 아버지와 예수 그리스도께서 1820년 첫 번째 시현에서 조셉 스미스에게 하신 약속의 성취였다. 그 시현에서 조셉 스미스는 다른 아무 교회에도 속하지 말고 별도의 지시가 있을 때까지 기다리라는 명을 받았다. 이 시현이 있고 10년 후 조셉 스미스는 예수 그리스도의 참된 교회를 조직하라는 지시를 받았다. 이 교회는 성경과 몰몬경은 모두 하나님의 말씀이며 몰몬경은 그 종교의 종석임을 믿는다. 이 교회는 '교리와 성약'과 '값진 진주' 등 정경화된 경전이 두 권 더 있다. 교리와 성약은 현대의 선지자들이 받은 계시의 모음집이고, 값진 진주는 이 교회의 각종 기록들의 모음집이며 성경의 일부분에 대한 추가적인 계시를 포함하

---

8 Community of Christ(복원교회의 새로운 명칭)와 다수의 근본주의자 집단들을 포함하여 몰몬경을 경전으로 받아들이는 일부 다른 교회가 있다. 그러나 이 중 일부는 유대-기독교의 개신교같이 변모하고 있으며, 대부분의 근본주의자들은 일반적으로 단지 몇 가족으로만 구성되어 있고 교리적 영향이 거의 없는 규모가 매우 작은 집단들이다. 마치 유대 쪽의 유대인들이 단일적으로 취급받은 것처럼, 이 책에서 예수 그리스도 후기 성도 교회는 단일적으로 취급될 것이다.

고 있다.

이 교회는 모든 신권의 열쇠(아론 또는 레위 신권 및 멜기세덱 신권)를 행사하는 신권의 권세를 가진 살아있는 선지자가 이끄는 제일회장단과 십이사도 정원회가 감리한다. 보수를 받는 성직자 제도가 없고, 모든 지역 지도자들은 충실한 회원들 중에 부름을 받아(달리 말하면 권유를 받아) 한정된 기간 동안 자원봉사를 한다. 이 교회의 회원들은 예수 그리스도를 충실히 따르며, 개인적인 고결성과 정직함을 지니고, 가족 중심적인 생활을 하며, 순결하고, 자립하며, 선교사업을 하고, 죽은 자를 위한 대리 의식들을 충실히 수행하는 것 등으로 잘 알려져 있다.

◆ 이 책의 구성

이 책은 10개의 장과 부록으로 구성되어 있다. 니파이가 언급한 성경에서 빠진 명백하고 귀한 부분과 성약들을 식별하고자 하는 노력의 일환으로, 아홉 가지의 주제를 선정하여 한 개의 장에 한 가지 주제를 다루었다. 이 주제들이 모두 서로 연결된 것은 아니지만, 각각 그리스도론(1-3장), 교리 및 가르침(4-8장), 예언(9장)의 범주에 들어간다. 각 장에서는 성경과 몰몬경의 모든 주제와 관련된 가르침과 메시지의 대부분을 한 데 모아 비교 분석함으로써 이 경전들의 공통점과 차이점들을 보여 주었다. 마지막 장인 제10장에서는 발견 사항들을 모두 취합하여 분류하였고, 대표 주제를 발췌하였다. 이 주제의 목록을 보면 니파이가 언급한 명백하고 귀한 부분과 성약의 일부를 짐작할 수 있다.

다음은 각 장에 대한 간단한 소개이다.

유대인과 니파이인들의 예수 그리스도에 관한 예언들

제1장은 예수 그리스도의 출생, 성역, 사망, 부활에 대한 두 경전으로부터의 예언을 분석한 것이다. 예수께서 태어나셨을 때 그를 하나님의 아

들이요 메시야로 인식한 사람들은 단지 몇 명밖에 없었다. 삼 년간의 성역 기간 동안 그는 무수히 많은 기적을 행하셨고 신성한 복음을 가르치셨다. 많은 유대인들은 그를 하나님이 보내신 위대한 교사로 여겼으나 그들의 메시야로는 받아들이지 않았다. 이것은 산헤드린의 바리새인들이나 사두개인들과 같은 당대의 유대 지도자들의 경우 특히 그러했다. 이 지도자들은 매우 독실한 경전 전문가였으므로, 메시야의 예언에 대하여 방대한 지식을 갖고 있었어야만 했다. 그들은 이유와 동기가 어찌 되었든, 그들의 나라는 예수 그리스도가 없어야 더 나은 나라가 될 것이라는 결론을 내리고 그를 처형할 계획을 세웠다. 예수님의 탄생 이전의 몰몬경 기록과 구약을 토대로 예수님에 관한 예언을 분석해보면, 이 장은 예수님이 과연 메시야인가에 대하여 유대인과 기독교인 간에 왜 의견 차가 존재하는지, 이에 대한 근본적인 원인을 설명한다.

하나님과 사람들에 대한 예수 그리스도의 성역

제2장과 제3장에서는 예수 그리스도의 성역을 분석했다. 예수 그리스도께서는 삼 년간의 유대인들에 대한 성역과 삼 일 동안의 니파이인들(요셉의 남은 자들)에 대한 성역 기간 동안 사람들에게 성역을 베풂에 있어서 하나님과 성신을 동반하셨다.

제2장에서는 하나님과 함께하신 예수님의 사업을 두 가지 분야로 분류했다. 즉, 사람이 영생을 얻을 수 있도록 그의 속죄를 통하여 모세의 율법을 성취시키신 것과, 신회의 구성원으로서 그의 사업과 관련된 것 두 가지이다. 모세의 율법하에서는 죄나 기타 다른 것들로부터 속죄받기 위한 짐승의 희생 제물이 엄격히 준수되었다. 유대인들은 또한 속죄를 위하여 안식일에 금식을 하는 특별한 날인 욤키퍼(Yom Kippur)를 준수했다. 예수 그리스도께서는 모세의 율법의 속죄의 희생을 하나님과 인류 사이의 무한한 화해의 속죄로 대신하시기 위해 십자가에 못 박히시고 부활하셨다.

제3장에서는 사람들에 대한 예수님의 성역을 다섯 가지 분야로 분류했다. 즉, 그의 교회를 조직하심, 많은 기적을 행하시면서 필요한 자들에게

성역을 베푸심, 복음의 원리를 가르치심, 신성한 신권 의식을 수행하심, 가깝고 먼 미래에 대하여 예언을 하심 등이다. 이들의 각 분야는 성경과 몰몬경에서 관련 기록들을 비교함으로써 토론했다. 예수께서 유대인들과 니파이인들 사이에서 가르치신 것들 중 많은 부분이 중복되지만 예언 부분은 그렇지 않다. 예를 들면, 마태복음 24장의 예언들은 대부분 서기 70년에 있을 예루살렘의 멸망에 관한 것이었으며 일부는 세상의 종말에 관한 것이었던 반면, 제3니파이 16, 20, 21장의 예언들은 후일에 유대인들과 요셉인들의 분산과 집합에 관한 것들이다.

하나님의 진정한 신성 (Deity)

제4장에서는 아버지와 아들 사이의 진정한 신성을 토론한다. 신성에 대한 사람의 견해가 올바르지 않으면, 신학의 나머지는 별로 의미가 없다. 4세기에 열린 니케아 공의회와 콘스탄티노플 공의회 이후, 삼위일체 교리가 사실상 기독교의 정통 교리가 되어 왔다. 일부 반대가 있긴 했지만, 대부분의 기독교인들은 아버지, 아들, 성신은 본질적으로 동체라고 믿어왔다.

성경에는 *삼위일체*라는 단어는 나오지 않지만, 삼위일체를 찬성하는 사람들과 반대하는 사람들은 모두 그들의 견해를 정당화하기 위하여 성경의 여러 다른 구절들을 인용한다. 몰몬경에서는 부활하신 예수께서 삼 일간 니파이인들을 방문하셨을 때 그와 아버지와의 관계에 대하여 가르치셨다. 선지자 아빈아다이도 이 주제에 관하여 가르쳤으며(모사이야서 15:1-5 참조), 그 깊은 분석은 우리가 하나님의 진정한 속성을 이해하는 데 도움을 준다. 이 경우는 사도 바울이 묘사한 다음과 같은 말씀의 예가 될 것이다. "오직 하나님이 성령으로 이것을 우리에게 보이셨으니 성령은 모든 것 곧 하나님의 깊은 것까지도 통달하시느니라." (고린도전서 2:10)

성경과 몰몬경의 연결

제5장에서는 몰몬경에 나오는 성경의 모든 인용문을 이 두 개의 위대한 경전을 연결하기 위해 분석했다. 몰몬경에는 성경의 인용문이 많다. 이

사야서에서 약 35퍼센트(대부분 이사야 2-14, 29, 48-54장), 말라기서에서 약 42퍼센트(말라기 3-4장), 그리고 미가서에서 몇 구절을 인용하고 있다. 부활하신 예수께서 삼 일간 니파이인들을 방문하셨을 때도 마태복음 5-7장의 산상수훈을 약간 변경하여 다시 가르치셨다. 몰몬경에 인용된 구절에는 추가, 누락, 교정된 부분들이 많다.

몰몬경에는 이러한 성경 구절의 인용 이외에도, 성경에 관한 메시지가 여러 개 있다. 이것은 곧 니파이인들은 그들이 인용할 수 있었던 고대 경전을 가지고 있었음을 보여준다. 몰몬경의 리하이, 니파이, 그리고 다른 저자들은 그들이 기원전 600년경에 얻은 놋쇠판을 인용하거나 참조했다. 놋쇠판에는 경전 및 요셉 지파의 족보가 실려 있었다. 다시 말하면, 기원전 7세기의 히브리인의 기록인 것이다. 따라서 그들은 (기원전 5세기에 에스라에 의해 정경화된) 구약과 (기원전 4세기에 그리스어로 번역된) 70인역 성서(Septuagint)에 포함된 것과는 어느 정도 다른 기록을 갖고 있었을 것이다.

제5장에서는 성경의 무오류성(또는 무류성)에 대한 믿음도 토론했다. 일부 성경 학자들은 성경의 여러 버전 간의 차이뿐만 아니라 성경의 비일관성도 지적해 왔다. 심지어 일부 진보적 학자들은 성경을 다시 써야 한다고 주장해왔는데, 이것은 특히 새롭게 발견된 많은 성서적 문서(discovered scriptural documents), 사해 두루마리(Dead Sea Scrolls), 나그함마디 문헌(Nag Hammadi library) 등에서 새로운 것들이 발견된 후로 더욱 그러하다. 따라서 성경 전문가들 사이의 의견은 성경의 무오류성부터 다시 기록해야 하는 필요성까지 매우 다양하다.

하나님의 두 가지 신권

제6장에서는 하나님의 신권과 그 행사를 분석했다. 모세는 여호와로부터 성전의 일과 의식들을 관리하는 일을 레위인들에게 맡기라는 명을 받았으며, 그들은 레위 신권을 받았다(출애굽기 40장 참조). 바울과 앨마는 모두 멜기세덱 신권을 설명했다(히브리서 7장, 앨마서 13장 참조).

예수 그리스도와 그의 제자들은 침례, 성신 부여, 성찬 떡과 포도주

집행 등과 같은 신권 의식을 행사했다. 침례 요한도 신권의 권세로 물에서 침례를 베풀었다. 그렇지만, 성경은 이러한 의식을 어떻게 성임하고 수행하는지 설명하지 않는다. 따라서, 신권 의식을 수행하는 방법에 대하여 의견의 불일치가 있어 왔다(예를 들면, 세례의 방법이 많음). 이와는 반대로, 몰몬경에서는 침례 방법, 성신을 부여하는 방법, 성찬 떡과 포도주를 집행하는 방법, 제사와 교사를 성임하는 방법 등이 구체적으로 언급되어 있다.

그뿐만 아니라, 조셉 스미스와 올리버 카우드리는 몰몬경을 번역하는 도중, 서기 1829년 천사로부터 직접 레위 신권과 멜기세덱 신권을 받았다(교리와 성약 13, 27편 참조). 그들은 또한 서기 1836년 세 명의 고대 선지자들로부터 이스라엘을 집합시키고, 복음의 충만함을 받아들이고, 자녀의 마음을 아버지에게로 아버지의 마음을 자녀에게로 돌이키게 하는 신권의 열쇠를 받았다(교리와 성약 110편 참조). 그러므로 하나님의 신권과 열쇠가 이 경륜의 시대에 지상에 다시 회복되었던 것이다.

성경과 몰몬경 간의 공통된 가르침의 예

제7장에서는 성경과 몰몬경 간의 공통된 가르침의 열 가지 예를 분석했다. 즉, 1. 그리스도의 교리, 2. 신앙, 소망, 사랑, 3. 믿음으로 의롭다 하심을 받음 및 행함에 따른 심판, 4. 씨뿌리는 자의 비유 및 씨의 비유, 5. 아담의 원죄 및 예수 그리스도의 속죄, 6. 극적인 개종 사례, 7. "먼저 된 것이 나중이 되고, 나중 된 것이 먼저 됨"의 예언, 8. 조목조목 잘 들어맞는 가르침의 예, 9. 예수 그리스도의 제자가 되는 것, 10. 몰몬경의 독특한 가르침의 예 등이다. 이러한 예들은 몰몬경이 그리스도의 교리 및 신앙-소망-사랑에 대한 명확한 정의, 성경의 가르침에 대한 왜곡의 회피, 동양 종교와 유사한 가르침의 예 등과 같이, 여러 가지 면에서 성경을 뒷받침하고 있음을 증명한다. 이러한 예들은 또한 몰몬경이 성경의 가르침 중 많은 분야를 보완하고 있으며, 두 경전은 서로 매우 필적하는 동반자 관계임을 보여준다. 무엇보다도, 이러한 예들은 성경과 몰몬경이 하나의 막대기(기록)로서 함께 가르치고 있음을 증명한다.

족장들과 선지자들의 유언

제8장에서는 성경과 몰몬경의 선지자들과 족장들의 유언을 분석했다. 죽어가는 사람의 마지막 말씀은 가장 진지하고 소중하다. 구약에는 연속적인 예언적 기록이 몇 개 있다. 특히, 야곱과 모세는 이스라엘의 모든 열두 지파에게 마지막 축복을 주었다. 신약은 한 세대의 기록이지만, 예수 그리스도께서는 그의 제자들에게 그의 마지막 임무 또는 계명을 주었다.

몰몬경은 일천 년에 걸친 니파이인들의 역사를 통하여 한 선지자로부터 다음 선지자로 분명히 계승되었기 때문에 유언에 관한 사례가 많이 있다. 하지만, 이 장에서는 해당 토론의 분량을 감안하여 이들 중 몇 가지 사례만 검토했다. 이 사례들로는 리하이, 니파이, 베냐민 왕, 그리고 모로나이의 마지막 말씀이 포함된다. 이들은 유언을 통하여 성경에는 없는 중요한 복음 원리와 교리를 가르쳤다.

몰몬경의 독특한 예언들

제9장에서는 몰몬경의 독특한 예언들을 분석했다. 이 예언들은 주로 니파이전서 10-14, 22장, 니파이후서 3, 25-33장, 야곱서 5장, 제3니파이 16-29장, 몰몬서 7-8장, 이더서 4, 13장에서 찾아볼 수 있다. 요한계시록에 나오는 세상의 종말에 관한 예언 대신에, 대부분의 이 예언들은 이스라엘의 분산과 집합, 옛 예루살렘과 새 예루살렘, 요셉 지파의 기업의 땅, 후일의 선지자 및 몰몬경의 출현과 함께 후일에 있을 주님의 사업의 시작 등에 초점을 두고 있다. 이 책의 마지막 저자인 모로나이는 또한 우리의 시대에 관하여 여섯 가지의 예언과 몰몬경 독자들을 위한 여덟 가지의 권고 사항을 남겼다(몰몬서 8장, 모로나이서 10장 참조).

명백하고 귀한 부분들과 성약 및 기타 발견 사항들

앞서 언급한 바와 같이, 니파이는 천사로부터 큰 이방인의 교회가 주님의 많은 명백하고 귀한 부분들과 성약들을 성경에서 제하여 버릴 것이나 이들은 몰몬경을 통하여 회복될 것임을 알게 되었다(니파이전서 13:26, 34

참조).

제10장은 24가지의 명백하고 귀한 부분들과, 예수 그리스도의 속죄와 관련된 25가지의 주제와, 5가지의 구체적인 신권 의식 및 이와 관련된 성약에 관하여 토론한다. 이들은 성경에서는 누락되었으나 몰몬경에서 보완해 주는 가르침이다. 성경에는 없고 몰몬경에만 있는 13가지의 고유한 예언들도 토론했다. 이 연구 자료에서는 성경과 몰몬경에 나오는 몇몇 특정한 단어들의 수치적 통계(단어 수)를 비교한 후 9가지의 추론을 발췌하여 이 장에서 토론했다. 또한, 성경에는 명시되어 있지 않으나 유대-기독교 역사를 통하여 발전되어 온 12가지의 전통적인 믿음과 관행은 몰몬경의 가르침을 통하여 옳지 않음을 발견하였고 이 장에서 열거하였다. 이 모든 것은 천사가 니파이에게 시현으로 보여준 것들의 일부를 짐작할 수 있게 해 준다.

많은 질문과 대답

저자는 이 책을 집필하면서 많은 질문이 떠올랐다. 그 많은 질문 중 40개를 선정하여 대답을 마련하였다. 이 대답들은 대부분 이 책에서 찾을 수 있지만, 편의상 부록 편에 요약해 놓았다. 이 질문과 대답들은 이 연구 자료에서 비롯되는 토론들을 보강해 주며, 토론된 주제들을 더욱 명료하게 이해할 수 있도록 해 준다.

◆ 요약

에스겔과 리하이가 언급한 유다 지파와 요셉 지파의 막대기 또는 기록처럼, 성경과 몰몬경은 야곱과 요셉이 예언한 족장의 축복을 성취시키는 데 도움이 되는 기록들이다(창세기 49:2, 니파이후서 3장 참조). 유다 지파에 관한 예언의 성취는 성경과 유대-기독교의 역사에 나타나 있다. 요셉 지파에 관한 예언의 성취는 몰몬경과 예수 그리스도 후기 성도 교회를 통하여 이 후일에 회복된 예수 그리스도의 복음에 나타나 있다. 이 두 경전들은 또한 에스겔과 몰몬의 하나의 막대기(기록)에 관한 예언을 성취시켰다(에스겔 37:19, 몰몬 7:9 참조).

유대인들은 1세기에 예수 그리스도의 사도 시대 이후 성경(유다의 막대기)을 이방인들에게 전했고, 이 과정에서 명백하고 귀한 부분들과 성약들이 누락되었다. 요셉 지파에서 나온 몰몬경은 성경에서 누락된 그 명백하고 귀한 부분들과 성약들을 포함하고 있는 기록이다. 본 연구 자료는 몰몬경에서 발견한 성경의 교정 내용들을 비롯하여 기타 여러 사항들과 또한 그 명백하고 귀한 부분들과 성약들에 관하여 많은 것을 밝혀준다.

목차

한글본을 내면서 · 6

특이한 한글 단어의 번역 · 8

추천사 · 13

감사의 글 · 17

머리말 · 18

소개 · 24

제1장 **예수 그리스도에 관한 예언** · 51

제2장 **예수 그리스도의 성역: 하나님과 함께 일하심** · 77

제3장 **예수 그리스도의 성역: 백성들에 대한 성역** · 105

제4장 **하나님의 실체** · 135

제5장 **성경과 몰몬경의 연결** · 161

제6장 **하나님의 두 가지 신권** · 191

제7장 **공통된 가르침의 예** · 223

제8장 **족장과 선지자들의 유언** · 265

제9장 **몰몬경의 독특한 예언들** · 295

제10장 **명백하고 귀한 부분과 성약들 및 기타 발견들** · 325

부록 질의응답 · 365

참고 문헌 · 402

제1장

예수 그리스도에 관한 예언

◆
◆

그러나 보라, 유대인들은 목이 뻣뻣한 백성이었던지라, 그들이 명백함을 지닌 말씀을 경멸하고, 선지자들을 죽이고, 스스로 이해할 수 없는 것들을 구하였도다. 그런즉 그들이 푯대를 지나쳐 바라봄으로써 눈이 멀게 되었으매, 그들이 눈멀게 됨으로 넘어지지 아니할 수 없나니, 이는 하나님께서 그들에게서 그의 명백함을 제하시고, 그들이 원했으므로 그들이 깨달을 수 없는 것들을 많이 그들에게 내어 주셨음이라. 그들이 이를 원하였으므로 하나님께서 이를 행하사, 그들로 걸려 넘어지게 하신 것이니라.
또 이제 나 야곱은 영에 이끌려 예언하노니, 이는 유대인들이 걸려 넘어짐으로써 그들이 그 위에 세워 안전한 기초를 가질 수 있는 돌을 버릴 것임을, 내 안에 있는 영의 역사하심으로 말미암아 내가 앎이라.
그러나 보라, 경전에 의하건대, 이 돌이 유대인들이 그 위에 세울 수 있는 크고 마지막이며 유일하고 견고한 기초가 될 것이니라. (야곱서 4:14-16)

◆
◆

신약에는 구약의 가르침과 예언들에 대한, 특히 사도 바울이나 누가와 같이 교육을 잘 받은 저자들에 의한, 다수의 인용과 주석이 포함되어 있다. 사복음서에도 구약의 인용과 예언들이 많이 있다. 이 장에서 구약의 예언들은 사복음서 - 마태복음, 마가복음, 누가복음, 요한복음 - 에서 확인된 것에만 국한한다. 몰몬경은 예수 그리스도께서 탄생하시기 600년 전부터 다루고 있으며, 예수 그리스도에 대한 많은 예언도 포함하고 있다. 일반적으로, 몰몬경의 예언들은 이해하기에 명백하고[1], 자세하며, 구체적이다.

다음은 신약의 사복음서와 그리스도의 탄생 이전의 몰몬경에서 확인된, 현재의 구약에 나오는 예수 그리스도의 탄생, 침례, 성역, 십자가에 못 박히심, 그리고 부활과 관련된 예언들의 예이다.

---

1 몰몬경의 첫 번째 저자인 니파이가 "나의 영혼이 내 백성들을 위하여 명백함을 기뻐함이니, 이는 그들로 배울 수 있게 하려는 것이니라"라고 기록했을 때 그는 그의 기록의 명백함에 대한 선례를 남긴 듯하다. (니파이후서 25:4 참조)

◆ 예수 그리스도의 탄생에 관한 예언

사복음서에서 확인된 구약의 예언들

구약에는 예수님의 탄생과 그의 어린 시절에 관하여 단지 네 구절밖에 없다. 이 예언들은 이사야, 미가, 예레미야, 그리고 호세아와 같은 선지자들이 한 것이다.

· 처녀가 잉태하여 아들을 낳을 것이요 그의 이름을 임마누엘이라 하리라. (이사야 7:14, 마태복음 1:23 참조)
· 이스라엘을 영원히 다스릴 자가 있으리라. (미가 5:2, 마태복음 2:6 참조)
· 라헬이 자식이 없으므로 애곡하며 위로받기를 거절하였도다. (예레미야 31:15, 마태복음 2:16-18 참조)
· 주께서 애굽으로부터 내 아들을 불러내었다. (호세아 11:1, 마태복음 2:15 참조)

이렇게 기록된 예언들만 보더라도, 유대인들은 아기 예수를 그의 탄생 및 유아기 동안 그들이 오랫동안 기다려 온 메시야로 인정하기는 어려웠을 것이다. 사복음서는 마리아, 요셉, 엘리사벳, 시므온, 안나, 베들레헴의 몇 명의 목자들, 동방박사 등 선택된 몇 명만 예수님을 메시야로 인정했다고 기록하고 있다. 이들이 아기 예수가 메시야이심을 아는 것은 천사의 방문이나 성령의 증거를 통하여 그들에게 주어진 것이다.

몰몬경의 예언들

다음 예에서 보는 바와 같이, 구주의 탄생에 관한 몰몬경의 예언들은 이름과 시간을 포함하여 구체적이다. 또한, 해가 져도 어둡지 않은 환한 밤과 예수께서 탄생하신 지역에 뜬 새 별에 대한 예언도 있다.

탄생하신 해

· 리하이가 예루살렘을 떠난 때로부터 육백 년에 주 하나님께서 메시야를 일으키시리라. (니파이전서 10:4, 기원전 600-592년 참조)

· 메시야는 리하이가 예루살렘을 떠난 때로부터 육백 년 후에 오시리라. (니파이후서 25:19, 기원전 559-545년 참조)

· 오 년이 지나고 나서, 구속주께서 그를 믿는 자들을 구속하시려 오시느니라. (힐라맨서 14:2, 기원전 6년경 참조)

구체적인 이름 (및/또는 경칭)

· "선지자들의 말과 천사의 말에 따르건대, 그의 이름은 하나님의 아들 예수 그리스도가 될 것임이라." (니파이후서 25:19, 기원전 559-545)

· "그는 예수 그리스도, 하나님의 아들, 하늘과 땅의 아버지, 태초로부터 만물의 창조자라 일컬음을 받을 것이요, 그의 모친은 마리아라 칭하여지리라." (모사이야 3:8, 기원전 124년경)

· 그는 우리 선조들의 땅인 예루살렘에서 마리아에게서 나시리니, 그는 처녀로서, 귀하고 택함을 받은 그릇이라, 성신의 권능으로 덮으심을 입고 잉태하여, 아들을 낳으리니, 곧 하나님의 아들이라." (앨마서 7:10[2], 기원전 82년)

그의 오심에 대한 징조

· "…메시야가 오신 후에 그의 탄생에 대하여 또한 그의 죽으심과 부활

---

2 흥미롭게도, 선지자 앨마는 그 출생지를 베들레헴이 아닌 예루살렘이라고 불렀다. 이러한 유형의 설명은 어떤 경우에는 열왕기하 14:20에서처럼 고대에 사용되었던 것 같다. "그 시체를 말에 실어다가 예루살렘에서 그의 조상들과 함께 다윗 성에 장사하니라." 다윗 성은 예루살렘이 아닌 베들레헴이어야 한다. 이런 식의 편한 생각은 이 두 성 간의 거리가 가깝기 (약 8km) 때문이었을 것이다.
누가는 천사가 마리아에게 "성령이 네게 임하시고 지극히 높으신 이의 능력이 너를 덮으시리니"(누가복음 1:35)라고 말했다고 기록한 반면, 앨마는 "처녀(마리아)가 성신의 권능으로 덮으심을 입고 잉태할 것이다"라고 말했다. 누가는 성신과 지극히 높으신 이를 구별하여 불렀으나, 마태가 "그녀가 성령으로 잉태된 것이 나타났더니"(마태복음 1:18)라고 말하면서 그들을 따로 구분하지 않은 것처럼 앨마도 그들을 따로 구분하지 않았다.

에 대하여 나의 백성들에게 주어질 표적이 있을 것이요, 악인들에게는 그날이 크고 두려운 날이 되리니" (니파이후서 26:3, 기원전 559-545년)

· "하늘에 큰 빛이 있어, 그가 오시기 전날 밤은 어둠이 없으므로 마치 낮인 것 같을 것임이요, 그것이 그가 나시기 전날 밤이 되리로다. … 새 별이 하나 돋으리니, 너희가 결코 본 적이 없는 그러한 것일지라, 하늘에 많은 표적과 기사가 있을 것이리니, 너희가 땅에 엎드러지리로다." (힐라맨서 14:3-7, 기원전 6년경)

위의 예언들은 예수 그리스도의 탄생에 관하여 특정 연도와 장소를 나타냄으로써 그 명백함을 보여주고 있으며, 심지어 그의 모친의 이름은 마리아임을 밝히고 있다. 그러므로, 몰몬경은 예수님의 탄생에 대하여 모호한 면이 적다. 예수님은 유대 베들레헴에서 태어나셨지만, 하루 밤과 낮 동안 어둠이 없다고 예언된 표적은 니파이 땅에서만 성취되었다[3].

◆ 침례 및 침례 요한에 관한 예언들

사복음서에서 확인된 구약의 예언들

구약에는 침례 요한이 베푼 침례에 대하여 확실하게 참조해 주는 구절이 없다. 요한의 침례는 인기가 있었지만 유대 지도자들은 이를 별로 받아들이지 않았던 것이 분명하다. 그들은 예수님이 하신 "요한의 침례가 어디로부터 왔느냐? 하늘로부터냐, 사람으로부터냐?"(마태복음 21:25)라는 질문에 어떻게 대답을 해야 할지 몰랐다. 그러나 사복음서에 나오는 침례

3 그렇지만, 그렇게 명백하고 분명한 표적에도 불구하고, 그들의 사회에서는 구주의 탄생을 믿지 않는 (지적인) 회의론자들이 많이 있었다. 그들이 믿지 않게 된 논리와 이론은 힐라맨서 16:13–21(기원전 1년 ~ 서기 1년)에 설명되어 있다.

요한의 주장에 관하여 이사야와 말라기가 한 예언이 몇 가지가 있다.

- "그가 엘리야의 심령과 능력으로 아버지의 마음을 자녀에게로 돌이키게 하고 자녀들의 마음을 그들의 아버지에게로 돌이키게 하리라." (말라기 4:6, 누가복음 1:17 참조)
- "…광야에서 외치는 자의 소리가 있어, 너희는 주의 길을 준비하라. 그가 오실 길을 곧게 하라." (이사야 40: 3-5, 누가복음 3:4-6, 마태복음 3:3, 마가복음 1:2-3, 요한복음 1:23 참조)
- "내가 내 사자를 보내리니 그가 내 앞에서 길을 준비할 것이요…" (말라기 3:1, 누가복음 7:27-28, 마태복음 11:10, 마가복음 1:2 참조)

선지자 이사야와 말라기의 간단한 설명을 기준으로 보면 이러한 예언들이 침례 요한에 관한 것이라고 단정하기는 어렵지만, 이들 사이에서 면밀한 상관관계를 끌어낼 수는 있다. 구약에서는 구체적으로 언급한 침례 의식을 확실하게 추적할 수는 없지만, 일부 성경 학자들은 미크베[4]라고 하는 물에 의한 정화 활동을 침례와 같은 의식으로 추정하고 있다.

몰몬경의 예언들

몰몬경에서 침례에 관한 신권 의식은 일찍이 리하이와 니파이 때부터 가르쳐졌다(기원전 600-592년). 다음은 예수 그리스도께서 탄생하시기 전에 이들이 설명한 침례에 관한 예 또는 침례에 대한 가르침 중 몇 가지를 보여준다.

4 미크베에 관한 자세한 설명은 다음 사이트를 참조한다.
http://www.setapartpeople.com/mikvah-part-1-spiritual-cleansing

침례 요한

리하이는 메시야에 앞서 와서 주의 길을 예비할 선지자에 관하여서도 말씀하셨나니—그가 나아가서 광야에서 외치기를, 너희는 주의 길을 예비하라. 그의 행로를 곧게 하라. 이는 너희 가운데 너희가 알지 못하는 이가 서 계심이라. 그는 나보다 능력이 크시니, 나는 그의 신발끈을 풀기에도 합당하지 아니하다 하리라 하셨느니라. (니파이전서 10:7-8, 기원전 600-592년)

침례

나의 부친은 이르기를, 그가 요단 건너편 베다바라에서 침례를 주리라 하셨으며, 또한 이르기를, 그는 물로 침례를 줄 것이며, 그가 세상의 죄를 제하실 하나님의 어린 양에게 침례를 주었음을 알고 증거하리라 하셨느니라. (니파이전서 10:9-10, 기원전 600-592년)

내가 알거니와 만일 너희가 아들을 따르되, 마음의 뜻을 다하고, 하나님 앞에서 위선이나 거짓을 행함이 없이, 진정한 의도로써 너희의 죄를 회개하며, 너희가 기꺼이 그리스도의 이름을 받들려 함을 침례로써 - 참으로 그의 말씀대로, 너희 주 곧 너희 구주를 좇아 물에 들어감으로써 아버지께 증거할진대, 보라, 그리할진대 너희가 성신을 받을 것이라. 참으로 그리할진대 불과 성신의 침례가 임하나니, 그때 너희는 천사의 방언으로 말하며 이스라엘의 거룩하신 자에게 찬양을 외칠 수 있느니라. (니파이후서 31:13, 기원전 559-545년)

…단합과 서로에 대한 사랑 가운데 그들의 마음이 함께 맺어지고, 한 신앙과 한 침례를 가지고 한 눈으로 앞을 바라볼 것을 명하였더라. (모사이야서 18:21, 기원전 147년경)

…와서 너희 하나님께 나아가, 너희 죄를 기꺼이 회개하며 그의 계명을

지키기로 그와 성약을 맺고자 함을 보이고, 이를 침례의 물에 들어감으로써 오늘날 그에게 증거하도록 하라. (앨마서 7:15, 기원전 83년경)

몰몬경의 일천 년 역사를 통하여 물에 잠기는 침례 의식이 수많이 행해졌다. 팔레스타인 지역의 유대인들과는 달리, 니파이인들에게 있어서 침례 의식이란 예수 그리스도의 성역 이전과 이후 모두 종교적 관행의 필수적인 부분이었다. 부활하신 예수 그리스도께서 그들을 방문하셨을 때 가장 먼저 가르치신 것이 바로 침례였는데(제3니파이 11:18-27 참조), 니파이인들에게는 이것이 새로운 의식이 아니었다.

◆ 예수 그리스도의 성역에 관한 예언들

사복음서에서 확인된 구약의 예언들

구약에는 사복음서에서 밀접하게 확인된 예수 그리스도의 성역에 관한 많은 예언들이 있다. 이러한 예언들은 대부분 시편 작가와 선지자 이사야로부터 유래한 것이지만, 모세, 스가랴, 말라기, 에스겔, 호세아 등과 같은 다른 선지자들로부터 유래한 것들도 있다. 일부 예언들은 예수 그리스도의 성역과 밀접한 관련이 있고, 일부 예언들은 그렇지 않다. 이 단락에서는 마태, 마가, 누가, 요한의 사복음서를 순서대로 따라가 본다.

모세 오경에 나오는 선지자 모세[5]의 예언 (또는 이와 유사한 가르침)

네 마음을 다하고 목숨을 다하고 힘을 다하여 주를 사랑하라. (신명기

5 다음은 반드시 예언은 아니고 단지 인용한 것들이다. 마태복음 4장 4, 7, 9절에서 예수께서 세 가지 유혹을 극복하시면서 사탄에게 대답하실 때 인용하신 신명기 8:3, 6:16, 10:12 (6:13)은 여기에 포함되지 않았다. 또한 마태복음 19:18에서 예수께서 십계명에 관하여 말씀하실 때 인용하신 출애굽기 20:13–18(또는 신명기 5:17–20)도 여기에 포함되지 않았다. (마가복음 10:19, 누가복음 18:20 참조)

6:5, 신명기 30:6, 마태복음 22:37, 마가복음 12:30, 누가복음 10:27 참조)

네 이웃을 너 자신같이 사랑하라. (레위기 19:18, 마태복음 22:39, 마가복음 12:31, 누가복음 10:27 참조)

산비둘기 두 마리나 집비둘기 새끼 두 마리를 바쳤더라. (레위기 12:8, 누가복음 2:24 참조)

아브라함이 나기 전부터 내가 있느니라. (출애굽기 3:14, 요한복음 8:58 참조)

신약 전체를 통하여 모세의 율법으로부터 인용된 성전 의식이나 희생, 십계명, 예수 그리스도의 혈통과 관련된 것들이 많이 있다. 하지만, 사복음서에서 확인된 예수 그리스도의 성역에 관한 모세의 예언들은 다소 제한적이다.

선지자 엘리야의 예언 (또는 이와 유사한 가르침)

여호와께서 이르시되, 가서 이 백성에게 이르기를, 너희가 듣기는 들어도 깨닫지 못할 것이요, 보기는 보아도 알지 못하리라 하여 이 백성의 마음을 둔하게 하며, 그들의 귀가 막히고 그들의 눈이 감기게 하라. 염려하건대 그들이 눈으로 보고 귀로 듣고 마음으로 깨닫고 다시 돌아와 고침을 받을까 하노라. (이사야 6:9-10, 마태복음 13:14-15, 마가복음 4:12, 누가복음 8:10, 요한복음 12:40 참조)

…스불론 땅과 납달리 땅이…해변 길과 요단 저쪽 이방의 갈릴리를…흑암에 행하던 백성이 큰 빛을 보고…(이사야 9:1-2, 마태복음 4:15-16 참조)

이는 한 아기가 우리에게 났고 한 아들을 우리에게 주신 바 되었는데,

그의 어깨에는 정사를 메었고 그의 이름은 기묘자라, 모사라, 전능하신 하나님이라, 영존하시는 아버지라, 평강의 왕이라 할 것임이라. (이사야 9:6[6], 누가복음 2:20 참조)

그러므로 주 여호와께서 이같이 이르시되. 보라! 내가 한 돌을 시온에 두어 기초로 삼았노니 곧 시험한 돌이요 귀하고 견고한 기촛돌이라. 그것을 믿는 이는 다급하게 되지 아니하리로다. (이사야 28:16, 마태복음 16:18 참조)

이 백성이 입으로는 나를 가까이하며 입술로는 나를 공경하나 그들의 마음은 내게서 멀리 떠났나니, 그들이 나를 경외함은 사람의 계명으로 가르침을 받았을 뿐이라. (이사야 29:13, 마태복음 15:9 참조)

…내 마음에 기뻐하는 자, 곧 내가 택한 사람을 보라! 내가 나의 영을 그에게 주었은즉 그가 이방에 정의를 베풀리라. 그는 외치지 아니하며 목소리를 높이지 아니하며 그 소리를 거리에 들리게 하지 아니하며 상한 갈대를 꺾지 아니하며 꺼져가는 등불을 끄지 아니하고 진실로 정의를 시행할 것이며 그는 쇠하지 아니하며 낙담하지 아니하고 세상에 정의를 세우기에 이르리니, 섬들이 그 교훈을 앙망하리라. (이사야 42:1-4, 마태복음 12:18-21 참조)

우리가 전한 것을 누가 믿었느냐? 여호와의 팔이 누구에게 나타났느냐? (이사야 53:1, 요한복음 12:38 참조)

---

6 옳든 그르든 간에, 일부 학자들은 이 구절이 당시의 왕을 찬양하는 것이며 예수 그리스도에 대한 예언은 아니라고 주장한다.

…그가 찔림은 우리의 허물 때문이요 그가 상함은 우리의 죄악 때문이라. 그가 징계를 받으므로 우리는 평화를 누리고, 그가 채찍에 맞으므로 우리는 나음을 받았도다. (이사야 53:4-5, 마태복음 8:17 참조)

그가 곤욕을 당하여 괴로울 때에도 그의 입을 열지 아니하였음이여! 마치 도수장으로 끌려가는 어린 양과 털 깎는 자 앞에서 잠잠한 양같이 그의 입을 열지 아니하였도다. (이사야 53:7, 마가복음 14:16 참조)

네 모든 자녀는 여호와의 교훈을 받을 것이니 네 자녀에게는 큰 평안이 있을 것이며. (이사야 54:13, 예레미야 31:33-34, 요한복음 6:45 참조)

…이는 내 집은 만민이 기도하는 집이라 일컬음이 될 것임이라. (이사야 56:7, 예레미야 7:11, 마태복음 21:13, 마가복음 11:17, 누가복음 19:46 참조)

주 여호와의 영이 내게 내리셨으니 이는 여호와께서 내게 기름을 부으사 가난한 자에게 아름다운 소식을 전하게 하려 하심이라. 나를 보내사 마음이 상한 자를 고치며 포로된 자에게 자유를, 갇힌 자에게 놓임을 선포하며 여호와의 은혜의 해를 선포하여… (이사야 61:1-2, 이사야 58:6, 누가복음 4:18-19 참조)

비록 위의 예들에 반드시 강한 상관관계가 있는 것은 아니지만, 이사야의 많은 예언들이 예수 그리스도의 성역 당시 성취되었음을 신약의 복음서 저자들이 확인했다는 것을 보여준다. 그렇지만, 위에서 예를 든 선지자 이사야의 예언들은 일반적인 것이며 다른 많은 상황을 묘사할 수도 있다.

시편 작가의 예언 (또는 이와 유사한 가르침)

어린아이들과 젖먹이들의 입으로 권능을 세우심이여! (시편 8:2, 마태복

음 21:16 참조)

내가 신뢰하여 내 떡을 나눠 먹던 나의 가까운 친구도 나를 대적하여 그의 발꿈치를 들었나이다. (시편 41:9, 요한복음 13:18 참조)

까닭 없이 나를 미워하는 자가 나의 머리털보다 많고 (시편 69:4, 35:19, 요한복음 15:25 참조)

주의 집을 위하는 열성이 나를 삼키고… (시편 69:9, 요한복음 2:17 참조)

내가 입을 열어 비유로 말하며 예로부터 (창세부터) 감추어졌던 것을 드러내려 하니 (시편 78:2, 마태복음 13:35 참조)

내가 말하기를 너희는 신들이며 다 지존자의 아들들이라 하였으나 (시편 82:6, 요한복음 10:34-35 참조)

여호와께서 내 주에게 말씀하시기를, 내가 네 원수들로 네 발판이 되게 하기까지 너는 내 오른쪽에 앉아 있으라 하셨도다. (시편 110:1, 시편 8:6, 마태복음 22:44 참조)

건축자가 버린 돌이 집 모퉁이의 머릿돌이 되었나니 이는 여호와께서 행하신 것이요 우리 눈에 기이한 바로다. (시편 118:22-23, 마태복음 21:42, 마가복음 12:10-11, 누가복음 20:17 참조)

예수 그리스도께서는 위와 같은 시편 작가의 예언들을 대부분 인용하셨으며, 이 예언들은 모두 그의 성역 기간 중에 성취되었다. 이사야서의 구절들처럼, 예수 그리스도께서 시편을 인용하셨을 때 이 구절들은 특정 주제나 사람에 따라 상황별로 약간씩 다르게 가르치신 것 같다.

선지자 스가랴와 호세아의 예언 (또는 이와 유사한 가르침)

…그들이 곧 은 삼십 개를 달아서 내 품삯으로 삼은지라…내가 곧 그 은 삼십 개를 여호와의 전에서 토기장이에게 던지고 (스가랴 11:12-13, 마태복음 27:9-10 참조)

…만군의 여호와가 말하노라…목자를 치면 양이 흩어지려니와 작은 자들 위에는 내가 내 손을 드리우리라. (스가랴 13:7, 마태복음 26:31, 마가복음 14:27 참조)

나는 인애를 원하고 제사를 원하지 아니하며 번제보다 하나님을 아는 것을 원하노라. (호세아 6:6, 마태복음 12:7 참조)

위와 같은 스가랴의 예언들은 예수 그리스도의 성역이 끝날 무렵 그가 십자가에 못 박히시는 동안 성취되었다. 호세아서의 인용은 호세아 세대의 유대인들에 관한 주님의 뜻을 더 잘 설명해 주며, 예수 그리스도께서는 이와 똑같은 말씀을 그의 성역 기간 동안 그들에게 전하셨다.

몰몬경의 예언들

몰몬경에는 예수 그리스도의 성역에 관한 예언이 많지 않다. 베냐민 왕과 선지자 앨마의 다음 두 가지 인용은 예수 그리스도의 성역을 포함하여 그의 전반적인 생애와 관련이 있으며, 대부분은 그가 받으신 고통에 초점을 두고 있다.

베냐민 왕, 기원전 124년

그리고 내가 너희에게 고할 일은 하나님으로부터 온 천사에 의해 나에게 알려졌나니…

볼지어다, 그때가 이르며 그리 멀지 아니하니, 곧 모든 영원으로부터 모든 영원에 이르기까지 전에도 계셨고 이제도 계시며, 통치하시는 전능

하신 주께서 권능으로써 하늘로부터 사람의 자녀들 가운데 내려오사, 흙으로 지어진 성막에 거하시며, 사람들 가운데 나아가사 병든 자를 낫게 하시고, 죽은 자를 일으키시며, 못 걷는 자를 걷게 하시고, 눈먼 자를 보게 하시며, 못 듣는 자를 듣게 하시고, 온갖 질병을 고치시는 것과 같은 큰 기적을 행하시리라.

또 그는 사람의 자녀들의 마음 가운데 거하는 악마, 곧 악한 영들을 쫓아내시리라.

또 보라, 그는 죽음에 이르는 것을 제외하고, 사람이 겪을 수 있는 것 이상으로 시험과 육신의 고통, 주림, 갈증과 피로를 겪으리니, 이는 보라, 피가 모든 땀구멍에서 나옴이라, 그의 백성의 사악함과 가증함으로 인한 그의 고뇌가 그처럼 크리라.

그리고 그는 예수 그리스도, 하나님의 아들, 하늘과 땅의 아버지, 태초로부터 만물의 창조자라 일컬음을 받을 것이요, 그의 모친은 마리아라 칭하여지리라.

또 보라, 그가 자기 백성에게 오시나니, 이는 그의 이름을 믿는 신앙을 통하여 구원이 사람의 자녀들에게 임하게 하려 하심이라. 그리고 이 모든 일 이후에도 그들은 그를 사람이라 생각하여, 그가 귀신 들렸다 말할 것이요, 그를 채찍질할 것이요, 그를 십자가에 못 박으리라. (모사이야서 3:2-9, 강조체 첨가)

<u>앨마 이세, 기원전 83년경</u>

그러나 보라, 영이 나에게 이만큼 이르셨으니, …

또 보라, 그는 우리 선조들의 땅인 예루살렘에서 마리아에게서 나시리니, 그는 처녀로서, 귀하고 택함을 받은 그릇이라, 성신의 권능으로 덮으심을 입고 잉태하여, 아들을 낳으리니, 곧 하나님의 아들이니라.

이에 그가 나아가사, 온갖 고통과 고난과 시험을 당하시리니, 이는 그가 자기 백성의 고통과 질병을 짊어지리라는 말씀을 이루려 하심이라.

또 그가 사망을 짊어지시리니, 이는 그의 백성을 결박하는 사망의 줄을

> *푸시려 함이요, 또 그들의 연약함을 짊어지시리니, 육체를 따라, 그의 심정을 자비로 충만하게 하사, 육체를 따라, 자기 백성을 그들의 연약함을 좇아 어떻게 도울지 아시고자 하심이니라.*
> *이제 영은 모든 것을 다 알고 계시나, 그럼에도 하나님의 아들이 육체를 따라 고난을 받으심은 자기 백성의 죄를 지심으로, 그의 구원의 능력을 좇아 그들의 범법을 지워버리려 하심이니,* 이제 보라, 이것이 내 안에 있는 증거니라. (앨마서 7:9-13, 강조체 첨가)

이 두 선지자들은 그들의 메시지가 천사 또는 성령으로부터 받은 것임을 말하고 있으며, 이 두 인용에서 나타난 예언들은 예수 그리스도의 탄생부터 사망까지 흡사하다.

◆ 예수 그리스도의 십자가에 못 박히심과 관련된 예언

사복음서에서 확인된 구약의 예언들

예수 그리스도의 십자가에 못 박히심에 관한 예언은 이사야, 시편 작가, 스가랴 등에 의하여 다양하게 묘사되었다.

> …그가…범죄자 중 하나로 헤아림을 받았음이니라. 그러나 그가 많은 사람의 죄를 담당하며 범죄자를 위하여 기도하였느니라. (이사야 53:12, 마가복음 15:28, 누가복음 22:37 참조)

> 나를 때리는 자들에게 내 등을 맡기며 나의 수염을 뽑는 자들에게 나의 뺨을 맡기며 모욕과 침 뱉음을 당하여도 내 얼굴을 가리지 아니하였고, [십자가에 못 박히게 넘겨 주니라.] (이사야 50:6, 마태복음 27:26 참조)

> 내 하나님이여, 내 하나님이여, 어찌 나를 버리셨나이까? [엘리 엘리 라

마 사박다니] (시편 22:1, 마태복음 27:46, 마가복음 15:34 참조)

내 겉옷을 나누며 속옷을 제비 뽑나이다. (시편 22:18, 마태복음 27:35, 요한복음 19:24 참조)

내가 나의 영을 주의 손에 부탁하나이다. 진리의 하나님 여호와여, 나를 속량하셨나이다. [이 말씀을 하신 후 숨지시니라.] (시편 31:5, 누가복음 23:46 참조)

그의 모든 뼈를 보호하심이여, 그중에서 하나도 꺾이지 아니하도다. (시편 34:20, 출애굽기 12:46, 민수기 9:12, 요한복음 19:36 참조)

그들이 쓸개를 나의 음식물로 주며 목마를 때는 초를 마시게 하였사오니 (시편 69:21, 마태복음 27:34 참조)

…그들이 그 찌른 바 그를 바라보고 (스가랴 12:10, 시편 22:16, 요한복음 19:37 참조)…

…어떤 사람이 그에게 묻기를, 네 두 팔 사이에 있는 상처는 어찌 됨이냐 하면 대답하기를, 이는 나의 친구의 집에서 받은 상처라 하리라. [도마에게 이르시되, 네 손가락을 이리 내밀어 내 손을 보고 네 손을 내밀어 내 옆구리에 넣어 보라.] (스가랴 13:6, 요한복음 20:27 참조)

비록 이사야의 예언은 보편적이긴 하지만, 예수 그리스도께서는 십자가에 달리시면서도 시편 작가와 스가랴의 예언을 대부분 인용하셨다.

몰몬경의 예언들

몰몬경 전체를 통하여 예수 그리스도의 고통, 사망, 부활에 관한 예언과 가르침이 많이 나오는데, 그것들을 여기에 모두 열거하지는 않고 단지 몇 가지만 골라 보았다. 몰몬경에는 crucifixion 또는 crucifying이라는 단어는 나오지 않지만, crucify 또는 be crucified라는 단어는 아홉 번 나온다.

니파이

…아브라함과 이삭의 하나님, 그리고 야곱의 하나님은 천사의 말대로 자신을 사람으로서 악인들의 손에 내어 주사, 지노크의 말대로 들리우실 것이요, 니움의 말대로 *십자가에 못 박히실 것이요,* 사흘 동안의 어둠에 관하여 말한 지노스의 말대로 무덤에 묻히실 것이라. 이 사흘 동안의 어둠은 그의 죽으심에 대하여…주어지는 표적이 되리라.

또 예루살렘에 있는 자들로 말하자면, 선지자의 말이니라, 그들이 모든 백성들에게 괴롭힘을 당할 것은 그들이 이스라엘의 하나님을 *십자가에 못 박으며* 그들의 마음을 바꾸어, 이스라엘의 하나님의 표적과 기사와 능력과 영광을 배척하는 연고라. (니파이전서 19:10-13, 기원전 588-570년, 강조체 첨가)

그럼에도 불구하고 주께서는 그들이 다시 돌아올 것을 나에게 보여 주셨으며, …그가 자기를 나타내신 후에 나에게 이를 말해 준 천사의 말에 따를진대, 그들은 그를 채찍질하고 그를 *십자가에 못 박으리라.* (니파이후서 6:9, 기원전 559-545년, 강조체 첨가)

보라, 그들은 그를 *십자가에 못 박을* 것이요, 그는 사흘 동안 무덤에 뉘인 후, …죽은 자 가운데서 일어나시리니 (니파이후서 25:13, 기원전 559-545년, 강조체 첨가)

야곱

…그리스도가—이는 간밤에 천사가 나에게 말하기를, 이것이 그의 이름이 되리라고 하였음이라.—유대인 가운데 세상의 보다 간악한 편인

자들 가운데 오시는 것이 반드시 필요하리니, 그들은 *그를 십자가에 못 박으리라.* 이는 그같이 하심이 우리 하나님께 있어 불가피함이며, 또한 그들의 하나님을 십자가에 못 박을 민족이 땅 위에 달리 없음이니라. … 그러나 사제술과 죄악으로 인하여, 예루살렘에 있는 그들은 그를 대하여 자기들의 목을 뻣뻣하게 하리니, 이러므로 *그가 십자가에 못 박히시리라.* (니파이후서 10:3-5, 기원전 559-545년, 강조체 첨가)

베냐민 왕

…이 모든 일 이후에도 그들은 그를 사람이라 생각하여, 그가 귀신 들렸다 말할 것이요, 그를 채찍질할 것이요, *그를 십자가에 못 박으리라.* (모사이야서 3:9, 기원전 124년경, 강조체 첨가)

아빈아다이

참으로 이와 같이 그가 끌려 가사, *십자가에 못 박히시고 죽임을 당하시리니,* 육체는 참으로 죽기까지 복종하며, 아들의 뜻은 아버지의 뜻 안에 삼키운 바 되리로다. (모사이야서 15:7, 기원전 148년경, 강조체 첨가)

니파이전서 19:10에는 성경에는 알려져 있지 않은 두 명의 선지자인 지노스와 지노크에 관하여 언급하고 있으며, 이들은 예수께서 돌아가셨을 때 사흘 동안의 어둠에 관하여 예언했다. 몰몬경에서 지노스는 12회, 지노크는 5회 언급되었다. 성경에는 비록 이들의 이름이 나오지는 않지만 그들은 당대의 주요 선지자들 같았으며, 그들의 기록은 놋쇠판에 포함되어 있었음이 분명하다. 그들의 예언은 니파이인들에 의해 진지하게 받아들여졌다.

예수님의 탄생이 얼마 남지 않았던 기원전 6년, 레이맨인 선지자 사무엘은 예수 그리스도가 돌아가실 때의 표적과 놀라운 일들에 관한 예언을 다음과 같이 자세하게 설명했다.

그러나 보라, 내가 또 다른 표적, 곧 그의 죽으심의 표적에 관하여 너희에게 이른 것같이, 보라, 그가 죽임을 당하시는 그날에 해가 어두워져서 너희에게 그 빛 발하기를 거절할 것이요, 달과 별들도 그러하리니, 곧 그가 죽임을 당하실 때로부터 사흘 동안, 그가 죽은 자 가운데 다시 일어나실 때까지 이 땅 위에는 빛이 없으리라.

참으로 그가 영혼을 버리실 때에 여러 시간 동안 천둥과 번개가 있을 것이며, 땅이 진동하고 떨 것이며, 이 지면에 있으며 땅 위에 있거나 아래에 있어, 너희가 지금 알기로 단단하며 곧 그 대부분이 하나의 단단한 덩어리인 바위들이 깨어질 것이라.

참으로 그것들이 둘로 갈라져서, 이후로는 언제까지나 온 지면에, 참으로 땅 위나 아래에 그 이음새와 갈라진 틈과 깨진 조각들이 보이리라.

또 보라, 큰 태풍이 있을 것이며 많은 산들이 낮아져서 골짜기처럼 될 것이며, 지금 골짜기라 일컫는 많은 곳들이 높이가 큰 산들이 될 것이니라.

또 많은 대로가 깨지고, 많은 성읍들이 황폐하게 될 것이니라.

또 많은 무덤이 열려, 그 죽은 자들을 많이 내어놓을 것인즉, 이에 많은 성도들이 여러 사람에게 나타나리라.

또 보라, 이같이 천사가 내게 말하였나니, 그가 내게 이르기를 여러 시간 동안 천둥과 번개가 있을 것이라 하였더라.

또 그가 내게 이르기를 우레와 번개와 또 태풍이 계속되는 동안 이러한 일들이 있을 것이며, 어둠이 사흘 동안 온 지면을 덮을 것이라 하였더라.

또 천사가 내게 이르기를 많은 자들이 이보다 더 큰 일들을 보게 되리니, 이는 이러한 표적들과 이러한 기사들이 이 온 땅 위에 이룰 것임을 믿게 하려 함이며, 사람의 자녀들 가운데 믿지 아니함의 까닭이 없게 하려 함이요. (힐라맨서 14: 20-28)

예수 그리스도께서 돌아가신 후 사흘 동안 이와 같은 천재지변과 어둠이 동시에 발생할 것이라는 예언들이 성경에는 기록되어 있지 않다. 이러한 예언들은 분명 니파이인들과 레이맨인들이 살았던 지역에서만 나타났을 것이다.

◆ 예수 그리스도의 부활에 관한 예언들

성경의 예언들

요한은 "그들은 성경에 그가 죽은 자 가운데서 다시 살아나야 하리라 하신 말씀을 아직 알지 못하더라"(요한복음 20:9)라고 기록했다. 그러나, 부활이란 단어는 현재의 구약에서는 찾아볼 수 없다[7]. 이것이 바로 많은 유대인들이 예수님이 십자가에 못 박혀 돌아가신 후 부활하셨다는 것을 믿기 어려워하는 이유 중 일부가 될 수 있다. 열두 제자들 중 몇몇조차도 그것을 믿기 어려워했다(요한복음 20:25-27 참조).

몰몬경의 예언들

구약과는 달리 몰몬경에는 예수 그리스도의 탄생 이전 육백 년간의 기록을 보면 부활이란 단어가 75회 등장한다. 이 75회 중, 그리스도와 관련된 부활이란 단어는 아래에서 연대순으로 열거된 바와 같이 39회가 언급되어 있다(그리스도와 관련된 횟수 33회, 하나님의 아들과 관련된 횟수 3회, 메시야와 관련된 횟수 2회, 이스라엘의 거룩하신 자와 관련된 횟수 1회).

리하이, 기원전 588-570년

> 거룩하신 메시야는…육체를 따라 그의 생명을 버리시고 영의 권능으로 그의 생명을 다시 취하시나니, 그리하여 일어날 자의 첫째가 되사 죽은 자의 부활을 이루시리라. (니파이후서 2:8)

---

7 구약에는 비록 부활이란 단어는 없지만, 다음 두 가지의 인용 구절을 보면 부활에 대하여 간접적으로 암시하고 있다.
이사야 25:8 (요한복음 20:9과 관련됨) "사망을 영원히 멸하실 것이라. 주 여호와께서 모든 얼굴에서 눈물을 씻기시며 자기 백성의 수치를 온 천하에서 제하시리라. 여호와께서 이같이 말씀하셨느니라."
에스겔 37:12 (마태복음 27:52과 관련됨) "그러므로 너는 대언하여 그들에게 이르기를, 주 여호와께서 이같이 말씀하시기를, 내 백성들아, 내가 너희 무덤을 열고 너희로 거기에서 나오게 하고 이스라엘 땅으로 들어가게 하리라."

니파이, 기원전 559-545년

또 메시야가 오신 후에 그의 탄생에 대하여 또한 그의 죽으심과 부활에 대하여 나의 백성들에게 주어질 표적이 있을 것이요. (니파이후서 26:3)

야곱, 기원전 559-545년

…그런즉 사망과 지옥이 그 죽은 자를 반드시 내놓으리니, 지옥이 그 사로잡은 영을 반드시 내놓겠고, 무덤이 그 사로잡은 육신을 반드시 내놓으리라. 그리하여 사람들의 육신과 영은 서로에게로 회복되리니, 이는 이스라엘의 거룩하신 자의 부활의 능력으로 의한 것이니라. (니파이후서 9:12)

야곱, 기원전 544-421년

…너희가 그리스도 안에 있는 부활의 능력을 좇아 부활을 얻고, 그가 육체로 자기를 나타내시기 전에 신앙을 가져 그의 안에 있는 영광의 좋은 소망을 얻은, 그리스도의 첫 열매로 하나님께 드린 바 될 수 있을 것이니라. (야곱서 4:11)

…그리스도 안에 있는 구속과 부활의 능력이, …(야곱서 6:9)

아빈아다이, 기원전 148년경

이에 부활, 곧 첫째 부활이 오나니, 참으로 이제까지 있었던 자들과 지금 있는 자들과 장차 곧 그리스도의 부활의 때까지 있을 자들의 부활이라.—그리스도라 함은 그렇게 그가 칭함을 받으시겠음이라. (모사이야서 15:21)

그러나 부활이 있나니, 그러므로 무덤이 승리를 얻지 못하며, 사망의 쏘는 것은 그리스도 안에 삼키운 바 되었느니라. (모사이야서 16:8)

앨마, 기원전 147년경

…그리스도의 권능과 고난과 죽음과 그의 부활과 승천을 통하여 이루어지게 될 죽은 자의 부활과 백성의 구속에 관하여…(모사이야서 18:2)

앨마 이세

그가 죽은 자 가운데서 다시 일어나실 것을 믿기 시작할지니, 이로써 부활이 이루어져, (앨마서 33:22, 기원전 90-77년)

사망의 줄에서 건지시는 예수 그리스도의 뜻과 권능과 건지심에 따른 바, 죽은 자의 부활로 말미암아 큰 기쁨으로 충만하게 되었더라. (앨마서 4:14, 기원전 84년)

반드시 속히 임할 일을 가르치되, 참으로 하나님의 아들의 오심과 그의 고난과 죽으심 그리고 죽은 자의 부활에 대하여도 가르쳤더라…그가 부활하신 후 그들에게 나타나시리라는 것을 가르치매, …(앨마서 16:19-20, 기원전 78년)

…그리스도와 부활에 대한 그들의 소망과 소견으로 인해, …그러므로 그들에게 있어 죽음은 이를 이기신 그리스도의 승리에 삼키운 바 된 것이더라. (앨마서 27:28, 기원전 77년경)

…그가 죽은 자 가운데서 다시 일어나실 것을…이로써 부활이 이루어져…(앨마서 33:22, 기원전 74년경)

…그리스도께서 오실 이후까지는…이 죽어야 하는 것이 죽지 아니함을 입지 못하며, 이 썩어야 하는 것이 썩지 아니함을 입지 못하느니라. …그가 죽은 자의 부활을 가져오시느니라. …(앨마서 40:2-3, 기원전 73년경)

…첫째 부활, 곧 지금까지 있었거나, 지금 있거나, 그리스도께서 죽은 자 가운데에서 부활하시기까지 앞으로 있을 모든 자들의 부활이 있다 하였으니, (앨마서 40:16, 기원전 73년경)

…그리스도의 권능과 부활을 좇아 사람의 영혼이 그 육신에게로 회복되며, 육신의 각 부분이 그 자체로 회복되는 것은 불가결하고도 공의로운 일이니라. (앨마서 41:2, 기원전 73년경)

아론, 기원전 98-97년

이제 아론이 그들에게 그리스도의 오심에 관하여서와 또한 죽은 자의 부활에 관하여…경전을 펼쳐 주기 시작하였더라. (앨마서 21:9)

레이맨인 사무엘, 기원전 6년경

그러나 보라, 그리스도의 부활이 인류, 참으로 곧 모든 인류를 구속하여, 그들을 주의 면전으로 다시 데리고 오리라. (힐라맨서 14:17)

몰몬의 해설[8], 서기 29-30년

…주께서 자기 백성을 위하여 행하실 속죄 곧 다른 말로 하면 그리스도의 부활에 관하여 그들에게 증거하였나니 저들은 그 죽으심과 고난을 담대히 증거하였더라. (제3니파이 6:20)

성경의 유대인 선지자들과는 달리, 몰몬경의 많은 선지자들은 부활에 관하여 반복하여 가르쳤으며 니파이인들은 그들의 역사를 통틀어 부활을 믿었다.

8 부활하신 예수께서 니파이인들을 방문하신 것은 서기 34년경이었으므로, 제3니파이 6:20(서기 29–30년경)에 관한 몰몬의 해설은 비록 예수 그리스도의 탄생 이후라 할지라도 여기에 포함되었다.

한 천사는 니파이에게 예수 그리스도의 탄생 이전부터 그가 돌아가신 이후까지 그의 생애를 파노라마와 같은 전경으로 보여 주었다. 다음은 몰몬경에 나오는 예수 그리스도에 관한 많은 예언들을 잘 요약한 것이 될 수 있다.

> 이에 이렇게 되었나니 내가 보고 큰 성 예루살렘과 또한 다른 성읍들을 보았고, 나는 또 나사렛 성을 보았으며 나사렛 성안에 한 처녀를 보았나니 그 처녀는 심히 곱고 희더라.
> 또 이렇게 되었나니 내가 보니, 하늘들이 열리고 한 천사가 내려와 내 앞에 서서 내게 이르되, 니파이야 네가 무엇을 보느냐?
> 이에 내가 그에게 말하기를, 다른 모든 처녀들보다 뛰어나게 지극히 아름답고 고운 처녀 하나를 보나이다 하였더라.
> 또 그가 내게 이르기를 너는 하나님의 낮추어 오심을 아느냐?
> 이에 내가 그에게 말하기를, 나는 하나님께서 그의 자녀들을 사랑하심을 알고 있나이다. 그러할지라도 모든 것의 의미를 알지는 못하나이다 하였더라.
> 또 그가 내게 이르기를, 보라, 네가 보는 처녀는 육의 방식에 의하면 하나님 아들의 어머니시니라 하더라.
> 또 이렇게 되었나니 나는 그 처녀가 영에 이끌려 감을 보았으며, 얼마 동안 그 처녀가 영에 이끌려 가 있은 후에 천사가 내게 말하여 이르되, 보라 하였느니라.
> 이에 내가 보고 그 처녀를 다시 보았더니 한 어린아이를 팔에 안고 있더라.
> 또 천사가 내게 이르되, 하나님의 어린 양 곧 참으로 영원하신 아버지의 아들을 보라! 너의 부친이 본 나무의 의미를 이제 네가 알겠느냐?
> 이에 내가 그에게 대답하여 이르되, 그러하오이다. 그것은 사람의 자녀들의 마음에 두루 내리는 하나님의 사랑이니이다. 그러한즉 그것은 무엇보다도 가장 바랄 만한 것이니이다 하였느니라.

또 그가 내게 일러 이르되, 그러하도다. 또한 영혼을 가장 기쁘게 하는 것이니라 하더라.

또 그가 이 말들을 하고 난 후, 나에게 일러, 보라 하기로, 내가 보고는 하나님의 아들이 사람의 자녀들 가운데 나아가시는 것을 보았느니라. 또 내가 본즉, 많은 자들이 그의 발에 엎드려 그를 경배하더라.

또 이렇게 되었나니 나는 나의 부친이 보신 쇠막대가 생수의 근원, 곧 생명나무로 인도하는 하나님의 말씀임을 알았나니, 이 물은 하나님의 사랑의 표현이니라. 또 나는 생명나무가 하나님의 사랑의 표현임도 알았느니라.

또 천사가 다시 내게 이르기를, 보라 그리하여 하나님의 낮추어 오심을 볼지어다!

이에 내가 보고는 나의 부친이 말씀하신 세상의 구속주를 보았고, 또한 그의 앞에서 길을 예비할 선지자도 보았나니, 하나님의 어린 양이 나아가사 그에게 침례를 받으시더라. 또 그가 침례를 받으신 후 내가 보니 하늘들이 열리고, 성신이 하늘에서 내려와, 비둘기의 형상으로 그의 위에 머무르더라.

또 내가 보니 그가 능력과 큰 영광으로 나아가 백성들에게 성역을 베푸시매, 허다한 무리가 그의 말을 들으려고 함께 모였더라. 또 내가 보니, 그들이 그를 그들 가운데서 쫓아내더라.

또 나는 다른 열둘이 그를 따르는 것도 보았느니라. 그리고 이렇게 되었나니 그들이 나의 면전에서 영에 이끌려 가더니 보이지 아니하더라.

또 이렇게 되었나니 천사가 다시 내게 일러 이르되, 보라 하기로 내가 보고 하늘들이 다시 열린 것을 보았고, 또 천사들이 사람의 자녀들 위에 내려오는 것을 보았나니 그들이 사람의 자녀들에게 성역을 베풀더라.

또 그가 다시 내게 일러 이르되, 보라 하기로 내가 보니 하나님의 어린 양이 사람의 자녀들 가운데 나아가시더라. 또 나는 병든 자들과 온갖 종류의 질병으로 또 마귀들과 더러운 귀신들로 고통받는 허다한 무리를 보았나니, 천사가 이 모든 것을 나에게 말하고 보여 주었느니라. 이에 그들이 하나님의 어린 양의 권능으로 고침을 받고 마귀들과 더러운 귀신들이 쫓겨나더라.

또 이렇게 되었나니 천사가 다시 내게 일러 이르되, 보라 하기로 내가 보고는 하나님의 어린 양을 보았나니 그가 사람들에게 잡히셨더라. 참으로 영원하신 하나님의 아들이 세상에게 심판을 받으시매 내가 보고 증거하였노라.

또 나 니파이가 보니, 그가 십자가 위에 들리어 세상의 죄를 위하여 죽임을 당하시더라.

또 그가 죽임을 당하신 후에 내가 본즉, 땅의 허다한 무리가 어린 양의 사도들을 대적하여 싸우려고 함께 모였더라. 어린 양의 사도라 함은 주의 천사가 열둘을 이같이 일컬었음이라. (니파이전서 11:13-34)

일반적으로, 예수 그리스도의 탄생 이전에 언급된 그의 부활에 관한 예언들은 성경보다는 몰몬경이 더 구체적이고 명백하다. 몰몬경에는 예수 그리스도의 부활과 속죄에 관한 예언들이 더 많은 반면, 구약에는 예수 그리스도의 성역에 관한 예언들이 더 많다. 따라서, 니파이인들은 유대인들보다는 그리스도의 속죄에 관하여 훨씬 더 명확한 이해를 가지고 그의 오심을 예견했다. 부활하신 예수께서 니파이인들을 방문하셨을 때, 그들은 엄청난 동시다발적인 천재지변으로부터 살아남은 의로운 자들이었으며 그를 메시야이며 하나님의 아들로 기꺼이 받아들였다.

제2장

예수 그리스도의 성역: 하나님과 함께 일하심

◆
◆

보라, 나는 하나님의 아들 예수 그리스도라. 내가 하늘과 땅과 그 가운데 있는 만물을 창조하였느니라. 나는 태초부터 아버지와 함께 있었나니, 내가 아버지 안에 있고 아버지께서는 내 안에 계셔서 나로 말미암아 아버지께서 그 이름을 영화롭게 하셨느니라.
내가 내 백성에게 왔으되 내 백성이 나를 영접하지 아니하였으니, 나의 옴에 관한 경전이 이루어졌느니라.
그러나 나를 영접하는 자들에게는 내가 다 하나님의 아들들이 되게 하여 주었나니, 또 그와 같이 나의 이름을 믿게 될 모든 자에게도 내가 그리하여 줄 것은, 보라, 나로 말미암아 구속이 이르며 내 안에서 모세의 율법이 이루어짐이라.
나는 세상의 빛이요 생명이라. 나는 알파와 오메가요 시작과 끝이니라. (제3니파이 9:15-18)

◆
◆

예수 그리스도께서 유다 지파와 요셉 지파에게 성역을 시작하셨을 때 유대 백성(유다 지파)의 상황은 니파이 백성(요셉 지파)의 상황과 정반대였다.

예수께서 탄생하셨을 때 유대인들은 로마의 통치하에서도 모세의 율법을 지키고 전통적인 성전 의식을 수행할 수 있었다. 예수님은 할례를 받았고 마리아는 정결 의식을 치른 것에서 볼 수 있듯이, 그의 가족은 모세의 율법을 지켰다(누가복음 2:21-22 참조). 그렇지만 소수의 선택된 사람들만 예수님의 탄생 시 그가 하나님의 아들임을 알아보는 특권을 가졌다. 이들 중에는 마리아, 요셉, 엘리사벳, 시므온, 안나, 몇 명의 동방박사, 그리고 몇 명의 목자들이 포함되어 있다.

예수께서 삼십 세에 삼 년간의 성역을 시작하셨을 때 그의 가까운 지인들은 그가 영적인 교사가 되신 것을 놀랍게 여겼기에 그의 그러한 역할을 수용하기가 어려웠다. 하지만, 마리아와 침례 요한과 같은 일부 예외도 있었다(누가복음 4:22, 요한복음 6:42 참조). 삼 년 후, 유대인 지도자들은 예수님이 하나님의 아들이라고 주장하는 것을 신성모독으로 간주하고 그를 처형하기로 했다. 이로 인하여 예수께서는 창세 전부터 계획된 그의 사명인 모든 인류를 위한 속죄를 완수할 수 있게 되었다(요한복음 17:24, 베드로전서 1:20 참조).

예수님의 죽음은 서기 33-34년의 니파이인들 사회에서 동시다발적으로 나타난 전례 없는 다수의 천재지변으로 인하여 약 2,500명의 좀 더 의로웠던 사람들을 제외하고는 모두 몰살당한 것과 더불어 삼 일간의 완전한 암흑으로 나타났다(제3니파이 8장 참조). 이 천재지변이 끝난 후, 하늘로부터 한 음성이 이러한 재난의 이유에 대하여 설명했다(제3니파이 9-10장 참조). 천재지변이 가라앉은 후 살아남은 자들이 바운티풀 성의 성전 뜰에 모였을 때 하늘에서 아버지의 음성이 들리며 그분의 아들을 소개하셨다. "내 사랑하는 아들을 보라, 이는 내 기뻐하는 자요, 그로 말미암아 내가 내 이름을 영광스럽게 하였노라—너희는 그의 말을 들으라 하시더라." (제3니파이 11:7). 그런 다음, 부활하신 예수께서 하늘로부터 내려오셔서 군중들에게 자신이 부활하신 예수 그리스도이심을 밝히셨다(제3니파이 11:10 참조). 그는 그들에게 그가 십자가에 못 박히실 때 생긴 손과 발의 상처를 만져보게 하셨다. 이 일이 있은 후 예수께서는 니파이인들 가운데서 삼 일간의 성역을 시작하셨다(제3니파이 11:1-17 참조).

그렇다면 유대인들과 니파이인들에 대한 예수님의 성역의 상황은 정반대였음이 분명하다. 유다 지파는 예수님의 탄생 시뿐만 아니라 많은 기적을 행하신 삼 년간의 성역 이후에도 그를 하나님의 아들로 받아들일 준비가 되어 있지 않았다. 유대인들 사이에서 있었던 일과는 정반대로, 요셉 지파 사이에 있던 사악한 사람들은 모두 정화되고 의로운 사람들만 살아남았으므로 그들은 예수님의 삼 일간의 짧은 방문이 시작될 때부터 그를 경배할 준비가 되어 있었다.

예수 그리스도께서 유대인 사이에서 행하신 삼 년간의 성역은 신약의 사복음서에 기록되어 있다. 세 명의 공관복음 저자들(마태, 마가, 누가)은 예수 그리스도의 신성한 성역을 연대순으로 설명한 반면, 요한복음은 예수 그리스도의 성역 기간 중 그의 신성에 더 초점을 맞추었다. 마태와 누가는 예수님의 탄생부터 기록을 시작한 반면, 마가와 요한은 예수님의 침례부터 기록을 시작했다. 힐라맨의 아들 니파이의 장남인 선지자 니파이는 부활한 예수 그리스도께서 요셉의 남은 자들을 삼 일간 방문하신 것을 기록했다. 이 기록으로 인하여 일부 사람들은 제3니파이 11-27장을 다섯 번째 복음서라고 부른다. 이 다섯 복음서의 모든 기록들은 예수님이 그리스도, 하나님의 아들, 이스라엘의 하나님, 메시야, 구속주, 땅과 하늘의 하나님, 구주이심을 증거한다.

예수 그리스도의 성역을 분석해보면, 그의 역할과 사명은 다음 일곱 가지의 영역으로 분류할 수 있다.

1. 그는 모세의 율법을 이루셨고 사람에게 불멸과 영생을 가져다주는 속죄를 성취하셨다.
2. 그는 신회의 한 구성원으로서 아버지와 성신과 함께 일하셨다.
3. 그는 십이사도와 칠십인을 부르시고 그들에게 신권의 권능을 부여함으로써 그의 교회를 조직하셨다.
4. 그는 무수히 많은 기적을 행하시면서 궁핍한 자들에게 성역을 베푸셨다.
5. 그는 제자들과 백성들에게 복음의 원리들을 가르치셨다.
6. 그는 신성한 신권 의식을 수행하셨다.
7. 그는 세상의 종말을 포함하여 가까운 미래와 먼 미래에 관하여 예언하셨다.

이러한 분류 중 처음 두 가지는 예수께서 하나님과 함께 일하셨음을 보여 주며 이 장에서 토론하게 될 것이다. 그리고 나머지 다섯 가지는 예수께서 백성들에게 성역을 베푸시는 것을 보여주는데 이것은 다음 장에서 토론한다. 이제 이 장과 다음 장에서 우리가 성경과 몰몬경에서 배우는 그의 성역에 관하여 자세히 알아보기로 하겠다[1].

---

1 이 두 가지 경전을 기록한 일부 기록자들은 그들 전체의 상황이나 이야기들 중 단지 작은 부분만을 기록할 수 있었다고 시인했으나(요한복음 20:30, 몰몬의 말씀 1:5, 제3니파이 5:8과 26:6, 이더서 15:33 참조), 이것은 어떠한 역사를 기록하든지 항상 그러하다.

1. 예수께서는 모세의 율법을 이루셨고 사람에게 불멸과 영생을 가져다주는 속죄를 성취하셨다.

성경에 나오는 속죄

구약의 유대인들은 메시야를 통한 무한한 속죄의 예표로서 성전에서의 희생 의식을 매우 충실하게 준수했다. 욤키퍼는 금식과 기도를 통하여 우리 자신의 죄를 속죄할 수 있는 방법을 상기시켜 주는 것이다. 그렇지만 이 토론은 인류를 아담의 타락으로부터 구속하심으로써 모든 사람이 하나님을 만날 기회를 갖도록 해 주시는 구주에 의한 무한한 속죄에 중점을 두고 있다.

구약의 속죄

*속죄(atonement)*라는 단어는 구약에서 81번 나오지만 신약에서는 단 한 번만 나온다. 속죄에 대한 참조는 구약의 모세 오경 중 세 권인 출애굽기, 레위기, 민수기에서 77번 나온다. 속죄의 희생 제물은 다음과 같이 분류된다(속죄라는 단어를 포함하는 구절로부터 분류한 것이며, 일부는 그 단어를 두 번 포함하고 있다).

속죄 의식의 목적	경전 구절
헌납 및 성결을 위한 속죄제 (희생제)	출애굽기 29:33, 36, 37 레위기 4:20, 26, 31, 35
짐승을 희생으로 바침으로써 (일부의 경우 금전을 지불함으로써) 자신의 죄로부터 구원받음	출애굽기 30:10,15,16, 32:30 레위기 1:4, 5:6,10,13,16,18, 6:7,7:7, 8:34, 9:7, 10:17
여인의 출산 후 정결	레위기 12:7, 8
문둥병으로부터의 정결	레위기 14:18, 19, 20, 21, 29, 31, 53
깨끗하지 못한 피부 문제로부터의 정결	레위기 15:15, 30

아론의 속죄제 (한 마리의 제물, 한 마리의 아사셀)	레위기 16:6, 10, 11, 16, 17, 18, 24, 27
속죄를 위한 연례 속죄제 (일곱째 달 십일의 욤키퍼)	레위기 16:29-30, 32, 33, 34, 23:27-28, 25:9 민수기 29:5, 11
사람의 생명을 위하여 속죄하는 희생의 피	레위기 17:11
해방되지 못한 여종과 결혼한 남자의 용서	레위기 19:22
죗값을 받을 만한 사람이 없을 때 제사장에게 보상	민수기 5:8
별거하게 된 부부의 속죄 방법	민수기 6:11
레위인들을 위한 속죄	민수기 8:12, 19, 21
부지중에 범죄한 자를 위한 속죄	민수기 15:25, 28
회중에 염병이 있을 때의 속죄	민수기 16:46, 47
주께서 비느하스(아론의 손자)를 속죄하심	민수기 25:11-13
십 분의 일을 드림	민수기 28:22, 30
군대의 감사 헌금	민수기 31:50
모세의 율법에서 과거의 속죄 방식 언급	사무엘하 21:3, 역대하 6:49, 29:24 느헤미야 10:33

위에서 볼 수 있듯이, 구약의 속죄는 몸값을 바치는 것이었다. 이러한 유형의 제물은 속죄제, 희생제, 번제, 화목제, 전제 (예: 민수기 15, 28장, 에스겔 45장 참조) 등 많이 있었다. 이들은 모세의 율법의 일부이며 주로 용서를 구하거나, 죄를 보상하거나, 병 고침을 받기 위하여 성전 (또는 성막)

제단에 짐승을 희생으로 바침으로써 행해졌다[2].

신약의 속죄

속죄는 신약에서 단 한 번만 언급된다(로마서 5:11 참조). 사도 바울은 예수 그리스도의 속죄의 목적은 하나님과 사람 사이에 하나님의 아들에 의한 무한한 화해를 통하여 하나가 되는 것이라고 가르쳤다. 구약에서처럼 속죄라는 단어가 사용되긴 했지만, 바울이 사용한 의미는 구약에서와 같은 죄를 용서받기 위해 행해진 속죄가 아닌, 예수 그리스도가 가져온 속죄에 관한 것이었다.

*속죄*라는 단어는 일부 성경 버전에서는 "화해(reconciliation)"라고 번역되어 있다. 예를 들면, 흠정역 성경, 표준새번역 개정판 성경, 신국제역 성경은 로마서 5:11을 각각 다음과 같이 번역했다. (강조체 단어 비교)

> 흠정역: "그러할 뿐 아니라 우리가 우리 주 예수 그리스도로 말미암아 이제 *속죄(atonement)*를 받았으며 그분을 통해 또한 하나님을 기뻐하느니라."

> 표준새번역 개정판: "그뿐만 아니라, 우리는 또한 우리 주 예수 그리스도로 말미암아 하나님을 자랑합니다. 지금 그로 말미암아 하나님과 우리 사이에 *화해(reconciliation)*가 이루어졌습니다."

> 신국제역: "이것이 그러할 뿐만 아니니라, 우리가 지금 *화친(和親, reconciliation)*을 받은 우리 주 예수 그리스도를 통하여, 우리가 하나님 안에서 또한 기뻐하느니라."

2 희생된 짐승들은 그 짐승의 주인들이 그들의 죄를 용서받거나 정화할 목적으로 그들을 대신하여 바쳐졌다.

구약에도 *화해(reconciliation)* 또는 *화해하다(reconciliate)*라는 단어를 포함하고 있는 구절이 여러 개 있다(레위기 6:30, 8:15, 16:20, 사무엘상 29:4, 역대하 29:24, 에스겔 45:15-20, 다니엘 9:24 참조). 이 구절들에서는 짐승의 희생제와 번제를 가리키고 있다. 신약에서는 사도 바울이 다음과 같은 구절에서 *화목하게 된(reconciled)*이라는 단어를 사용했다(로마서 5:10, 11:15, 고린도전서 7:11, 고린도후서 5:18-20, 에베소서 2:16, 골로새서 1:20-21, 히브리서 2:17). 이 중에서 다른 구절들은 예수 그리스도의 속죄와 관련이 없는 반면, 로마서 5:10과 고린도후서 5:18-20은 예수 그리스도의 속죄를 직접 언급하고 있다. 다음은 고린도후서 5:18-20이다.

> 모든 것이 하나님께로서 났으며, 그가 그리스도로 말미암아 우리를 자기와 화목하게 하시고 또 우리에게 화목하게 하는 직분을 주셨으니,
> 곧 하나님께서 그리스도 안에 계시사 세상을 자기와 화목하게 하시며 그들의 죄를 그들에게 돌리지 아니하시고 화목하게 하는 말씀을 우리에게 부탁하셨느니라.
> 그러므로 우리가 그리스도를 대신하여 사신이 되어 하나님이 우리를 통하여 너희를 권면하시는 것같이 그리스도를 대신하여 간청하노니, 너희는 하나님과 화목하라.

사도 바울은 우리가 그리스도를 통하여 개인적인 속죄를 받기 위해 하나님과 화목해야 할 필요가 있음을 가르쳤다. 그렇지만 예수 그리스도의 속죄는 성경 전체적으로 보면 크게 강조되고 있지는 않다.

몰몬경의 속죄

몰몬경에서는 *속죄(atonement)*라는 단어는 28번 나오며, *속죄하다(atone, atoneth)* 또는 *속죄하기(atoning)*라는 단어는 11번이 나온다. 이 모든 것은 예수 그리스도의 속죄를 일컫는다. 예수 그리스도의 무한한 속죄는 니파이인들의 일천 년 역사 전체를 통하여 야곱, 베냐민 왕, 앰율레크,

그리고 앨마 등에 의해 광범위하게 가르쳐졌다. 흥미롭게도, 이들은 모두 구약 시대의 선지자들이었다.

다음은 몰몬경에 나오는 그리스도의 속죄에 관한 가르침을 요약한 것이다. 이 가르침들은 그리스도의 부활 이전에는 미래 시제로, 부활 이후에는 과거 시제로 사려 깊게 기록되었다.

<u>리하이, 기원전 588-570년</u>

· 속죄의 목적에 부응하기 위해서 모든 것에 반대되는 것이 있다. (니파이후서 2:10-11 참조)

<u>니파이, 기원전 559-545년</u>

· 흩어진 유대인들이 돌아올 때 그들은 예수 그리스도와 그의 속죄를 믿을 것이다. (니파이후서 6:11, 25:16 참조)

<u>야곱, 기원전 559-545년</u>

· 무한한 속죄가 아니고는 이 썩을 것이 썩지 아니함을 입지 못할 것이요, 죽은 자들이 더 이상 일어나지 못하게 되리라. (니파이후서 9:7 참조)
· 예수 그리스도의 속죄는 공의의 요구를 충족시켜, 사람은 자비와 은혜로 말미암아 영생을 얻을 수 있다. (니파이후서 9:25-26 참조)
· 하나님께서 부활의 능력으로 사람을 육체적인 죽음에서 일으키시고, 속죄의 능력으로 영원한 죽음에서 일으키신다. (니파이후서 10:25, 야곱서 4:11 참조)
· 그리스도의 속죄를 통하여 그분과 부활과 내세에 대한 완전한 지식을 얻을 수 있다. (야곱서 4:12 참조)
· 그리스도의 속죄가 없다면 모든 인류는 반드시 잃어버린 바가 되고 멸망할 것이다. (야곱서 7:12, 앨마서 34:9 참조)

아빈아다이, 기원전 148년경

· 구원이 모세의 율법만으로는 오지 않고, 그리스도의 속죄로 온다. (모사이야서 13:28 참조)

베냐민 왕, 기원전 124년경

· 그리스도의 피는 사람 자신의 죄와 아담의 범법을 위하여 속죄한다. (모사이야서 3:11, 4:2, 앨마서 24:13 참조)
· 예수 그리스도의 속죄는 예수 그리스도를 알지 못하고 죽은 자들과 무지한 가운데 죄를 범한 자들에게 유효하다. (모사이야서 3:11 참조)
· 모세의 율법은 그리스도의 피의 속죄가 아니고는 무익하다. (모사이야서 3:15 참조)
· 예수 그리스도의 속죄는 어린아이들을 죄로부터 대속하여 준다. 그러므로 어린아이들의 침례는 그리스도의 자비와 속죄와 능력을 부인하는 것이다. (모사이야서 3:16, 모로나이서 8:20 참조)
· 육에 속한 사람은 아담의 타락 때로부터 하나님의 적이지만, 사람은 성령의 이끄심을 따르며 어린아이와 같이 됨으로써 예수 그리스도의 속죄를 통하여 성도가 될 수 있다. (모사이야서 3:19 참조)
· 속죄는 아담의 타락 이래로 모든 인류의 구원을 위하여 세상의 기초가 놓이던 때로부터 예비되었다. (모사이야서 4:6-7 참조)

아론, 기원전 90-77년

· 예수 그리스도께서는 그의 속죄의 피와 고난과 죽으심을 통하여 인류를 구속하신다. (앨마서 21:9, 22:14, 33:22, 힐라맨서 5:9 참조)

앰율레크, 기원전 74년경

· 영원하신 하나님의 위대한 계획에 따라 속죄가 이루어져야 마땅하다. 그렇지 아니하면 모든 인류는 필경 반드시 멸망할 것이다. (앨마 34:9 참조)

· 속죄는 사람이나 짐승이나 새의 희생이 아닌, 무한하고 영원하며 크고도 마지막이 되는 희생이 있어야 한다. (앨마서 34:10 참조)
· 예수 그리스도의 속죄는 모든 인류를 위한 무한하고 영원한 희생이다. (앨마서 34:10, 13 참조)
· 구주의 속죄를 통하여 모세의 율법이 일점일획도 남김없이 이루어질 것이다. (앨마서 34:13 참조)

앨마, 기원전 73년경

· 거룩한 신권의 부름은 독생자의 속죄 안에서 그리고 이를 통하여 예수 그리스도의 계명을 사람의 자녀들에게 가르치는 것이다. (앨마서 13:5-6 참조)
· 그리스도의 속죄의 피는 우리의 죄 사함을 받고 우리의 마음이 정결하게 되는 것에 적용된다. (앨마서 36:17, 모사이야서 4:2 참조)
· 속죄가 행하여지지 않고서는 자비의 계획이 이루어질 수 없었다. (앨마서 42:15 참조)
· 속죄는 자비를 통하여 죽은 자의 부활을 가져온다. (앨마서 42:23 참조)
· 예수 그리스도의 속죄는 부활을 가져오며, 사람은 그들의 행위대로 부활 후 심판받게 될 것이다. (앨마서 42:23 참조)

몰몬, 서기 400-421년경 모로나이가 기록

· 사람은 그리스도의 속죄와 그의 부활의 능력에 대한 소망을 갖게 될 것이다. (모로나이서 7:41 참조)

이상의 내용들은 구주의 속죄가 몰몬경의 니파이인들 중에서 널리 가르쳐졌고 그들이 이를 믿었음을 보여준다. 첫 번째 선지자였던 리하이는 기원전 588-570년경 구주의 속죄에 대하여 가르쳤다. 이와 동시에, 니파이인들은 부활하신 예수 그리스도께서 그들을 방문하실 때까지 계속해서 모세의 율법을 지켰다(니파이후서 25:24, 야곱서 4:5, 앨마서 25:15, 힐라맨서 15:5 참조).

몰몬경의 속죄는 예수 그리스도와 세상의 기초가 놓이던 때로부터 (다시 말하면, 예수 그리스도에 의하여 대신) 예비된 그의 무한하신 희생을 중심으로 다루었다. 따라서, 요셉 지파의 니파이인들은 그리스도를 믿은 기독교인들이었다. 예수 그리스도의 속죄에 관한 심도 있는 가르침은 성경에서는 누락되었으나 몰몬경에서는 포함되어 가르치는 명백하고 귀한 부분 중 하나이다.

2. 예수 그리스도께서는 신회의 한 구성원으로서 아버지와 성신과 함께 일하셨다.

유대-기독교인 사이에서 주된 이견 중 하나는 신약의 예수님이 구약의 여호와(YHWH)인지의 여부이다. 현재까지도 유대인들은 이 사실을 부인하고 있지만, 대부분의 기독교인들은 예수님이 여호와임을 믿고 있다. 양쪽 모두 성경의 다른 구절들을 인용하여 그들의 견해를 주장할 수 있다. 이 단락에서는 유대인들과 기독교인들 간의 논란을 피하기 위하여 신약의 사복음서와 몰몬경의 제3니파이 9-28장만을 비교해 본다.

예수 그리스도께서는 기도를 통하여 아버지와 교통하셨다

신약의 사복음서에 나오는 예수님의 기도

사복음서를 보면 모두 예수 그리스도께서 기도를 통하여 아버지와 소통하셨음이 분명하다. 다음은 중요한 또는 특별한 상황에서 드린 몇몇 기도에 대한 구절 중 몇 가지이다.

<u>마가복음: 예수께서 성역 초기에 많은 사람들의 병을 고치신 후</u>

새벽 아직도 밝기 전에 예수께서 일어나 나가 한적한 곳으로 가사, *거기*

서 기도하시더니 (마가복음 1:35, 강조체 첨가)

누가복음: 예수께서 베드로, 안드레, 요한, 야고보를 처음 부르신 후

예수는 물러가사 한적한 곳에서 *기도하시니라.* (누가복음 5:16, 강조체 첨가)

마태복음: 예수께서 떡 다섯 개로 오천 명을 먹이신 후

무리를 보내신 후에 *기도하러 따로* 산에 올라가시니라. 저물매 거기 혼자 계시더니 (마태복음 14:23, 강조체 첨가. 또한 마가복음 6:46 참조)

누가복음: 예수께서 십이사도 정원회를 조직하시기 전

이때 예수께서 *기도하시러 산으로 가사, 밤이 새도록 하나님께 기도하시고* (누가복음 6:12, 강조체 첨가)

누가복음: 예수께서 제자들에게 "무리가 나를 누구라고 하느냐"라고 묻으시기 전

예수께서 따로 기도하실 때에 제자들이 주와 함께 있더니 물어 이르시되, 무리가 나를 누구라고 하느냐 (누가복음 9:18, 강조체 첨가)

누가복음: 변형을 언급하면서

이 말씀을 하신 후 팔 일쯤 되어 예수께서 베드로와 요한과 야고보를 데리고 기도하시러 산에 올라가사

기도하실 때에 용모가 변화되고 그 옷이 희어져 광채가 나더라.

문득 두 사람이 예수와 함께 말하니 이는 모세와 엘리야라.

영광 중에 나타나서 장차 예수께서 예루살렘에서 별세하실 것을 말할새 (누가복음 9:28-31, 강조체 첨가. 또한 마태복음 17:1-13, 마가복음 9:2-13 참조)

마태복음, 마가복음, 누가복음: 겟세마네에서의 중재 기도를 언급하면서

아빠 아버지여, 아버지께는 모든 것이 가능하오니 이 잔을 내게서 옮기시옵소서. 그러나 나의 원대로 마시옵고 아버지의 원대로 하옵소서 하시고 (마가복음 14:36, 강조체 첨가. 또한 마태복음 26:39 참조)

예수께서 힘쓰고 애써 *더욱 간절히 기도하시니* 땀이 땅에 떨어질 것 같이 되더라. (누가복음 22:44[3], 강조체 첨가)

누가는 또한 하늘에서 한 천사가 내려와 그를 강건케 하셨다고 기록했다. 요한은 중재 기도라고 알려진 그 기도 전체를 기록했다. (요한복음 17장 참조)

누가복음: 십자가에 달리신 예수님을 언급하면서

이에 예수께서 이르시되, *아버지 저들을 사하여 주옵소서. 자기들이 하는 것을 알지 못함이니이다* 하시더라. 그들이 그의 옷을 나눠 제비 뽑을새 (누가복음 23:34, 강조체 첨가)

마태복음: 십자가에 달리신 고뇌에 찬 예수님을 언급하면서

제구시쯤에 *예수께서 크게 소리 질러 이르시되, 엘리 엘리 라마 사박다니 하시니, 이는 곧 나의 하나님, 나의 하나님, 어찌하여 나를 버리셨나이까 하는 뜻이라.* (마태복음 27:46, 강조체 첨가. 또한 마가복음 15:34 참조)

---

3 그리스어판 신약의 초기 버전에서는 누가복음 22:44이 누락되었으나 나중 버전에서는 이를 찾아볼 수 있다는 것은 흥미롭다. 그렇지만, 베냐민 왕은 예수께서 그가 중재 기도를 드리는 동안 피를 땀처럼 흘리셨다고 말하면서, 예수 그리스도께서 그의 기도 중에 겪으신 고뇌를 이와 유사하게 묘사했다(누가복음 22:44, 모사이야서 3:7 참조). 이와 같이, 몰몬경은 신약에 나오는 누가의 말씀이 타당함을 확인해 준다.

누가복음: 예수께서 지상에서의 필멸의 생에서 하신 마지막 말씀을 언급하면서

예수께서 큰 소리로 불러 이르시되, *아버지 내 영혼을 아버지 손에 부탁하나이다 하고* 이 말씀을 하신 후 숨지시니라. (누가복음 23:46, 강조체 첨가)

위의 구절들은 예수께서 아버지께 기도하셨거나 외치신, 어떤 때는 심지어 밤이 새도록 기도하신, 열 가지의 특별한 경우를 묘사하고 있다. 비록 다른 기도들은 성경에 기록되지 않았을지라도 예수께서는 그의 생애 동안 아버지께 훨씬 더 많이 기도하셨을 것이다.

몰몬경에 나오는 예수님의 기도: 제3니파이 9–28

부활하신 예수께서는 삼 일간 니파이인들을 방문하셨을 때도 아버지께 자주 기도하셨다(예: 제3니파이 17:15, 21, 18:18, 19, 24, 19:31 참조). 다음 두 가지의 특별한 기록을 보면 그의 기도가 너무 기이한 일이어서 기록을 할 수 없었다고 말하고 있다.

제3니파이 17:14-18 (강조체 첨가)

또 이렇게 되었나니 그들이 땅에 무릎을 꿇고 나자, 예수께서 속으로 괴로워하시고, 이르시되, 아버지여, 이스라엘 집 백성의 간악함으로 인하여 내가 번민하나이다.

그리고 이 말씀을 하시고 나서, 예수께서도 친히 땅 위에 무릎을 꿇으시더니, 보라, 예수께서 아버지께 간구하시니, 이제 그 기도하신 것을 능히 기록할 수 없으되, 그의 기도를 들은 무리가 증거하였도다.

이에 그들의 증거함이 이러하니라. 예수께서 아버지께 말씀하신 것을 우리가 보고 들은바 그처럼 크고 기이한 일을 이전에 결코 눈으로 본 적이 없으며, 귀로도 들은 일이 없느니라.

그리고 예수께서 말씀하시는 것을 우리가 보고 들은바, 그처럼 크고 기

이한 일을 어떠한 혀로도 말할 수 없고, 어떠한 사람도 기록할 수도 없으며, 사람의 마음으로는 품을 수도 없나니, 주께서 아버지께 우리를 위하여 기도하시는 것을 우리가 들었을 때 우리의 영혼을 채웠던 그 기쁨을 아무도 상상할 수 없느니라.

또 이렇게 되었나니 예수께서 아버지께 기도하시기를 마치시고 나서 일어서셨으나, 무리의 기쁨이 얼마나 컸던지 그들이 압도되어 있는지라.

<u>제3니파이 19:27-34 (강조체 첨가)</u>

이에 다시 저들에게서 돌이켜, 조금 떨어진 곳으로 가셔서 몸을 땅에 엎드리시고, 아버지께 다시 기도하여 이르시되,

아버지여, 저들의 신앙으로 인하여 내가 택한 자들을 정결하게 하여 주신 것을 감사하나이다. 내가 저들과 또한 저들의 말을 믿을 자들을 위하여 비옵나니, 그들도 저들이 내 안에서 정결하게 된 것같이 저들의 말을 믿는 신앙을 통하여 내 안에서 정결하게 되게 하시옵소서.

아버지여, 내가 비옵는 것은 세상을 위함이 아니요, 그 신앙으로 인하여 아버지께서 세상에서 내게 주신 자들을 위함이오니, 그들로 내 안에서 정결하게 되게 하사, 아버지께서 내 안에 계신 것같이, 내가 그들 안에 있게 하시옵고, 그리하여 우리가 하나가 되게 하사, 나로 그들로 인하여 영광을 얻게 하시옵소서.

이에 예수께서 이 말씀을 하시고 나서 그의 제자들에게로 다시 오시니, 보라, 저들이 그에게 그치지 아니하고 변함없이 기도하고 있는지라, 예수께서 다시 저들을 향하여 미소하시니, 보라, 저들이 참으로 예수와 같이 희더라.

또 이렇게 되었나니 예수께서 조금 떨어진 곳으로 다시 가셔서 아버지께 기도하셨으나,

예수께서 기도하신 말씀을 혀로써 말할 수 없고, 예수께서 기도하신 말씀을 사람이 기록할 수도 없도다.

또 무리가 듣고 증거하니, 그들의 마음이 열려 예수께서 기도하신 말씀

을 그들이 그 마음에 깨닫더라.
그러할지라도 예수께서 기도하신 말씀이 심히 크고 기이하였던지라, 사람이 기록할 수도 없고 말로 표현할 수도 없도다.

제3니파이 17장의 기록을 보면, 예수께서는 그를 둘러싼 바운티풀의 의롭고 천진난만한 니파이인 어린아이들과 그를 십자가에 못 박은 예루살렘의 사악한 유대인 지도자들 간의 전혀 상반된 분위기로 인하여 심적으로 압도되신 듯하다. 그리고 19장의 기록을 보면, 예수께서는 새로 택함 받은 제자들을 위해 기도하기 시작하셨는데, 이것은 요한복음 17장에서 그의 제자들을 위하여 중재 기도를 드리는 것과 매우 흡사한 상황이다. 제3니파이 17장과 19장의 기록을 보면, 선지자 니파이는 예수께서 기도하실 때 있었던 일들은 너무나 성스럽고 기이한 것이어서 이를 기록할 수 없었다고 한다. 예수님의 기도에 대한 이러한 반응은 신약의 사복음서에서는 찾아볼 수 없다[4].

부활하신 예수 그리스도께서는 또한 니파이인들에게 특히 그의 이름으로 아버지께 기도할 것을 가르치셨다.

제3니파이 18:19-23 (강조체 첨가)
그러므로 너희는 항상 *내 이름으로 아버지께 기도하여야 하느니라. … 항상 나의 이름으로 너희 가족 안에서 아버지께 기도하여, 너희의 아내와 너희의 자녀들이 복 받게 하라. …너희는 내 이름으로 그들을 위하여 아버지께 기도하라.*

---

4 그렇지만, 요한복음 20:30과 21:25에는 예수께서 그의 제자들에게 보여주신 많은 표적과 일들은 기록되지 않았음을 나타내고 있다.

제3니파이 20:31 (강조체 첨가)

또 그들이 나를, 곧 내가 하나님의 아들 예수 그리스도임을 믿고, 내 이름으로 아버지께 기도할 것이라.

◆ 사람들이 아버지의 음성을 들음

신약의 사복음서에 나오는 아버지의 음성을 들은 사례

사복음서에는 사람들이 하늘로부터 아버지의 음성을 들은 세 가지의 사례를 기록하고 있다. 이것은 아버지와 아들 간에 상호 의사소통이 있었음을 가리킨다.

마태복음: 예수께서 침례 받으신 후

하늘로부터 소리가 있어 말씀하시되, *이는 내 사랑하는 아들이요 내 기뻐하는 자라* 하시니라. (마태복음 3:17, 강조체 첨가. 또한 마가복음 1:11, 누가복음 3:22 참조)

누가복음: 변형을 언급하면서

이 말할 즈음에 구름이 와서 그들을 덮는지라. 구름 속으로 들어갈 때에 그들이 무서워하더니

구름 속에서 소리가 나서 이르되, *이는 나의 아들 곧 택함을 받은 자니 너희는 그의 말을 들으라* 하고, (누가복음 9:34-35, 강조체 첨가. 또한 마태복음 17:5, 마가복음 9:7 참조)

요한복음: 예수께서 마지막 유월절 경축을 준비하시면서

아버지여, 아버지의 이름을 영광스럽게 하옵소서 하시니, 이에 하늘에서 소리가 나서 *이르되, 내가 이미 영광스럽게 하였고 또다시 영광스럽게 하리라 하시니,*

> 곁에 서서 들은 무리는 천둥이 울었다고도 하며 또 어떤 이들은 천사가 그에게 말하였다고도 하니,
> 예수께서 대답하여 이르시되, 이 소리가 난 것은 나를 위한 것이 아니요 너희를 위한 것이니라. (요한복음 12:28-30, 강조체 첨가)

위의 구절에 의하면, 예수 그리스도께서는 아버지와 기도로 (어떤 경우에는 천사의 도움을 받아서) 소통하셨다. 아버지께서도 예수님과 소통하셨고, 사람들로 하여금 예수 그리스도가 그분의 사랑하는 아들이심을 확인하시는 말씀을 듣게 하셨다.

몰몬경에 나오는 아버지의 음성을 들은 사례 (제3니파이 9–28장)

몰몬경에는 예수께서 내려오시기 직전에 백성들이 아버지로부터 음성을 들은 것에 대하여 한 가지 경우가 기록되어 있다.

> 그리고 그들이 이같이 서로 이야기를 나누고 있을 때, 마치 하늘로부터 나는 듯한 음성을 듣고, …
> *내 사랑하는 아들을 보라, 이는 내 기뻐하는 자요, 그로 말미암아 내가 내 이름을 영광스럽게 하였노라—너희는 그의 말을 들으라 하시더라.*
> 이에 이렇게 되었나니, 그들이 깨닫고 하늘을 향하여 그들의 눈을 다시 드니, 보라, 그들이 본즉 한 사람이 하늘로부터 하강하는데 흰옷을 입으셨더라. 그가 내려오사 그들 가운데 서시매, 온 무리의 눈이 그에게로 향하였으나, 그들이 감히 서로에게라도 그 입을 열지 못하였고, 그것이 무엇을 뜻하는지 알지 못하였으니, 이는 그들은 그들에게 나타난 것이 천사라 생각하였음이더라. (제3니파이 11:3-8, 강조체 첨가)

따라서, 니파이 백성들은 하늘로부터 예수님을 소개하는 음성을 들었고, 그가 하늘로부터 내려오시는 것을 목격할 수 있었다.

◆ 예수님은 아버지의 뜻에 따라 일하셨다

예수께서는 요한복음에서 "아버지께서 나를 보내셨다"와 같은 표현을 사용하셨다. 그 외에도 제3니파이를 보면, 부활하신 예수 그리스도께서는 "내가 아버지께로 가야 하리니"와 "아버지께서 나에게 명하사"와 같은 표현도 사용하셨다.

신약의 사복음서에 언급된
예수께서 아버지의 뜻에 따르셨음을 가르쳐 주는 구절들

사복음서 중 유일하게 요한복음만 예수께서 아버지로부터 보내심을 받았음을 수차례 기록하고 있다.

요한복음 5:30-38 (강조체 첨가)

…나는 나의 뜻대로 하려 하지 않고 *나를 보내신 이의 뜻대로* 하려 하므로…

내게는 요한의 증거보다 더 큰 증거가 있으니 아버지께서 내게 주사 이루게 하시는 역사, 곧 내가 하는 그 역사가 *아버지께서 나를 보내신 것*을 나를 위하여 증언하는 것이요,

또한 *나를 보내신* 아버지께서 친히 나를 위하여 증언하셨느니라. …

그 말씀이 너희 속에 거하지 아니하니 이는 *그가 보내신 이를* 믿지 아니함이라.

요한복음 6:39-57 (강조체 첨가)

나를 보내신 이의 뜻은 내게 주신 자 중에 내가 하나도 잃어버리지 아니하고 마지막 날에 다시 살리는 이것이니라.

내 아버지의 뜻은 아들을 보고 믿는 자마다 영생을 얻는 이것이니, 마지막 날에 내가 이를 다시 살리리라 하시니라. …

나를 보내신 아버지께서 이끌지 아니하시면 아무도 내게 올 수 없으니, 오는 그를 내가 마지막 날에 다시 살리리라. …
살아 계신 아버지께서 나를 보내시매 내가 아버지로 말미암아 사는 것 같이, 나를 먹는 그 사람도 나로 말미암아 살리라.

요한복음 8:16-42 (강조체 첨가)

…이는 내가 혼자 있는 것이 아니요 *나를 보내신 이가* 나와 함께 계심이라. …
내가 나를 위하여 증언하는 자가 되고 *나를 보내신 아버지*도 나를 위하여 증언하시느니라. …
예수께서 이르시되, 하나님이 너희 아버지였으면 너희가 나를 사랑하였으리니, 이는 내가 하나님께로부터 나와서 왔음이라. 나는 스스로 온 것이 아니요 *아버지께서 나를 보내신 것*이니라.

요한복음 14:24 (강조체 첨가)

나를 사랑하지 아니하는 자는 내 말을 지키지 아니하나니, 너희가 듣는 말은 내 말이 아니요 *나를 보내신 아버지*의 말씀이니라.

요한복음 17:25 (강조체 첨가)

의로우신 아버지여, 세상이 아버지를 알지 못하여도 나는 아버지를 알았사옵고, 그들도 *아버지께서 나를 보내신* 줄 알았사옵나이다.

요한복음 20:21 (강조체 첨가)

예수께서 또 이르시되, 너희에게 평강이 있을지어다. *아버지께서 나를 보내신 것같이* 나도 너희를 보내노라.

위의 가르침들에 따르면, 예수 그리스도께서는 자신이 아버지로부터 보내심을 받았으며 아버지의 뜻을 행하고 계셨음을 몸소 확인해 주셨다.

몰몬경(제3니파이 9–28장)에 언급된
예수께서 아버지의 뜻에 따르셨음을 가르쳐 주는 구절들

아래에 열거된 바와 같이 예수께서는 "내가 아버지께로 가노라"와 "내가 아버지께 가야만 하노라"라는 말씀을 하셨다.

제3니파이 17:4 (강조체 첨가)

그러나 *지금은 내가 아버지께로 가며,* 또한 이스라엘의 잃어버린 지파들에게 나를 보이러 가노라. 이는 저들이 아버지께는 잃어버린 바 되지 아니함이니, 아버지께서는 친히 어디로 데려가셨는지 아심이라.

제3니파이 18:27 (강조체 첨가)

보라, 진실로 진실로 내가 너희에게 이르노니 내가 너희에게 또 한가지 계명을 주노라. *그러고 나서 내 아버지께로 가서 아버지께서 내게 주신 다른 계명들을 이루어야 하리로다.*

제3니파이 27:28 (강조체 첨가)

또한 이제 내가 아버지께로 가거니와, 진실로 내가 너희에게 이르노니, 무엇이든지 너희가 내 이름으로 아버지께 구하는 것은 너희에게 주시리라.

위의 구절에서 보듯, 예수께서는 니파이인들을 방문하시는 삼 일 동안 아버지께로 세 번 올라가셨다. 즉, 그분은 하늘로부터 바운티풀 성까지 삼 일간 오르내리신 것이다. 이것은 부활한 육신을 가지신 분이 누리는 특권이다.

부활하신 예수께서 니파이인들에게 강조하신 또 다른 점은 바로 예수께서는 아버지의 명에 따라 일하신다는 것이다. 아래에 열거된 바와 같이, 예수께서는 니파이인들에게 "아버지께서 내게 명하사"라고 자주 말씀하셨다.

제3니파이 15:15-19 (강조체 첨가)

어느 때라도 아버지께서 그 땅으로부터 인도해 내신 이스라엘 집의 다른 지파에 관하여서도 그들에게 말하라고 *내게 명하신* 일이 없었도다. 이만큼 아버지께서 내게 명하사 그들에게 이르라 하셨나니, …그러므로 *내가 그들에게 이 일에 관하여 더 이상 말하지 말도록 아버지로부터 명하심을 받았느니라.* 그러나 진실로 내가 너희에게 이르노니 *아버지께서 내게 명하신지라,* 내가 이를 너희에게 이르거니와 그들의 죄악으로 인하여 너희는 그들 중에서 갈라져 나왔나니, 그러므로 그들이 너희에 대하여 알지 못함은 그들의 죄악으로 인함이니라.

제3니파이 16:3 (강조체 첨가)

그러나 *내가* 그들에게로 가서, 그들로 내 음성을 듣게 하고, 나의 양 가운데 헤아림을 받게 하여, 한 무리가 되어 한 목자에게 있게 하라는 *계명을 아버지에게서 받았으니,* 그러므로 내가 그들에게 나를 보이러 가노라.

제3니파이 16:10 (강조체 첨가)

이같이 내가 너희에게 이를 것을 아버지께서 명하시느니라. …만일 그들이 이 모든 일을 행하고 내 복음의 충만함을 거부할진대, 보라, 아버지께서 말씀하시느니라, 내가 내 복음의 충만함을 그들에게서 취하리라.

제3니파이 17:2 (강조체 첨가)

너희가 연약하여, *내가 이때 너희에게 말하도록 아버지께 명령을 받은* 나의 모든 말을 너희가 깨달을 수 없는 줄을 내가 아노라.

제3니파이 18:14 (강조체 첨가)

그러므로 *아버지께서 나에게 명하사 너희에게 주라 하신* 나의 계명을 너희가 지킬진대 너희에게 복이 있도다.

제3니파이 20:10 (강조체 첨가)

또 이렇게 되었나니 그들이 모두 예수께 영광을 돌리고 나자, 예수께서 그들에게 이르셨으되, 보라, 이제 *내가* 이스라엘 집의 남은 자인 *이 백성에 관하여 아버지께서 내게 명하신 그 계명을 마저 다 이루노라.*

제3니파이 20:14 (강조체 첨가)

또 *아버지께서*는 너희 기업으로 이 땅을 너희에게 줄 것을 *내게 명하셨느니라.*

제3니파이 20:46 (강조체 첨가)

진실로 진실로 내가 너희에게 이르노니, 이 모든 일이 *아버지께서 내게 명하신 대로* 정녕 이르리라. …그때 예루살렘에 다시 내 백성이 거하게 되리니, 그곳이 그들의 기업의 땅이 되리로다.

제3니파이 26:2 (강조체 첨가)

또 이르시되, 너희가 갖지 아니하였던 이 경전[말라기 3-4장]을 *아버지께서 너희에게 주라고 내게 명하셨나니,* 이는 장래 세대에게 이를 주는 것이 아버지 안에 있는 지혜였음이니라 하시니라.

제3니파이 27:13-14 (강조체 첨가)

…곧 *내 아버지께서 나를 보내시므로* 내 아버지의 뜻을 행하려고 내가 세상에 왔느니라.

또 *내 아버지께서 나를 보내신 것은 나를 십자가 위에 들리게 하심이요,*

요한복음에서는 예수께서 제자들과 유대인들에게 자신은 아버지로부터 보내심을 받았다고 가르치셨다. 몰몬경에서는 예수께서 니파이인들에게 자신은 아버지로부터 보내심을 받았을 뿐만 아니라, 그들에게 많은 교리를 가르치도록 명을 받으셨다고 하셨다. 따라서, 예수께서는 자신이 아버지의 지시에 따라 일하고 있음을 명백하게 알리셨다. 그러므로 예수께서는 아버지와의 종속 관계를 성경에서보다는 몰몬경에서 더 분명히 하셨다. 몰몬경이 기독교가 탄생한 초기에 세상에 나왔더라면, 신회의 참된 신학 이론에 대한 또 다른 증거가 되었을 것이며, 삼위일체 교리에 대한 많은 혼란을 피하는 데 도움이 되었을 것이다.

◆ 예수 그리스도와 성신

구약에서는 성신에 대해 가르치지 않지만, 예수 그리스도께서는 아버지와 아들과 연계하여 성신에 대해 가르치셨다.

신약의 사복음서에 언급된 예수 그리스도와 성신

성신은 신약에서 90회가 언급되었고 그중 사도행전에서만 43회 언급되었다. 사복음서에서는 다음 여섯 가지의 범주 또는 다음과 같은 경우에 25회가 언급되었다.

1. 예수님의 탄생에 즈음하여
성신은 침례 요한의 탄생(누가복음 1:67 참조)뿐 아니라 예수 그리스도의 잉태와 탄생(마태복음 1:18-20, 누가복음 1:15, 35, 41 참조)에도 중요한 역할을 하셨다. 성신은 또한 시므온에게 그가 성전 뜰에서 만난 아기는 오랫동안 기다려온 메시야임을 확인시켜 주셨다. (누가복음 2:25-26 참조)

2. 예수 그리스도께서 침례를 받으실 때

침례 요한이 예수님을 침례했을 때 성신이 아버지와 함께하셨다. (마태복음 3:11, 마가복음 1:18, 누가복음 3:16, 요한복음 1:33 참조)

3. 예수께서 사십 일간 금식하신 후

누가는 예수 그리스도께서 성신으로 충만한 성역을 시작하셨다고 기록했다. (누가복음 4:1 참조)

4. 예수께서 성신에 관하여 다음과 같이 가르치심

- 성신을 모독하는 죄는 용서받을 수 없다. (마태복음 12:31-32, 마가복음 3:29, 누가복음 12:10 참조)
- 예수께서 영광을 받으시기 전에는 성신이 주어지지 않았다. (요한복음 7:39 참조)
- 성신은 필요한 그 시각에 무엇을 말해야 할지 가르치시며, 말씀하는 분은 바로 성신이시다. (마태복음 10:19, 마가복음 13:11, 누가복음 12:12 참조)

5. 성신은 보혜사이심

예수께서는 제자들에게 성신은 보혜사라고 가르치셨고, 제자들에게서 떠나가신 후 아버지로부터 성신을 보내시리라고 약속하셨다. (요한복음 14:16, 26, 15:26, 16:7 참조)

6. 예수께서 하늘로 올라가시기 전

예수께서는 하늘로 올라가시기 전에 제자들에게 성신을 부여하셨다[5]. (요한복음 20:22 참조) 예수께서 제자들에게 주신 마지막 계명은 가서

---

5 흥미롭게도, 이 사건에서 도마는 보이지 않았던 것 같다.

모든 민족을 제자로 삼아 아버지와 아들과 성신의 이름으로 침례를 베풀라는 것이었다. (마태복음 28:19 참조)

위의 가르침들은 예수님과 성신은 밀접하게 관련되어 함께 일하셨다는 충분한 증거가 된다. 사도행전에 보면 예수 그리스도께서 하늘로 올라가신 후 사도 베드로의 지도력 아래 오순절부터 시작하여 성신의 나타나심이 많았던 것을 알 수 있다(사도행전 2장 참조).

몰몬경에 언급된 예수 그리스도와 성신 (제3니파이 9–28장)

몰몬경에서 성신은 94회가 언급된다. 이 중 예수께서 바운티풀의 니파이인들을 방문하시기 전에 41회, 제3니파이 11-28장의 방문 중에는 26회가 언급된다. 이것은 니파이인들이 부활하신 예수께서 그들을 방문하시기 이전에도 성신에 대하여 가르침을 잘 받았음을 보여준다. 부활하신 예수 그리스도께서 삼 일간 방문하시는 동안에도 성신을 자주 언급하셨다.

부활하신 예수께서는 니파이인들에게 성신에 관한 다음과 같은 다섯 가지의 주된 개념을 가르치셨다.

1. 함께 증거함

예수께서는 성신은 아버지와 아들을 증거하며 세 분은 모두 이 일에 있어서 하나라고 가르치셨다. (제3니파이 11:32-36, 28:11 참조)

2. 죄 사함을 위한 의식

예수께서는 죄 사함을 위한 성신에 의한 침례를 가르치셨다. (제3니파이 12:1-2 참조)

3. 성신을 부여할 권능

예수께서는 제자들에게 성신을 부여할 권능을 주셨다. (제3니파이 18:37 참조)

4. 아버지로부터 온 은사
예수께서는 아버지께서 제자들에게 성신을 주신 것에 대하여 감사드렸다.(제3니파이 19:9-22 참조)

5. 이방인들에게 나타내심
예수께서는 성신으로 말미암지 않고서는 이방인들에게 자신을 나타내시지 아니할 것이다.(제3니파이 15:23, 16:4, 20:27, 21:2 참조)

부활하신 예수께서는 니파이인들에게 죄 사함을 받기 위한 성신에 의한 침례의 교리를 가르치셨다. 예수께서는 성신을 부여하셨고, 성신을 부여할 권능도 주셨다. 예수께서 성신을 부여하셨지만 성신은 아버지로부터 온다. 예수께서 니파이인들에게 가르치신 독특한 점 한 가지는, 예수께서는 성신으로 말미암지 않고서는 이방인들에게 자신을 나타내시지 아니할 것이라는 점이다[6].

아버지와 성신에 대한 예수님의 관계를 성경과 몰몬경을 놓고 비교해 보면, 몰몬경은 성경에 나오는 신성한 말씀에 대하여 새로운 가르침을 제공하거나 그 의미를 확실히 설명해 주고 있음이 명백하다. 예수 그리스도의 무한한 속죄는 위에서 설명된 속죄에 대한 25가지의 연관된 주제를 통해 배운 바와 같이 몰몬경에서 훨씬 더 자세하게 가르치고 있으며, 예수께서는 아버지와의 종속 관계를 분명히 밝히셨다. 몰몬경은 모세의 율법이 예수 그리스도 안에서 성취되었음을 확인해 준다.

---

6 이것은 이스라엘에서 글자 그대로 베드로와 바울에게 일어났다.
"베드로가 이 말을 할 때에 성령이 말씀 듣는 모든 사람에게 내려오시니, 베드로와 함께 온 할례 받은 신자들이 이방인들에게도 성령 부어 주심으로 말미암아 놀라니," (사도행전 10:44–45)
"이 은혜는 곧 나로 이방인을 위하여 그리스도 예수의 일꾼이 되어 하나님의 복음의 제사장 직분을 하게 하사, 이방인을 제물로 드리는 것이 성령 안에서 거룩하게 되어 받으실 만하게 하려 하심이라." (로마서 15:16)

제3장

예수 그리스도의 성역: 백성들에 대한 성역

◆
◆

그런즉 너희는 더 이상 피 흘리는 것으로 내게 바치지 말지니라. 참으로 너희의 희생과 너희의 번제를 폐할지니, 이는 내가 너희의 희생과 너희의 번제를 하나도 받지 아니할 것임이니라.
이에 너희는 상한 마음과 통회하는 심령을 내게 희생으로 드릴지니, 누구든지 상한 마음과 통회하는 심령을 가지고 내게로 오면 내가 그에게 불과 성신으로 침례를 줄 것이라. 이는 곧 레이맨인들이 그 돌이킬 때에 나를 믿는 그들의 신앙으로 인하여 불과 성신으로 침례를 받은 것 같으려니와 그들이 이를 알지 못하였느니라.
보라, 내가 세상에 온 것은 세상에 구속을 가져다주려 함이요, 세상을 죄에서 구원하고자 함이니라.
그러므로 누구든지 회개하고 어린아이와 같이 되어 내게로 오는 그는 내가 영접하리니, 이는 하나님의 나라가 그러한 자의 것임이라. 보라, 그러한 자를 위하여 내가 내 목숨을 버렸고, 또다시 취하였노라. 그러므로 너희 땅끝에 거하는 자들아, 회개하고 내게로 와서 구원을 받을지어다. (제3니파이 9:19-22)

◆
◆

앞 장에서는 신회의 한 구성원으로서 아버지와 성신과 함께 일하시는 예수 그리스도에게 초점을 맞추었다. 이 장에서는 예수님의 성역은 유다 지파 및 요셉 지파와 관계되므로 이와 관련된 다음 다섯 가지의 범주에 초점을 둔다.

1. 예수께서는 십이사도와 칠십인을 부르시고 그들에게 신권의 권능을 부여함으로써 그의 교회를 조직하셨다.
2. 예수께서는 무수히 많은 기적을 행하시면서 궁핍한 자들에게 성역을 베푸셨다.
3. 예수께서는 제자들과 백성들에게 복음의 원리를 가르치셨다.
4. 예수께서는 신성한 신권 의식을 수행하셨다.
5. 예수께서는 세상의 종말을 포함하여 임박한 미래, 가까운 미래, 그리고 먼 미래에 관하여 예언하셨다.

이 중 처음 네 가지에 관해서는 예수께서 유대인들에게 가르치신 것과 니파이인들에게 가르치신 것 사이에 유사점이 많으므로 간략하게 검토해 본다. 그러나 마지막 범주에 관해서는 성경과 몰몬경 사이에 큰 차이점이 있으므로, 예수께서 하신 미래에 대한 예언은 더 자세히 다루고자 한다.

1. 예수께서는 십이사도와 칠십인을 부르시고 그들에게 신권의 권능을 부여함으로써 그의 교회를 조직하셨다.

예수께서는 두 곳에 그의 교회를 조직하셨다. 한 곳은 유대인들이 있던 이스라엘이고, 또 한 곳은 요셉의 남은 자들이 있던 바운티풀이다.

이스라엘의 유대인들 가운데서

예수께서는 그의 교회를 조직하기 위하여 십이사도를 부르시고 성임하신 다음, 그들에게 권능을 부여했다(즉, 신권의 권세를 부여했다). 마가는 이를 다음과 같이 기록했다.

> 또 산에 오르사 자기가 원하는 자들을 부르시니 나아온지라.
> 이에 열둘을 세우셨으니 [그들을 사도라 부르고] 이는 자기와 함께 있게 하시고, 또 보내사 전도도 하며
> 귀신을 내쫓는 권능도 가지게 하려 하심이러라. (마가복음 3:13-15, 마태복음 10:1, 누가복음 6:13 참조)

또한 누가는 예수께서 칠십인을 부르시고 그들에게 둘씩 나아가 복음을 전파할 임무를 맡기셨다고 기록했다[1].

---

1 예수께서는 새로 부름받은 칠십인들에게 다음과 같은 지침을 주셨다(누가복음 10:2–11) "이르시되 추수할 것은 많되 일꾼이 적으니 그러므로 추수하는 주인에게 청하여 추수할 일꾼들을 보내 주소서 하라. 갈지어다. 내가 너희를 보냄이 어린 양을 이리 가운데로 보냄과 같도다. 전대나 배낭이나 신발을 가지지 말며 길에서 아무에게도 문안하지 말며, 어느 집에 들어가든지 먼저 말하되 이 집이 평안할지어다 하라. 만일 평안을 받을 사람이 거기 있으면 너희의 평안이 그에게 머물 것이요 그렇지 않으면 너희에게로 돌아오리라. 그 집에 유하며 주는 것을 먹고 마시라. 일꾼이 그 삯을 받는 것이 마땅하니라. 이 집에서 저 집으로 옮기지 말라. 어느 동네에 들어가든지 너희를 영접하거든 너희 앞에 차려놓는 것을 먹고, 거기 있는 병자들을 고치고 또 말하기를 하나님의 나라가 너희에게 가까이 왔다 하라. 어느 동네에 들어가든지 너희를 영접하지 아니하거든 그 거리로 나와서 말하되, 너희 동네에서 우리 발에 묻은 먼지도 너희에게 떨어버리노라. 그러나 하나님의 나라가 가까이 온 줄을 알라 하라."

> 그 후에 주께서 따로 칠십 인을 세우사, 친히 가시려는 각 동네와 각 지역으로 둘씩 앞서 보내시며 (누가복음 10:1)

예수께서는 교회라는 단어를 단 한 번만 사용하셨는데, 그것은 마태복음에 있다.

> 또 내가 네게 이르노니 너는 베드로라. 내가 이 반석 위에 내 *교회*를 세우리니 음부의 권세가 이기지 못하리라.
> 내가 *천국 열쇠를 네게* 주리니 네가 땅에서 무엇이든지 매면 하늘에서도 매일 것이요, 네가 땅에서 무엇이든지 풀면 하늘에서도 풀리리라 하시고 (마태복음 16:18-19, 강조체 첨가)[2]

또한 예수께서는 십이사도들에게 그들이 이스라엘 지파를 심판하게 될 것이며, (마태복음 19:27-30, 마가복음 10:28-31, 누가복음 18:28-30 참조) 사도 요한은 예수께서 재림하실 때까지 지상에 머물게 되리라고 (마태복음 16:28, 마가복음 9:1, 누가복음 9:27 참조) 말씀하셨다[3].

바운티풀의 니파이인들 (요셉인들) 가운데서

예수께서는 유대인들 가운데서 그러하셨듯이, 니파이인들 가운데서도 열두 제자들을 부르시고 그들에게 신권의 권세를 부여하셨다.

---

2 마가, 누가, 요한은 가이사랴 빌립보 지방에서 있었던 위와 같은 예수님과 베드로의 대화를 기록하지 않았다.

3 요한복음 21:20-23: "베드로가 돌이켜 예수께서 사랑하시는 그 제자가 따르는 것을 보니 그는 만찬석에서 예수의 품에 의지하여 주님, 주님을 파는 자가 누구오니이까 묻던 자더라. 이에 베드로가 그를 보고 예수께 여짜오되 주님, 이 사람은 어떻게 되겠사옵나이까? 예수께서 이르시되 내가 올 때까지 그를 머물게 하고자 할지라도 네게 무슨 상관이냐? 너는 나를 따르라 하시더라. 이 말씀이 형제들에게 나가서 그 제자는 죽지 아니하겠다 하였으나, 예수의 말씀은 그가 죽지 않겠다 하신 것이 아니라, 내가 올 때까지 그를 머물게 하고자 할지라도 네게 무슨 상관이냐 하신 것이러라."

> 그리고 이렇게 되었나니 예수께서 니파이에게와 부르심을 입은 자들에게 이 말씀을 하시고 나서, (이제 부르심을 입고 침례를 베풀 권능과 권세를 받은 자들의 수가 열둘이었더라) 보라, 무리에게로 손을 내미시고 그들에게 외쳐 이르시되, 너희 중에서 내가 택하여 너희에게 성역을 베풀게 하고 너희의 종이 되게 한 이 열둘의 말에 주의를 기울일진대 너희에게 복이 있도다. 그들에게 내가 권능을 주어 물로 너희에게 침례를 베풀게 하였나니, 너희가 물로 침례를 받은 후에, 보라, 내가 불과 성신으로 너희에게 침례를 주리라. 그러므로 너희가 나를 보고 내가 있는 줄 안 후에 나를 믿고 침례를 받을진대 너희에게 복이 있도다. (제3니파이 12:1)

예수께서는 그들에게 "또 내가 너희에게 줄 공의로운 심판을 좇아 너희가 이 백성을 심판하는 자가 될 줄을 너희는 알라. 그런즉 너희가 어떠한 사람이 되어야 마땅하냐? 진실로 내가 너희에게 이르노니 나와 같은 자라야 하느니라"(제3니파이 27:27)라고 말씀하셨다. 예수께서는 이스라엘의 사도 요한처럼 세 명의 제자들에게도 그가 재림하실 때까지 지상에 머물도록 허락하셨다(제3니파이 28:4-7 참조)[4].

예수께서는 또한 그의 교회의 이름에 관한 질문도 답해 주셨다.

> 내 이름으로 일컫지 아니할진대 어찌 나의 교회이겠느냐? 만일 어떠한 교회가 모세의 이름으로 일컬어질진대 그것은 모세의 교회일 것이요, 만일 교회가 어떠한 자의 이름으로 일컬어질진대 그것은 어떠한 자의

4 제3니파이 28:4-7: "또 그들에게 말씀하시고 나서, 세 사람에게로 몸을 돌이키시고 저들에게 이르시되, 내가 아버지께로 가고 나서 너희에게 무엇을 하여 주기를 원하느냐 하시더라. 이에 저들이 그 마음에 근심하거늘, 이는 저들이 그 원하는 바를 감히 그에게 이야기하지 못함이라. 이에 예수께서 저들에게 이르시되, 보라, 내가 너희의 생각을 아노니, 너희는 내가 유대인들에게 들리기 전 나의 성역 때에 나와 함께하던 내 사랑하는 요한이 내게 원하던 것을 원하였도다. 그러므로 너희에게 더욱 복이 있나니, 이는 너희가 결코 죽음을 맛보지 아니하고, 살아서 내가 하늘의 권능을 가지고 나의 영광 중에 올 때, 곧 모든 일이 아버지의 뜻대로 이루어지기까지, 사람의 자녀들에게 행하시는 아버지의 모든 일을 보게 될 것임이니라."

교회일 것이라. 그러나 만일 교회가 내 이름으로 일컬어질진대 그것은 내 교회니, 만일 그들이 내 복음 위에 세워졌으면 그러하리로다. (제3니파이 27:8)

그러므로, 예수 그리스도께서는 이스라엘의 유대인들 가운데서 십이 사도를 부르시고, 또 미 대륙의 니파이인들 (요셉인들) 가운데서도 열두 제자를 부르심으로써 두 지파 가운데서 그의 교회를 조직하셨다. 예수께서는 또한 예루살렘에서 칠십인도 부르셨다. 니파이인들에게는 교회가 그의 이름으로 불리우도록 구체적으로 지시하셨다.

2. 예수께서는 무수히 많은 기적을 행하시면서 궁핍한 자들에게 성역을 베푸셨다.

예수께서는 백성들의 필요에 따라 수많은 기적을 행하셨는데, 사복음서에 나오는 그 모든 기적들을 이 책에서 언급할 수는 없고, 여기서는 다만 예수께서 궁핍한 자들에게 성역을 베푸신 방법에 대한 개요만을 살펴보기로 한다.

이스라엘의 유대인들 가운데서

침례 요한의 두 제자들이 예수께 그가 메시야인지 물었을 때 예수께서는 궁핍한 자들에게 성역을 베푸신 것을 다음과 같이 요약하여 대답하셨다.

요한이 옥에서 그리스도께서 하신 일을 듣고 제자들을 보내어
예수께 여짜오되, 오실 그이가 당신이오니이까? 우리가 다른 이를 기다리오리이까?
예수께서 대답하여 이르시되, 너희가 가서 듣고 보는 것을 요한에게 알리되,

> 맹인이 보며 못 걷는 사람이 걸으며 나병환자가 깨끗함을 받으며 못 듣는 자가 들으며 죽은 자가 살아나며 가난한 자에게 복음이 전파된다 하라. (마태복음 11:2-5, 또한 누가복음 7:19-22 참조)

예수께서는 신체적인 병만을 고치신 것이 아니라 귀신들린 사람들에게서 악령을 쫓아내기도 하셨다. 그는 도움이 필요한 사람들을 불쌍히 여기셨고, 안식일을 거룩히 지켜야 하는 유대인의 엄격한 관습에도 불구하고 안식일에도 성역을 베푸셨다. 그의 이러한 행동은 바리새인들의 비난을 샀다. (누가복음 14:1-2 참조)

예수께서 행하신 기적 중 가장 극적인 것 중 하나는 나사로를 죽음으로부터 일으키신 것이다. 나사로는 죽은 지 며칠이 지났고 시신은 이미 부패하기 시작하여 독한 냄새가 났었다(요한복음 11장 참조)[5].

니파이인들 (요셉인들) 가운데서

예수께서는 니파이인들 가운데서도 성역을 베푸셨지만 그곳에서의 상황은 이스라엘에서와는 사뭇 달랐다. 그는 미 대륙에서는 제한된 수의 사람들과 삼 일 동안의 짧은 시간을 보내셨다. 예수께서는 사람들과 개인적으로 더욱 친밀한 상황에서, 병으로 고통받고 있는 사람들을 모두 데려오라고 하신 다음, 그들을 고쳐 주셨다.

> 또 이렇게 되었나니 예수께서 하늘로 올라가시고 나서—두 번째로 그들에게 자기를 보이시고, 그들의 병든 자와 그들의 저는 자를 다 고치시며, 그들의 맹인의 눈을 뜨게 하시며 못 듣는 자의 귀를 듣게 하시며, 온갖 치료를 그들 중에 행하시며, 한 사람을 죽은 자 가운데서 일으키시며,

5 흥미롭게도, 비록 이 사건은 예수께서 행하신 기적 중 매우 획기적인 것이지만, 공관복음 저자들 세 명은 이 사건을 기록하지 않았다.

그들에게 자기의 권능을 보이시고 나서 아버지께로 올라가신 후에—
(제3니파이 26:15)

3. 예수께서는 제자들과 백성들에게 복음의 원리를 가르치셨다.

이 단락에서는 신약과 몰몬경에 기록된 예수님의 가르침 중 몇 가지 요점만을 간략히 토론한다.

이스라엘의 유대인들 가운데서

위대한 교사이신 예수께서는 삼 년간의 성역 기간 동안 제자들과 백성들을 가르치셨다. 가르침의 내용에 대한 예는 많겠지만, 다음과 같은 주된 사건이나 가르침의 방법은 그 내용을 잘 설명해 줄 것이다.

산상수훈 (마태복음 5-7장, 누가복음 6:17-49 참조)

산상수훈은 기독교인들에게 가장 영향력 있는 말씀 중 하나가 될 것이다. "복이 있나니"라는 말씀이 들어간 아홉 가지의 교훈을 비롯하여 그 외 교훈들은 당시의 유대인들에게는 모세의 율법보다 더 높고 더 거룩한 것이었다. 부활하신 예수께서는 니파이인들에게 이와 똑같은 설교를 약간 다르게 하셨다(제3니파이 12-14장 참조). 이것은 분명 이 교훈의 말씀들이 모든 사람들에게 매우 중요한 것임을 보여준다.

여러 가지 비유를 사용하여 가르치심

예수께서는 자주 비유를 들어 가르치실 때 이사야의 말씀을 인용하여 설명하셨다. "너희가 듣기는 들어도 깨닫지 못할 것이요, 보기는 보아도 알지 못하리라." (마태복음 13:14) 또한 가르치실 때는 종종 비유의 대상으로 (꽃이나 새와 같은) 자연물, 어린아이, 목자, 관계 등을 사용하셨다.

경전을 사용하여 가르치심

예수께서는 가르치실 때 종종 경전을 인용하셨다. 예를 들면, 사십 일간의 금식이 끝날 무렵 받았던 악마의 세 가지 유혹을 거절하셨을 때 신명기의 말씀을 인용하셨다(마태복음 4:1-11, 마가복음 1:12-13, 누가복음 4:1-13 참조). 고향 나사렛의 회당에서 성역을 시작하셨을 때도 이사야 61:1-2을 인용하셨다. 예수께서 가장 많이 인용하신 경전 구절의 출처는 이사야와 시편이다. 그는 이 경전 구절들이 자신을 증거하는 것임을 확인해 주셨다(요한복음 5:39 참조). 이러한 예를 통하여 우리는 경전이 예수님의 가르침의 중요한 부분임을 알 수 있다.

유대 지도자들이 예수님에게 이의를 제기하거나 그를 비난했을 때 그들을 가르치거나 바로잡음

새롭거나 혁신적인 종교적 운동은 그것이 어떠한 것이라도 새로운 지도자와 기존의 세력 간에 불가피한 충돌을 일으키게 마련이다. 따라서 그 당시 지도자들이 품었던 예수님에 대한 적개심은 놀라운 일이 아니다. 예수께서는 유대 지도자들이 그분의 말씀이나 행위에 대해 반발할 때면 보통은 이에 대해 논박하심으로써 그들을 잠잠하게 하셨다. 동시에 예수께서는 바리새인들이나 사두개인들에게 적개심을 품고 논쟁을 하는 대신, 교훈을 가르치셨다(마태복음 15:1-9, 22:41-46, 누가복음 7:37-50, 14:1-6 참조).

성전 뜰을 깨끗하게 하심 (마태복음 21장, 마가복음 11장, 누가복음 19장 참조)

예수께서는 이전에 성전을 방문하실 때 성전 뜰에서 상업 행위를 하는 것을 언급하지 않으셨으나, 마지막으로 예루살렘을 방문하실 때는 성전 뜰에 있는 장사꾼들을 모두 쫓아내셨다. 그의 말씀은 곧 아버지의 집은 장사하는 곳이 아닌 거룩한 곳이 되어야 한다는 것이다. 혹자의 의견에 따르면, 예수께서 마지막으로 성전을 방문하셨을 때 물리적인 폭력을 행사하신 동기는 산헤드린을 자극하여 그를 체포할 구실을 만들어 주도록 하기 위함이라고도 한다.

모세와 엘리야와 함께 변형되심 (마태복음 17:1-13, 마가복음 9:2-13, 누가복음 9:28-36 참조)[6]

예수께서는 이 신성한 사건에 현재의 제일회장단 격인 베드로, 야고보, 요한 등 세 명의 제자들만 초대하셨다. 이러한 변형 후에 베드로는 초막 셋을 지어 이 사건을 모든 사람들에게 알리는 것이 어떻겠는지 주께 제안을 드렸으나, 예수께서는 이 신성한 경험을 주께서 부활하실 때까지는 아무에게도 이르지 말라고 하셨다.

제자들과 백성들에게 사적으로 가르치심

요한복음에 따르면, 예수께서는 종종 사적인 가르침을 주셨다. 두 가지 좋은 예를 들면, 밤에 주님을 방문한 니고데모를 가르치신 것과(요한복음 3:1-21 참조), 야곱의 우물에서 사마리아 여인을 가르치신 것(요한복음 4:5-26 참조)이다. 요한은 예수께서 중재의 기도를 드리고, 시련을 겪으시고, 십자가에 못 박히시기에 앞서 제자들에게 은밀히 가르치셨다고 기록했다(요한복음 13-16장 참조).

전반적으로, 예수님의 가르침의 핵심은 그가 말씀하신 가장 큰 계명, 즉 하나님과 이웃을 사랑하는 것이다(마태복음 22:34-40, 마가복음 12:28-31, 누가복음 10:25-37 참조). 또한 예수께서는 그의 가르침은 그의 것이 아니요 다만 그를 보내신 아버지의 교리임을 분명히 하셨다(요한복음 7:16 참조).

---

6 요한은 이 변형을 목격했으나 요한복음에는 해당 기록이 전혀 없다.

니파이인들 (요셉인들) 가운데서

부활하신 예수께서는 삼 일간 니파이인들을 방문하시면서 경전을 이용하여 많은 교훈을 가르치셨는데, 이 중에는 산상수훈과 거의 동일한 설교(제3니파이 12-14장 참조), 이사야 52장과 54장의 인용(제3니파이 20, 22장 참조), 그리고 말라기 3장과 4장의 인용(제3니파이 24, 25장 참조) 등이 있다. 또한 이사야의 말을 상고하라는 계명도 주셨고(제3니파이 23:1 참조), 삼 일간의 짧은 방문 동안 그의 복음을 여러 차례 가르치셨다(제3니파이 15, 27장 참조). 더 나아가, 모세의 율법은 이미 그분 안에서 성취되었음을 강조하셨고, 누가복음 24:44에 기록된 대로 부활하신 후 이 사실을 제자들에게 가르치셨다. 또한 니파이인들이 살고 있던 땅(현재의 미 대륙)은 그들에게 기업의 땅으로 주어진 것이라 하셨고, 후일의 이방인들의 역할에 대해서도 예언하셨다.

위대한 교사이신 예수께서는 경전을 통하여 복음과 신성한 말씀을 가르치시면서 성역을 시작하셨고, 종종 이사야와 시편의 말씀을 인용하셨다. 경전은 그를 증거하며, 또한 그가 메시야이심을 증거한다고 가르치셨다. 일부 유대인들은 그의 말씀을 받아들인 반면, 많은 유대인들은 배척했다. 그러나 니파이인들의 경우, 이들은 주로 의로운 백성들로만 구성된 작은 무리였기에 모두 한결같이 마음을 열고 두 팔을 벌려 예수님을 영접했다.

4. 예수께서는 신성한 신권 의식을 수행하셨다.

이 단락에서는 예수께서 시작하시거나 수행하신 의식들을 살펴본다.

이스라엘의 유대인들 가운데서

사복음서에는 다음과 같은 신권 의식이 기록되어 있다.

1. 예수께서는 침례 요한에게 침례를 받으시면서 성역을 시작하셨다. 예

수님과 제자들도 사람들에게 침례를 베풀었다. (요한복음 4:1-2 참조)

2. 예수께서는 십이사도를 부르시고 성임하셨다. (마가복음 12:15, 요한복음 15:16 참조)
3. 예수께서는 십자가에 못 박히시기 전 최후의 만찬에서 제자들에게 (그의 몸을 의미하는) 떡과 (그의 피를 의미하는) 포도주를 드리는 의식을 제정하셨다. (마태복음 26:26-29, 마가복음 14:22-25, 누가복음 22:15-20 참조)

니파이인들 (요셉인들) 가운데서

제3니파이에는 다음과 같은 신권 의식들이 기록되어 있다.

1. 부활하신 예수께서는 선지자 니파이에게 침례할 권세를 주시고 침례 방법을 가르쳐 주셨다(제3니파이 11:22-27 참조). 예수님으로부터 부름을 받은 열두 제자들은 많은 사람들에게 침례를 베풀었다.
2. 예수께서는 떡을 떼어 축복하시고 포도주로 축복하셨으며, 모든 사람들이 먹고 충만하게 되었다. 예수께서는 회개하고 침례를 받은 사람들을 위하여 이렇게 함으로써 그를 기억하고 그의 계명을 지키도록 해야 한다고 가르치셨다. 그러면서, 주님께서 그의 영이 그들과 함께 할 것임을 약속해 주셨다. (제3니파이 18:1-11 참조)

침례에 관한 다음과 같은 사실은 흥미롭다.

· 예수 그리스도께서는 침례 요한에게 침례를 받으심으로써 성역을 시작하셨다. (마태복음 3:1-17, 마가복음 1:9-11, 누가복음 3:21-22, 요한복음 1:32-34 참조)
· 예수께서 선지자 니파이에게 첫 번째로 명하신 것은 침례를 베풀 권세에 관한 것이며, 그는 침례 방법을 정확히 가르쳐 주셨다. (제3니파이 11:20-28 참조)

- 예수께서 니파이인들에게 주신 마지막 계명 중 하나는 침례에 관한 것이었다. 그는 "이제 그 계명은 이것이라, 너희 땅의 모든 끝이여, 회개하고, 내게로 와서 내 이름으로 침례를 받으라. 그리하여 성신을 받음으로 말미암아 성결하게 되어, 마지막 날에 내 앞에 흠 없이 서도록 하라"라고 명하셨다. (제3니파이 27:20)
- 예수께서 하늘로 올라가시기 전에 제자들에게 마지막으로 당부하신 사항은, "그러므로 너희는 가서 모든 민족을 제자로 삼아 아버지와 아들과 성령의 이름으로 침례를 베풀고"였다. (마태복음 28:19, 또한 마가복음 16:15-16 참조)

침례 의식이 예수 그리스도께 그토록 중요했다면 모든 인류에게도 매우 중요시되어야 한다[7].

예수께서는 유대인과 니파이인들에게 세 가지의 중요한 신권 의식, 즉 침례, 성임, 성찬 의식을 소개하셨다[8]. 니파이인들에게는 침례 방법과 성찬 의식의 목적에 관하여 더 많은 지침을 주셨다.

5. 예수께서는 세상의 종말을 포함하여 임박한 미래, 가까운 미래, 그리고 먼 미래에 관하여 예언하셨다.

여기서는 신약에 나오는 예수 그리스도의 예언들을 그의 죽으심과 부활(임박한 미래), 예루살렘의 멸망(가까운 미래), 그리고 세상의 종말(먼 미래)에 관한 것들만 토론하기로 하며, 마태복음 24장에 나오는 예언에만 국한한다. 몰몬경에 나오는 예수님의 예언들은 제3니파이 11-28장에서 니

7 일부 기독교인들은 침례 의식은 구원에 필수적인 것이 아니며, 강한 신앙 속에서 자선을 베풀고, 충실하고, 정직하고, 순수하면 그것으로 충분하다고 믿는다. 그러나 성경과 몰몬경에서는 똑같이 예수께서는 침례 의식이 구원에 필수적인 것임을 가르치신 것을 보여준다.

8 유대-기독교인들은 이것을 흔히 성체(Eucharist), 성찬례(Holy Communion, 또는 Communion)라고 한다.

파이인들에게 주신 예언에만 국한한다.

이스라엘의 유대인들 가운데서 자신의 죽으심과 부활에 관한 예수님의 예언은 임박한 예언이었음

복음서 저자들의 다음과 같은 기록을 통하여 우리는 예수님의 성역 막바지에 연속적으로 발생하는 중요한 사건들을 볼 수 있으며[9], 예수께서는 제자들에게 그가 끌려가시고, 십자가에 못 박히시고, 부활하실 것을 예언하기 시작하셨다.

예수께서 제자들에게 "너희는 나를 누구라 하느냐?"라고 물으셨을 때 베드로가 대답하기를, "주는 그리스도시요, 살아 계신 하나님의 아들이시니이다"라고 대답했다. 그러자 예수께서는 베드로와 제자들에게 다음과 같이 말씀하셨다.

> 예수께서 대답하여 이르시되, 바요나 시몬아, 네가 복이 있도다. 이를 네게 알게 한 이는 혈육이 아니요 하늘에 계신 내 아버지시니라.
> 또 내가 네게 이르노니 너는 베드로라. 내가 이 반석 위에 내 교회를 세우리니 음부의 권세가 이기지 못하리라.
> 내가 천국 열쇠를 네게 주리니, 네가 땅에서 무엇이든지 매면 하늘에서도 매일 것이요, 네가 땅에서 무엇이든지 풀면 하늘에서도 풀리리라 하시고,
> 이에 제자들에게 경고하사, 자기가 그리스도인 것을 아무에게도 이르지 말라 하시니라. (마태복음 16:17-20)

예수께서 수석 사도인 베드로에게 하늘과 땅에서 맬 수 있는 신권의 열쇠를 맡기신 후, 그는 처음으로 그의 임박한 죽으심과 부활을 예언하셨

9 마가(8장)와 누가(9장)도 이 사건들을 기록했지만, 마태가 더 자세히 설명했다.

다. "이때로부터 예수 그리스도께서 자기가 예루살렘에 올라가 장로들과 대제사장들과 서기관들에게 많은 고난을 받고 죽임을 당하고 제삼일에 살아나야 할 것을 제자들에게 비로소 나타내시니" (마태복음 16:21).

사도 베드로가 이 불길한 예언에 대하여 선의와 충심과 사랑으로 항변하자, 예수께서는 베드로를 사탄이라 칭하며 그를 날카롭게 꾸짖으실 만큼 불쾌히 여기셨다. 이러한 반응은 예수께서 방금 베드로에게 교회 전체를 관리할 신권 열쇠를 부여하신 것을 고려할 때 훨씬 더 놀라운 것이다.

> 베드로가 예수를 붙들고 항변하여 이르되, 주여 그리 마옵소서. 이 일이 결코 주께 미치지 아니하리이다.
> 예수께서 돌이키시며 베드로에게 이르시되, 사탄아 내 뒤로 물러가라. 너는 나를 넘어지게 하는 자로다. 네가 하나님의 일을 생각하지 아니하고 도리어 사람의 일을 생각하는도다 하시고 (마태복음 16:22-23)

이 일은 예수님의 죽으심과 부활은 그분께 너무도 중요한 것이었기에 하늘과 땅을 맬 권세를 가진 베드로조차도 하나님의 뜻에 반하는 말을 한 것으로 인하여 꾸짖음을 받았음을 가르쳐 준다. 예수께서는 예언을 하신 후에 제자들에게 중요한 교훈을 가르치셨다.

> 이에 예수께서 제자들에게 이르시되, 누구든지 나를 따라오려거든 자기를 부인하고 자기 십자가를 지고 나를 따를 것이니라.
> 누구든지 제 목숨을 구원하고자 하면 잃을 것이요 누구든지 나를 위하여 제 목숨을 잃으면 찾으리라.
> 사람이 만일 온 천하를 얻고도 제 목숨을 잃으면 무엇이 유익하리요? 사람이 무엇을 주고 제 목숨과 바꾸겠느냐? (마태복음 16:24-26)

이 교훈을 가르치신 후 예수께서는 그의 역할을 설명 또는 예언하셨고, 제자 중 누군가는 죽음을 맛보지 않을 것이라고 예언하셨다.

> 인자가 아버지의 영광으로 그 천사들과 함께 오리니, 그때에 각 사람이 행한 대로 갚으리라.
> 진실로 너희에게 이르노니, 여기 서 있는 사람 중에 죽기 전에 인자가 그 왕권을 가지고 오는 것을 볼 자들도 있느니라. (마태복음 16:27-28)

약 한 주가 지난 후[10], 베드로, 야고보, 요한은 예수께서 모세와 엘리야와 함께 변형되신 것을 목격했으며 아버지의 음성을 들었다. 그런 후, 예수께서는 제자들에게 자신이 부활하실 때까지는 그들이 목격한 변형에 대하여 아무에게도 말하지 말라고 하셨다[11].

> 엿새 후에 예수께서 베드로와 야고보와 그 형제 요한을 데리시고 따로 높은 산에 올라가셨더니,
> 그들 앞에서 변형되사, 그 얼굴이 해같이 빛나며 옷이 빛과 같이 희어졌더라.
> 그때에 모세와 엘리야가 예수와 더불어 말하는 것이 그들에게 보이거늘
> 베드로가 예수께 여쭈어 이르되, 주여 우리가 여기 있는 것이 좋사오니, 만일 주께서 원하시면 내가 여기서 초막 셋을 짓되, 하나는 주님을 위하여, 하나는 모세를 위하여, 하나는 엘리야를 위하여 하리이다.
> 말할 때에 홀연히 빛난 구름이 그들을 덮으며 구름 속에서 소리가 나서 이르시되, 이는 내 사랑하는 아들이요 내 기뻐하는 자니, 너희는 그의 말을 들으라 하시는지라.
> 제자들이 듣고 엎드려 심히 두려워하니,
> 예수께서 나아와 그들에게 손을 대시며 이르시되, 일어나라 두려워하지

---

10 마태와 마가는 엿새 후라고 했으나, 누가는 약 팔 일 후라고 했다(마태복음 17:1, 마가복음 9:2, 누가복음 9:28 참조).

11 복음서 저자들 중 유일하게 요한만 변형을 목격했다. 흥미롭게도, 요한은 변형에 대하여 아무것도 기록하지 않았지만, 다른 세 저자들은 이 사건을 기록했다.

> 말라 하시니,
> 제자들이 눈을 들고 보매, 오직 예수 외에는 아무도 보이지 아니하더라.
> 그들이 산에서 내려올 때에 예수께서 명하여 이르시되, 인자가 죽은 자 가운데서 살아나기 전에는 본 것을 아무에게도 이르지 말라 하시니 (마태복음 17:1-9)

마태의 기록 이외에도, 누가는 예루살렘에서 있을 예수님의 죽으심에 대한 예수님과 모세와 엘리야 간의 대화 내용을 추가했다.

> 문득 두 사람이 예수와 함께 말하니 이는 모세와 엘리야라.
> 영광 중에 나타나서 장차 *예수께서 예루살렘에서 별세하실 것*을 말할새 (누가복음 9:30-31, 강조체 첨가)

그런 후, 예수께서는 갈릴리에서 그의 죽으심과 부활을 두 번째로 예언하셨다.

> 갈릴리에 모일 때에 예수께서 제자들에게 이르시되, 인자가 장차 사람들의 손에 넘겨져
> 죽임을 당하고 제삼일에 살아나리라 하시니, 제자들이 매우 근심하더라. (마태복음 17:22-23)

그러나, 마가와 누가는 사도들이 그 예언이 무엇에 관한 것인지 이해하지 못했으며 이에 대해 묻기를 두려워했다고 기록했다[12]. "이는 제자들을 가르치시며 또 인자가 사람들의 손에 넘겨져 죽임을 당하고 죽은 지 삼 일

12 그들은 아마도 베드로가 앞서 꾸짖음을 받았기 때문에 묻기를 두려워했을지도 모른다(또한 누가복음 9:43–45 참조).

만에 살아나리라는 것을 말씀하셨기 때문이더라. 그러나 제자들은 이 말씀을 깨닫지 못하고 묻기도 두려워하더라." (마가복음 9:31-32)

예수께서는 마지막으로 예루살렘으로 가시면서 똑같은 것을 세 번째로 예언하셨는데, 이번에는 좀 더 구체적으로 하셨다(마태복음 20:17-19, 마가복음 10:32-34, 누가복음 18:31-34 참조). 마태는 이것에 대해 언급하지 않았지만, 마가와 누가는 사도들이 아직도 그 예언을 이해하지 못했다고 기록했다. 다음은 누가의 기록이다.

> 예수께서 열두 제자를 데리시고 이르시되, 보라 우리가 예루살렘으로 올라가노니 선지자들을 통하여 기록된 모든 것이 인자에게 응하리라.
> 인자가 이방인들에게 넘겨져 희롱을 당하고 능욕을 당하고 침 뱉음을 당하겠으며
> 그들은 채찍질하고 그를 죽일 것이나 그는 삼 일 만에 살아나리라 하시되,
> 제자들이 이것을 하나도 깨닫지 못하였으니 그 말씀이 감취었으므로 그들이 그 이르신 바를 알지 못하였더라. (누가복음 18:31-34)

유월절 이틀 전에 예수께서 그 예언을 다시 언급하셨을 때 제자들은 아직도 이를 이해하지 못하고 있었다. "너희가 아는 바와 같이 이틀이 지나면 유월절이라. *인자가 십자가에 못 박히기 위하여 팔리리라 하시더라.*" (마태복음 26:2, 강조체 첨가)

열한 제자들이 예수님이 십자가에 못 박히시고 장사 지낸 뒤 부활하셨다는 말을 들었을 때 일부는 이 말을 심각하지 않게 여겼음이 분명하다(누가복음 24:11 참조). 그들은 결국 부활하신 예수께서 그들에게 몸소 나타나셨을 때 믿게 되었다(요한복음 20:24-28 참조). 이로써, 예수님의 고난, 사망, 부활에 관한 그의 예언은 모두 성취되었다.

마태복음 24장에 기록된 예수님의 예언들

마태복음 24장에는 많은 예언들이 담겨 있으며 이 예언들은 가까운

미래와 먼 미래에 대한 예언으로 나눌 수 있다. 예수께서는 먼저 전반적인 말씀을 하신 후(1-8절), 예루살렘의 큰 멸망과 (9-22절) 세상의 종말에 그가 재림하실 것을 (29-51절) 예언하셨다. 서기 70년경의 예루살렘에 관한 역사적 기록을 기반으로, 마태복음 24장을 가까운 미래에 대한 예언과 먼 미래에 대한 예언으로 분류할 수 있다[13].

2절과 9-22절은 가까운 미래에 대한 예언들이다.

> 대답하여 이르시되, 너희가 이 모든 것을 보지 못하느냐? 내가 진실로 너희에게 이르노니, 돌 하나도 돌 위에 남지 않고 다 무너뜨려지리라. (마태복음 24:2)

> 그때 사람들이 너희를 환난에 넘겨 주겠으며 너희를 죽이리니, 너희가 내 이름 때문에 모든 민족에게 미움을 받으리라.
> 그때 많은 사람이 실족하게 되어 서로 잡아 주고 서로 미워하겠으며
> 거짓 선지자가 많이 일어나 많은 사람을 미혹하겠으며
> 불법이 성하므로 많은 사람의 사랑이 식어지리라.
> 그러나 끝까지 견디는 자는 구원을 얻으리라. …
> 그때 유대에 있는 자들은 산으로 도망할지어다.
> 지붕 위에 있는 자는 집 안에 있는 물건을 가지러 내려가지 말며
> 밭에 있는 자는 겉옷을 가지러 뒤로 돌이키지 말지어다.
> 그날에는 아이 밴 자들과 젖 먹이는 자들에게 화가 있으리로다.
> 너희가 도망하는 일이 겨울이나 안식일에 되지 않도록 기도하라.
> 이는 그때 큰 환난이 있겠음이라. 창세로부터 지금까지 이런 환난이 없

13 조셉 스미스 역 마태복음 24:4에는 "우리에게 이르소서. 당신께서 성전과 유대인의 멸망에 관하여 말씀하신 이러한 일이 어느 때에 있겠사오며, 또 주의 임하심과 세상 끝 곧 세상의 종말인 악인의 멸망에는 무슨 징조가 있사오리이까?"라고 번역되어 있는데, 이 질문은 다음 두 가지 상황에 적용된다. 하나는 성전의 종말이고 다른 하나는 세상의 종말(또는 악인의 멸망)에 있을 예수님의 재림이다.

> 었고 후에도 없으리라.
> 그날들을 감하지 아니하면 모든 육체가 구원을 얻지 못할 것이나, 그러나 택하신 자들을 위하여 그날들을 감하시리라. (마태복음 24:9-22)

이 외에도 예수께서는 그를 따라 골고다로 가는 여인들에게도 경고하셨다.

> 또 백성과 그를 위하여 가슴을 치며 슬피 우는 여자의 큰 무리가 따라오는지라.
> 예수께서 돌이켜 그들을 향하여 이르시되, 예루살렘의 딸들아, 나를 위하여 울지 말고 너희와 너희 자녀를 위하여 울라.
> 보라, 날이 이르면 사람이 말하기를 잉태하지 못하는 이와 해산하지 못한 배와 먹이지 못한 젖이 복이 있다 하리라.
> 그때 사람이 산들을 대하여 우리 위에 무너지라 하며, 작은 산들을 대하여 우리를 덮으라 하리라. (누가복음 23:27-30)

빌라도의 법정에서 예수님을 재판할 때 유대인들은 예수님의 피를 그들과 그들 자손에게 돌리라고 외쳤다. 요컨대, 그들은 무시무시한 참화가 그들의 후손에게 덮치기를 구했다.

> 빌라도가 아무 성과도 없이 도리어 민란이 나려는 것을 보고 물을 가져다가 무리 앞에서 손을 씻으며 이르되, 이 사람의 피에 대하여 나는 무죄하니 너희가 당하라.
> 백성이 다 대답하여 이르되, 그 피를 우리와 우리 자손에게 돌릴지어다 하거늘 (마태복음 27:24-25)

예루살렘과 헤롯 성전의 멸망에 관한 예수님의 예언의 성취(서기 70년)

역사가들은 서기 70년경에 발생한 예루살렘의 대살육을 기록했다. 특히, 요세푸스는 예루살렘과 성전의 멸망 장면을 다음과 같이 자세히 기록했다.

유대 전쟁사, 제5권, 제12장 3-4
유대인들은 이제 성 밖으로 나갈 수 있는 자유는 물론, 탈출할 수 있는 모든 희망마저 빼앗겼다. 기근은 점점 더 심해져서 모든 집과 가족들을 삼켰다. 윗방에는 굶주려 죽어가는 여인들과 아이들로 가득 찼고, 도시의 길에는 노인들의 시체로 가득 찼으며, 아이들과 청소년들은 그림자처럼 장터를 떠돌았고, 굶주림으로 인하여 모두 몸이 부었고, 아무 곳에서나 비참하게 쓰러져 죽었다. 시체들을 묻어야 하지만 병자들은 그럴 수 없었고, 튼튼하고 건강한 사람들은 무수히 많은 시체들을 보고 그러기를 단념했다. 많은 자들이 죽은 자들을 땅에 묻으면서 죽었기에 그들도 언제 곧 죽을지 모르고 있었으며, 죽음의 시간이 오기도 전에 그들의 관을 향하여 갔다! 이러한 참화를 당하고도 아무런 비탄의 소리가 없고, 애도의 불평도 들리지 않았다. 곧 죽게 될 사람들은 마른 눈으로 입을 벌린 채 그들보다 앞서 영원한 안식으로 들어간 사람들을 바라보았기 때문이다. 깊은 침묵과 죽은 듯한 밤이 도시를 엄습했다. 이러한 비참함보다 훨씬 더 무시무시한 것은 강도들이었다. 그들은 시체들의 무덤과 다를 바 없는 집에 침입하여 그 소유물을 약탈하고, 시체 덮개를 채어 가고, 칼 끝으로 시체를 찌르며 웃으면서 지나갔다. 그들은 자신들이 용맹스러움을 입증하기 위해 아직 살아서 바닥에 누워 있는 사람들을 칼로 쑤셨고, 고통을 멈추기 위해 그들의 칼로 죽여 달라고 간청하는 사람들의 요청을 묵살하고 굶주려 죽게 내버려 두었다. 이들은 모두 성전을 향해 눈을 고정시킨 채 죽었다. 시체의 악취를 견디지 못한 반란군들은 처음에는 죽은 자들을 국고에서 지원받아 묻어야 할 것을 주문했으나, 나중에는 그렇게 할 수 없게 되자 그 시체들을 성 밖 계곡 아래로 던져 버렸다. 그러나 티투스(예루살렘을 정복한 로마 장군)는 그 계곡을 순회할 때 심히 부패한 시체들로 가득한 것을 보고 신음하며, 하늘을

향해 손을 뻗어 하나님을 부르며 이것은 자기가 한 일이 아님을 증거했다. 그 성의 슬픈 사건은 그러하였다. …

유대 전쟁사, 제5권, 제13장 4

그러나 살아남은 자들에게는 또 다른 재앙이 엄습했다. 시리아 탈주자들 중에 유대인들의 배설물에서 나온 금 조각을 찾다가 붙잡힌 사람이 한 명 있었다. 전에 말했듯이 탈주자들은 도망칠 때 금 조각을 삼키곤 했다. 이것 때문에 반란군들은 그들의 몸을 모두 수색했다. 금은 [로마 진영에서] 전에는 25 애틱에 팔렸으나 이제는 12 애틱(드램)에 팔릴 정도로 상당히 많았다. …나로서는 유대인들에게 이보다 더 끔찍한 비참함이 닥칠 것 같지는 않다. 탈주자들의 배를 가르고 금을 찾는 바람에 하룻밤 새 2,000명의 시체가 해부되기도 했다.

유대 전쟁사, 제6권, 제4장 5-6

이때 병사 중 한 명이 명령도 없이 자신에게 부여된 그토록 막중한 임무에 대한 걱정이나 불안도 없이 어떤 거룩한 분노에 사로잡힌 듯 다른 병사의 격려를 받아 사기가 고무되어 불붙은 물건 하나를 황급히 낚아채듯 집어 들더니, 거룩한 집 [성전] 둘레의 북쪽 방들로 가는 통로가 보이는 순금을 입힌 창에 불을 붙였다. 화염이 치솟자 유대인들은 고뇌에 찬 아우성을 치며 그것을 막기 위해 모두 달려갔다. 거룩한 집이 파괴되어 가고 있었기에 이제는 더 이상 살기 위해 목숨을 아끼지 않았으며 어떠한 것도 그들을 막는 것을 용납하지 않았다. 누구를 위하여 성전 주변에 수비대를 두었던가. …이미 궁지에 몰린 반란군들은 진화 작업에 필요한 지원을 받을 수 없었다. 그들은 도처에서 살육당하였고 두들겨 맞았다. 대부분의 백성들은 약하고 무기도 없었으며, 어디서든 붙잡히면 목이 잘렸다. 이제 제단 둘레에는 시체들이 쌓여갔고, 그리로 올라가는 계단에는 살육당하여 쓰러진 자들의 피가 흥건했다.

요세푸스에 따르면 그 작은 예루살렘 성에서 약 110만 명의 유대인들이 사망했고, 약 9만 7천 명이 포로로 잡혀갔다[14]. 당시[15]와 지금의 세계 인구의 차이를 고려해 볼 때, 이 숫자는 지금 인구의 수천만 명에 해당할 것이다. 당시 예루살렘을 정복한 로마 장군 티투스조차 예루살렘에서 발생한 이 전례 없이 끔찍한 황폐는 그의 군대 때문이 아니고 하나님의 저주 때문이라고 주장했다.

요세푸스의 기록을 보면 예루살렘과 헤롯 성전의 멸망에 관한 예수님의 예언은 그가 십자가에 못 박히신 후 한 세대가 지나 글자 그대로 성취되었음을 알 수 있다. 이것은 빌라도의 법정에서 예수 그리스도를 재판할 당시, 유대인들이 "그 피를 우리와 우리 자손에게 돌릴지어다"(마태복음 27:25)라고 요구한 것에 대한 주님의 응답으로 보인다.

먼 미래에 대한 예언: 세상의 종말에 관한 예언

이 천국 복음이 모든 민족에게 증언되기 위하여 온 세상에 전파되리니 그제야 끝이 오리라. (마태복음 24:14)

그날 환난 후에 즉시 해가 어두워지며 달이 빛을 내지 아니하며 별들이 하늘에서 떨어지며 하늘의 권능들이 흔들리리라.
그때 인자의 징조가 하늘에서 보이겠고 그때 땅의 모든 족속들이 통곡하며 그들이 인자가 구름을 타고 능력과 큰 영광으로 오는 것을 보리라.
그가 큰 나팔소리와 함께 천사들을 보내리니, 그들이 그의 택하신 자들을 하늘 이 끝에서 저 끝까지 사방에서 모으리라. … (마태복음 24:29-31)

그러나 그날과 그때는 아무도 모르나니 하늘의 천사들도, 아들도 모르

---

14 요세푸스, 유대 전쟁사, 제6권, 9:3장

15 일부 학자들은 예수님 시대의 세계 인구는 약 4억이었다고 추산한다.

고 오직 아버지만 아시느니라.
노아의 때와 같이 인자의 임함도 그러하리라.
홍수 전에 노아가 방주에 들어가던 날까지 사람들이 먹고 마시고 장가들고 시집가고 있으면서,
홍수가 나서 그들을 다 멸하기까지 깨닫지 못하였으니, 인자의 임함도 이와 같으리라.
그때 두 사람이 밭에 있으매, 한 사람은 데려가고 한 사람은 버려둠을 당할 것이요,
두 여자가 맷돌질을 하고 있으매, 한 사람은 데려가고 한 사람은 버려둠을 당할 것이니라.
그러므로 깨어 있으라. 어느 날에 너희 주가 임할는지 너희가 알지 못함이니라.
너희도 아는 바니 만일 집 주인이 도둑이 어느 시각에 올 줄을 알았더라면 깨어 있어, 그 집을 뚫지 못하게 하였으리라.
이러므로 너희도 준비하고 있으라. 생각하지 않은 때에 인자가 오리라.
충성되고 지혜 있는 종이 되어, 주인에게 그 집 사람들을 맡아, 때를 따라 양식을 나눠 줄 자가 누구냐?
주인이 올 때에 그 종이 이렇게 하는 것을 보면 그 종이 복이 있으리로다.
내가 진실로 너희에게 이르노니 주인이 그의 모든 소유를 그에게 맡기리라.
만일 그 악한 종이 마음에 생각하기를, 주인이 더디 오리라 하여
동료들을 때리며 술친구들과 더불어 먹고 마시게 되면,
생각하지 않은 날 알지 못하는 시각에 그 종의 주인이 이르러
엄히 때리고 외식하는 자가 받는 벌에 처하리니, 거기서 슬피 울며 이를 갈리라. (마태복음 24: 36-51)

위의 예언들과 성경의 기타 가르침을 바탕으로, 기독교인들은 예수

그리스도의 재림과 최후의 심판과 함께 세상의 종말이 오기를 기대해 왔다. 그러나, 미래에 관한 예언들을 해석하는 것은 예언이 주어진 당시의 주변 상황이나 가설을 정확하게 알지 못한다면 어려운 일이다. 이 점은 일부 기독교 교회가 요한계시록, 마태복음 24장, 다니엘 7-10장 및 다른 경전 구절들을 기반으로 예수 그리스도의 재림에 대한 정확한 날짜를 계산하여 예측을 한 것을 보면 잘 입증된다. 예를 들면, 감리교, 여호와의 증인, 제칠일안식일예수재림교회 등과 같은 일부 기독교 교회들은 그들의 예측을 공개적으로 발표하기도 했다. 그러나 그 모든 예측들은 완전히 빗나갔다.

예수께서는 "그러나 그날과 그때는 아무도 모르나니 하늘에 있는 천사들도, 아들도 모르고 아버지만 아시느니라"(마가복음 13:32)라고 가르치셨다. 따라서 우리는 예수께서 그의 재림과 세상의 종말에 즈음하여 일어날 일들을 예언하신 것은 알 수 있지만, 이러한 예언들이 언제 성취될 것인지는 전적으로 하나님 아버지께 달려 있으며 오직 그분만이 아신다.

니파이인들 (요셉인들) 가운데서[16]

예수께서는 제3니파이 16:17-20에 기록된 이사야의 예언(이사야 52:8-10 참조)을 언급하시면서 다음과 같이 말씀하셨다.

> 그때 선지자 이사야의 말이 이루어지리로다. 이르되,
> 너의 파수꾼들이 소리를 높일 것이요. 소리를 함께하여 그들이 노래하리니, 이는 주께서 시온을 다시 데려오실 때에 그들의 눈과 눈이 마주 봄이라.
> 너희 예루살렘의 황폐한 곳들아, 기쁨을 발하며 함께 노래할지어다. 이는 주께서 그 백성을 위로하시고 예루살렘을 구속하셨음이라.

---

16 몰몬경의 이 예언들은 제9장에서 더 자세히 토론한다.

> 주께서 만국의 눈에 그 거룩한 팔을 드러내셨으니, 땅의 모든 끝이 하나님의 구원을 보리로다.

예수께서는 이스라엘 민족의 집합과 미 대륙이 요셉인들의 기업의 땅이 될 것도 예언하셨다.

> 너희는 내가 이사야의 말이 이루어질 때라고 너희에게 말하며 이른 것을 기억하나니—보라, 그의 말이 기록되어 너희 앞에 있은즉, 그러므로 그것을 상고하라—
> 진실로 진실로 내가 너희에게 이르노니 이사야의 말이 이루어질 때, 그때 오 이스라엘의 집이여, 아버지께서 그의 백성에게 세우신 성약이 이루어지리로다.
> 또 지면에 널리 흩어질 남은 자들이 그때, 동에서와 서에서, 또 남에서와 북에서 모여들어, 그들을 구속하신 주 그들의 하나님에 대한 지식에 이르게 되리라.
> 또 아버지께서는 너희 기업으로 이 땅을 너희에게 줄 것을 내게 명하셨느니라. (제3니파이 20:11-14, 또한 이사야 52:8-10 참조)

그런 다음, 예수께서는 주의 성약의 백성들이 흩어진 후에 이방인들이 회개하지 않으면 어떻게 될 것인지도 경고하셨다.

> 또 내가 너희에게 이르거니와 만일 이방인들이 그들이 받게 될 축복 이후에, 그들이 내 백성을 흩은 후에 회개하지 아니하면—
> 그때 야곱 집의 한 남은 자인 너희가 그들 중에 나아갈 것인즉, 너희는 수많은 그들 가운데 있으리니, 너희가 그들 중에 있음은 수풀의 짐승들 중의 사자 같고, 양 떼 중의 젊은 사자 같아서, 만일 지나간즉 밟고 찢으리니 능히 건질 자가 없으리라.
> 네 손이 네 대적들 위에 들리리니, 네 모든 원수가 끊어지리라.

> 또 내가 내 백성을 함께 모으기를, 사람이 자기의 곡식 단을 타작마당에 모음같이 하리라.
> 이는 내가 아버지께서 더불어 성약을 세우신 내 백성을, 참으로 내가 네 뿔을 철이 되게 하며, 네 굽을 놋이 되게 할 것임이라. 또 네가 많은 백성을 쳐서 깨뜨릴 것인즉, 내가 그들의 소득을 성별하여 주께 드리고, 그들의 재물을 성별하여 온 땅의 주께 드리리라. 보라, 이를 행하는 자는 나이니라.
> 또 이렇게 되리니, 아버지께서 말씀하시느니라, 그날에 나의 공의의 칼이 그들 위에 걸려 있으리니, 그들이 회개하지 아니하면 그것이 그들 위에, 참으로 이방의 모든 나라 위에 떨어지리라. 아버지께서 말씀하시느니라. (제3니파이 20:15-20, 또한 미가 4:13과 5:8-9 참조)

그러므로 이방인들은 회개하지 않으면 성약의 이스라엘 백성에게 짓밟힐 것이다. 예수께서는 요셉인들을 위한 새 예루살렘에 관하여도 예언하셨다.

> 그리고 이렇게 되리니 이스라엘의 집이여, 내가 내 백성을 굳게 세우리로다.
> 또 보라, 이 백성을 내가 이 땅에 세워 내가 너희 조상 야곱과 세운 성약을 이루리니, 이 땅은 새 예루살렘이 될 것이요, 하늘의 권능이 이 백성 가운데 있으리라. 참으로 내가 너희 가운데 있으리라. (제3니파이 20:21-22)

또한 예수께서는 아버지의 말씀을 인용하시면서, 아버지께서 아브라함의 성약을 기억하시며, 그가 정하신 때에 성약의 백성을 예루살렘으로 모으실 것이며, 그들에게 충만한 복음이 전파될 것이라고 예언하셨다.

> 그리고 내가 내 백성과 더불어 세운 성약을 기억하리니, 내가 그들과 성

약하기를 나의 정한 때에 내가 그들을 함께 모으고, 그들의 조상들의 땅을 다시 그들에게 주어 그들의 기업으로 삼게 하리라 하였도다. 이는 예루살렘 땅이니 영원히 그들에게 약속된 땅이니라, 아버지께서 말씀하시느니라.
또 이렇게 되리니 곧 내 복음의 충만함이 그들에게 전파될 때가 이르면, 또 그들이 나를, 곧 내가 하나님의 아들 예수 그리스도임을 믿고, 내 이름으로 아버지께 기도할 것이라.
그때 그들의 파수꾼들이 그 소리를 높이며, 소리를 합하여 그들이 노래하리니, 이는 그들의 눈과 눈이 마주 봄이로다.
그때 아버지께서 그들을 다시 함께 모으시고, 그들의 기업의 땅으로 예루살렘을 그들에게 주실 것이라.
그때 그들이 기쁨을 발하리니—너희 예루살렘의 황폐한 곳들아, 함께 노래하라. 이는 아버지께서 그 백성을 위로하셨고 그가 예루살렘을 구속하셨음이라.
아버지께서 열방의 눈에 그 거룩한 팔을 드러내셨으므로, 땅의 모든 끝이 아버지의 구원을 보리니, 아버지와 나는 하나니라. (제3니파이 20:29-35)

예수께서는 이로써 이사야의 예언이 성취될 것이라고 하셨다.

또 그때 기록된 것이 이루어지리니, 시온이여, 깰지어다. 다시 깨어 네 힘을 입을지어다. 거룩한 성, 예루살렘이여, 네 아름다운 옷을 입을지어다. 이제부터 할례받지 않은 자와 부정한 자가 다시는 네게로 들어옴이 없을 것임이니라.
너는 티끌을 떨어버릴지어다. 예루살렘이여, 일어나 앉을지어다. 사로잡힌 시온의 딸아, 네 목의 줄을 스스로 풀어 버릴지어다.
이는 이같이 주께서 말씀하심이라, 너희가 아무것도 아닌 것을 위하여 스스로를 팔았으니, 너희가 돈 없이 속량되리라. (제3니파이 20:36-38, 또한 이사야 52:13 참조)

예수께서는 이방인들이 회개하고 침례를 받고 참된 교리를 알게 된다면 그의 성약의 백성 가운데 헤아림을 받을 것이라고 예언하셨다.

> 이는 아버지께서 이같이 하사 그 일이 이방인들에게서 나아오는 것이 마땅함이요, 이리하여 아버지께서 이방인들에게 그의 권능을 보이고자 하심은 이 까닭이니, 곧 이방인들로 하여금 만일 저들이 그 마음을 완악하게 아니할 것 같으면, 저들로 하여금 회개하고 내게로 와서 내 이름으로 침례를 받고 나의 교리의 참된 요점을 알게 하여, 이스라엘의 집이여, 저들로 내 백성 가운데 헤아림을 받게 하려 하심이니라. (제3니파이 21:6)

요셉의 남은 자들이 몰몬경을 통하여 복음의 충만함을 알게 되면, 아버지께서 이스라엘의 집과 맺으신 성약을 성취하시기 위한 아버지의 후일의 사업이 이미 시작되었다는 징조이다.

> 그리고 이러한 일들이 이루어져 네 자손이 이러한 일들을 알기 시작할 때에—그것이 저들에게 표적이 되리니, 아버지께서 이스라엘의 집에 속한 백성들에게 세우신 성약을 이루시기 위한 아버지의 일이 이미 시작되었음을 저들이 알리로다. (제3니파이 21:7)

예수께서는 또 예언하시기를, 후일의 선지자가 불신자들 가운데서 복음의 충만함을 선포할 것이며 아버지의 사업은 크고 기이한 일이 될 것이라고 하셨다.

> 또 그날이 이르면, 열왕이 입을 봉하게 되리니, 이는 그들이 그들에게 전파되지 아니한 것을 볼 것이요, 듣지 못했던 것을 깨닫게 될 것임이니라. 이는 그날에 나로 인하여 아버지께서 한 일을 행하실 것임이니, 그 일이 그들 중에서 크고 기이한 일일 터이므로, 사람이 이를 그들에게 선포할지라도, 그들 중에 이를 믿지 아니할 자들이 있으리라. (제3니파이 21:8-9)

그런 다음, 예수께서는 다음과 같은 약속과 함께 반가운 회복을 예언한 이사야 54장 전체를 인용하셨다.

> 무릇 너를 치려고 만들어진 무기가 형통하지 못할 것이요, 무릇 재판 때에 너를 대하여 욕하는 혀는 네게 정죄를 당하리니, 이는 주의 종들의 기업이요, 그들의 의는 내게서 말미암느니라. 주께서 말씀하시느니라. (제3니파이 22:17)

요약하자면, 몰몬경에는 부활하신 예수께서 니파이인들에게 성약의 이스라엘 백성들이 이방인들에 의해 흩어질 것이라고 예언하신 기록이 있다. 이방인들이 의로움에 거하면 그들은 성약의 백성으로 헤아림을 받을 것이다. 그러나 만일 계속해서 의로움에 거하지 않으면 성약의 이스라엘 백성들에게 멸망될 것이다. 주께서는 흩어진 이스라엘 백성들을 옛 예루살렘과 새 예루살렘으로 모으실 것이며, 그들에게 예수 그리스도의 복음이 전파될 것이라고 약속하셨다. 미 대륙은 요셉인들을 위한 기업의 땅으로 지정되었다. 마지막 경륜의 시대에 몰몬경을 가진 한 선지자가 나타나 요셉인들에게 예수 그리스도의 충만한 복음을 가르치게 되는 날이 오면, 그것은 아버지께서 그분의 기이한 일을 시작하셨다는 것을 의미한다.

이 장에서 토론한 다섯 가지의 범주 중 성경과 몰몬경 사이에 상당한 차이점이 존재하는 곳은 예언에 관한 범주가 유일하다. 예수께서는 유대인들에게 그가 곧 십자가에 못 박히실 것과, 부활하실 것과, (성전을 포함한) 예루살렘이 멸망할 것과, 세상의 종말에 관한 징조들을 예언하셨고, 니파이인들에게는 이사야 52장과 54장의 말씀이 후일에 요셉인들에게 성취될 것을 예언하셨다.

제4장

하나님의 실체

그리고 이제 아빈아다이가 그들에게 이르되, 나는 하나님이 친히 사람의 자녀들 가운데 내려오사, 자기 백성을 구속하시리라는 것을 너희가 깨닫기 바라노라.
그가 육체 가운데 거하심으로 인하여 하나님의 아들이라 일컬음을 받을 것이며, 육체를 아버지의 뜻에 복종시키셨음으로, 아버지요 아들이 되시니 [the Father and the Son]—
아버지인 것은, 그가 하나님의 능력으로 잉태되었음으로 인함이요. 아들인 것은 육체로 인함이라. 이리하여 아버지요 아들이 되시나니 [the Father and Son]—
또 그들은 한 하나님이시라, 참으로 바로 하늘과 땅의 영원하신 아버지시니라.
또 이와 같이 육신이 영에게, 곧 아들이 아버지께, 복종하여 한 하나님이 되사, 유혹을 받으시나 유혹에 굴하지 아니하시며, 조롱받음과 채찍질당함과 쫓겨남과 자기 백성에게 버림당함을 참으시느니라. (모사이야서 15:1-5, 영문 일부 첨가)

◆
◆

어떠한 종교이든지 하나님의 신성을 올바로 이해하는 것이 중요하다. 하나님의 신성에 대한 관점이 잘못되어 있으면 그 외의 종교적 신념은 별로 가치가 없을 것이다. 참된 하나님의 신성을 잘못 알고 숭배를 해도 인간적인 관점에서 보면 독실하고 고결한 삶을 살면서 어느 정도 만족을 느낄 수는 있겠지만, 하나님의 관점에서 보면 별로 가치가 없을 것이다. 이에 대한 일례로, 예수께서는 마태복음 7:21-23에서 다음과 같이 가르치셨다(또한 제3니파이 14:21-23 참조).

> 나더러 주여! 주여! 하는 자마다 다 천국에 들어갈 것이 아니요, 다만 하늘에 계신 내 아버지의 뜻대로 행하는 자라야 들어가리라.
> 그날에 많은 사람이 나더러 이르되 주여! 주여! 우리가 주의 이름으로 선지자 노릇 하며 주의 이름으로 귀신을 쫓아내며 주의 이름으로 많은 권능을 행하지 아니하였나이까 하리니,
> 그때 내가 그들에게 밝히 말하되, 내가 너희를 도무지 알지 못하니 불법

을 행하는 자들아, 내게서 떠나가라 하리라[1].

◆ 삼위일체설과 기독교

삼위일체는 기독교 역사의 대부분 신회의 정통 견해가 되어 왔다. 삼위일체란 바로 아버지와 아들과 성신은 본질적으로 동체, 즉 한 몸이라는 것이다. 이 교리는 2세기부터 존재해 온 것으로 알려져 있으나, 4세기에 니케아 및 콘스탄티노플 공의회에서 가톨릭교회의 공식 교리가 되었다. 다음은 삼위일체 교리를 발표한 이 두 공의회의 신경이다.

니케아 신경 (서기 325년)

우리는 하늘과 땅 그리고 모든 보이는 것과 보이지 않는 것을 지으신 한 분, 전능한 아버지 하나님을 믿는다. 우리는 또한 하나님의 독생자이신 한 분, 주 예수 그리스도를 믿는다. 그는 영원 전에 성부에게서 태어난, 신 중의 신이며 빛 중의 빛이고, 참신 중의 참신으로서, 창조되지 않고 출생되었으며, 성부와 동일한 본질을 가지신 분이다. 모든 것이 그로 말미암아 창조되었다. 그는 우리를 위하여, 우리 구원을 위하여 하늘에서 내려와, 성령의 능력과 동정녀 마리아를 통해 육신을 입어 사람이 되셨다. 그는 우리를 위하여 본디오 빌라도가 다스릴 때에 십자가에 못 박혔다. 그는 고난을 받고 장사되었으며, 성경대로 사흘 만에 부활하시고, 하늘에 오르사 아버지의 우편에 앉으셨다. 그는 산 자와 죽은 자를 심판하러 영광 중에 다시 오실 것이며, 그의 나라는 끝이 없을 것이다. 우리는 또한 성부와 성자에게서 나온, 생명을 주시는 주, 성령님을 믿는다. 그는

---

1 이 구절에 대한 조셉 스미스 역은 이렇다. "그때 내가 말하되 *너희는* 나를 도무지 알지 못하니, 불법을 행하는 자들아, 내게서 떠나가라 하리라." (강조체 첨가)

성부와 성자와 함께 예배와 영광을 받으시며, 선지자를 통해 말씀하셨다. 우리는 하나의 거룩하고 사도적인 세계교회를 믿는다. 우리는 죄를 용서하시는 하나의 세례를 믿으며, 죽은 자의 부활과 내세의 삶을 기다린다.

콘스탄티노플 신경 (서기 381년)

우리는 한 분이신 성부 하나님을 믿는다. 그분은 전능하셔서, 하늘과 땅과 이 세상의 보이고 보이지 않는 모든 것을 지으셨다. 우리는 한 분이신 주 예수 그리스도를 믿는다. 그분은 모든 시간 이전에 성부에게서 나신, 하나님의 독생자이시다. 그분은 하나님에게서 나신 참하나님이시요, 빛에서 나신 빛이시요, 참하나님에게서 나신 참하나님이시며, 성부와 같은 분으로, 낳음과 지음 받은 분이 아니다. 오히려 그분을 통해서 만물이 지음 받았다. 그분은 우리와 우리의 구원을 위하여 하늘로부터 내려오시어, 성령의 능력으로 동정녀 마리아에게서 태어나, 참인간이 되셨다. 우리 때문에 본디오 빌라도 치하에서 십자가형을 받아, 죽임을 당하고 묻히셨으나, 성서의 말씀대로 사흘 만에 부활하셨다. 그분은 하늘에 올라 성부 오른편에 앉아 계신다. 그분은 산 이와 죽은 이를 심판하러 영광 가운데 다시 오실 것이다. 그리고 그분의 나라는 끝이 없을 것이다. 우리는 주님이시며, 생명을 주시는 성령을 믿는다. 성령은 성부로부터 나오시어, 성부와 성자와 더불어 예배와 영광을 받으시고, 예언자들을 통하여 말씀하고 계신다. 우리는 하나이고, 거룩하며, 보편적이고, 사도적인 교회를 믿는다. 우리는 죄를 용서하는 한 세례를 믿는다. 우리는 죽은 이들의 부활과 오고 있는 세계에서 살게 될 것을 믿는다. 아멘.

이 두 신경은 신회에 대하여 기본적으로 똑같은 삼위일체 교리를 발표한 것이다. 4세기에 알렉산드리아의 주교인 아타나시우스[2]는 다음의 아타나시우스 신경에서 삼위일체 교리를 더 자세히 설명했다(*가톨릭 백과사전*에 수록된 독단적 설명).

아타나시우스 신경[3]

누구든지 구원받으려면 우선 공교회의 신앙을 가져야 한다. 이 신앙을 완전무결하게 지키지 않으면 반드시 영원히 멸망할 것이다. 공교회의 신앙은 이것이다. 우리는 삼위일체의 하나님, 즉 하나이신 삼위 하나님을 예배한다. 인격을 혼동해도 안 되고, 본질을 분리해도 안 된다. 한 분 성부와 또 다른 분 성자와 또 다른 분 성령이 계신다. 그러나 성부와 성자와 성령은 하나이며, 영광도 동등하며 존엄도 함께 영원하다. 성부의 본성이 바로 성자와 성령의 본성이다. 성부도 피조되지 않았고, 성자도 피조되지 않았고, 성령도 피조되지 않았다. 성부도 무한하고, 성자도 무한하고, 성령도 무한하다. 성부도 영원하고, 성자도 영원하고, 성령도 영원하다. 그러나 영원한 본질은 셋이 아니라 하나만 존재한다. 마찬가지로, 피조되지 않은 무한한 본질도 셋이 아니라 하나만 존재한다. 이와 같이, 성부도 전능하고, 성자도 전능하고, 성령도 전능하다. 그러나 전능한 본질은 셋이 아니라 하나만 존재한다. 따라서, 성부도 신이고, 성자도 신이고, 성령도 신이다. 그러나 신은 셋이 아니라 한 분만 있다. 따라서, 성부도 주님이고, 성자도 주님이고, 성령도 주님이시다. 그러나 주님은 셋이 아니라 하나만 존재한다. 기독교의 진리는 우리에게 세 분을 각각 신과 주님으로 인정하도록 요구하지만, 동시에 공교회의 신앙은 우리에게

---

2 알렉산드리아의 주교, 고해 신부, 교회 박사인 아타나시우스는 서기 296년경 출생하여 373년 5월 2일 사망했다. 그는 신이 인간의 모습으로 나타나셨다는 가톨릭교회의 신조를 가장 많이 옹호한 사람으로 알려져 있다. 그는 생전에 "정통 기독교 신앙의 아버지"라는 독특한 칭호를 받았고, 지금까지도 그렇게 인정받고 있다. (http://www.newadvent.org/cathen/02035a.htm에서 발췌)

3 http://www.newadvent.org/cathen/02033b.htm

세 신이나 세 주님이 있다고 말하는 것을 금지한다. 성부는 타자에 의해 만들어지거나 피조되거나 출생되지 않았다. 성자는 만들어지거나 피조되지 않았지만, 오로지 성부에 의해 출생되었다. 성령은 만들어지거나 피조되지 않았지만, 성부와 성자로부터 나왔다. 그러므로, 세 아버지가 아니라 한 아버지가 있으며, 세 아들이 아니라 한 아들이 있으며, 세 성령이 아니라 한 성령이 있다. 이 삼위일체에서 선후나 대소가 없다. 세 분 모두 다른 분과 같이 영원하고 동등하다. 따라서 앞서 말한 대로, 일체가 삼위로, 삼위가 일체로 예배되어야 한다. 그러므로 누구든지 구원받기 원하는 사람은 삼위일체를 믿어야 한다. 또한, 영원한 구원을 받으려면 반드시 우리 주 예수 그리스도의 성육신을 신실하게 믿어야 한다. 참믿음은 이것이다. 우리 주 예수 그리스도가 하나님의 아들이시며, 신이면서도 동등하게 인간임을 믿고 고백하는 것이다. 그는 아버지의 본성을 가지고 시간이 시작되기 전에 출생한 신이시며, 시간 안에서 그 어머니의 본성을 가지고 출생한 인간이시다. 그는 완전한 신이며, 이성적 영혼과 인간의 육체를 가진 완전한 인간이시다. 신성에 있어서는 성부와 동등하지만, 인성에 있어서는 성부보다 열등하다. 비록 그가 신이면서 인간이지만, 그리스도는 둘이 아니라 하나이다. 그의 신성이 육신으로 변하여 하나가 된 것이 아니라, 하나님 자신이 인성을 덧입으셨기 때문이다. 본성이 혼합되어 하나가 된 것이 아니라, 위격이 연합해서 하나가 되었다. 이성적인 영혼과 육체가 한 인간인 것처럼, 신과 인간이 하나의 그리스도이다. 그는 우리의 구원을 위해 고난을 받고, 음부에 내려갔으며, 죽은 자 가운데서 살아나셨다. 하늘에 올라가, 하나님 아버지의 우편에 앉으셨으며, 거기로부터 산 자와 죽은 자를 심판하러 오실 것이다. 그가 오시면, 모든 인간이 자기 육체로 부활할 것이며, 자기가 행한 대로 심판받을 것이다. 선행을 한 사람은 영원한 생명으로, 악행을 한 사람은 영원한 불 속으로 들어갈 것이다. 이것이 공교회의 신앙이다. 이것을 확실히 그리고 신실하게 믿지 않으면 구원받을 수 없다.

삼위일체 교리의 논란

니케아 공의회에는 이천 명의 주교가 초대를 받았는데, 이 중 약 삼백 명 정도가 참석했다. 이들 중 두 명은 아리우스주의의 심한 비난 때문에 니케아 신경에 서명하지 않았다. 아리우스의 이름을 딴 아리우스주의[4]는 3세기 후반부터 4세기까지 삼위일체 교리에 반대했다. 아리우스주의는 당대의 일부 기독교인들과 심지어는 일부 정치 지도자들 사이에서 인기가 있었다. 많은 역사가들은 한 정략가가 이 공의회에서 아리우스주의를 소외시키는 데 성공했음을 확인했다. 니케아 공의회가 끝날 무렵, 콘스탄틴 황제는 삼위일체 교리에 대한 반대를 진압시키기 위해 다음과 같은 칙령을 발표했다.

> 또한, 아리우스가 작성한 문서는 어떤 것이든지 발견되면 불에 태움으로써 그의 사악한 가르침의 흔적을 지울 것은 물론, 그를 상기시켜 주는 것은 아무것도 남아있지 않도록 할지어다. 이에 짐은 공식적으로 명령을 내리노니, 아리우스가 작성한 문서를 숨겨두거나 즉시 꺼내어 불에 태우지 않는 자는 누구든지 사형에 처하노라. 이를 위반하는 자는 발견되는 즉시 극형으로 다스릴지니…

위에서 보듯, 삼위일체에 대한 논란은 4세기 무렵 매우 깊어졌다. 삼위일체는 신성한 종교적 문제로 다룰 사안임에도, 그것은 콘스탄틴 황제의 정치적 지원을 받은 가톨릭교회의 공식 교리가 되었다. 이로 인해 혹자는 콘스탄틴 황제를 초대 교황으로 불렀다. 이러한 논란은 17세기의 종교개혁 당시 삼위일체에 반대하는 자들에 의해 다시 부상했으나, 개혁파들은

---

4 아리우스주의는 서로 다른 세 분이 한 분의 신이 된다는 삼위일체 개념을 포기하고 한 분의 하나님을 강조한다는 면에서 종종 유니테리언파 신학의 한 형태로 간주된다. 아리우스의 기본 전제는, 스스로 홀로 존재하시고 (즉, 존재를 위해 그 어떠한 것에도 의존하지 않음) 불변하시는 하나님과 스스로 존재하지 않으며 따라서 스스로 존재하거나 불변할 수 없는 하나님이신 아들은 유일한 존재라는 것이다. 신은 한 분이므로 나눌 수 없고 서로 대화할 수도 없다. 신은 불변하므로, 변할 수 있는 아들은 무로부터 존재하도록 부름받은 창조물이며 시작이 있었다고 여겨진다. 더욱이, 아들은 유한하고 존재의 계급이 다르므로 아버지에 대한 직접적 지식이 없다. (http://www.Britannica.com/topic/arianism)

삼위일체를 그들 교회의 공식 교리로 계속 유지했다.

삼위일체 교리는 많은 사람들이 이해할 수 없는 것이다. 일반적으로, 가톨릭 신학자들은 삼위일체 교리를 신비롭게 다루었다. 불가타 성서를 번역한 제롬은 이렇게 말했다.

"솔직히 고백하면, 우리는 삼위일체의 신비를 이해할 수는 없다[5]."

◆ 성경에 나오는 삼위일체에 대한 혼란

삼위일체라는 단어는 성경에 나오지 않지만, 2세기의 일부 기독교 기록에서는 찾아볼 수 있다. 많은 가톨릭 및 개신교 학자들과 신학자들은 성경 구절을 이용하여, 특히 신약에 있는 요한의 기록으로부터, 삼위일체를 증명해 보이려고 했다. 그렇지만 삼위일체는 다음 예에서 보듯 논란의 여지가 많다.

성경의 다른 버전들

성경은 여러 버전들이 있으며, 똑같은 구절도 버전마다 다소 다르게 번역될 수 있다. 어떤 번역은 다른 번역에 비해서 삼위일체 교리에 더 우호적이다. 예를 들면, 요한복음 1:18은 예수님은 또한 아버지이시다는 주장에 종종 인용된다. 다음은 흠정역 영어 성경의 요한복음 1:18을 각기 다르게 번역한 4가지의 예이다. [역자 주: 비교를 위해 영어 원문 포함]

King James Version (KJV: 흠정역)

No man hath seen God at any time; the only begotten Son, which is in the bosom of the Father, he hath declared him. (아무 때라도 하나님을 본

5 De mysterio Trinitatus recta confessio est ignoratio scientiae—"Proem ad 1. xviii in Isai."

자가 없으되 아버지의 품속에 있는 독생자께서 그를 나타내셨느니라.)

New Revised Standard Version (NRSV: 표준새번역 개정판)

No one has ever seen God. It is God the only Son, who is close to the Father's heart, who has made him known. (아무도 하나님을 본 적이 없느니라. 하나님은 아버지의 마음 가까이 계시며 그를 알게 하신 독생자 하나님이시니라.)

Common English Version (CEV: 공통역)

No one has ever seen God. God the only Son, who is at the Father's side, has made God known. (아무도 하나님을 본 적이 없느니라. 아버지 곁에 계신 독생자 하나님께서 하나님을 알게 하셨느니라.)

American Standard Version (ASV: 미국 표준역)

No man hath seen God at any time; the only begotten Son, who is in the bosom of the Father, he hath declared [him]. (아무 때라도 하나님을 본 자가 없으되 아버지의 품속에 있는 독생자께서 그를 나타내셨느니라.)

New International Version (NIV: 신국제역)

No one has ever seen God, but the one and only Son, who is himself God and is in closest relationship with the Father, has made him known. (아무도 하나님을 본 적이 없으되, 스스로 하나님이시고 아버지와 가장 가까우신 유일하신 독생자께서 그를 알게 하셨느니라.)

위의 예에서 보듯, 약 60가지의 버전에 달하는 영어 성경들 중 일부는 다른 버전들에 비하여 삼위일체 교리에 더 우호적이다.

성경의 구절에 대한 논란

성경의 일부 구절들은 삼위일체 교리를 암시한다. 다음은 몇 가지 예이다.

아버지, 말씀, 성신: 이 세 분은 하나다.

이 구절은 흠정역 성경의 요한 1서 5:7에 나오지만, 위에서 인용한 버전(NRSV, CEV, ASV, NIV)을 모두 포함하여 다른 많은 버전의 성경에는 이 구절이 없다. 일부 신약 학자에 의하면, 이 특정 구절은 16세기 초 옥스퍼드 대학의 필경사에 의해 그리스어 신약에 추가되었고, 에라스무스의 그리스 성경 제3판부터 등장하기 시작했다고 한다[6]. 마틴 루터의 독일어 성경은 에라스무스의 그리스어 성경의 제2판에서 번역된 것이므로 이 특정 구절을 포함하고 있지 않다. 반면, 틴데일의 영어 성경은 에라스무스의 그리스어 성경의 제3판에서 번역되었으며, 결과적으로 틴데일의 영어 성경 제6판인 흠정역에는 이 구절이 들어있다. 많은 신약 학자들의 주장에 의하면, 이 구절은 가톨릭교회의 영향 아래 삼위일체 교리를 정당화하기 위하여 그리스어판으로 베껴 옮긴 것이다.

"아버지와 나는 하나니라"

신약의 일부 구절에는 아버지와 예수님은 하나라고 되어 있다. 예를 들면, 요한복음 10:30에는 "나와 아버지는 하나이니라"라고 되어 있다. 이와 동시에 바로 앞의 두 절(요한복음 10:28-29)을 보면, 30절은 아무도 예수님의 양들(제자들)을 그의 손에서 빼앗을 수 없으며 아버지의 손에서도 빼앗을 수 없는 상황을 가리키고 있음이 명백하다. 이러한 의미 또는 목적에서 그들은 하나라고 한 것이다.

---

6 에라스무스는 그리스어 신약을 5판까지 발행했다. 각 판의 발행 연도는 제1판: 서기 1516년, 제2판: 1519년, 제3판: 1522년, 제4판: 1527년, 제5판: 1535년이다.

또한 29절에서는 "그들을 주신 내 아버지는 만물보다 크시다"라고 하셨다. 따라서 이 세 구절을 모두 읽으면 아버지와 예수님은 그의 제자들을 지키는 데 있어서 하나임이 명백해진다.

"내가 아버지 안에 있고 아버지께서 내 안에 계시느니라"

일부 구절에는 아버지와 예수님은 서로의 안에 있다고 기록되어 있다. 예를 들면, 요한복음 10:38에는 "아버지께서 내 안에 계시고 내가 아버지 안에 있다"라고 기록되어 있다. 이와 동시에 바로 앞 절을 보면, 예수께서는 그의 말씀을 믿지 않는 유대인들에 대한 대답으로 자신이 아버지의 일을 행하고 있음을 알리셨다. 이러한 이유로 예수께서는 유대인들에게 그가 하시는 일을 보고 그를 믿어야 하며, 아버지가 그 안에 계시고 그가 아버지 안에 계심을 알아야 한다고 하셨다. 달리 말하면, 예수님과 아버지는 함께 일하신다는 가르침이다.

요한복음 14:10-11에도 "내가 아버지 안에 거하고 아버지는 내 안에 계신 것을 네가 믿지 아니하느냐…내가 아버지 안에 거하고 아버지께서 내 안에 계심을 믿으라…"라고 기록되어 있다. 이 말씀을 하시고는 "내가 아버지께로 감이라"(12절)라고 하셨는데, 이것은 아버지께서 다른 장소에 계심을 가리키며 따라서 그들이 같은 분이라는 것은 불가능한 것이다.

예수 그리스도를 "아버지"라 부름

많은 사람들은 사도 바울이 고린도전서 8:6에서 아버지와 주 예수 그리스도는 같은 분임을 암시하고 있다고 주장한다. "그러나 우리에게는 한 하나님 곧 아버지가 계시니 만물이 그에게서 났고 우리도 그를 위하여 있고 또한 한 주 예수 그리스도께서 계시니 만물이 그로 말미암고 우리도 그로 말미암아 있느니라." 요한계시록 21:7에는 "이기는 자는 이것들을 기업으로 받으리라. 나는 그의 하나님이 되고 그는 내 아들이 되리라"라고 기록되어 있고, 심지어 이사야 9:6에는 "이는 한 아기가 우리에게 났고 한 아들을 우리에게 주신 바 되었는데, 그의 어깨에는 정사를 메었고 그의 이름은 기묘자라, 모사라, 전능하신 하나님이라, 영존하시는 아버지라, 평강의 왕이라 할 것임이라"라고 기록되어 있다.

이 구절들을 보면 예수님이 아버지인지 확실한 결론을 내리기가 어렵다. 그러나 예수님을 일컬을 때는 주님, 아버지, 전능하신 하나님 등을 포함하여 다른 많은 이름 또는 칭호가 사용된다.

따라서 성경의 내용만을 보면 삼위일체가 참된 교리인지에 대한 명확한 정보를 얻을 수 없다. 이것은 아마도 신성에 대한 정반대의 견해를 가진 아타나시우스주의와 아리우스주의의 두 교리가 기독교 이천 년 역사를 통하여 공존해 온 이유일 것이다. 한 가지 확실한 것은, 삼위일체는 하늘로부터 받은 명확한 계시가 아닌 것이다.

◆ 몰몬경에서 가르치는 신회

위에서 언급했듯이, 삼위일체 신봉자들은 "아버지와 아들과 성신은 하나니라"라든가 "아버지께서 내 안에 계시고 내가 아버지 안에 있느니라" 등 예수님을 아버지라고 부른 여러 가지의 성경 구절을 인용하여 그들의 삼위일체 교리를 정당화한다. 놀랍게도, 몰몬경에는 이와 같은 표현이 더 많이 나온다. 만약 우리가 삼위일체 신봉자들이 그들의 교리를 입증하기 위해 사용하는 성경 구절을 따르기로 한다면, 몰몬경은 성경보다 더욱 확실하게 그들의 주장을 뒷받침해 주는 것처럼 보인다. 그러나 성경과 몰몬경에 이러한 말씀들이 나오는 것에는 구체적인 이유가 있다.

아버지와 아들과 성신은 특정 목적에서 하나이거나 단합되어 있다

성경과 몰몬경에서 한 분의 하나님이라고 말하는 다음 구절들은 그 하나됨에 대한 특정 목적을 설명한다.

성경

요한복음 10:28-30	제자들을 보호함에 있어서 그들은 하나이다.
요한복음 17:21	아버지와 예수께서 하나로 단합하신 것같이 제자들도 단합해야 한다.
요한1서 5:7-8	아버지와 말씀과 성신이 하나로 증언하느니라.

몰몬경

니파이후서 31:21	영원한 교리에 의하면 신회의 구성원들은 일치 협력하여 일하신다.
모사이야서 15:2-4	아버지와 아들은 팀이나 그룹처럼 통합된 실체이다.
앨마서 11:44	신회의 구성원들은 최후의 심판을 위해 단합된다.
제3니파이 11:23-27	참된 침례는 신회의 세 분의 이름으로 수행되어야 한다.
제3니파이 11:36	아버지와 성신은 일치 협력하여 아들을 증언하신다.
제3니파이 20:35	구원에 있어서 아버지와 아들은 일치 협력하신다.
제3니파이 28:10	신회의 구성원들이 일치 협력하시는 것처럼 세 명의 특정한 제자들도 일치 협력해야 한다.
몰몬서 7:7	신회의 구성원들은 일치 협력하여 구원을 이루신다.

요한은 성경에서 아버지와 아들과 성신은 하나라고 설명한 유일한 사람이다. 위의 구절들에서 보듯, 이와 똑같은 설명은 성경에서보다는 몰몬경에 더 많이 있다.

아버지와 아들과 성신은 특정한 일을 위해 서로의 안에 있다

아버지와 아들이 "서로의 안에" 있다고 하는 말씀은 그들이 특정한 일(예를 들면 창조 또는 구원의 계획)을 위해 함께 일하고 계심을 설명하는 것이다. 각각의 말씀은 그들이 한마음과 한뜻으로 일하고 계심을 보여 준다. 성경과 몰몬경에서 예수께서는 그가 아버지와 하나인 것처럼 제자들도 하나가 될 수 있도록 아버지께 간구했다.

성경

요한복음 10:34-38	예수께서 행하시는 일은 아버지의 일을 나타낸다. (또한 요한복음 14:10-12 참조)
요한복음 14:20	아버지와 예수님과 제자들은 함께 이 일을 한다.

몰몬경

제3니파이 9:15	아버지와 예수께서는 일치 협력하여 창조 사업을 하셨다.
제3니파이 19:23	예수께서는 제자들이 그와 함께 하나가 되도록 아버지께 간구하셨다.
제3니파이 19:29	충실한 백성들과 단합하여 모두가 성결하게 되고 하나가 되어 영광을 얻는다.

성경과 몰몬경은 모두 아버지와 예수께서는 하나가 되어 일하신다는 것을 확인해 주며, 예수께서는 그가 아버지와 하나였듯이 제자들도 하나가 되게 해 달라고 간구하셨다.

예수 그리스도는 아버지라고 불리신다

유대인들이 여호와를 예배했듯이 몰몬경의 니파이인들은 그들의 하나님을 예배함에 있어서 한 분의 하나님을 예배했다. 니파이인들은 그들의 하나님이셨던 예수님을 여러 가지 면에서 아버지라고 불렀다. 다음 구절들은 성경과 몰몬경에서 예수님을 아버지라고 다르게 부른 예이다.

성경

이사야 9:6	"전능하신 하나님, 영존하시는 아버지라"
요한계시록 21:7	"이기는 자는 이것들을 기업으로 받으리라. 나는 그

의 하나님이 되고 그는 내 아들이 되리라"

<u>몰몬경</u>

니파이후서 26:12	"영원하신 하나님"
모사이야서 3:8	"하늘과 땅의 아버지"
모사이야서 15:2	"아버지요 아들이 되시니"
모사이야서 15:4	"하늘과 땅의 아버지"
모사이야서 16:15	"바로 영원하신 아버지"
앨마서 11:39	"바로 하늘과 땅의 영원하신 아버지"
힐라맨서 14:12	"하늘과 땅의 아버지"
힐라맨서 16:18	"하늘과 땅의 아버지"
제3니파이 11:14	"이스라엘의 하나님이요 온 땅의 하나님"
몰몬서 9:12	"아버지와 아들"

위의 구절들은 몰몬경에서 예수께서 아버지라고 불리신 여러 가지 경우를 보여주는데, 성경에서보다 더 많다. 한 가지 예로 다음의 요한계시록 21:7을 참조한다. "이기는 자는 이것들을 기업으로 받으리라. 나는 그의 하나님이 되고 그는 내 아들이 되리라." 모로나이는 예수께서 자신이 아버지라고 불리는 이유를 설명하신 것을 다음과 같이 인용했다. "보라, 나는 세상의 기초가 놓이던 때로부터 나의 백성을 구속하도록 예비된 자니라. 보라, 나는 예수 그리스도라. 나는 아버지요 아들이니라. 나로 말미암아 모든 인류가 생명을 얻되 영원히 얻으리니, 곧 나의 이름을 믿을 자들이라. 그들이 나의 아들과 나의 딸이 되리라." (이더서 3:14 참조) 이러한 의미에서 예수께서는 그의 속죄로 인하여 구주로서 우리의 아버지가 되시며 우리는 그의 아들과 딸이 되는 것이다.

따라서 성경과 몰몬경은 모두 아버지와 아들이 하나가 되시고, 서로의 안에 계시고, 예수께서 여러 가지 면에서 아버지로 불리시는 것에 관하여 공통된 서술을 하고 있다. 두 경전 모두 이렇게 서술한 것에 대한 이유를 설명하고 있다.

아버지와 아들 사이에는 종속 관계가 존재한다

신약의 사복음서 중에서 사도 요한은 예수께서, 특히 제자들을 가르치시는 중에, 하나님 아버지를 "내 아버지"라고 부르신 것을 37번이나 기록했다(요한복음 13-16장 참조). 그는 또한 예수께서는 아버지로부터 보내심을 받았으며(요한복음 6:57, 12:49, 20:17 참조), 아버지께 기도하셨다(요한복음 11:41, 14:16, 16:26, 17:1, 5, 11, 21, 24, 25 참조)고 기록했다. 그 외 다른 복음서 저자들도 예수께서 많은 경우에 (예: 마태는 16회, 누가는 8회) 하나님 아버지를 "내 아버지"라고 부르신 것을 기록했다. 이 구절들은 삼위일체 교리에 반대하는 사람들이 경전 구절 출처로 사용해 왔다.

몰몬경은 아버지와 아들 사이의 종속관계를 강하게 확인해 준다. 다음 구절에서 볼 수 있듯이, 부활하신 예수께서는 다음과 같이 자주 말씀하셨다. 즉, "내가 아버지께 가노라", "내가 아버지께 기도하노니", "아버지께서 주사", "아버지께서 나에게 명하사", "아버지의 뜻", "아버지께서 나에게 주신 바", "아버지께서 보내신", "아버지께서 말씀하셨으니" 등이 있다. 이 구절들을 보면, 의심할 여지 없이 예수께서는 아버지의 지시에 따라 일하셨으며, 예수님과 아버지와의 종속관계를 명확하게 표현하고 있다.

예수께서 표현하신 종속관계	제3니파이에 나오는 관련 성구
내(예수)가 아버지께 가노라	16:3, 17:4, 18:15
예수께서 아버지께 기도하시니	17:14, 15, 17, 21, 19:20-24, 27-29, 31
아버지께서 나(예수)에게 명하사	15:18-19, 16:16, 17:2, 18:14, 20:10, 14, 46, 26:2
예수께서는 아버지로부터 보내심을 받았다	15:16, 16:3, 10, 18:14, 20:10, 14, 46, 26:2, 27:14
아버지께서 나에게 주사	11:32, 15:13, 14, 24

아버지께서 말씀하사 (아버지의 말씀을 인용하시며)	15:18, 19, 16:10, 14, 20:20, 29, 21:2, 14
아버지께 (올라) 가노니	15:1, 26:15, 27:28, 28:1, 4

위 구절들을 통하여 확인할 수 있듯이, 예수께서는 그분 자신이 아버지가 아니라 아버지의 아들이심을 명확하게 가르치셨다.

모사이야서 15:1–5에 있는 신회에 대한 아빈아다이의 설교

아버지와 아들의 관계에 관한 설교 중 가장 훌륭한 것 한 가지는 몰몬경에 나오는 선지자 아빈아다이의 가르침이다. 아빈아다이가 노아 왕의 제사들에게 가르쳤을 때 그는 이 관계를 모사이야서 15:1-5에서 설명했다. 아빈아다이의 가르침은 심오하면서도 쉽게 잘못 해석될 수 있다. 아래에서 가능한 해석을 토론해 본다.

선지자 아빈아다이의 설교에 대한 두 가지의 가능한 해석

한 가지 해석은 (본질적으로 동체인) 한 분의 하나님이 아버지이시며 아들이시다(삼위일체의 개념). 이 해석에 따르면, 아버지이시며 아들이신 하나님이 단 한 분만 계시며 그는 하늘과 땅의 영원하신 하나님이시다. 그는 육신을 입고 태어나기 위해 스스로 잉태되셨고, 사람의 자녀 가운데서 사셨으며, 중재의 과정을 통하여 그의 백성을 위해 고난을 받기 위해 그의 뜻을 그 자신에게 맡기신 것이 된다.

다른 해석은 두 분의 하나님이 하나의 신회(또는 신의 실체)로 단합된 것이다. 이 해석에 의하면, 아버지와 아들이신 두 분의 하나님이 계신다. 아들은 아버지에 의하여 잉태되었고, 육신을 입고 태어나셨으며, 사람의 자녀 가운데서 사셨고, 그의 뜻을 아버지의 뜻에 맡기신 것이 된다. 아들은 중재의 과정을 통하여 그의 백성을 위해 고난을 받으셨다.

이 다섯 구절을 무심코 읽으면 삼위일체 교리처럼 들린다. 그러나 이

구절들을 더 주의 깊게 분석해 보면, 선지자 아빈아다이는 삼위일체를 가르치는 것이 아니고, 아버지와 아들의 관계를 개별적 존재로서 가르치고 있음을 알 수 있다.

다음은 선지자 아빈아다이가 가르친 위의 구절을 두 가지로 분석한 것이다.

분석 1

아빈아다이의 이 말들은 교차 대구법(chiasmus)의 사례이다. (강조체 첨가)

그리고 이제 아빈아다이가 그들에게 이르되, 나는

[A] *하나님이 친히* 사람의 자녀들 가운데 내려오사, *자기 백성*을 구속하시리라는 것을 너희가 깨닫기 바라노라. 그가 육체 가운데 거하심으로 인하여

[B] *하나님의 아들*이라 일컬음을 받을 것이며,

[C] *육체를[flesh] 아버지의 뜻에* 복종시키셨음으로,

[D] *아버지요 아들[the Father and the Son]*이 되시니—

[E] 아버지*인 것은,*

[F] 그가 *하나님의 능력*으로 잉태되었음으로 [누가복음 1:35과 비교] 인함이요.

[E] 아들*인 것은* 육체로 인함이라. 이리하여

[D] *아버지요 아들[the Father and Son]*이 되시나니—또 그들은 한 하나님이시라, [요한복음 10:30과 비교] 참으로 바로 하늘과 땅의 영원하신 아버지이시라.

[C] 또 이와 같이 *육신이[flesh] 영에게*, 곧

[B] *아들이 아버지께*, 복종하여

[A] *한 하나님*이 되사, 유혹을 받으시나 유혹에 굴하지 아니하시며, 조롱받음과 채찍질당함과 쫓겨남과 *자기 백성*에게 버림당함을 참으시느니라.

[역자 주: 다음 영어 원문 참조]

And now Abinadi said unto them: I would that ye should understand that

[A] *God himself* shall come down among the children of men, and shall redeem *his people*. And because he dwelleth in flesh he shall be called

[B] *the Son of God*, and

[C] having subjected *the flesh to the will of the Father*,

[D] being *the Father and the Son*—

[E] The Father, because he was conceived

[F] by *the power of God* [compare with Luke 1:35];

[E] and the Son, *because* of the flesh; thus

[D] becoming *the Father and Son*—And they are one God [compare with John 10:30] yea, the very Eternal Father of heaven and of earth.

[C] And thus *the flesh becoming subject to the Spirit*, or

[B] *the Son to the Father*,

[A] being *one God*, suffereth temptation, and yieldeth not to the temptation, but suffereth himself to be mocked, and scourged, and cast out, and disowned by *his people*.

위의 교차 대구법은 아들이 하나님의 능력으로 잉태될 것임을 나타내 주며, 이것은 누가가 기록했듯이, 가브리엘 천사가 마리아에게 말한 대로 그녀가 낳을 아들은 지극히 높으신 하나님의 아들임을 확인해 주는 주된 메시지이다.

천사가 대답하여 이르되, 성령이 네게 임하시고 지극히 높으신 이의 능력이 너를 덮으시리니, 이러므로 나실 바 거룩한 이는 하나님의 아들이라 일컬어지리라. (누가복음 1:35, 강조체 첨가)

<u>분석 2</u>

[1] 그리고 이제 아빈아다이가 그들에게 이르되, 나는

하나님이 친히

사람의 자녀들 가운데 내려오사,

자기 백성을 구속하시리라는 것을 너희가 깨닫기 바라노라.

[2] *그가* 육체 가운데 거하심으로 인하여

*하나님의 아*들이라 일컬음을 받을 것이며,

[참고: 선지자 아빈아다이는 하나님의 아들이 육신으로 나타나신 하나님이며, 사람의 자녀들 가운데서 그의 백성을 구속하실 것이라고 가르쳤다.]

육체를 *아버지*의 뜻에 복종시키셨음으로,

<u>*아버지요 아들이 [the Father and the Son] 되시니*</u>—

[3] *아버지*인 것은,

그가 하나님의 능력으로 잉태되었음으로 인함이요,

*아*들인 것은

육체로 인함이라. 이리하여

<u>*아버지요 아들이 [the Father and Son]* 되시나니</u>—

[4] 또 *그들은 한 하나님이시라*, 참으로

바로 하늘과 땅의 *영원하신 아버지*시니라.

[참고: "<u>아버지</u>와 <u>아들</u>"(개별적인 두 분)은 한 분의 하나님으로서 하나의 실체 ("아버지요 아들")가 되신다. 따라서 한 분의 하나님은 아버지와 아들의 개별적인 두 분으로 구성된 단수인 실체이다. 이러한 뜻에서, 한 분의 하나님은 하나의 "가족"으로 생각될 수 있는데, 이 경우 하나의 단수인 실체가 복수의 사람들을 가리킨다. 달리 말하면, 4절에서 말하는 "그들은 한 하나님이시라"는 "그들은 한 하나님 가족 또는 신회이시라"로 해석될 수 있다. 이것은 요한이 기록한 "나[예수]와 아버지는 하나니라"(요한복음 10:30)라는 말씀을 확인해 준다. 또한 4절의 말씀은 두 분 중 누구라도 바로 하늘의 영

원하신 아버지라고 부르고 다른 분은 바로 땅의 영원하신 아버지라고 부를 수 있거나, 혹은 두 분 모두 함께 바로 하늘과 땅의 영원하신 아버지라고 부를 수 있음을 보여 준다. 이것은 아버지와 아들이 하늘과 땅의 공동 창조자이심을 암시한다.]

[5] 또 이와 같이 육신이
　　영에게, 곧 아들이 아버지께,
　　　복종*하여*
　　　　한 하나님이 되사,
　　　　　유혹을 받으시나
　　　　　유혹에 굴하지 아니하시며,
　　　　　　조롱받음과
　　　　　　채찍질당함과
　　　　　　쫓겨남과
　　　　　　자기 백성에게 버림당함을
　　　　　　　참으시느니라.

[참조: 육신으로 오신 아들은 아버지의 뜻에 복종하며, 신회의 아들은 (제5절의 한 하나님) 그의 백성들에 의해 십자가에 못 박히셨다. 위의 분석은 제4절의 "한 하나님"은 신 또는 신회라는 단위로서의 한 실체임을 뜻하지만, 제5절의 "한 하나님"은 단수의 하나님으로서 하나님의 아들이신 제1절의 "하나님 자신"과 제2절의 "하나님의 아들"을 가리킴을 보여준다.]

[역자 주: 다음 영어 원문 참조]

[1] And now Abinadi said unto them:
　I would that ye should understand that
　　God himself
　　　shall come down among the children of men, and
　　　shall redeem *his* people.

[2] And because *he* dwelleth in flesh
he shall be called *the Son of God*,
and having subjected the flesh to the will of *the Father*,
being the Father and the Son—
[3] *The Father*,
because he was conceived by the power of God; and
the Son,
because of the flesh; thus
becoming the Father and Son—
[4] And *they are one God*, yea,
the very *Eternal Father* of heaven and of earth.
[5] And thus the flesh
becoming subject to the Spirit, or
the Son to the Father,
being one God,
suffereth temptation, and
yieldeth not to the temptation, but
suffereth himself to be
mocked, and
scourged, and
cast out, and
disowned
by his people.

위의 두 가지 분석과 해석 요약

분석 1에서 사용한 교차 대구법을 통하여 알 수 있듯이, 선지자 아빈아다이의 가르침의 핵심은 누가복음 1:35에 기록된 가브리엘 천사가 마리아에게 전한 메시지, 즉 예수께서는 지극히 높으신 아버지의 아들이라는 사실을 보강해 준다. 이것은 마태복음 1:20-21에 기록된 대로 천사가 꿈에 요셉에게 나타나 "다윗의 자손 요셉아, 네 아내 마리아 데려오기를 무서워하지 말라. *그에게 잉태된 자는 성령으로*[7] [역자 주: "성령으로"의 영어 원문은 "*of* the Holy Ghost"임] 된 것이라 아들을 낳으리니, 이름을 예수라 하라. 이는 그가 자기 백성을 그들의 죄에서 구원할 자이심이라 하니라(강조체 첨가)"라고 말한 다소 혼란스러운 내용을 명확히 해 준다. 이 구절을 보면 예수님이 성신의 아들이라고 해석할 수도 있다(마태복음 1:20 참조). 선지자 아빈아다이는 마태와 누가의 기록 중 누가복음 1:35에 기록된 누가의 설명이 옳음을 확인해 주었고, 또한 요한복음 10:30에 기록된 요한의 말씀을 명확하게 설명해 주었다.

분석 2에서 사용한 단계적 방법은, 선지자 아빈아다이가 제4절에서 언급한 한 하나님이라는 하나의 실체는 아버지 하나님과 아들 하나님의 개별적인 두 분의 하나님으로 구성되어 있음을 설명함으로써 다수의 하나님이 존재함을 가르친 것을 보여준다. 또한 제1, 2, 5절의 아들 하나님은 아버지 하나님의 능력으로 잉태될 것이며 지상에서 육신으로 중보의 과정을 통하여 그의 백성을 구속하시리라고 가르쳤다. 제5절에서 언급된 아들이 되는 한 가지 기준은 그가 아버지의 뜻에 전적으로 복종한다는 것이다. 이 말씀은 심지어 아들이 그러하셨던 것처럼 우리가 아버지의 뜻을 전적으로 따른다면 신이 될 수 있음을 암시하고 있다.

앞서 토론한 바와 같이, 정경에는 삼위일체를 찬성하거나 반대하는 데 모두 사용할 수 있는 구절들이 있으며, 어느 한쪽도 성경만 가지고는 자신들의 주장을 설득력 있게 입증할 수는 없다. 몰몬경은 삼위일체 교리가 잘못되었음을 가르치신 부활하신 예수 그리스도와 선지자 아빈아다이의 말씀을 통하여 혼란스러운 전통적인 삼위일체 신학을 명확히 정정해 준다.

성신은 영의 몸을 갖고 계신다

사도 바울은 몸에는 육의 몸(지상의 몸)이 있고 영의 몸도 있다고 가

---

7 표준새번역 개정판에서는 of 대신 from을 썼다.

르쳤다(고린도전서 15:44 참조). 모로나이는 이 가르침을 예수께서 탄생하시기 오래전, 사람들이 바벨탑을 쌓아 올리던 시대에 야렛의 형제가 예수님과 함께 나눈 대화를 인용하여 자세히 설명했다. "보라, 네가 지금 보는 바 이 몸은 나의 영의 몸이니, 사람을 내가 나의 영의 몸을 따라 창조하였고, 또 내가 지금 네게 영으로 있는 것처럼 장차 나의 백성에게 육신으로 나타나리라 하시니라." (이더서 3:16)

이것은 예수님의 영의 몸의 모습은 예수께서 탄생하신 후의 지상에서의 모습과 같았으며, 그의 육신의 몸은 영의 몸과 똑같은 모습을 하고 있음을 가르쳐 준다[8]. 그러므로, 신회의 세 번째 구성원이신 성신은 영의 몸을 지니신 영이라고 결론지을 수 있다

◆ 예수 그리스도 후기 성도 교회에서 받은 신회에 대한 추가적인 계시들

1840년대에 조셉 스미스는 신회의 본질에 관하여 더 많은 계시를 받았다. 이 계시들의 내용은 예수 그리스도 후기 성도 교회의 기록을 보면 알 수 있으며, 교리와 성약 130편과 131편, 그리고 킹 폴레트 연설에 포함되어 있다.

조셉 스미스는 하나님의 특성에 대하여 다음과 같은 계시를 받았다.

> 아버지는 사람의 것과 같은 만져 볼 수 있는 살과 뼈의 몸을 가지셨으며, 아들도 그러하시니라. 그러나 성신은 살과 뼈의 몸을 가지지 아니하셨고 다만 영의 인격체시니라. 만일 그렇지 아니하면 성신이 우리 안에

8 이것은 육체와 영체 간에는 모습과 성별이 똑같을 수 있음을 암시한다. 만약 그렇다면, 이것은 우리의 모습과 성별은 우리가 태어나기 전과 죽은 후에도 영원함을 뜻한다.

> 거하실 수 없으리라.
>
> 사람이 성신을 받을 수 있고 성신이 그 사람에게 내려올 수도 있으나 그 사람과 함께 머물지는 아니하시느니라. (교리와 성약 130:22-23)

또한 영에 관하여서도 다음과 같은 계시를 받았다. "비물질적 물질 같은 것은 존재하지 아니하느니라. 모든 영은 물질이니라. 그러나 이는 더욱 미세하거나 순수하여, 보다 더 정결한 눈으로써만 식별될 수 있느니라. 우리가 이를 볼 수 없으나, 우리 몸이 정결하게 될 때에 우리는 그것이 모두 물질임을 보게 되리라." (교리와 성약 131:7-8)

조셉 스미스는 1844년 순교하기 전에 한 마지막 설교에서 신회의 본질에 대하여 말씀했다. 다음은 킹 폴레트 연설로 알려진 그 설교 중 일부를 발췌한 것이다[9].

> 하나님 자신은 한때 지금의 우리와 같은 분이셨으며 승영하여 하늘 보좌에 앉아계십니다! …만약 우리가 오늘 그분을 본다면 그분은 사람과 같은 형상을 하고 계실 것이라고 말씀드립니다. 즉, 여러분과 같이 사람의 형상과 모습 그 자체를 하고 계십니다. 아담도 바로 그 방식과 모습으로 하나님과 닮게 창조되었고, 하나님으로부터 가르침을 받고 하나님과 함께 걸었으며 사람이 사람과 대화하듯 그들도 함께 대화를 나누었습니다. …하나님의 특성을 확실히 알고, 사람이 사람과 대화하듯 우리도 하나님과 함께 대화를 할 수 있으며, 하나님도 한때는 우리와 같은 사람이셨다는 것을 아는 것이 복음의 첫 번째 원리입니다. 그렇습니다. 우리 모두의 아버지이신 하나님께서는 예수 그리스도께서 그러하셨던 것처럼 지상 생활을 하셨습니다. …

---

9 http://www.ldslearning.org/lds-king-follett-discourse-a-newly-amalgamated-text-byu.pdf

조셉 스미스는 신회의 특성에 관하여 성경과 몰몬경에서 가르치는 것보다 훨씬 더 많은 것을 알려 주었다. 이러한 계시들은 1,500~1,600년간 기독교의 실제 교리가 되어 온 삼위일체 교리를 깨뜨릴 뿐만 아니라[10], 아버지와 성신의 특성에 관하여 훨씬 더 많은 새로운 지식을 전해 준다. 이러한 계시를 통하여 우리는 아버지는 한때 사람이셨고 우리와 같이 만져볼 수 있는 육신을 갖고 계시며, 성신은 순수한 물질로 된 개체임을 알 수 있다. 이러한 계시는 모든 기독교에 신회에 관하여 의미심장한 새로운 지식을 더해 준다. 조셉 스미스에게 주어진 이 계시들은 고린도인에게 전한 사도 바울의 다음과 같은 가르침의 한 가지 예가 될 것이다. "오직 하나님이 성령으로 이것을 우리에게 보이셨으니 성령은 모든 것 곧 하나님의 깊은 것까지도 통달하시느니라." (고린도전서 2:10)

10 (수백만은 아닐지라도) 수만 명의 학식 있는 신학자와 교수들이 수 세기 동안 삼위일체 교리를 깨뜨리지 않다가, 교육을 받지 않은 하나님의 어린 선지자인 조셉 스미스가 하나님으로부터 받은 계시를 통하여 그 교리를 깨뜨린 것은 흥미로운 일이다.

제5장

성경과 몰몬경의 연결

◆
◆

그런즉 네 허리의 열매가 기록할 것이요, 유다의 허리의 열매가 기록할 것이라. 네 허리의 열매에 의해 기록될 것과 또한 유다의 허리의 열매에 의해 기록될 것이 함께 자라 거짓 교리들을 무너뜨리며, 다툼을 가라앉히며, 네 허리의 열매 가운데 평화를 이루며, 후일에 그들로 하여금 그들 조상에 대하여 알게 하고, 또한 나의 성약에 대하여 알게 하리라, 주께서 말씀하시느니라. (니파이후서 3:12)

◆
◆

정경화된 성경은 수천 년간 유대-기독교 사회에서 유일한 경전이 되어 왔다. 구약은 근본적으로 선지자 모세부터 시작하여 유대인 서기관들과 선지자들이 기록한 이스라엘의 역사서이다. 신약은 서기 1세기에 예수 그리스도의 몇몇 사도들과 제자들이 기록한 예수님의 생애와 가르침에 관한 문서와 서신을 선별하여 편찬한 것이다.

이 기록들 중 일부는 1세기와 2세기에 지중해 지역에서 사용되기 시작했고 이후 전 세계로 퍼져갔다. 정경화된 성경은 기독교가 세계에서 가장 큰 종교가 되는 데 주된 역할을 해 왔다.

몰몬경은 서기 1830년부터 사용되었다. 이 책은 예루살렘으로부터 미 대륙으로 이주한 요셉 지파의 작은 무리들이 기록한 역사서이다. 그들은 기원전 600년부터 시작하여 서기 421년까지 약 일천 년 동안 그들의 역사를 기록했다. 이들은 니파이인과 레이맨인으로 나누어졌다.

니파이인들은 전멸되어 서기 400년경 지상에서 사라졌다. 그들의 최후 생존자였던 선지자 모로나이는 금판에 이 기록을 완성했고 주님의 지시에 따라 땅에 묻었다. 주께서는 이 묻힌 기록을 현대의 선지자인 조셉 스미스를 통하여 고대의 사장된 언어에서 영어로 번역하는 방편을 마련하셨다. 이 번역된 기록이 바로 몰몬경이다.

◆ 놋쇠판

선지자 리하이의 가족은 약속의 땅인 현재의 미 대륙으로 이주하기 전에 예루살렘에서 주님의 특별한 인도를 받아 놋쇠판을 얻었다. 놋쇠판은 모세 오경, 시드기아 왕의 시대까지 기록한 유대인의 역사, 리하이의 조상들의 족보, 애굽의 요셉의 계보, 예레미야 시대까지 기록된 많은 예언들이 포함된 기록이었다(니파이전서 5:10-13 참조).

선지자 니파이는 놋쇠판에는 애굽의 요셉이 그의 후손에 관하여 예언한 기록들이 들어있다고 말했다(니파이후서 4:2 참조). 니파이는 또한 그의 기록에 놋쇠판에 새겨져 있는 경전을 많이 인용했다고 말했다(니파이후서 4:15 참조). 그는 놋쇠판에 기록된 것들은 참되다는 것을 확인했다(니파이전서 22:30 참조).

놋쇠판은 기원전 500-450년경 성경이 정경화되기 이전의 기록과 에스라가 구약을 개편하기 이전의 기록을 포함하고 있으므로, 현재의 구약보다는 아마도 더 정통성이 있는 기록이었을 것이다. 또한 기원전 4세기나 그 이후에 히브리어에서 그리스어로 번역된 칠십인역보다도 더 정확할 것이다. 놋쇠판은 히브리어 경전과 몰몬경을 연결해 주는 주된 역할을 하며, 몰몬경 저자들에게는 히브리어 기록의 주된 출처가 되었다. 몰몬경의 저자들 중 다섯 명이 그들의 기록에 놋쇠판의 말씀을 인용했고, 몰몬경의 약 7퍼센트는 성경에서 인용한 것이다. 특히, 모세의 율법과 이사야서는 몰몬경의 여러 선지자들에게 많은 영향을 끼친 것 같다.

이사야서의 약 35퍼센트가 몰몬경에 인용되었다. 그러나 일부 인용은 구약이나 칠십인역과 같이 현재 사용되고 있는 유대인 경전과 정확하게 일치하지는 않는다. 몰몬경의 처음과 마지막 저자들인 니파이와 모로나이는 이사야서를 매우 좋아했던 것이 분명하다(니파이후서 11:2, 몰몬서 8:23 참조).

예수께서 유대 땅에서 하늘로 올라가신 후, 부활하신 예수께서는 삼일간 니파이 백성을 방문하여 가르치시며 그들이 예수께서 유대인들에게 말한 그 "다른 양들"이었다고 설명하셨다(요한복음 10:16 참조). 그 방문 중에 예수께서는 이사야서, 말라기서, 미가서의 일부를 인용하셨다. 또한 마태복음에 기록된 산상수훈을 약간 변경하여 다시 가르치셨다(제3니파이 12-14장 참조).

◆ 몰몬경에서 인용된 이사야서[1]

휴 니블리, 빅터 러들로 등 몇몇 학자들은 이 주제에 관하여 많은 연구를 했다. 이 장에서는 몰몬경과 성경의 의미 있는 차이점 중 그 일부를 다루어 본다.

몰몬경에는 이사야서 중 21개의 장 전체와 20개 이상의 절이 인용되었다. 니파이는 17개의 장을 인용했고, 니파이의 동생인 야곱도 2개의 장을 인용했다. 아빈아다이와 부활하신 예수 그리스도는 각각 1개의 장을 인용했다. 이사야서의 19개 장은 장 전체가 아주 비슷하게 인용된 반면, 이사야 29장과 52장은 대부분 의역되었고 순서도 다르게 인용되었다. 야곱이 인용한 이사야 50장과 51장은 현재의 성경에서보다는 4개의 절을 더 포함하고 있다. 그 4개의 절은 이사야 49:25-26과 52:1-2이다. 이것은 놋쇠판이 현재의 성경처럼 장과 절로 나누어지지 않았음을 가리킨다.

다음 표는 몰몬경에 인용된 이사야서의 모든 장들을 몰몬경의 연대순으로 보여준다.

몰몬경	이사야서	장 수	인용한 저자
니파이전서 20-21	48-49장	2	니파이

1 몰몬경에서 인용된 이사야서의 433절 중 199절은 똑같이 인용되었고 234절은 조금 다르게 인용되었다.

니파이후서 6:17-8:25	49:25-52:2	2	야곱 (니파이의 지시에 따라)
니파이후서 12-24	2-14장	13	니파이
니파이후서 26:15-16	29:3-4	거의 1장	니파이가 의역
니파이후서 27:2-6, 15-19, 25-34	29:6-10, 11-12, 13-24		니파이
모사이야서 14	53장	1	아빈아다이
모사이야서 12:21-24	52:7-10	거의 1장	노아 왕의 제사 (아빈아다이에게 한 질문)
모사이야서 15:29-31	52:8-10		아빈아다이 (노아 왕의 제사에게 한 대답)
제3니파이 20:36-38, 39-40, 41-45	52:1-3, 6-7, 11-15		예수 그리스도 (이사야서와 순서가 다름)
제3니파이 22	54장	1	예수 그리스도

장 전체를 인용한 것으로는 이사야 48-49장이 첫 번째 그룹이고, 이사야 49:24부터 52:2까지가 두 번째 그룹이고, 이사야 2-14장이 세 번째 그룹이고, 이사야 29장이 네 번째 그룹이고, 이사야 53장이 다섯 번째 그룹이고, 이사야 52장과 54장이 여섯 번째 그룹이다. 노아 왕의 제사와 선지자 아빈아다이는 이사야 52장을 두 번 인용했고(제7-10절 참조), 예수 그리스도께서도 이 장에서 10개의 절을 인용하셨다. 마지막 선지자 모로나이 또한 그의 마지막 말씀의 일부분으로 이사야 54:2을 부분적으로 인용했다(모로나이서 10:31 참조).

그룹 1: 이사야 48–49장과 니파이전서 20–21장의 비교

니파이는 그가 이 장들에 기록된 이사야의 말씀을 인용한 이유는 이 말씀들이 이스라엘의 꺾어져 나온 가지를 위한 것이기 때문이라고 설명했다. 그는 이렇게 함으로써 그들이 꺾어져 나온 주된 가지와 같이 그들도 똑같은 소망을 갖기를 바랐다(니파이전서 19:24 참조).

이사야 48:1과 니파이전서 20:1

니파이전서 20:1은 이사야 48:1과 같으나 "곧 침례의 물에서 나왔으며"라는 구절이 더 추가되었다.

> 야곱의 집이여, 귀를 기울여 이를 들으라. 이스라엘의 이름으로 일컬음을 받으며, 유다의 물, *곧 침례의 물에서 나왔으며*, 주의 이름으로 맹세하며, 이스라엘의 하나님을 이야기하나, 그들이 진리나 의로 맹세하지 아니하는도다. (강조체 첨가)

"곧 침례의 물에서 나왔으며"라는 구절을 추가함으로써 유다 지파(혈통)와 침례를 받고 그리스도께로 개종한 사람들은 모두 이스라엘의 집의 축복을 받을 자격이 있다. 따라서, 이 추가된 구절은 유대 혈통을 가진 후손과 그리스도께로 개종한 사람들을 하나가 되게 하거나 대등하게 한다[2].

이사야 48:14과 니파이전서 20:14

다음은 이 구절에 대한 성경, 칠십인역, 몰몬경을 비교한 것이다(강조체 첨가).

---

2 사도 바울도 갈라디아서 3:29에서 똑같이 이해하고 있음을 암시했다. "너희가 그리스도의 것이면 곧 아브라함의 자손이요 약속대로 유업을 이을 자니라."

성경	칠십인역	몰몬경
너희는 다 모여 들으라. 나 여호와가 사랑하는 자는 나의 기뻐하는 뜻을 바벨론에 행하리니 *그의 팔이 갈대아인에게 임할 것이라.* 그들 중에 누가 이 일들을 알게 하였느냐?	[역자 주: 칠십인역은 아직 한글로 번역되어 있지 않으므로 영어 원문을 비교한다.]	너희는 다 모여 들으라. 그들 중에 누가 이러한 일들을 그들에게 선포하였느냐? 주께서 그를 사랑하셨나니 또한 그가 그들로 선포한 자기의 말을 이룰 것이라. 또 그가 자기 뜻을 바벨론에 행할 것이며, *그의 팔이 갈대아인에게 임하리라.*
All ye, assemble yourselves, and hear; which among them hath declared these things? The Lord hath loved him: he will do his pleasure on Babylon, and *his arm shall be on the Chaldeans.*	And they shall all be gathered together and shall hear. Who announced these things to them? Loving thee I have done what thou desirest concerning Babylon to the *taking away of the seed of the Chaldeans.*	All ye, assemble yourselves, and hear; who among them hath declared these things unto them? The Lord hath loved him, yea, and he will fulfill his word which he hath declared by them; and he will do his pleasure on Babylon, and *his arm shall come upon the Chaldeans.*

위의 비교에서 보면, 갈대아인들에 관한 예언의 말씀은 몰몬경과 칠십인역에서는 부정적인 반면, 성경에서는 그와 반대이다.

이사야 49:1과 니파이전서 21:1

니파이전서 21:1에는 이사야 49:1의 말씀 이외에도 다음과 같은 구절이 추가되어 있는데 이것 역시 몰몬경의 이 말씀이, 꺾어져 나와 흩어진 이스라엘의 가지를 위한 것임을 다시 강조하고 있다(몰몬경에서 다른 점을 지적하기 위해 강조체가 첨가됨).

그리고 또 너희 이스라엘의 집이여, 내 백성의 목자들의 간악함으로 인하여 꺾어져 나왔으며 쫓겨난 너희, 참으로 꺾어져 나왔고, 널리 흩어졌으며, 내 백성에 속한 너희 곧 이스라엘의 집이여, 너희는 다 귀를 기울이라. 섬들아, 나를 들으라. 또 너희 먼 곳의 백성들아 귀를 기울이라. 주께서 나를 태에서부터 부르셨고 내 어머니의 복중에서부터 나의 이름을 말씀하셨느니라.

성경과 칠십인역에 추가한 이 특정 구절(강조체로 표시된 부분)이 없다면 이사야서의 이 구절은 혈통적으로 유다의 후손만을 위한 것이 될 것이다. 몰몬경에서는 이 말씀이 유다 지파만을 위한 것이 아니라, 그리스도께로 나아온 자들과 꺾어져 나와 흩어진 이스라엘의 가지들을 위한 것도 된다는 것을 명확히 하고 있다.

<u>이사야 49:13과 니파이전서 21:13</u>

하늘이여, 노래하라, 땅이여, 기뻐하라. *이는 동쪽에 있는 자들의 발이 굳게 세움을 입을 것임이니라.* 또 산들이여 즐거이 노래하라. 이는 그들이 더 이상 치심을 당하지 아니할 것임이니, 주가 그 백성을 위로하였은즉 그 고난당한 자들에게 자비를 베풀 것임이니라(몰몬경에서 다른 점을 지적하기 위해 강조체가 첨가됨).

몰몬경에 추가된 이 문장은 성경의 이사야의 기록을 보충해 준다.

그룹 2: 이사야 49:24–52:2과 니파이후서 6:16–8:25

놋쇠판은 현재의 구약과 칠십인역보다 더 고대의 것이었다. 앞서 말한 대로, 이사야 49:24-52:2을 인용한 것은 놋쇠판이 현재의 성경처럼 장과 절로 나누어지지 않았다는 것을 가리킨다.

이사야 49:25과 니파이후서 6:17

아래의 강조체에서 보듯, 이사야 49:25에는 성경과 몰몬경 간에 주된 차이점이 한 가지가 있다.

성경 이사야 49:25	칠십인역 이사야 49:25	몰몬경 니파이후서 6:17
여호와가 이같이 말하노라. 용사의 포로도 빼앗을 것이요 두려운 자의 빼앗은 것도 건져낼 것이니, 이는 내가 너를 대적하는 자를 대적하고 *네 자녀*를 내가 구원할 것임이라.	[역자 주: 칠십인역은 아직 한글로 번역되어 있지 않으므로 영어 원문을 비교한다.]	그러나 이같이 주께서 말씀하시되, 강한 자의 포로도 빼앗을 것이요, 무서운 자의 노략물도 건져내리라 하시나니, 이는 능하신 하나님께서 *자기의 성약의 백성을* 건지실 것임이라. 이는 이같이 주께서 말씀하시되, 내가 너와 다투는 자들과 다툴 것이요.
But thus saith the Lord, Even the captives of the mighty shall be taken away, and the prey of the terrible shall be delivered: for I will contend with him that contendeth with thee, and I will save *thy children*.	For thus saith the Lord, If one should take a giant captive, he shall take spoils, and he who takes them from a mighty man shall be delivered: for I will plead thy cause, and I will deliver *thy children*.	But thus saith the Lord: Even the captives of the mighty shall be taken away, and the prey of the terrible shall be delivered; for the Mighty God shall deliver *his covenant people*. For thus saith the Lord: I will contend with them that contendeth with thee—

이 구절에서 볼 수 있는 한 가지 주된 차이점은 성경과 칠십인역에서는 "네 자녀"라고 한 반면, 몰몬경에서는 "자기의 성약의 백성"이라고 한 것이다. 몰몬경에서는 성약을 맺은 자는 모두 구원을 받을 것이라고 한 반면, 성경에서는 혈통적인 후손들만 구원을 받을 것이라고 가르치고 있다. 몰몬경의 이러한 가르침은 앞서 토론한 것과 맥락을 같이한다. 즉, 침례를

받고 성약을 맺은 백성은 혈통적으로 성약을 맺은 백성들과 동등하다.

그룹 3: 이사야 2-14장과 니파이후서 12-24장

이것은 몰몬경에서 이사야서를 가장 길게 연속적으로 인용한 것이다. 현재의 성경에 포함된 이사야서 중 13개의 장이 몰몬경에 인용되었다. 이 13개 장의 이사야서에는 후일의 주님의 성전, 유다와 예루살렘 왕국의 미래, 유대인의 분산과 집합, 구주의 탄생, 구주의 재림, 복천년 등과 같은 중요한 예언들이 많이 수록되어 있다. 두드러진 차이점을 아래에 소개한다.

이사야 2:13-17과 니파이후서 12:13-17

성경 이사야 2:13-17	칠십인역 이사야 2:13-17	몰몬경 니파이후서 12:13-17
13 [B1] 또 레바논의 높고 높은 모든 백향목과 [B2] 바산의 모든 상수리나무와 14 [B3] 모든 높은 산과 [B4] 모든 솟아 오른 작은 언덕과 15 [B5] 모든 높은 망대와 [B6] 모든 견고한 성벽과 16 [B7] 다시스의 모든 배와 [B8] 모든 아름다운 조각물에 임하리니, 17 그 날에 자고한 자는 굴복되며 교만한 자는 낮아지고 여호와께서 홀로 높임을 받으실 것이요.	[역자 주: 칠십인역은 아직 한글로 번역되어 있지 않으므로 영어 원문을 비교한다.]	13 참으로 또한 주의 날이 [M1] 레바논의 모든 백향목에 임하리니, 이는 그들이 높고 자고함이며 또 [M2] 바산의 모든 상수리나무에,14 [M3] 또 모든 높은 산에, 또 [M4] 모든 언덕에, 또 [M5] 자고한 모든 국민에게, 또 [M6] 모든 백성에게, 15 [M7] 또 모든 높은 망대에, 또 [M8] 모든 견고한 성벽에, 16 [M9] 또 바다의 모든 배에, 또 [M10] 다시스의 모든 배에, 또 [M11] 모든 아름다운 풍경 위에 임하리니, 17 또 그날에 사람의 교만함은 굴복되며, 사람들의 거만함은 낮아지고, 주께서 홀로 높임을 받으실 것이니라.

13 [B1] And upon all the cedars of Lebanon, *that are* high and lifted up, and [B2] upon all the oaks of Bashan, 14 [B3] And upon all the high mountains, and [B4] upon all the hills *that are* lifted up, 15 [B5] And upon every high tower, and [B6] upon every fenced wall, 16 [B7] And upon all the ships of Tarshish, and [B8]upon all pleasant pictures. 17 And the loftiness of man shall be bowed down, and the haughtiness of men shall be made low: and the Lord alone shall be exalted in that day.	13 [S1] and upon every cedar of Libanus, of them that are high and towering, and [S2] upon every oak of Basan, 14 [S3] and upon every high mountain, and [S4] upon every high hill, 15 [S5] and upon every high tower, and [S6] upon every high wall, 16 [S7] upon every ship of the sea, and [S8] upon every display of fine ships 17 And every man shall be brought low, and the pride of men shall fall: and the Lord alone shall be exalted in that day.	13 Yea, and the day of the Lord shall come [M1] upon all the cedars of Lebanon, for they are high and lifted up; and [M2] upon all the oaks of Bashan; 14 [M3] And upon all the high mountains, and [M4] upon all the hills, and [M5] *upon all the nations which are lifted up, and* [M6] *upon every people;* 15 [M7] And upon every high tower, and [M8] upon every fenced wall; 16 [M9] *And upon all the ships of the sea,* and [M10] upon all the ships of Tarshish, and [M11] upon all pleasant pictures. 17 And the loftiness of man shall be bowed down, and the haughtiness of men shall be made low; and the Lord alone shall be exalted in that day.

이 단락에는 거만하고 교만한 자가 낮아지고 겸손해지는 항목들이 열거되어 있다. 열거된 목록은 성경과 칠십인역이 다르다. 위 표에서는 성경과 칠십인역에는 없으나 몰몬경에서는 추가로 열거된 항목을 지적하기 위해 강조체를 사용했다. 성경과 칠십인역에는 "upon"이라는 항목이 8개가 있지만(16절은 서로 다름), 몰몬경에는 11개의 항목이 있고, 이 중 두 항목(M5와 M6, 강조체로 된 구절 참조)은 14절에 추가되었다. 그리고 칠십인역의 16절 처음 한 구절(M9, 강조체로 된 구절 참조)이 성경의 16절(M10과 M11)에 추가되어 몰몬경의 16절에 인용되었다. 이러한 차이는 교

리상으로는 별문제가 없지만, 놋쇠판에는 구약과 칠십인역보다 더 중요한 말씀들이 실려 있음을 암시한다[3].

이사야 9:1과 니파이후서 19:1

"그럼에도 불구하고 그 어둠은 그의 고통 중에 그러하였던 것 같지는 아니하였으니, 그때 그가 처음에 스블론 땅과 납달리 땅을 가벼이 괴롭게 하시고, 그 후에 열국의 갈릴리 요단 저편 [홍해] 길 지경을 더욱 혹심히 괴롭게 하셨더라."

몰몬경에서는 "바다"를 "홍해"라고 구체적으로 표현하고 있다.

이사야 13:15과 니파이후서 23:15 〔역자 주: 영어 원문 참조〕

만나는 자마다 창에 찔리겠고 잡히는 자마다 칼에 엎드러지겠고
Every one that is found shall be thrust through; and every one that is joined unto them shall fall by the sword. (이사야 13:15)

교만한 자는 모두 꿰 찔릴 것이요, 또한 악인과 연합한 자는 모두 칼에 쓰러지리라.
Every one that is proud shall be thrust through; yea, and every one that is joined to the wicked shall fall by the sword. (니파이후서 23:15)

이 구절에서는 성경의 "unto them"이 몰몬경에서는 "to the wicked"로 대체되었다.

---

3 칠십인역 영어판은 19세기의 미국에서는 구하기가 어려웠다. 따라서, 조셉 스미스는 1829년 4월부터 6월까지 몰몬경을 번역하는 동안 칠십인역 영어판을 본 적이 없었을 것이다.

이사야 14:2과 니파이후서 24:2

또 백성들이 그들을 취하고 참으로 멀리 땅끝에서부터 그들의 처소로 데려오리니, *그들이 그들의 약속의 땅으로 돌아올 것이요*, 이스라엘의 집은 그 땅을 소유하겠고, 주의 땅은 남종과 여종을 위한 것이 될 것이며, 그들은 자기를 사로잡았던 자들을 사로잡을 것이며, 그들은 자기의 압제자들을 다스리리라.(강조체 첨가)

몰몬경의 이 구절에서는 "참으로 멀리 땅끝에서부터 그들이 그들의 약속의 땅으로 돌아올 것이요"가 성경의 같은 구절에 추가되었다.

그룹 4: 이사야 29장의 여러 구절과 이들을 인용하고 의역한 니파이후서 25-28장

니파이는 이사야서의 13개 장(이사야 2-14)을 인용한 다음, 니파이후서 25장부터 그의 기록의 끝인 33장까지 자신의 설교를 기록했다. 이 설교에서 그는 이사야 29장의 많은 구절을 (다소 임의대로) 인용하여 그의 말씀을 전했다. 그는 주로 그리스도의 오심, 이방인 교회의 설립과 배도, 티끌(땅속)로부터 나온 책의 출현 (몰몬경) 등에 관하여 예언했다. 그는 또한 사람들이 성경으로 인하여 몰몬경을 거부할 것이며, 후일에 모든 사람들은 유다 지파의 경전과 요셉 지파의 경전을 모두 갖게 될 것이라고 예언했다.

그룹 5: 이사야 53장과 모사이야 14장

이 장은 선지자 아빈아다이가 인용한 것이며 큰 차이점은 없으나, 두 가지가 변경된 것은 주목할 만하다. 9절의 "그는 강포를 행하지 아니하였고"가 "그가 악을 행하지 아니하였고"로 변경되었고, 12절의 "그가 많은 사람의 죄를 담당하며"가 "많은 사람의 죄를 짊어지며"로 변경되었다. 두 가지 경우 모두 "그"는 하나님의 아들을 가리킨다.

그룹 6: 이사야 52, 54장과 제3니파이 16, 20, 22장

부활하신 예수께서는 이사야 52장 1-3, 6-15절과 이사야 54장 전체를 인용하셨다. 이사야 52장의 여러 부분들은 제3니파이 16:18-20에서 인용되거나 의역되었고, 특히 제3니파이 20장 전체가 그러하다. 이 구절들은 이사야 52장에 기록된 것과 똑같은 순서로 인용되지는 않고 임의대로 인용되었다. 이사야 54장 전체는 제3니파이 22장에 인용되었다. 제3니파이 20:35은 이사야 52:10에 "아버지와 나는 하나니라"가 추가되어 인용되었다. 부활하신 예수께서는 이 구절들을 인용하신 다음, 니파이인들에게 이사야의 말씀을 상고하라고 명하셨다(제3니파이 23:1 참조).

이사야의 말씀을 인용한 다음에는 중요한 가르침이 뒤따른다는 것은 주목할 만하다.

니파이는 니파이전서 20-21에서 이사야 48-49장을 인용한 다음, 그 다음 장인 니파이전서 22장에서 이스라엘 민족의 미래를 예언했다. 야곱은 니파이후서 7-8장에서 이사야 50-51장을 인용한 다음, 그다음 장(니파이후서 9장)에서 예수 그리스도의 속죄에 관하여 중요한 설교를 했다. 니파이는 니파이후서 12-24장에서 이사야 2-14장을 인용한 다음, 그다음 장들(니파이후서 25-33장)에서 마지막 말씀으로 중요한 설교를 했다. 선지자 아빈아다이는 모사이아서 14장에서 이사야 53장을 인용한 다음, 그다음 장(모사이야 15장)에서 신성에 관하여 중요한 교훈을 가르쳤다. 부활하신 예수 그리스도께서는 제3니파이 22장에서 이사야 54장을 인용하신 다음, 그 다음 장(제3니파이 23장)에서 그의 부활 직후 많은 성도들이 죽음에서 일어난 것에 관하여 가르친 레이맨인 사무엘에 관하여 언급하셨다.

이사야서의 장 전체가 아닌 여러 구절들을 인용한 것

몰몬경에는 이사야서의 어떤 특정한 장 전체를 인용한 것 이외에도, 여러 장들에서 많은 구절들이 인용되었다. 다음 표는 이사야서의 장과 절의 순서이다[4].

이사야서	몰몬경	인용자
이사야 5:26	니파이후서 29:2	니파이가 의역
이사야 9:12-13	니파이후서 28:32	니파이가 인용
이사야 11:4 이사야 11:5-9 이사야 11:11	니파이후서 30:9 니파이후서 30:11-15 니파이후서 25:17, 29:1에 부분적으로	니파이가 인용 니파이가 인용 니파이가 인용
이사야 22:13	니파이후서 28:7-8	니파이가 의역
이사야 28:10, 13	니파이후서 28:30	니파이가 의역
이사야 29:3-4 이사야 29:5 이사야 29:6 이사야 29:6-10 이사야 29:11-12 이사야 29:13-25	니파이후서 26:15-16 니파이후서 26:18 니파이후서 6:15 니파이후서 27:2-5 니파이후서 27:15-19 니파이후서 27:25-34	니파이가 바꾸어 말함 니파이가 의역 니파이가 의역 니파이가 몇 단어를 추가하여 인용 니파이가 의역 니파이가 약간 의역하여 인용
이사야 40:3	니파이전서 10:8	니파이가 의역
이사야 45:18	니파이전서 17:36	니파이가 의역
이사야 49:22 이사야 49:23 이사야 49:24-26	니파이전서 22:6 니파이전서 22:8 니파이후서 6:6-7 니파이후서 10:9 니파이후서 6:16-18	니파이가 인용 니파이가 의역 야곱이 인용 야곱이 부분적으로 의역 야곱이 인용[5]

4 이와 유사한 도표는 Book of Mormon Reference Companion (Salt Lake City: Deseret Book Company, 2003), 344쪽에서 찾아볼 수 있다.

5 이 구절들은 이사야 49장 전체를 인용한 니파이전서 21장에도 포함되어 있다.

이사야 52:1	모로나이서 10:31	모로나이가 부분적으로 의역
이사야 52:1-2	니파이후서 8:24-25	야곱이 인용
이사야 52:1-3	제3니파이 20:36-38	예수 그리스도께서 인용
이사야 52: 6-7	제3니파이 20:39-40	예수 그리스도께서 의역 및 인용
이사야 52:7	니파이전서 13:37, 모사이야서 15:14-18	니파이와 아빈아다이가 의역
이사야 52:7-9	제3니파이 16:18-20	예수 그리스도께서 인용
이사야 52:8	제3니파이 20:32	예수 그리스도께서 의역
이사야 52:7-10	모사이야서 12:21-24	노아 왕의 제사가 인용
이사야 52:8-10	모사이야서 15:29-31	아빈아다이가 인용
이사야 52:9-10	제3니파이 20:34-35	예수 그리스도께서 인용
이사야 52:10	니파이전서 22:10-11	니파이가 의역
이사야 52:11-15	제3니파이 20:41-45	예수 그리스도께서 인용
이사야 52:12	제3니파이 21:29	예수 그리스도께서 인용
이사야 52:15	제3니파이 21:8	예수 그리스도께서 인용
이사야 53:7, 10	모사이야서 15:6, 10	아빈아다이가 부분적으로 인용
이사야 54:2	모로나이서 10:31	모로나이가 부분적으로 인용
이사야 55:1	니파이후서 26:25	니파이가 부분적으로 의역
이사야 55:1-2	니파이후서 9:50-51	야곱이 인용

◆ 몰몬경에 기록된 부활하신 그리스도께서 인용하신 더 많은 성경 구절

예수 그리스도께서는 이사야서를 인용하신 것 이외에도 말라기 3-4장, 미가 4:13과 5:8-9, 그리고 스가랴 12:6의 일부를 인용하셨다. 또한 마태복음 5-7에 기록된 산상수훈도 다시 가르치셨다.

말라기 3-4장과 제3니파이 24-25장

예수께서는 이 구절들을 인용하신 후 이를 자세히 해석해 주신 다음, "너희가 갖지 아니하였던 이 경전을 아버지께서 너희에게 주라고 내게 명하셨나니, 이는 장래 세대에게 이를 주는 것이 아버지 안에 있는 지혜였음이니라"(제3니파이 26:2)라고 말씀하셨다. 말라기서는 리하이 가족이 놋쇠판을 얻은 지 약 150년 후에 기록된 것이므로, 말라기서의 이 말씀들은 놋쇠판에는 포함될 수 없었다.

예수께서는 말라기 3장의 의식, 헌물, 십일조와 (제3니파이 24장 참조) 4장의 엘리야의 오심(제3니파이 25장 참조)의 중요성을 가르치셨다. 이 말씀들은 아버지께서 예수께 이러한 원리들을 장래 세대에게 가르치라고 구체적으로 명하실 정도로 매우 중요했으므로 이것은 우리의 시대에도 매우 중요할 것이다.

말라기 4:2과 제3니파이 25:2 사이에는 흥미로운 차이점이 한 가지가 있는데, 이것은 아래 표에 강조체로 표시되어 있다.

성경	칠십인역	몰몬경
내 이름을 경외하는 너희에게는 공의로운 *해*가 떠올라서 치료하는 광선을 비추리니, 너희가 나가서 외양간에서 나온 송아지 같이 뛰리라.	[역자 주: 칠십인역은 아직 한글로 번역되어 있지 않으므로 영어 원문을 비교한다.]	내 이름을 경외하는 너희에게는 의의 *아*들이 그 날개에 치료함을 가지고 떠오르리니, 너희가 나아가서 외양간의 송아지같이 자라날 것이라.
But unto you that fear my name shall the *Sun* of righteousness arise with healing in his wings; and ye shall go forth, and grow up as calves of the stall.	But to you that fear my name shall the *Sun* of righteousness arise, and healing shall be in his wings: and ye shall go forth, and bound as young calves let loose from bonds.	But unto you that fear my name, shall the *Son* of Righteousness arise with healing in his wings; and ye shall go forth and grow up as calves in the stall.

위에서 보듯, 성경과 칠십인역에는 "공의로운 해"라고 기록된 반면, 몰몬경에는 "의의 [공의로운] 아들"이라고 기록되어 있다.

부활하신 예수께서는 말라기 3-4장을 위와 같이 인용하신 후, 아버지께서 이 경전을 니파이인들에게뿐 아니라 장래 세대에게도 줄 것을 그에게 명하셨음을 알려 주셨다. 예수께서는 이 말씀을 인용하시면서 장래 세대, 즉 현 경륜의 시대를 위해 신권 의식, 십일조와 헌물, 선지자 엘리야의 오심과 그의 역할(성전 사업)에 대하여 그 중요성을 가르치셨다(제3니파이 26:2 참조).

그 외 구약의 인용

· 부활하신 예수께서는 제3니파이 20:19에서 미가 4:13을 부분적으로 인용하셨고 제3니파이 20:16-17에서는 미가 5:8-9을 인용하셨는데, 주목할 만한 차이점은 없다. 미가는 미가 4-5장에서 당대의 백성들에게 그들이 회개하지 않으면 커다란 위험에 놓일 것이라고 엄중히 경고했다. 예수께서는 제3니파이 20장에서 장래의 이방인 세대에게 똑같은 경고를 하셨다.
· 부활하신 예수께서는 제3니파이 20:23에서 신명기 18:15을 인용하셨다.
· 부활하신 예수께서는 제3니파이 20:27에서 창세기 12:2(또한 갈라디아서 3:8 참조)을 인용(또는 의역)하시면서 아브라함의 성약에 대하여 가르치셨다.
· 부활하신 예수께서는 스가랴 12:6의 일부분을 다음과 같이 의역하여 말씀하셨다. "그때 예루살렘에 다시 내 백성이 거하게 되리니, 그곳이 그들의 기업의 땅이 되리로다." (제3니파이 20:46).
· 선지자 아빈아다이는 노아 왕의 제사들에게 가르칠 때 십계명(출애굽기 20:3-17 참조)을 인용하여 설명했다. (모사이야서 12:34-36,

13:12-24 참조)[6]

마태복음 5-7장(산상 수훈)과 제3니파이 12-14장(성전 수훈)

예수께서는 니파이인들에게 마태복음 5-7장에 기록된 산상 수훈을 다시 가르치셨다. 혹자는 제3니파이 12-14장에 기록된 예수 그리스도의 가르침을 성전 수훈이라고 부른다. 제3니파이 12-14장의 내용은 마태복음 5-7장의 내용과 비슷하다. 약간 다른 점은 다음과 같다.

· 제3절: "참으로 심령이 가난하여 내게로 오는 자들은 복이 있나니 천국이 그들의 것임이요" (몰몬경에는 밑줄 친 부분이 추가되었다.)
· 제6절: "또 의에 주리고 목마른 자들은 다 복이 있나니 그들이 성신으로 충만함을 입을 것임이요." (몰몬경에는 밑줄 친 부분이 추가되었다.)
· 제12절: "기뻐하고 즐거워하라"가 몰몬경에서는 "너희가 크게 기뻐하고 심히 즐거워할 것임이라"로 대체되었다.
· 제13절: "너희는 세상의 소금이니"가 몰몬경에서는 "진실로 진실로 내가 너희에게 이르노니, 너희는 세상의 소금이 되라"로 대체되었다.
· 제14절: "너희는 세상의 빛이라"가 몰몬경에서는 "진실로 진실로 내가 너희에게 이르노니, 너희는 이 백성의 빛이 되라"로 대체되었다.
· 제18절: "진실로 너희에게 이르노니, 천지가 없어지기 전에는 율법의 일점 일획도 결코 없어지지 아니하고 다 이루리라"가 몰몬경에서는 "이는 진실로 내가 너희에게 이르노니, 율법에서 일점일획이라도 없어지지 아니하고 내 안에서 다 이루어졌음이니라"로 변경되었다. 성경에서는 시제가 미래로 되어 있으나, 몰몬경에서는 과거로 되어 있

6 선지자 아빈아다이는 또한 모세의 율법을 지키는 것이 더 이상 필요하지 않을 때가 올 것이라고 가르쳤다. (모사이야서 13:27 참조)

다. 이것은 성경에서는 속죄가 이루어지기 전에 하신 말씀이고, 몰몬경에서는 속죄가 이루어진 후에 하신 말씀이기 때문이다.

· 제19-20절: 이 두 구절은 다음 표에서 보듯 그 차이가 크다.

성경	몰몬경
19 그러므로 누구든지 이 계명 중의 지극히 작은 것 하나라도 버리고 또 그같이 사람을 가르치는 자는 천국에서 지극히 작다 일컬음을 받을 것이요, 누구든지 이를 행하며 가르치는 자는 천국에서 크다 일컬음을 받으리라. 20 내가 너희에게 이르노니, 너희 의가 서기관과 바리새인보다 더 낫지 못하면 결코 천국에 들어가지 못하리라.	19 또한 보라, 너희로 나를 믿게 하며, 너희의 죄를 회개하고 상한 마음과 통회하는 심령으로 내게로 오게 하려고, 내가 내 아버지의 율법과 계명을 너희에게 주었노라, 보라, 계명이 너희 앞에 있고, 율법이 이루어졌도다. 20 그러므로 내게로 와서 너희는 구원을 받으라, 이는 진실로 내가 너희에게 이르노니, 내가 이때 너희에게 명한 나의 계명을 지키지 아니하고서는 너희가 결단코 천국에 들어가지 못할 것임이니라.

· 제21절: "옛적 사람들이 말하였다고 너희가 들었고, 또한 너희 앞에도 기록되어 있기를"에서 밑줄 친 부분이 몰몬경에 추가되었다.

· 제22절: "But I say unto you, That whosoever is angry with his brother without a cause shall be in danger of the judgment. (성경 번역: 나는 너희에게 이르노니 형제에게 노하는 자마다 심판을 받게 되고; 몰몬경 번역: 내가 너희에게 이르노니 누구든지 자기 형제에게 노하는 자마다 그의 심판을 받을 위험에 처하게 되고)"에서 밑줄 친 부분은 몰몬경에서 누락되었다. [역자 주: 영어 성경의 밑줄 친 부분은 한글 개정 개역판 성경에서는 해당 번역이 없음]

· 제23-26절: 이 네 구절의 말씀은 다르게 주어졌다. 또한 화폐 단위 *파딩(farthing)*은 *시나인(senine)*으로 변경되었다. [역자 주: 한글 성경에서는 *파딩(farthing)*을 푼으로 의역했음]

성경	몰몬경
23 그러므로 예물을 제단에 드리려다가 거기서 네 형제에게 원망들을 만한 일이 있는 것이 생각나거든, 24 예물을 제단 앞에 두고 먼저 가서 형제와 화목하고 그 후에 와서 예물을 드리라. 25 너를 고발하는 자와 함께 길에 있을 때에 급히 사과하라. 그 고발하는 자가 너를 재판관에게 내어 주고 재판관이 옥리에게 내어 주어 옥에 가둘까 염려하라. 26 진실로 네게 이르노니, 네가 한 푼이라도 남김이 없이 다 갚기 전에는 결코 거기서 나오지 못하리라.	23 그러므로 너희가 내게로 오거나, 혹은 내게로 오기를 원할 때, 네 형제가 너를 원망할 만한 일이 있는 줄 생각나거든— 24 네 형제에게로 가서, 먼저 네 형제와 화목하고, 그 후에 마음의 뜻을 다하여 내게로 오라. 그리하면 내가 너희를 영접하리라. 25 네 대적과 함께 길에 있을 때 급히 그와 화해하라. 어느 때에라도 그가 너를 잡으면 네가 옥에 던지울까 염려하라. 26 진실로 진실로 내가 네게 이르노니 네가 마지막 한 시나인까지 남김이 없이 다 갚기 전에는 결단코 거기서 나오지 못하리라. 그러나 너희가 옥에 있으면서 한 시나인이라도 갚을 수 있느냐? 진실로 진실로 내가 너희에게 이르노니 그렇게 할 수 없느니라.

- 제27절: "또 간음하지 말라 하였다는 것을 너희가 들었으나"는 "보라, 옛적 사람들이 기록하기를, 간음을 범하지 말라 하였도다"로 대체되었다. 따라서 성경의 "들었으나"가 몰몬경에서는 "기록하기를"로 변경되었다.
- 제31절: "또 일렀으되"가 "기록되었으되"로 변경되었다. 이 변경은 제27절의 경우와 같다.
- 제33절: "또 옛사람에게 말한바"는 "그리고 또 기록되었으되"로 변경되었다. 이 변경은 제27, 31절의 경우와 같다.
- 제35절: 성경의 "예루살렘으로도 하지 말라. 이는 큰 임금의 성임이요"가 몰몬경에서는 누락되었다.
- 제38절: "또 눈은 눈으로, 이는 이로 갚으라 하였다는 것을 너희가 들었으나"가 "또 보라, 기록되었으되 눈은 눈으로, 이는 이로 갚으라 하

였도다"로 변경되었다. 이 변경은 제27, 31, 33절의 경우와 같다.

· 제45절: 성경의 "비를 의로운 자와 불의한 자에게 내려주심이라"가 몰몬경에서는 누락되었다.

· 제46-47절: 여기서는 다른 말씀을 가르치고 있다. 마태복음에서는 군중을 세리와 비교하는 것이 주된 메시지이고, 몰몬경에서는 옛 율법이 이루어졌고 모든 것이 새로워졌다는 것을 강조하고 있다.

성경	몰몬경
46 너희가 너희를 사랑하는 자를 사랑하면 무슨 상이 있으리요? 세리도 이같이 아니하느냐? 47 또 너희가 너희 형제에게만 문안하면 남보다 더하는 것이 무엇이냐? 이방인들도 이같이 아니하느냐?	46 그러므로 율법 아래에 있던 옛적의 것들이 내 안에서 모두 이루어졌느니라. 47 옛것이 지나가고 모든 것이 새로워졌느니라.

· 제48절: "그러므로 하늘에 계신 너희 아버지의 온전하심과 같이 너희도 온전하라"가 "그러므로 나는 원하노니, 나나 하늘에 계신 너희 아버지께서 온전하심같이 너희도 온전하라"로 변경되었다. 몰몬경에서는 밑줄 친 나나를 추가함으로써, 예수께서는 그가 부활하신 이후 하나님 아버지처럼 온전해지셨음을 가리켰을 수도 있다.

다음은 마태복음 6장과 제3니파이 13장 사이에 볼 수 있는 주목할 만한 차이점들이다.

마태복음 6:9-13의 주기도문은 누가복음 11:2-4에 기록된 방식과는 다소 다르게 기록되었다. 몰몬경에서 볼 수 있는 두드러진 차이점은 아래 표에서 보듯, "나라가 임하시오며"와 "우리에게 일용할 양식을 주시옵고"가 누락된 것이다.

마태복음 6:9-13	누가복음 11:2-4	제3니파이 13:9-13
9 그러므로 너희는 이렇게 기도하라. 하늘에 계신 우리 아버지여, 이름이 거룩히 여김을 받으시오며, 10 나라가 임하시오며, 뜻이 하늘에서 이루어진 것같이 땅에서도 이루어지이다. 11 오늘 우리에게 일용할 양식을 주시옵고, 12 우리가 우리에게 죄지은 자를 사하여 준 것같이 우리 죄를 사하여 주시옵고, 13 우리를 시험에 들게 하지 마시옵고, 다만 악에서 구하시옵소서. (나라와 권세와 영광이 아버지께 영원히 있사옵나이다. 아멘.)	2 예수께서 이르시되, 너희는 기도할 때에 이렇게 하라. 아버지여, 이름이 거룩히 여김을 받으시오며, 나라가 임하시오며, 3 우리에게 날마다 일용할 양식을 주시옵고, 4 우리가 우리에게 죄지은 모든 사람을 용서하오니 우리 죄도 사하여 주시옵고, 우리를 시험에 들게 하지 마시옵소서 하라.	9 그러므로 너희는 이같이 기도하라. 하늘에 계신 우리 아버지시여, 이름이 거룩히 여김을 받으시옵소서. 10 뜻이 하늘에서 이루어진 것같이 땅에서도 이루어지이다. 11 또 우리가 우리에게 죄지은 자를 사하여 준 것같이 우리의 죄를 사하여 주시옵소서. 12 또 우리를 시험에 들게 하지 마시옵고, 다만 악에서 구하시옵소서. 13 나라와 권능과 영광이 아버지께 영원히 있사옵나이다. 아멘.

· 제25절: 몰몬경에서는 "그리고 이제 이렇게 되었나니 예수께서 이같이 말씀하시고 나서 그 택하신 열둘을 보시며 그들에게 이르시되, 내가 한 말을 기억하라. 이는 보라, 너희는 이 백성에게 성역을 베풀게 하려고 내가 택한 자들임이라"가 성경의 25절 "목숨을 위하여 무엇을 먹을까, 무엇을 마실까, 몸을 위하여 무엇을 입을까 염려하지 말라. 목숨이 음식보다 중하지 아니하며, 몸이 의복보다 중하지 아니하냐?" 앞에 추가되었다. 따라서 몰몬경에서는 이 말씀이 선택된 열두 제자에게 하신 것임을 알 수 있다.

다음은 마태복음 7장과 제3니파이 14장 사이에 볼 수 있는 주목할 만한 차이점이다.

· 제1절: 마태복음의 "비판을 받지 아니하려거든 비판하지 말라"가 제3니파이에서는 "*그리고 이제 이렇게 되었나니 예수께서 이 말씀을 하시고 나서 다시 무리에게로 돌이키사, 다시 그들에게 그 입을 열어 이르시되*, 진실로 진실로 내가 너희에게 이르노니, 비판을 받지 아니하려거든 비판하지 말라"와 같이 강조체 부분을 추가하여 변경되었다.

◆ 몰몬경에서 성경과 관련된 추가 정보

몰몬경 전체를 통하여 성경과 직접 또는 간접적으로 관련은 되지만 성경에서는 찾아볼 수 없는 구절들이 있다. 이 구절들은 서기 1830년에 몰몬경이 출판되었을 때 세상에 처음 나온 것이었다. 다음은 몰몬경이 제공하는 명확함의 예이다.

· 몰몬경의 이더서에 의하면, 야렛과 그의 형제의 가족은 바벨탑에서 그들의 언어가 혼잡하게 되지 않았고 흩어지지 않았다(창세기 11:1-9 참조). 그 가족은 주님의 지시 아래 바다를 건너 약속의 땅(미 대륙)으로 이주했다(이더서 6장 참조). 수 세기가 지난 후 그 후손들은 많은 내전과 왕가의 정치적 음모로 인하여 스스로 멸망했다(이더서 15장 참조).

· 시드기야 왕의 모든 아들들이 바벨론에게 죽임을 당하였다는 구약의 기록과는 대조적으로(열왕기하 25:7, 예레이먀 39:6, 52:10 참조), 몰몬경은 막내 아들인 뮬렉은 살해당하지 않았음을 보여준다. 뮬렉과 그 일행은 주님의 지시 아래 미 대륙으로 이주했고, 그의 후손들은 제이라헤믈라라고 부르는 곳에서 살았다. 이들은 기원전 279-130년경 니파이인들과 연합하여 한 백성이 되었다(옴나이서 1:15-18, 힐라맨서 8:21 참조).

· 리하이는 기원전 588-570에 애굽의 요셉이 유다의 허리(자손)에서 나온 기록과 그(요셉)의 허리(자손)에서 나온 기록이 후일에 함께 자라 거짓 교리들을 무너뜨리며, 다툼을 가라앉히며, 요셉의 남은 자들 가운데 평화를 이루며, 그들 조상에 관하여 알게 하리라고 예언했음을 가르쳤다.

· 바울의 교리에서 추론된 소위 아담의 원죄에 대한 믿음과는 대조적으로(예: 고린도전서 15:22), 리하이는 기원전 588-570년경 아담의 범법은 모든 것을 아시는 하나님의 지혜로 행해졌다고 가르쳤다. 그는 "아담이 타락한 것은 사람이 존재하게 하려 함이요, 사람이 존재함은 기쁨을 갖기 위함이니라"라고 말했다(니파이후서 2:24-25).

· 기원전 600-592년, 몰몬경의 첫 번째 저자인 니파이는 유대인과 십이사도로부터 나온 성경에는 주님의 충만한 복음과 성약이 담겨 있다고 가르쳤다. 그는 성경이 유대인들로부터 순수한 그대로 이방인들에게 나아간 후에 크고 가증한 교회가 성경에서 명백하고 극히 귀한 많은 부분들을 제하여 버릴 것이며, 이로 인해 많은 이방인들이 실족하여 넘어지며 사탄이 그들 위에 큰 권능을 갖게 되리라고 예언했다(니파이전서 13:21-29 참조).

· 같은 시기에 니파이는 또한 몰몬경은 성경이 참됨을 입증할 것이며, 성경에서 제하여진 명백하고 귀한 것들을 알려 줄 것이며, 하나님의 어린 양이 영원하신 아버지의 아들이시요 세상의 구주이신 것과 만인이 그에게로 와야 하며, 그렇지 아니하면 구원받을 수 없다는 것을 가르쳤다(니파이전서 13:40 참조).

· 니파이는 기원전 559-545년경 이사야서는 예언의 영을 지닌 사람에게는 이해하기 쉽다고 가르쳤다(니파이후서 25:4). 부활하신 예수께서도 서기 34년 이사야의 말씀을 상고하라는 계명을 주셨다(제3니파이 23:1 참조).

· 니파이는 기원전 559-545년경에 후일의 이방인들이 이르기를, "하나의 성경! 하나의 성경! 우리에게는 하나의 성경이 있으니 더 이상의

성경이 있을 수 없도다"라고 말할 것임을 가르쳤다(니파이후서 29:3). 이 예언은 사람들이 몰몬경을 또 하나의 경전으로 받아들이는 데 어려움을 겪을 것임을 예측하고 있다.

· 몰몬경에는 십이사도 중에 사도 요한만 세 번 언급되어 있다. 기원전 600-592년경, 니파이는 요한이 세상의 종말에 관한 계시를 기록할 것이라고 가르쳤다(니파이전서 14:27 참조). 서기 400-421년경, 모로나이는 몰몬경의 기록이 알려질 때 요한의 계시들이 성취되는 때가 가까운 줄을 알라고 가르쳤다(이더서 4:16-17 참조). 정경화된 요한 계시록의 진위가 확실하지 않고 기독교 사이에서 다소 논란이 되어 왔지만, 몰몬경은 사도 요한이 태어나기 오래전에 이러한 계시를 기록하는 임무를 받았음을 확인해 준다.

· 야살의 책(여호수아 10:13, 사무엘하 1:18 참조), 여호와의 전쟁기(민수기 21:14 참조) 등과 같이 분실된 기록들이 있듯이, 성경에는 알려져 있지 않지만 몰몬경에는 알려진 선지자들이 몇 명 있다. 예를 들면, 고대의 선지자들인 지노스와 지노크의 가르침은 몰몬경에 여러 번 인용되어 있다. 지노스는 12번, 지노크는 5번 언급된다. 이들은 몰몬경이 세상에 나올 때 처음 알려진 선지자들이다. 비록 이들의 생애에 관하여는 몰몬경에 기록되어 있지 않지만, 이들은 당대의 주요 선지자들 가운데 속했던 것 같다.

· 가톨릭교회는 서기 1633년의 갈릴레오 종교 재판에서 지동설에 반대하고 천동설을 믿는 근거를 제시하기 위해 성경의 구절을 사용했다. 교회 검사들은 역대상 16:30, 시편 93:1, 96:10, 104:5, 전도서 1:5 등의 구절들을 인용하여 천동설을 옹호했다. 몰몬경의 선지자 니파이는 갈릴레오나 다른 과학자들보다 훨씬 이전인 기원전 7년경에 다음과 같이 지동설을 가르쳤다. "이리하여 그의 말씀대로 땅이 되돌아가매, 사람에게는 태양이 가만히 서 있는 듯 보이나니, 과연 그러하니라. 또 보라, 이것이 그러하니 이는 정녕 움직이는 것이 땅이요 태양이 아님이라." (힐라맨서 12:15)

· 선지자 몰몬은 서기 385년경에 요셉의 남은 자들이 성경을 믿으면 몰몬경도 믿을 것이며, 몰몬경은 그들의 조상과 그들 가운데 역사된 기이한 일들에 관하여 가르칠 것이라고 예언했다(몰몬서 7:8-9 참조).

충실한 많은 유대-기독교인들은 수 세기를 통하여 성경을 보존하기 위하여 엄청난 노력을 기울여 왔으며, 수많은 사람들이 성경으로 인하여 축복을 받아 왔다. 그들은 예수님을 그리스도로 받아들이고 성경의 가르침대로 계명을 지키며 의로운 삶을 살았다. 그러나 성경은 오류가 없는 하나님의 말씀이라고 믿는 일부 기독교인들에게 몰몬경은 성경 이외에도 별도의 지식(또는 올바른 하나님의 말씀)을 담고 있다는 사실을 받아들이기가 쉽지 않은 것으로 보인다.

◆ 성경의 무류성에 대한 전통적인 믿음

종교 개혁기에 일부 교회 지도자들은 성경의 무오류성 개념을 가르치기 시작했고 많은 기독교인들이 이러한 가르침을 믿었다. 예를 들면, 감리교회의 창시자인 존 웨슬리는 성경을 묘사하기 위해 무오류(또는 무류: infallible)라는 단어를 사용했다. 그는 "은혜의 수단"에 관한 설교에서 이렇게 말했다.

> 이와 똑같은 진리(즉, 하나님께서 온갖 은혜를 사람들에게 부어주시기 위해 마련해 놓으신 위대한 수단)는 최대한 상상력을 발휘하여 다음과 같은 말로 전달될 수 있다. *모든 성경은 하나님의 감동으로 된 것이다.* 결과적으로, *모든 성경은 오류가 없이 참되므로,* 교훈과 책망과 바르게 함과 의로 교육하기에 유익하니, 이는 하나님의 사람으로 온전하게 하며 모든 선한 일을 행할 능력을 갖추게 하기 위한 것이다(디모데

> 후서 3:16, 17, 강조체 첨가). 그렇기 때문에, 정통 연합감리교도, 복음주의 연합감리교도, 전통주의 연합감리교도는 경전의 무류성을 믿는다. 종교 강령 제5조: 구원에 충분한 성경. "성경에는 구원에 필요한 모든 것이 들어있으므로 성경에 기록되어 있지 않거나 성경으로 입증할 수 없는 것은 무엇이든지 그것을 신앙의 강령으로 믿거나 구원에 필수적인 것으로 생각할 필요도 없다. 성경의 이름으로 말하노니, 이 교회는 구약과 신약 정경의 권세를 결코 의심 없이 이해한다." (*감리교회 종교 강령 V-VIII*, 연합감리교회, 2004)

이와 동시에, 많은 사람들은 성경은 매우 완벽하므로 오류가 없다고 보는 것에 의문을 갖는다. 예를 들면, 16세기의 가장 존경받고 인정받는 성경 번역가이자 그리스어 권위자인 에라스무스는[7] 많은 사람들이 공감한 다음과 같은 신랄한 성명을 발표했다.

> 그러나 장님에게조차 확실한 한 가지 사실은, 서툴고 부주의한 그리스어 번역가와 무지하고 헛배우고 어설프게 졸면서 기록한 서기들이 참되고 순수한 기록을 손상시키고 변경시켰다는 것이다. ("서한 337", *에라스무스 작품집*, 제3권 134)

수 세기에 걸쳐 고대의 경전을 필사 및 번역하는 과정에서 불가피하게 사람의 오류가 많이 들어갔을 것이다. 오늘날에도 약 60개 버전의 영어

7 어떤 기록에 의하면, 에라스무스가 번역한 성경은 그의 생전에 유럽에서 판매된 책의 약 20퍼센트를 차지했다. 그의 그리스어/라틴어 성경은 30만 부 정도가 팔렸다.

성경이 있으며, 여기에도 일치하지 않는 내용들이 있다[8]. 성경의 무류성 또는 무오류성은 18세기 이후 논란의 여지가 많은 주제가 되어 왔다. 최근 수십 년 동안 본문 비평 분야의 일부 신약 학자들은 마가복음 1:41, 16:9-20, 요한복음 7:53-8:11, 요한1서 5:7-8, 요한계시록 13:18, 22:16-21을 포함하되 이에 국한되지는 않는, 신약 정경의 여러 구절들의 진위성에 대한 많은 문제를 보고한 바 있다. 일부 자유주의 성경 학자들은 20세기에 발견된 사해 두루마리나 나그함마디 문서 등과 같은 고고학적 기록으로부터 새로운 사실을 알게 되었으므로 성경을 다시 써야 한다고 주장한다. 그러므로 정경에 대한 의견은 무오류성부터 그것을 다시 써야 한다는 주장까지 분분하다. 선지자 조셉 스미스는 성경의 이러한 양상에 관하여 다음과 같이 말했다.

> 우리는 정확하게 번역되어 있는 한, 성경이 하나님의 말씀임을 믿으며, 또한 몰몬경도 하나님의 말씀임을 믿는다. (신앙개조 제8조)

> 지금껏 받은 여러 계시로 미루어 보아 사람의 구원에 관한 많은 중요한 점들이 성경에서 빠졌거나 성경이 편찬되기 전에 분실되었음이 명백하

---

8 신약 정경에서 쉽게 주목할 수 있는 차이점 몇 가지를 보면 다음과 같다.
- 예수님의 십자가에 못 박힘이 유월절 전인지 또는 후인지에 관하여 마가복음 14:12과 15:25은 요한복음 19:14과 일치하지 않는다.
- 아기 예수가 애굽으로 갔는지에 관하여 누가복음 2:39과 마태복음 2:14–22은 일치하지 않는다.
- 사도 바울이 다메섹으로 가는 길에 개종한 직후 예루살렘으로 갔는지에 관하여 사도행전 9:26과 갈라디아서 1:16–17은 일치하지 않는다.
- 초기 버전에는 없는 구절들의 예: 마가복음 16:9–20, 누가복음 22:40, 22:43–44, 24:51, 요한복음 5:4, 7:23–8:11, 요한1서 5:7
- 표준새번역 개정판에는 없으나 흠정역에는 있는 13가지의 구절:
마태복음 17:21, 20:14, 20:16(부분적으로), 23:14, 마가복음 11:26, 15:28, 누가복음 17:36, 23:17, 사도행전 8:37, 15:34, 24:7, 28:29, 로마서 16:24.
- 신약의 다른 버전 간에 주목할 만한 차이가 있는 대표적인 구절들:
마태복음 3:16, 6:13, 11:19, 27:49, 마가복음 1:1, 4:40, 10:24, 10:29, 14:68, 누가복음 6:35, 8:43, 8:45, 9:35, 11:11, 15:21, 23:34, 요한복음 1:18, 3:13, 9:35, 10:29, 사도행전 9:12, 11:20, 20:4, 24:6, 24:8, 로마서 26:24, 고린도전서 14:38, 고린도후서 13:4, 에베소서 3:9, 골로새서 3:6, 히브리서 2:7, 베드로전서 3:18, 요한2서 1:12, 요한계시록 21:3, 22:19, 22:21.
- 흠정역의 요한계시록 11:3에는 권세라는 단어가 추가되었다.

였다. (교리와 성약 76편 머리말. 또한 교회 역사 1:245 참조)

니파이에 의하면 현재의 성경에는 성약뿐 아니라 명백하고 귀한 부분들이 누락되어 있으며, 현재의 성경은 사도들의 원래의 기록과도 같지가 않다. 이 장에서 입증된 바와 같이, 몰몬경은 성경에서 누락된 또 다른 가르침들을 (때로는 오류를 정정하여) 제공한다.

몰몬경은 책 전체를 통하여 드물 정도로 상이한 점들이 없고 그 말씀과 내용은 두드러지게 일관되어 있으므로[9] 몰몬경이 성경보다 무오류성이 더 크다.

9 이것은 몰몬과 모로나이가 이 책을 편찬하기 전에 교정을 보았기 때문일지도 모른다.

제6장

하나님의 두 가지 신권

◆
◆

또 바로 이 멜기세덱에게 아브라함이 십일조를 드렸나니, 참으로 우리 조상 아브라함은 그가 가진 모든 것의 십 분의 일을 십일조로 바쳤느니라…
이제 이 멜기세덱은 살렘 땅을 다스리는 왕이었나니, 그의 백성의 죄악과 가증함이 점차 중해져, 참으로 그들이 모두 바른길에서 벗어나, 온갖 간악함이 가득하게 되었더라.
그러나 멜기세덱이 큰 신앙을 행사하여, 하나님의 거룩한 반차를 따라 대신권의 직분을 받아, 그의 백성에게 회개를 전파하매, 보라, 그들이 회개하였고, 멜기세덱은 자기 시대에 그 땅에 평강을 이루었더라. 이러므로 그가 평강의 왕이라 일컬어졌나니, 이는 그가 살렘 왕이었음이요, 또 그는 그의 부친 밑에서 다스렸더라.
이제 그의 전에도 많은 자들이 있었고, 후에도 많은 자들이 있었으나, 더 큰 자가 없었나니, 그러므로 그에 대하여 특별히 더 언급한 것이더라. (앨마서 13:15-19)

◆
◆

◆ 하나님의 신권

성경에 의하면 두 가지 신권, 즉 레위 신권과 멜기세덱 신권이 있다(출애굽기 40장, 민수기 1장, 히브리서 5-8장 참조).

레위 신권

잘 알려진 레위 신권은 주께서 선지자 모세에게 주신 계명에서 유래한다. 주께서는 모세에게 아론과 그의 아들들에게 신권을 부여하라고 명하시면서 이 신권이 그들의 후손에게 대대로 이어지도록 하라고 지시하셨다.

> 아론에게 거룩한 옷을 입히고 그에게 기름을 부어 거룩하게 하여 그가 내게 제사장의 직분을 행하게 하라.
> 너는 또 그 아들들을 데려다가 그들에게 겉옷을 입히고
> 그 아버지에게 기름을 부음같이 그들에게도 부어서 그들이 내게 제사장의 직분을 행하게 하라. 그들이 기름 부음을 받았은즉 대대로 영영히 제사장이 되리라 하시매,
> 모세가 그같이 행하되, 곧 여호와께서 자기에게 명령하신 대로 다 행하

였더라.(출애굽기 40:13-16)

주께서는 또한 모세에게 레위인들이 성막에서 제사장의 업무를 관리하도록 하라고 명하셨다.

> 그들에게 증거의 성막과 그 모든 기구와 그 모든 부속품을 관리하게 하라. 그들은 그 성막과 그 모든 기구를 운반하며 거기서 봉사하며 성막 주위에 진을 칠지며,
> 성막을 운반할 때에는 레위인이 그것을 걷고, 성막을 세울 때에는 레위인이 그것을 세울 것이요, 외인이 가까이 오면 죽일지며,
> 이스라엘 자손은 막사를 치되 그 진영별로 각각 그 진영과 군기 곁에 칠 것이나,
> 레위인은 증거의 성막 사방에 진을 쳐서 이스라엘 자손의 회중에게 진노가 임하지 않게 할 것이라. 레위인은 증거의 성막에 대한 책임을 지킬지니라 하셨음이라.
> 이스라엘 자손이 그대로 행하되 여호와께서 모세에게 명령하신 대로 행하였더라.(민수기 1:50-54)

이것은 선지자 여호수아의 다음과 같은 말에서도 확인된다. "레위 사람은 너희 중에 분깃이 없나니 여호와의 제사장 직분이 그들의 기업이 됨이며"(여호수아 18:7) 그러므로, 레위 신권의 책임은 그들의 성막(나중의 성전)에서 신성한 업무를 관장하는 것이었다.

멜기세덱 신권

구약에는 멜기세덱 신권 소유자들의 책임에 대한 구체적인 설명이 없지만, 멜기세덱의 이름은 창세기에 한 번 그리고 시편에 한 번 등, 모두 두 번 언급되어 있다.

> 살렘 왕 멜기세덱이 떡과 포도주를 가지고 나왔으니 그는 지극히 높으신 하나님의 제사장이었더라.
> 그가 아브람에게 축복하여 이르되, 천지의 주재이시요 지극히 높으신 하나님이여, 아브람에게 복을 주옵소서.
> 너희 대적을 네 손에 붙이신 지극히 높으신 하나님을 찬송할 지로다 하매, 아브람이 그 얻은 것에서 십 분의 일을 멜기세덱에게 주었더라. (창세기 14:18-20)

> 여호와는 맹세하고 변하지 아니하시리라 이르시기를, 너는 멜기세덱의 서열을 따라 영원한 제사장이라 하셨도다. (시편 110:4)

아브라함은 멜기세덱에게 십일조를 바쳤으므로, 멜기세덱은 대신권의 직분을 지니고 있었던 것으로 추정할 수 있다. 요컨대, 시편의 저자는 멜기세덱 신권이 존재했음을 확인해 준 것이다.

멜기세덱 신권은 서기 60년경 사도 바울이 신약에서, 그리고 기원전 82년경 선지자 앨마가 몰몬경에서 자세히 설명했다.

레위 신권과 멜기세덱 신권에 관한 사도 바울의 가르침 (히브리서 5:5–10, 6:20–8:1)

> 또한 이와 같이 그리스도께서 대제사장 되심도 스스로 영광을 취하심이 아니요 오직 말씀하신 이가 그에게 이르시되, 너는 내 아들이니 내가 오늘 너를 낳았다 하셨고,
> 또한 이와 같이 다른 데서 말씀하시되, 네가 영원히 멜기세덱의 반차를 따르는 제사장이라 하셨으니…
> 온전하게 되셨은즉 자기에게 순종하는 모든 자에게 영원한 구원의 근원이 되시고,
> 하나님께 멜기세덱의 반차를 따른 대제사장이라 칭하심을 받으셨느니라. (히브리서 5:5-10)

그리로 앞서가신 예수께서 멜기세덱의 반차를 따라 영원히 대제사장이 되어 우리를 위하여 들어가셨느니라.
이 멜기세덱은 살렘 왕이요 지극히 높으신 하나님의 제사장이라. 여러 왕을 쳐서 죽이고 돌아오는 아브라함을 만나 복을 빈 자라.
아브라함이 모든 것의 십 분의 일을 그에게 나누어 주니라. 그 이름을 해석하면 먼저는 의의 왕이요 그다음은 살렘 왕이니 곧 평강의 왕이요,
아버지도 없고 어머니도 없고 족보도 없고 시작한 날도 없고 생명의 끝도 없어, 하나님의 아들과 닮아서 항상 제사장으로 있느니라.
이 사람이 얼마나 높은가를 생각해 보라. 조상 아브라함도 노략물 중 십 분의 일을 그에게 주었느니라.
레위의 아들들 가운데 제사장의 직분을 받은 자들은 율법을 따라 아브라함의 허리에서 난 자라도 자기 형제인 백성에게서 십 분의 일을 취하라는 명령을 받았으나,
또한 십 분의 일을 받는 레위도 아브라함으로 말미암아 십 분의 일을 바쳤다고 할 수 있나니,
이는 멜기세덱이 아브라함을 만날 때에 레위는 이미 자기 조상의 허리에 있었음이라.
레위 계통의 제사 직분으로 말미암아 온전함을 얻을 수 있었으면 (백성이 그 아래에서 율법을 받았으니) 어찌하여 아론의 반차를 따르지 않고 멜기세덱의 반차를 따르는 다른 한 제사장을 세울 필요가 있느냐…
우리 주께서는 유다로부터 나신 것이 분명하도다. 이 지파에는 모세가 제사장들에 관하여 말한 것이 하나도 없고,
멜기세덱과 같은 별다른 한 제사장이 일어난 것을 보니 더욱 분명하도다. …
증언하기를 네가 영원히 멜기세덱의 반차를 따르는 제사장이라 하였도다. …
지금 우리가 하는 말의 요점은 이러한 대제사장이 우리에게 있다는 것이라. 그는 하늘에서 지극히 크신 이의 보좌 우편에 앉으셨으니 (히브리

서 6:20-8:1)

위의 구절에 의하면, 사도 바울은 당대의 히브리 (또는 유대) 기독교인들에게 신권에는 레위 신권과 멜기세덱 신권 등 두 가지의 신권이 있다는 것을 가르쳤다. 그는 멜기세덱을 지극히 높으신 하나님의 제사장이라고 불렀고, 시편 110:4을 인용하여 멜기세덱 신권을 설명했다. "너는 멜기세덱의 서열을 따라 영원한 제사장이라." 바울은 예수께서는 변치 않는 대신권을 가지고 계심을 선포함으로써 멜기세덱 신권이 하나님 아들의 신권임을 가르쳤다.

멜기세덱 신권에 관한 선지자 앨마의 가르침

이제 내가 그 거룩한 반차, 곧 이 대신권에 관하여 말한 것같이, 성임을 받고 하나님의 대제사가 된 자가 많았느니라. 이는 그들의 지극한 신앙과 회개와 하나님 앞에서의 그들의 의로움으로 말미암은 것이었으니, 그들은 멸망하기보다는 회개하고 의를 행하기를 택한 것이라.

그러므로 그들은 이 거룩한 반차를 따라 부름을 받고, 성결하게 되었으며, 그들의 옷은 어린 양의 피를 통하여 씻겨져 희게 되었느니라. …

참으로 멜기세덱 시대의 백성들같이 겸손하라, 멜기세덱은 또한 내가 말한 바로 이 반차를 따른 대제사였나니, 그도 또한 영원히 대신권을 받아들였던 자니라.

또 바로 이 멜기세덱에게 아브라함이 십일조를 드렸나니, 참으로 우리 조상 아브라함은 그가 가진 모든 것의 십 분의 일을 십일조로 바쳤느니라. …

이제 이 멜기세덱은 살렘 땅을 다스리는 왕이었나니, 그의 백성의 죄악과 가증함이 점차 중해져, 참으로 그들이 모두 바른길에서 벗어나, 온갖 간악함이 가득하게 되었더라.

그러나 멜기세덱이 큰 신앙을 행사하여, 하나님의 거룩한 반차를 따라 대신권의 직분을 받아, 그의 백성에게 회개를 전파하매, 보라, 그들이 회

> 개하였고, 멜기세덱은 자기 시대에 그 땅에 평강을 이루었더라. 이러므로 그가 평강의 왕이라 일컬어졌나니, 이는 그가 살렘 왕이었음이요, 또 그는 그의 부친 밑에서 다스렸더라.
> 이제 그의 전에도 많은 자들이 있었고, 후에도 많은 자들이 있었으나, 더 큰 자가 없었나니, 그러므로 그에 대하여 특별히 더 언급한 것이더라. (앨마서 13:10-19)

앨마는 사악한 도시 앰몬아이하 성의 백성들에게 멜기세덱은 하나님 아들의 반차를 따른 대제사였다고 가르쳤으며, 멜기세덱이 살렘 땅의 사악한 백성들에게 회개를 전파하자 그들은 회개하였고 멜기세덱은 평강을 이루었다고 했다. 앨마는 살렘 땅의 백성들을 예로 들어 앰몬아이하 백성들에게 겸손하고, 죄를 회개하며, 예수님의 거룩한 이름을 부르며, 깨어 항상 기도함으로써 믿음으로 영생을 받으리라는 소망을 가지라고 가르쳤다. 또한 그렇게 함으로써 하나님의 사랑으로 마지막 날에 들리워 그의 안식에 들어가라고 가르쳤다.

사도 바울도 이와 같이 히브리 기독교인들에게 예수님은 대신권의 기초가 되심을 확신시키려 했다. 선지자 앨마는 백성들에게 하나님의 아들의 반차를 따른 대제사였던 멜기세덱을 좇아 살렘 땅의 백성들처럼 성결케 되라고 권면했다. 바울과 앨마는 이 대신권은 시작하는 날이나 끝나는 날이 없으며 영원부터 영원까지 존재한다고 가르쳤다.

◆ 성경과 몰몬경의 신권 의식

구약의 창세기에는 창조와 아담부터 야곱 및 그의 열두 아들까지의 족장의 역사가 기록되어 있다. 우리는 이 기록에서 족장들은 제단을 쌓고 하나님께 희생 제물을 바치고 그들의 아들들에게 족장의 축복을 주었음을 알 수 있다. 이러한 축복의 일부분으로 그들은 선택된 아들에게는 대대로 장자권을 부여했다. 그러나 신권의 의식에 관해서는 신성한 제단에서 드리는 제물 외에는 별로 언급된 것이 없다.

모세의 시대부터 성막이나 성전에서 짐승의 희생을 드리는 신권 의식이 있었고 이러한 의식은 외부의 침략으로 중단되었던 때를 제외하고는 서기 70년 예루살렘이 멸망할 때까지 계속되었다. 레위인들은 성막이나 성전에서 이러한 의식을 수행하는 일을 맡았지만, (사독의 후예들로 추정되는) 사두개인들은 예수님의 성역 기간 동안에는 헤롯 성전의 업무를 관장하고 있었다.

신약에서 첫 번째로 기록된 신권 의식은 침례 요한이 베푼 침례 의식이었다. 그 외의 신성한 의식들로는 예수께서 사도와 칠십인을 불러 성임하신 것, 침례, 성신 부여, 그의 몸을 의미하는 떡을 떼고 그의 피를 의미하는 포도주를 부어 나누어 주는 일 등이 있다. 그의 사도들도 침례를 베풀고 안수로써 성신을 부여했다.

몰몬경에서 신성한 판들을 관리한 사람들은 몇몇 예외를 제외하고는 모두 선지자들이었으며, 이 책에는 많은 신권 의식들이 기록되어 있다. 첫 번째 족장이자 선지자였던 리하이는 제단을 쌓고 희생을 드렸다. 그의 아들 니파이는 솔로몬 성전의 방식을 따라 성전을 지었다. 그리스도의 교리의 일부분으로서 물과 성신에 의한 침례 의식은 일찍이 기원전 589-559년에 가르쳐졌다. 침례에 관한 최초의 기록은 기원전 147년경에 204명에게 물로 침례를 베푼 것이었다(모사이야서 18장 참조). 유대인들과는 달리, 니파이인들은 예수께서 탄생하시기 오래전부터 몸을 물속에 잠그는 방식으로 침례를 시행했다.

니파이는 기원전 570년경 그의 동생 야곱과 요셉을 교사와 제사로 성별했다. 앨마는 기원전 120년경 제이라헤믈라에 교회를 세우고 교사와 제사와 장로들을 성임했다. 부활하신 예수 그리스도께서는 서기 34년에 침례의 정확한 방법을 가르치셨다. 또한 예루살렘에서 그의 사도들에게 하신 것처럼 성신을 부여하시고 성찬 떡과 포도주를 축복하셨다. 몰몬경의 마지막 선지자인 모로나이는 서기 400년경 성신을 부여하는 방법, 교사와 제사를 성임하는 방법, 성찬 떡과 포도주를 집행하는 방법 등 여러 가지의 신권 의식을 행하는 방법을 정확하게 기록했다.

다음은 예수 그리스도와 관련된 신권 의식을 자세히 설명한 것이다. 성경과 몰몬경 간의 신권 의식에 관한 가르침을 비교해 보면, 몰몬경은 신권 의식과 성약을 훨씬 더 정확하게 가르치고 있음이 명백하다.

물에 의한 침례

성경의 가르침

마태복음 3장에는 예수 그리스도께서 침례 요한[1]에게 침례를 받으신 것이 기록되어 있다(또한 마가복음 1장, 누가복음 3장, 요한복음 1장 참조). 이 단락에서는 침례 요한이 당대의 종교 지도자들이었던 바리새인들 그리고 사두개인들과 마주친 것, 그리고 예수 그리스도께 실제로 침례를 베푼 것에 관하여 알아보고자 한다. 마태는 이것이 "주의 길을 예비하라, 그의 대로를 평탄하게 하라"라는 이사야의 예언(이사야 40:3)이 성취된 것이라고 기록했다.

침례 요한이 바리새인들과 사두개인들에게 선언한 내용은 마태복음에 기록되었다.

> 이때 예루살렘과 온 유대와 요단강 사방에서 다 그에게 나아와
> 자기들의 죄를 자복하고 요단강에서 그에게 침례를 받더니,
> 요한이 많은 바리새인들과 사두개인들이 침례 베푸는 데로 오는 것을 보고 이르되, 독사의 자식들아, 누가 너희를 가르쳐 임박한 진노를 피하라 하더냐?
> 그러므로 회개에 합당한 열매를 맺고

1 침례 요한의 아버지인 스가랴는 성전에서 일하는 제사장이었고, 그의 어머니 엘리사벳은 아론의 후손이다. (누가복음 1장 참조)

속으로 아브라함이 우리 조상이라고 생각하지 말라. 내가 너희에게 이르노니 하나님이 능히 이 돌들로도 아브라함의 자손이 되게 하시리라.
이미 도끼가 나무뿌리에 놓였으니 좋은 열매를 맺지 아니하는 나무마다 찍혀 불에 던져지리라.
나는 너희로 회개하게 하기 위하여 물로 침례를 베풀거니와 내 뒤에 오시는 이는 나보다 능력이 많으시니, 나는 그의 신을 들기도 감당하지 못하겠노라. 그는 성령과 불로 너희에게 침례를 베푸실 것이요,
손에 키를 들고 자기의 타작마당을 정하게 하사, 알곡은 모아 곳간에 들이고 쭉정이는 꺼지지 않는 불에 태우시리라. (마태복음 3:5-12)

침례 요한은 이렇게 선언함으로써 다음과 같은 점에서 새로운 시대가 시작되었음을 알렸다.

· 요한은 요단강과 같이 성전 밖의 불결한 공공장소에서 침례를 수행함으로써, 사두개인들에 의해 성전에서만 수행되었던 속죄제를 드리는 것보다는 그가 신권의 권세[2]를 지니고 죄 사함을 위한 침례를 베푸는 것이 합당한 것임을 알렸다. (마태복음 3:7 참조)
· 요한은 사람들이 모세의 율법을 지키는 것과 관계없이, 회개하고 그들의 행실로 열매를 맺을 자들은 누구든지 침례를 받을 수 있도록 제도화했다. (마태복음 3:8, 10 참조)
· 요한은 그가 베푸는 침례는 아브라함의 혈통을 대체한다고 가르쳤다. (마태복음 3:9 참조)
· 요한은 자신보다 능력이 많으신 신권의 권세를 지닌 새로운 분을 소

---

2 교리와 성약은 요한이 유아였을 때 하나님의 천사에 의해 성임되었음을 알려준다. "이는 그가 아직 어릴 적에 침례를 받았고, 유대인의 왕국을 넘어뜨리며, 주의 백성 앞에서 주의 길을 곧게 하며, 그 손에 모든 권능이 주어진 주의 오심을 위해 그들을 예비하도록 난 지 여드레 만에 하나님의 천사에 의하여 이 권능에 성임되었음이니라." (교리와 성약 84:28)

개했다. (마태복음 3:11 참조)

- 요한은 예수께서 성신으로 침례를 베푸실 것이라고 가르쳤다. (마태복음 3:11 참조)
- 요한은 예수께서 최후의 심판관이 되실 것이라고 선언했다. (마태복음 3:12 참조)

이와 같이 침례 요한은 말 그대로 예수께서 그의 왕국을 (다시 말하면 그의 교회를) 세우시고 새로운 시대를 시작하는 데 필요한 것들을 예비했다[3]. 침례 요한은 약 일천오백 년 전에 모세가 시작한, 제사장과 레위인들이 성전에서만 수행했던 희생 의식을 대체하는 새로운 신권 의식인 침례를 수행함으로써 예수 그리스도를 위한 새로운 시대를 선언하고 준비했다.

예수 그리스도의 침례[4]

침례 요한은 다음과 같은 방식으로 예수님을 침례했다.

> 이때 예수께서 갈릴리로부터 요단강에 이르러 요한에게 침례를 받으려 하시니,
> 요한이 말려 이르되, 내가 당신에게서 침례를 받아야 할 터인데 당신이 내게로 오시나이까?
> 예수께서 대답하여 이르시되, 이제 허락하라. 우리가 이와 같이 하여 모든 의를 이루는 것이 합당하니라 하시니, 이에 요한이 허락하는지라.
> 예수께서 침례를 받으시고 곧 물에서 올라오실새, 하늘이 열리고 하나님의 성령이 비둘기같이 내려 자기 위에 임하심을 보시더니,

3 요한과 예수의 시대에는 미크베와 같은 몸을 물에 잠그는 정결 의식이 있었기 때문에, 몸이 물에 완전히 잠기는 정결 의식은 유대인들에게는 익숙한 것이었다. 요한이 요단강을 선택한 것은 그곳에 물이 많았고, 회개와 죄 사함을 위한 그의 침례가 미크베와 같이 몸이 물에 완전히 잠기는 것을 요구했기 때문이었을 것이다.

4 예수님의 침례에 관한 유사한 설명은 마가복음 1:9–11, 누가복음 3:21–22, 요한복음 1:32–34에도 있다.

> 하늘로부터 소리가 있어 말씀하시되, 이는 내 사랑하는 아들이요 내 기뻐하는 자라 하시니라. (마태복음 3:13-17)

이 기록은 많은 것을 말해 준다. 예수께서 요단강으로 침례 요한에게 오셨다(제13절). 요한이 예수님을 침례할 자격이 있는지 서로 이야기를 나누었다(제14-15절). 예수께서 침례를 받으셨다(제16절). 예수께서 곧 물에서 올라오셨다(제16절). 그러자 하늘이 열리고 예수께서 하나님의 성령이 비둘기같이 내려 자기 위에 임하심을 보셨다(제16절). 그리고는 하늘로부터 "이는 내 사랑하는 아들이요 내 기뻐하는 자라"라고 말하는 음성을 들었다(제17절).

그렇지만 이 구절들은 예수께서 어떤 방식으로 침례를 받으셨는지 묘사하지 않고 있다. 결과적으로, 오늘날 많은 기독교회에서는 몸이 물에 완전히 잠기거나, 부분적으로만 잠기거나, 머리에 물을 붓거나 뿌리는 등 다양한 세례 방식을 사용하고 있다.

예수께서는 침례를 받으신 후 제자들과 함께 그를 따르는 사람들에게 침례를 베푼 다음(요한복음 3:22, 3:26, 4:1-2[5] 참조) 교회를 세웠다(마태복음 16:18 참조). 오순절에는 삼천 명이 베드로에게 침례를 받고 교회로 들어왔다(사도행전 2:41 참조). 빌립은 내시를 포함하여 남녀 모두에게 침례를 베풀었고(사도행전 8:12, 38 참조), 아나니아는 바울을 침례했고(사도행전 9:18 참조), 베드로는 고넬료를 침례했고(사도행전 10:48 참조), 바울은 몇몇 제자들을 침례했고(사도행전 19:5 참조), 또한 스데바나 집 사람들에게 침례를 베풀었다(고린도전서 1:16 참조). 이것은 사도들이 흔하게 수행한 침례 의식 중 단지 몇몇의 기록에 불과할 것이다.

---

5 일부 학자들은 요한복음 4:2이 "예수께서는 그의 제자들을 제외하고는 아무에게도 침례를 베풀지 않았다"라는 아람어 문장을 오역한 것일 수도 있다고 한다. (모턴 스미스, 비밀 복음서 [로워레이크, 캘리포니아: The Dawn Horse Press, 1960], 94).

몰몬경의 가르침

앞에서 언급했듯이, 마태복음(마태복음 3:13-17 참조)에는 예수께서 침례를 받으신 방식에 대한 구체적인 언급이 없다. 그러나 몰몬경에서는 부활하신 예수께서 니파이인들에게 구체적인 침례 방법을 설명해 주셨다.

> 이에 주께서 저[니파이]에게 이르시되, 내가 네게 권능을 주노니 내가 다시 하늘로 올라간 후에 너는 이 백성에게 침례를 베풀라 하시더라.
> 다시 주께서 다른 자들을 부르사, 그들에게도 마찬가지로 이르시고, 침례를 베풀 권능을 그들에게 주셨느니라. 또 그들에게 이르시되, 너희는 이같이 침례를 베풀어 너희 가운데 논쟁이 없도록 하라.
> 진실로 내가 너희에게 이르노니 누구든지 너희의 말을 통하여 자기 죄를 회개하고 내 이름으로 침례 받기를 원하거든, 이같이 너희는 그들에게 침례를 줄지니—보라, 너희는 물에 내려가 서서, 내 이름으로 그들에게 침례를 줄지니라.
> 또 이제 보라, 너희가 할 말은 이러하니라, 그들의 이름을 부르며 말하기를,
> 예수 그리스도에게서 권세를 받아, 나는 아버지와 아들과 성신의 이름으로 그대에게 침례를 주노라. 아멘.
> 그러고 나서 너희는 그들을 물에 잠기게 하였다가, 물 밖으로 다시 나오게 할지니라.
> 이에 이같이 너희는 내 이름으로 침례를 줄지니라. 이는 보라, 진실로 내가 너희에게 이르노니, 아버지와 아들과 성신은 하나임이라. 내가 아버지 안에 있고 아버지께서 내 안에 계시매 아버지와 나는 하나니라. (제3니파이 11:21-27)

예수께서는 이와 같은 구체적인 지침을 주시면서 물로 침례하는 방법에 대한 논쟁이 없도록 하라고 하셨다(제22절 참조).

· 침례 받을 사람은 회개하고 예수님의 이름으로 침례 받기를 원해야 한다. (즉, 그 사람은 성약을 맺기를 원해야 한다.)
· 침례는 예수 그리스도로부터 받은 권세로 행해야 한다.
· 예수께서는 제3니파이 11:25에서 구체적인 침례 기도문을 알려 주셨다. (이것은 마태복음 28:19의 "아버지와 아들과 성령의 이름으로 침례를 베풀라"라고 제자들에게 하신 말씀과 일치한다.)
· 물에 의한 침례는 물에 완전히 잠기게 하였다가 물 밖으로 다시 나오게 해야 한다.

부활하신 예수 그리스도께서는 정확한 침례 방식을 알려 주셨으며, 침례의 조건 또는 성약은 회개하고 그의 이름으로 침례 받기를 원하는 것이라고 하셨다.

죽은 사람들을 위한 침례 의식에 관한 가르침

성경의 가르침

죽은 사람들을 위한 침례는 사도 바울이 고린도인들에게 언급했다[6]. 바울은 예수께서 첫 번째로 부활하셨다는 것을 강조하면서 그들에게 부활에 관하여 설명할 때 죽은 사람들을 위한 침례에 대하여 말했다.

> 사망이 한 사람으로 말미암았으니 죽은 자의 부활도 한 사람으로 말미암는도다.
> 아담 안에서 모든 사람이 죽은 것같이 그리스도 안에서 모든 사람이 삶을 얻으리라.
> 그러나 각각 자기 차례대로 되리니 *먼저는* 첫 열매인 그리스도요, 다음

6 이 의식은 몰몬경에서는 직접적으로 가르치지는 않지만, 부활하신 예수 그리스도께서 가르치신 바와 같이, 서기 1841–1842년 조셉 스미스를 통하여 후세에 알려졌다. (교리와 성약 124:29–39, 127:6, 128:12, 16–18 참조).

에는 그가 강림하실 때에 그리스도에게 속한 자요. …
만물을 그에게 복종하게 하실 때에는 아들 자신도 그때 만물을 자기에게 복종하게 하신 이에게 복종하게 되리니, 이는 하나님이 만유의 주로서 만유 안에 계시려 하심이라.
만일 죽은 자들이 도무지 다시 살아나지 못하면 죽은 자들을 위하여 침례를 받는 자들이 무엇을 하겠느냐? 어찌하여 그들을 위하여 침례를 받느냐? (고린도전서 15:21-29)

죽은 사람들을 위한 침례에 관한 이 구절은 견해와 해석이 분분하다. 그러나 바울의 시대에 이 특정한 의식을 어떻게 수행했는지에 관한 정보가 별로 없기 때문에, 이에 관한 정확한 이유나 방법은 알 수가 없다. 그렇다 하더라도, 사도 바울은 고린도인들에게 이 주제에 관하여 언급할 수 있을 만큼 충분한 지식을 갖고 있었던 것이 분명하다.

몰몬경의 가르침

몰몬경에서는 죽은 사람들을 위한 침례를 직접적으로 가르치지는 않지만, 부활하신 예수께서는 바운티풀의 니파이 백성들에게 말라기 4:5-6을 인용하시면서 이에 대해 간접적으로 가르치셨다.

보라, 주의 크고 두려운 날이 이르기 전에 내가 선지자 엘리야를 너희에게 보내리라.
이에 그가 아버지의 마음을 자녀에게로 돌이키게 하고, 자녀의 마음을 그들의 아버지에게로 돌이키게 하리라. 돌이키지 아니하면 두렵건대 내가 와서 저주로 땅을 칠까 하노라. (제3니파이 25:5-6, 강조체 첨가)

가브리엘 천사는 스가랴에게 그의 아들 침례 요한의 일과 관련하여 아버지의 마음을 자녀에게 돌이키게 한다는 똑같은 말씀을 전했다[7]. 모로나이는 조셉 스미스에게 말라기 4:6을 약간 다르게 인용하였다. "그리고 그는 아버지들에게 한 약속들을 자녀들의 마음에 심을 것이요, 자녀들의 마음은 그들의 아버지들에게로 돌이키리라." (조셉 스미스—역사 1:39)[8] 따라서, 모로나이는 아버지들의 마음을 자녀들에게 돌이킨다는 것은 자녀들이 (이방인들처럼 히브리인이 아닌 사람들도 포함하여) 침례 요한이 소개한 침례를 받고 아브라함의 성약을 맺는 축복을 받을 것임을 의미한다고 설명했다[9]. 자녀들의 마음을 아버지들에게 돌이킨다는 것 역시 자녀들이 돌아가신 그들의 조상들을 위하여 똑같은 축복을 받을 수 있는 방법을 마련할 수 있음을 가리킨다. 그리하여 장막 양쪽에 있는 모든 사람들이 세상의 종말이 오기 전에 아브라함의 성약으로 축복을 받으며 한 가족으로 연결될 수 있는 것이다.

부활하신 예수 그리스도께서는 말라기 3장과 4장을 인용하신 다음, 니파이인들에게 이 예언은 장래 세대에게 주는 것이라고 하셨다. "또 이르시되, 너희가 갖지 아니하였던 이 경전을 아버지께서 너희에게 주라고 내게 명하셨나니, 이는 장래 세대에게 이를 주는 것이 아버지 안에 있는 지혜였음이니라 하시니라." (제3니파이 26:2)

선지자 엘리야가 올 때 그것은 장래 세대가 침례를 통하여 그들의 마음을 돌아가신 조상들에게 돌이키는 때가 될 것이다. 따라서, 니파이인들은 죽은 사람들을 위한 침례에 관하여 간접적으로 가르침을 받았지만, 그것은

---

7 침례 요한이 잉태되기 전 성전에서 그의 아버지인 스가랴를 방문한 가브리엘 천사는 요한이 엘리야의 심령과 능력으로 주 앞에 먼저 와서 아버지들의 마음을 자식에게 돌아오게 할 것이라고 말했다(누가복음 1:17 참조). 따라서 가브리엘 천사는 침례를 받은 사람은 누구나 (이방인을 포함하여) 요한의 사업(즉, 물에 의한 침례)을 통하여 아브라함의 성약을 맺는 축복을 받을 것이라고 가르쳤다.

8 교리와 성약 2:2과 138:47에는 모로나이가 조셉 스미스에게 전한 것과 똑같은 말씀이 있다.

9 같은 방식의 가르침으로, 니파이는 니파이전서 20:1에서 이사야 48:1을 인용했을 때 "침례의 물"이라는 구절을 추가했으며, 사도 바울은 갈라디아인들에게 이와 똑같은 원리를 가르쳤다(갈라디아서 3:29 참조).

니파이인들을 위한 것이 아니라 장래 세대를 위한 것이었다[10].

유아 침례에 관한 가르침

유아 침례는 많은 기독교회에서 흔하게 베풀어져 왔으며, 오늘날에도 잘 알려진 의식이다. 그러나, 성경에는 유아 침례에 관한 언급이 없다. 유아 침례는 신약 시대 이후에 시작되었다. 흥미로운 것은, 몰몬경의 백성들도 서기 400년경에 유아 침례를 시행했는데, 이에 대하여 선지자 몰몬은 다음과 같이 경고했다.

> 이는 내가 알게 된 바가 사실일진대, 너희 중에 너희 어린아이들의 침례에 관하여 논쟁이 있었음이니라. …
> 내가 너희에게 이러한 일이 있음을 알고 나서 즉시 그 문제에 관하여 여쭈었더니, 주의 말씀이 성신의 권능으로 내게 임하여 이르시되,
> 너희의 구속주, 너희의 주, 너희의 하나님이신 그리스도의 말씀을 들을지어다. 보라, 내가 세상에 온 것은 의인을 부르려 함이 아니요, 죄인을 불러 회개하게 하려 함이니라. 온전한 자에게는 의원이 필요 없고 병든 자에게라야 필요 있나니, 그러므로 어린아이들은 온전하도다. 이는 그들에게 죄를 범할 능력이 없음이라. 그러므로 아담의 저주가 나로 말미암아 그들에게서 제하여져서, 그들에게 아무 힘을 미치지 못하며, 할례의 법이 나로 말미암아 폐하여졌도다 하셨느니라.
> 이에 이와 같이 성신이 하나님의 말씀을 내게 나타내셨으니, 그러므로 내 사랑하는 아들아, 너희가 어린아이에게 침례를 줌은 하나님 앞에 중대한 조롱 행위인 줄을 내가 아노라. …
> 또 어린아이들에게 침례가 필요하다고 하는 자는 그리스도의 자비를

10 교리와 성약을 보면 조셉 스미스는 죽은 사람들을 위한 침례에 관하여 제124편(1841년 1월 19일 받음)과 제128편(1842년 9월 6일 받음)에서 더 많은 계시를 받았다. 따라서, "장래의 세대"는 몰몬경이 번역되고 출판되며 복음의 충만함이 회복된 현 경륜의 시대임이 밝혀졌다.

> 부인하며, 그의 속죄와 그의 구속의 능력을 무시하는 자라. (모로나이서 8:5-20)

선지자 몰몬은 유아 침례가 옳지 못함을 성신을 통하여 확인 받았으며, 심지어는 그것이 "하나님을 조롱하는 행위"라고 말했다. 그는 아들 모로나이에게 교회에 이러한 큰 잘못이 없도록 하라고 당부했다[11].

성신에 의한 침례 (성신을 부여함)

<u>성경의 가르침</u>

구약에는 성신[Holy Ghost]이란 단어는 없고, 성령[Holy Spirit]이란 단어가 시편 51:11과 이사야 63:10-11에 나온다. 신약에서는 성신이란 단어가 마리아의 잉태에 관한 설명에 처음으로 언급된다(마태복음 1:18-20, 누가복음 1:35 참조). 침례 요한은 이전 단락에서 토론한 바와 같이 성신에 의한 침례를 공표했다. 예수께서는 부활하신 후 그의 제자들에게 다음과 같이 성신을 부여하셨다.

> 예수께서 또 이르시되, 너희에게 평강이 있을지어다. 아버지께서 나를 보내신 것같이 나도 너희를 보내노라. 이 말씀을 하시고 *그들을 향하사 숨을 내쉬며 이르시되, 성령을 받으라. 너희가 누구의 죄든지 사하면 사하여질 것이요 누구의 죄든지 그대로 두면 그대로 있으리라 하시니라.*

---

11 베냐민 왕은 기원전 124년경 그의 백성들에게 이와 비슷한 원리를 가르쳤다. "또 설혹 어린아이들이 죄지을 수 있다, 구원받을 수 없다 함이 가능하다 할지라도, 그러나 내가 네게 이르노니 그들은 복되도다. 이는 보라, 아담 안에서 곧 본디부터 그들이 타락한 것같이, 바로 그와 같이 그리스도의 피가 그들의 죄를 대속하여 줌이라. 또 더욱이 내가 네게 이르노니, 사람의 자녀들에게 구원이 이를 수 있는 다른 아무 이름이나 다른 어떠한 길이나 방법도 주어지지 아니하리니, 다만 전능하신 주 그리스도의 이름으로 그리고 그 이름을 통하여서만 구원이 올 수 있느니라. 이는 보라, 그리스도가 심판하시매, 그의 심판이 공의로우며 그 유아기에 죽는 유아는 멸망하지 아니하되, 사람들이 스스로를 겸손하게 낮추어 어린아이와 같이 되고, 구원이 전에나, 지금에나, 장차에나, 전능하신 주 그리스도의 속죄의 피로 그리고 그 피를 통하여 임함을 믿지 않는 한 그들은 그들 스스로의 영혼을 위하여 저주를 마심이 됨이니라." (모사이야서 3:16–18) 선지자 아빈아다이도 어린아이들은 영생을 갖는다고 가르쳤다(모사이야서 15:25 참조). 현대의 계시에 의하면 책임질 연령 이전에 죽은 어린아이들은 해의 왕국에서 구원을 받는다(교리와 성약 137:10 참조).

(요한복음 20:21-23, 강조체 첨가)

흥미롭게도, 예수께서는 사도들에게 단체로 성신을 부여하셨고(유다와 도마는 그 자리에 없었던 것처럼 기록되어 있음), 그들은 성신의 침례를 통하여 죄를 사해 줄 수 있다고 가르치셨다. 사도들은 또한 안수로써 성신을 부여했다. "이에 두 사도[베드로와 요한]가 그들[사마리아인들]에게 안수하매 성령을 받는지라."(사도행전 8:17) 사도 바울은 전에 요한의 이름으로 침례를 받은 사람들을 예수 그리스도의 이름으로 다시 침례했고, 그들에게 안수하여 성신을 부여했다.

> 아볼로가 고린도에 있을 때에 바울이 윗지방으로 다녀 에베소에 와서 어떤 제자들을 만나
> 이르되, 너희가 믿을 때에 성령을 받았느냐? 이르되, 아니라, 우리는 성령이 계심도 듣지 못하였노라.
> 바울이 이르되, 그러면 너희가 무슨 침례를 받았느냐? 대답하되, 요한의 침례니라.
> 바울이 이르되, 요한이 회개의 침례를 베풀며 백성에게 말하되 내 뒤에 오시는 이를 믿으라 하였으니 이는 곧 예수라 하거늘,
> 그들이 듣고 주 예수의 이름으로 침례를 받으니,
> *바울이 그들에게 안수하매 성령이 그들에게 임하시므로 방언도 하고 예언도 하니,*
> 모두 열두 사람쯤 되니라. (사도행전 19:1-7, 강조체 첨가)

몰몬경의 가르침

니파이는 부활하신 예수 그리스도께서 니파이인 제자들을 한 명씩 손으로 만지시며 그들에게 성신을 줄 수 있는 권능을 주셨다고 기록했다.

> 또 이렇게 되었나니 예수께서 이러한 말씀을 마치시고 나서, 그 손을 그

택하신 제자들에게 하나씩 하나씩 대시되, 저들 모두에게 손을 대시기까지 그리하시고, 저들에게 손을 대시면서 저들에게 말씀하셨느니라. 그러나 그가 하신 말씀을 무리가 듣지 못한지라, 그러므로 그들이 증거하지 못하였으나, *제자들은 예수께서 성신을 줄 수 있는 권능을 저들에게 주셨다고 증거하였으니,* 이 증거가 참됨을 이후에 내가 너희에게 보이리라. (제3니파이 18:36-37, 강조체 첨가)

모로나이는 예수께서 제자들에게 성신을 부여하신 방법을 기록했다.

그리스도께서 그들의 제자들 곧 그 택하신 열둘에게 그 손을 얹으셨을 때 하신 말씀이라—
또 저희의 이름을 부르시며 이르시되, *너희는 간절한 기도로 내 이름으로 아버지를 부를지니, 너희가 이렇게 한 후에는 너희가 안수하는 자에게 성신을 줄 권능을 갖게 되리라. 또 내 이름으로 너희는 이를 줄지니, 이는 그와 같이 나의 사도들이 행함이니라.*
이제 그리스도께서 첫 번째 나타나셨을 때 그들에게 이 말씀을 하셨나니, 무리는 이를 듣지 못하였으되, 제자들은 이를 들었으며, 그들이 안수하는 자에게는 모두 성신이 내리셨느니라. (모로나이서 2:1-3, 강조체 첨가)

위의 기록을 바탕으로 우리는 성신을 부여하는 방법을 알 수 있다.

· 간절한 기도로 예수님의 이름으로 아버지를 부른다.
· 성신을 받는 사람의 이름을 부른다.
· 성신을 받는 사람에게 손을 얹는다.
· 예수 그리스도의 이름으로 성신을 준다.

신권 직분에 부름을 주거나 성임하기

성경의 가르침

구약에서는 선지자를 부르는 방법이 여러 가지가 있었다. 예를 들면, 모세는 하나님으로부터 직접 선지자로 택함 받았다(출애굽기 3:2-6 참조). 여호수아는 모세에 의하여 성임 받았고(신명기 34:9 참조), 사무엘은 어린 나이에 성전에서 주님으로부터 부름을 받았고(사무엘상 3:4-14 참조), 엘리야는 하나님의 지시에 따라 일하기 시작했고(열왕기상 17:1-2 참조), 엘리사는 엘리야의 외투를 물려받아 선지자가 되었고(열왕기하 2:12-15 참조), 예레미야는 그가 태어나기 전에 이미 하나님으로부터 선지자로 택함 받았고(예레미야 1:4-5 참조), 에스겔은 시현을 본 후 선지자로서의 성역을 시작했다(에스겔 1:1-3 참조).

솔로몬의 성전에서 사독이라는 레위인은 성전을 관리하는 대제사장이었다. 예수께서 성역을 베푸실 때 있었던 사두개인들은 (아마도 사독인의 혈통) 성전 업무를 관리하고 있었으나, 이들은 서기 70년에 두 번째 성전이 파괴된 후에는 보이지 않았다.

신약에서는 예수께서 성역을 시작하시면서 먼저 제자들을 불러 성임하셨다(마가복음 3:14 참조). 그는 처음 네 명의 제자들을 다음과 같이 부르셨다.

> 갈릴리 해변에 다니시다가 두 형제 곧 베드로라 하는 시몬과 그의 형제 안드레가 바다에 그물 던지는 것을 보시니 그들은 어부라.
> 말씀하시되 나를 따라오라. 내가 너희를 사람을 낚는 어부가 되게 하리라 하시니,
> 그들이 곧 그물을 버려두고 예수를 따르니라.
> 거기서 더 가시다가 다른 두 형제 곧 세베대의 아들 야고보와 그의 형제 요한이 그의 아버지 세베대와 함께 배에서 그물 깁는 것을 보시고 부르시니,
> 그들이 곧 배와 아버지를 버려두고 예수를 따르니라. (마태복음 4:18-22)

예수께서 십자가에 못 박히신 후 십이사도에 가룟 유다로 인한 공석이 있었다. 사도들을 다음과 같은 방식으로 그 공석을 채웠다.

> 그들이 두 사람을 내세우니 하나는 바사바라고도 하고 별명은 유스도라고 하는 요셉이요, 하나는 맛디아라.
> 그들이 기도하여 이르되, 뭇 사람의 마음을 아시는 주여, 이 두 사람 중에 누가 주님께 택하신 바 되어
> 봉사와 사도의 직무를 대신할 자인지를 보이시옵소서. 유다는 이 직무를 버리고 제 곳으로 갔나이다 하고,
> 제비 뽑아 맛디아를 얻으니 그가 열한 사도의 수에 들어가니라. (사도행전 1:23-26)

따라서, 사도 직분의 부름을 주는 방식도 여러 가지가 있었음을 알 수 있다.

<u>몰몬경의 가르침</u>

니파이는 그의 동생들인 야곱과 요셉을 교사와 제사로 불렀다(니파이후서 5:26, 야곱서 1:18 참조). 앨마는 교사들과 제사들을 성별했다(모사이야서 23:17 참조). 앨마 이세는 제이라헤믈라 땅에 하나님의 교회를 조직하고 하나님의 반차에 따라 안수로써 교사들과 제사들과 장로들을 성임했으며 그들에게 교회를 감리하고 감독하라고 지시했다(앨마서 4:7, 6:1 참조). 아론과 그의 형제들은 레이맨인들 가운데서 교사들과 제사들을 성별했다(앨마서 23:4 참조). 힐라맨과 그의 형제들도 교사들과 제사들을 성별했다(앨마서 45:22-23 참조). 그러나 이들 중 누구도 어떠한 방식으로 성임했는지는 기록하지 않았다.

모로나이는 제사와 교사를 성임하는 방법을 기록했다.

> 교회의 장로라 일컫는 제자들이 제사와 교사를 성임한 방법이라—

그들이 그리스도의 이름으로 아버지께 기도한 후에 그 손을 저들에게 얹고 이르되,
예수 그리스도의 이름으로 나는 그대를 제사로 성임하노라. (또는 만일 교사이면 나는 그대를 교사로 성임하노라) 이는 회개와 예수 그리스도를 통하여, 끝까지 그의 이름을 믿는 신앙으로 말미암아 얻는 죄 사함을 전파하기 위함이니라. 아멘.
이러한 방법으로 그들은 사람들에게 주시는 하나님의 은사와 부르심을 좇아 제사와 교사를 성임하되, 그들은 그들 안에 있는 성신의 권능으로써 저들을 성임하였더라. (모로나이서 3:1-4, 강조체 첨가)

따라서, 모로나이는 교사와 제사의 성임은 다음과 같은 방법으로 성신의 권능으로 해야 한다고 가르쳤다.

· 그리스도의 이름으로 아버지께 기도한다.
· 성임받는 사람에게 손을 얹는다.
· 다음과 같이 말한다. "예수 그리스도의 이름으로 나는 그대를 제사[또는 교사]로 성임하노라. 이는 회개와 예수 그리스도를 통하여, 끝까지 그의 이름을 믿는 신앙으로 말미암아 얻는 죄 사함을 전파하기 위함이니라. 아멘."

성찬 떡과 포도주의 집행

성경의 가르침

예수 그리스도께서는 최후의 만찬에서 떡과 포도주를 축복하시고 제자들에게 나누어 주셨다. 마태는 다음과 같이 기록했다.

그들이 먹을 때에 예수께서 떡을 가지사 축복하시고, 떼어 제자들에게 주시며 이르시되, 받아서 먹으라. 이것은 내 몸이니라 하시고
또 잔을 가지사 감사 기도하시고 그들에게 주시며 이르시되, 너희가 다

이것을 마시라.

이것은 죄 사함을 얻게 하려고 많은 사람을 위하여 흘리는바, 나의 피 곧 언약의 피니라. (마태복음 26:26-28, 또한 마가복음 14:22-25, 누가복음 22:19-20 참조)

몰몬경의 가르침

부활하신 예수 그리스도께서는 니파이인들에게 떡과 포도주로 똑같은 의식을 두 번 행하셨다(제3니파이 18:1-4, 20:2-8 참조). 신약의 사복음서 저자 네 명 모두가 성찬 떡과 포도주를 베푸는 정확한 방법을 기록하지 않았듯이, 니파이도 이를 기록하지 않았다. 그러나 모로나이는 성찬 떡과 포도주를 베푸는 방법을 기록했다. 그리스도의 살과 피를 베푸는 장로와 제사는 교회와 더불어 무릎을 꿇고 그리스도의 이름으로 아버지께 다음과 같은 성찬 기도를 한다.

떡을 베푸는 방법

오 하나님, 영원하신 아버지시여, 우리는 당신의 아들 예수 그리스도의 이름으로 당신에게 비옵나니, 이 떡을 취하는 모든 사람의 영혼을 위하여 이 떡을 축복하시며 성결하게 하시옵소서. 그리하여 저희가 당신 아들의 몸을 기억하여 먹게 하시옵고, 오 하나님, 영원하신 아버지시여, 또한 저희가 기꺼이 당신 아들의 이름을 받들며, 항상 그를 기억하고, 그가 저희에게 주신 계명을 지키고자 함을 당신에게 증거하게 하시오며, 그리하여 저희가 항상 그의 영과 함께 하도록 하시옵소서. 아멘. (모로나이서 4:3)

잔을 들고 포도주를 베푸는 방법

오 하나님, 영원하신 아버지시여, 우리는, 당신의 아들 예수 그리스도의 이름으로, 당신에게 비옵나니, 이 포도주를 마시는 모든 사람의 영혼을 위하여 이 포도주를 축복하시며 성결하게 하시옵소서. 그리하여 저희가, 저희를 위하여 흘리신, 당신 아들의 피를 기억하여 이 포도주를 마시게 하시옵고, 오 하나님, 영원하신 아버지시여, 또한 저희가 항상 그를 기억함을 당신에게 증거하게 하시오며, 그리하여 저희가 그의 영과 함께 하도록 하시옵소서. 아멘. (모로나이서 5:2)

위의 기도에서 나타난 바와 같이, 이 두 가지의 신권 의식은 다음과 같은 목적으로 해야 한다.

· 하나님 아들이 희생하신 몸과 피를 기억하기 위하여
· 그의 이름을 증거하고, 그의 계명을 지키며, 항상 그를 기억하기 위한 성약으로써
· 그의 영이 저들과 함께하도록

성찬 떡과 포도주를 취하면서 이러한 성약을 지키는 사람들에게 주님께서는 그의 영이 저들과 함께할 것이라고 약속하신다.

◆ 신권 지도력

(창세기에 기록된바) 구약의 족장 시대에는 살렘 왕 멜기세덱을 언급한 것 말고는 신권 및 신권의 권세에 대한 기록이 없었다. 그 시대의 기록은 족장의 혈통과 장자권에 더 치중했다. 짧은 기간 동안 사사들의 통치가 있은 후 정치와 종교 지도력은 분리되었고, 사무엘부터 말라기에 이르기까지 여러 선지자들이 종교적 · 영적 지도자들이 되었다. 성직 업무에 관한 한 주요 의식들은 성막이나 성전에서 레위인과 그 후손들이 주관했다.

침례 요한은 새로운 지도자인 나사렛 예수가 더 높은 (신권) 권세를 갖게 될 것이며, 물과 성신에 의한 새로운 침례 의식이 성전의 모든 신권 행위를 대체할 것이라고 선언함으로써 당대의 종교 지도력에 도전했다(마태

복음 3:7-12 참조). 사도 바울은 예수 그리스도께서 영원히 멜기세덱의 반차를 따르는 제사장으로서 영생의 권능을 갖고 계심을 확인했다(히브리서 7:15-17 참조). 예수께서는 십이사도를 부르심으로써 그의 교회를 세우셨고, 그들은 새로운 신권 의식인 물과 성신에 의한 침례를 수행했다(예: 사도행전 2:41-42).

따라서, 하나님의 선지자들, 레위인들, 사도들은 역사적으로 성경에서 주님의 선택을 받은 신권 지도자들이었다.

현대의 유대-기독교 교회의 지도력

랍비의 지도력

서기 70년 예루살렘의 두 번째 성전이 파괴되고 유대인들이 전 세계로 흩어진 후, 새로운 유형의 랍비가 생겨났다. 예수 그리스도의 성역 기간 중에도 지역 사회에서 현명하고 존경받는 교사들을 "선생님(master)"이란 뜻을 가진 랍비라고 부른 것은 주목할 만하다. 예를 들면, 바리새인인 니고데모는 예수님을 위대한 선생님으로 생각하고 그에 대한 존경을 표하기 위하여 그를 랍비라고 불렀다(요한복음 3:2 참조).

현대에는 정식으로 설립된 랍비 교육 기관들이 있으며 여기를 졸업하면 랍비가 된다. 랍비의 지도력은 단지 교사가 되는 것 이상으로, 오늘날에는 신도들의 필요 사항을 돌보는 기독교 사제나 성직자들과 같은 종교 지도자 역할을 한다. 어떤 면에서는 신권 지도력과 권세는 이제 유대인들 가운데서 정식으로 그리고 전문적으로 훈련받은 랍비에 의하여 대체되었다.

기독교회의 지도력

부활하신 예수 그리스도께서 승천하신 후, 사도 베드로와 야고보(예수님의 동생)는 교회의 권세를 대표했던 것 같다(갈라디아서 2:9 참조). 사도행전은 사도 베드로의 지도력과 성역으로 시작하지만, 사도 바울의 이방인에 대한 선교 사업으로 끝을 맺는다.

사도 시대가 지나고, 예루살렘, 로마, 안티옥, 알렉산드리아 등 지중해 연안의 여러 도시에 다수의 기독교 단체가 생겨났다. 초기 기독교 시대에 사도들이 소유했던 신권의 권세가 얼마나 오랫동안 직접적으로 계승되었는지는 확실하지 않다.

콘스탄틴 황제는 연합된(universal) 기독교회를 조직하라는 명을 내렸고, 서기 325년 니케아 공의회에서 교황이 이끄는 가톨릭교회가 탄생했다. 서기 1059년부터 추기경회에서 차기 교황을 선출하기 전까지, 교황은 주로 로마 추기경들을 중심으로 선출되었다[12]. 교황의 권위는 중세기에 이르러 매우 절대적이었으며 혹자는 교황의 무류성 개념까지도 추진했다[13]. 가톨릭교회는 19세기에 들어서 사도 베드로가 초대 교황이었다고 공식 선언했다.

교황이 진정으로 그리스도를 대표할 수 있는지 그 정당성에 관한 의견은 콘스탄틴 황제가 초대 교황을 지명 또는 승인한 것부터 사도 베드로가 초대 교황이었다고 믿는 것까지 다양하다. 그럼에도, 교황의 권세는 성경에서 가르치는 레위 및 멜기세덱 신권의 권세와는 사뭇 다른 것 같다.

16세기의 종교 개혁 기간 중에 마틴 루터는 신권에 대한 새로운 견해를 도입했는데, 이것은 아마도 교황의 권위를 최소화, 심지어는 무효화하고자 하는 노력으로 나온 것이었다. 예를 들면, 루터는 베드로전서 2:9의 "그러나 너희는 택하신 족속이요 왕 같은 제사장들이요 거룩한 나라

---

12 새로 선출된 교황은 종종 유럽의 힘 있는 여러 왕들에게 제재를 받았다.

13 교황의 무류성에 대한 교리는 다음 사이트를 참조한다.
https://www.catholic.com/tract/papal-infallibility
http://www.catholicfaithandreason.org/papal-infallibility.html
제2차 바티칸 공의회에서는 무류성의 교리를 다음과 같이 설명했다. "각각의 주교들이 무류성의 특권을 누리는 것은 아니지만, 전 세계에 흩어져 있으면서도 상호 간에 또 베드로의 후계자와 친교의 유대를 보전하면서 신앙과 도덕의 사항들을 유권적으로 가르치는 주교들이 하나의 의견을 확정적으로 고수하여야 할 것으로 합의하는 때에는 그리스도의 가르침을 오류 없이 선포하는 것이다. 그것은 이제 주교들이 세계 공의회에 모여서 보편 교회를 위하여 신앙과 도덕의 스승들이 되고 재판관들이 될 때에는 더욱 명백해지므로, 그들의 결정에 신앙의 순종으로 따라야 한다." (Lmen Gentium 25)

요 그의 소유가 된 백성이니, 이는 너희를 어두운 데서 불러 내어 그의 기이한 빛에 들어가게 하신 이의 아름다운 덕을 선포하게 하려 하심이라"와 요한계시록 1:6의 "그의 아버지 하나님을 위하여 우리를 나라와 제사장으로 삼으신 그에게 영광과 능력이 세세토록 있기를 원하노라. 아멘."과 같은 특정한 성경 구절을 인용하여 모든 사람은 제사장이라는 신학적 개념을 촉진시켰다.

칼빈주의자들이 각 교회 단위마다 평신도회를 대표하는 장로 평의회를 시작한 후, 이 평의회가 신학 교육을 받고 성임된 성직자들 중에서 그들의 성직자를 고용하는 것이 관례가 되었다. 대부분의 경우, 새로 고용된 성직자는 그(녀)가 속한 종파의 상위 평의회로부터 비준을 받아야 한다[14]. 성직자의 의무는 그(녀)가 속한 종파의 지침에 따라 해당 교회 단위에 속한 평신도들을 가르치고 보살피는 것이다. 이러한 전문적인 성직자 지도 체계는 레위 및 멜기세덱 신권과는 아무런 관련이 없어 보인다.

그렇지만, 유대-기독교에서는 랍비와 성직자의 직분이 매우 보편적인 일이 되었고 그들의 지도력과 봉사를 통하여 수십억 명의 사람들이 많은 혜택을 입어왔고 전 세계 대부분의 유대-기독교 사회에서 이들의 부재는 상상하기 어렵다. 그들의 선한 일과 희생에도 불구하고, 유대-기독교회의 지도력은 성경에서 가르치고 준수한 레위 및 멜기세덱 신권과는 아무런 관련이 없어 보인다.

예수 그리스도 후기 성도 교회의 신권 지도력

예수 그리스도 후기 성도 교회의 첫 번째 선지자인 조셉 스미스는 서기 1835년 아론 (또는 레위) 및 멜기세덱 신권에 관하여 다음과 같은 계시를 받았다.

---

14 개신교회들은 각기 여러 다른 종파에서 조직한 것이므로 대부분의 종파들은 자체적인 행정 관리 체계를 두고 있다.

교회에는 두 가지 신권이 있나니, 곧 멜기세덱 신권과 레위 신권을 포함하는 아론 신권이니라.

전자를 멜기세덱 신권이라 부르는 이유는 멜기세덱이 그처럼 위대한 대제사였음이라.

그의 시대 이전에는 이를 *하나님의 아들의 반차를 좇는 성 신권*이라 하였느니라.

그러나 지존자의 이름을 존중하며 경외하는 뜻에서 그의 이름을 너무 자주 반복하는 것을 피하기 위하여, 그들 곧 옛 시대의 교회 회원은 멜기세덱을 좇는 신권 또는 멜기세덱 신권이라 일컬었느니라.

교회 안의 다른 모든 관리 역원 또는 직분은 이 신권에 부속되어 있느니라.

둘째 신권은 아론과 그 후손에게 대대로 부여되었으므로 아론의 신권이라 일컫느니라.

소신권이라 불리는 이유는 더 큰 신권 곧 멜기세덱 신권에 부속되어 외형적인 의식을 집행하는 권능을 지닌 까닭이니라.

감독단은 이 신권의 회장단이니, 이 신권의 열쇠 곧 권세를 가지느니라.

아론의 실제 자손이 아니고서는 어느 누구도 이 직분에 대하여, 그리고 이 신권의 열쇠를 지닐 합법적 권리를 가지지 못하느니라.

그러나 멜기세덱 신권의 대제사는 하위의 모든 직분을 수행할 권세를 가졌으므로, 아론의 실제 자손을 찾아낼 수 없을 때에는 멜기세덱 신권의 제일회장단의 손으로 이 권능에 부름 받아 성별되어 성임될 경우 감독의 직분을 수행할 수 있느니라.

대신권 곧 멜기세덱 신권의 권능과 권세는 교회의 모든 영적 축복의 열쇠를 지니는 것이니—

천국의 비밀을 받는 특권을 가지며, 그들에게 여러 하늘을 열리게 하며, 총회 및 장자의 교회와 친교를 나누며, 아버지 하나님과 새 성약의 중보자 예수와의 친교와 임재하심을 누리는 것이니라.

소신권 곧 아론 신권의 권능과 권세는 성약과 계명에 따라 천사의 성역

> 의 열쇠를 지니며, 외형적 의식 곧 복음의 조문과 죄 사함을 위한 회개의 침례를 집행하는 것이니라. (교리와 성약 107:1-20)

아론 및 멜기세덱 신권의 회복

침례 요한은 1829년 5월 15일 펜실베이니아 주 하모니 근처에서 조셉 스미스와 올리버 카우드리를 방문했다. 그는 다음과 같이 말하면서 그들에게 아론 신권을 부여했다.

> 나의 동역자 된 종들인 너희에게 메시야의 이름으로 나는 아론 신권을 부여하노라. 이는 천사의 성역, 회개의 복음 그리고 죄 사함을 위한 침수로써의 침례의 열쇠들을 지니고 있나니, 이것은 레위의 아들들이 또다시 의롭게 주께 제물을 바칠 때까지 결코 다시는 땅에서 거두어지지 아니하리라. (교리와 성약 13:1)

침례 요한의 방문이 있은 후 얼마 되지 않아 예수 그리스도의 수석 사도였던 베드로, 야고보, 요한은 조셉 스미스와 올리버 카우드리를 방문했다. 베드로, 야고보, 요한은 조셉과 올리버를 그들이 예수 그리스도로부터 직접 받은 신권과 똑같은 권세를 지닌 사도 직분에 성임했다.

> 또한 베드로와 야고보와 요한으로 더불어 마시리니, 내가 그들을 너희에게 보내어 그들로 말미암아 내가 너희를 성임하고 너희를 확인하여 사도와 나의 이름의 특별한 증인이 되게 하고, 너희 성역과 내가 그들에게 계시한 것과 같은 것의 열쇠를 지니게 하였느니라.
> 너희에게 내가 나의 왕국의 열쇠와 마지막 때를 위한 그리고 충만한 때를 위한 복음의 경륜을 맡겼으니, 이때에 나는 하늘에 있거나 땅 위에 있는 모든 것을 하나로 모으리라.
> 또한 내 아버지께서 세상 중에서 내게 주신 모든 자로 더불어 마시리라.
> (교리와 성약 27:12-14)

따라서, 아론 (레위) 및 사도 (멜기세덱) 신권은 모두 예수 그리스도 후기 성도 교회에 회복되었다.

세 가지의 신권 열쇠

이 두 가지 신권의 회복 이외에도, 추가적인 신권 열쇠가 교회에 회복되었다. 커틀랜드 성전[15]의 시현(1836년 4월 3일[16])에서 조셉 스미스와 올리버 카우드리는 모세로부터 이스라엘을 집합시키는 열쇠와, 일라이어스로부터 아브라함의 복음의 열쇠와, 엘리야로부터 엘리야의 영에 관한 열쇠 등, 세 가지의 신권 열쇠를 받았다.

> 이 시현이 닫히고 난 후에 여러 하늘이 다시 우리에게 열리더니, 모세가 우리 앞에 나타나 땅의 사방으로부터 이스라엘을 모으고 북방 땅으로부터 열 지파를 인도해 내는 열쇠들을 우리에게 맡기더라.
> 이 일 후에 일라이어스가 나타나 아브라함의 복음의 경륜의 시대를 맡기며 이르기를, 우리와 우리의 후손으로 말미암아 우리 뒤의 모든 세대가 복을 받으리라 하더라.
> 이 시현이 닫힌 후에 또 다른 크고 영화로운 시현이 우리에게 갑자기 나타났는데 이는 죽음을 맛보지 아니하고 하늘로 들리운 선지자 엘리야가 우리 앞에 서서, 이르기를,
> 보라, 말라기의 입으로 말한 바 된 그때가 완전히 이르렀나니—그가 증거하기를, 주의 크고 두려운 날이 이르기 전에 그(엘리야)가 보내심을 받아—
> 아버지의 마음을 자녀에게로 돌이키게 하고 자녀의 마음을 아버지에게

15 고대의 유대 성전과 새로운 현대의 성전 사이에 다음과 같은 대조를 비교해 보는 것은 흥미롭다.
신성한 옛 유대 성전은 사두개인들이 운영했는데, 이들은 부활을 믿지 않았다.
새로운 현대의 성전은 죽은 사람들의 부활을 위한 대리 의식을 집행하는 신성한 건축물이다.

16 이날은 서기 1836년의 부활절 일요일이자 유월절 주의 두 번째 날이었다.

로 돌이키게 하리라. 돌이키지 아니하면 두렵건대 온 땅이 저주로 치심을 당할까 하노라 하였느니라.

그러므로 이 경륜의 시대의 열쇠들이 너희 손에 맡겨지나니, 이로써 너희가 주의 크고 두려운 날이 가까이 곧 문 앞에 이른 줄을 알 수 있으리라. (교리와 성약 110:11-16)

따라서, 아론 (레위) 및 멜기세덱 신권 이외에도 세 가지의 신권 열쇠가 예수 그리스도 후기 성도 교회에 회복된 것이다.

이 교회 성직자들의 지도력은 아론 (레위) 및 멜기세덱 신권에 따라 조직되어 있다. 제사, 교사, 집사는 아론 신권의 해당 직분에 성임된다. 대제사(지지받은 선지자와 사도 포함), 칠십인, 장로는 멜기세덱 신권의 해당 직분에 성임된다. 따라서, 성직자 지도력의 구조는 초대 교회의 조직과 비슷하며 아론(레위) 및 멜기세덱 신권과도 일치한다.

제7장

공통된 가르침의 예

◆
◆

그러므로 회개하여, 예수의 이름으로 침례를 받고, 이 기록뿐 아니라 또한 유대인들로부터 이방인들에게로 나아와서 이방인들로부터 너희에게로 나아올 기록 안에 들어있어 너희 앞에 놓이게 될 그리스도의 복음을 붙잡으라.
이는 보라, 이것은 너희로 그것을 믿게 하려는 목적으로 기록된 것인바, 만일 너희가 그것을 믿으면 너희는 이것도 믿을 것이요 너희가 이것을 믿으면 너희는 너희 조상과 또한 하나님의 권능으로 그들 가운데 역사된 기이한 일들에 관하여 알게 될 것이라.
그리고 너희는 또한 너희가 야곱 자손의 한 남은 자요, 그러므로 너희가 첫 번 성약의 백성 가운데서 헤아림을 받는 줄을 알리니, 만일 너희가 그리스도를 믿어, 우리 구주의 본을 따라 그가 우리에게 명하신 대로, 먼저 물로, 그러고 나서 불과 성신으로 침례를 받을진대, 심판의 날에 너희가 잘되리로다. 아멘. (몰몬서 7:8-10)

◆
◆

위에서 알 수 있듯이, 선지자 몰몬은 몰몬경이 기록된 목적은 요셉의 남은 자들이 성경을 믿도록 하기 위함이라고 말했다. 만일 그들이 성경을 믿으면 몰몬경도 믿을 것이며, 첫 번 성약의 백성 가운데서 헤아림을 받을 것이며, 회개하고 침례를 받아 구주의 본을 따른다면 심판의 날에 잘될 것이다.

이 장에서는 성경과 몰몬경에서 공통으로 다루는 대표적인 가르침 10가지를 토론해 본다.

1. 그리스도의 교리
2. 신앙, 소망, 온유함, 자애
3. 믿음으로 의롭다 하심을 받는 것과 행함에 따른 심판
4. 씨뿌리는 자의 비유와 씨의 비유
5. 아담의 원죄와 예수 그리스도의 속죄
6. 극적인 개종의 예
7. "먼저 된 자가 나중 되고, 나중 된 자가 먼저 된다"라는 예언
8. 경전 구절이 조목별로 서로 잘 들어맞는 한 가지 예 (요한복음 1:1-18과 제3니파이 9:15-22 참조)

9. 예수 그리스도의 제자로서의 본분
10. 몰몬경의 독특한 가르침의 예

◆ 그리스도의 교리

성경과 몰몬경은 모두 그리스도의 교리[1]를 가르친다. 교리라는 단어는 성경에서는 56번 언급되었고, 몰몬경에서는 (야곱서 머리말의 1번을 포함하여) 29번 언급되었다. 그러나, 그리스도의 교리가 무엇인지를 설명하는 구절은 단지 몇 개밖에 없다.

성경

*교리*라는 단어는 구약에서는 6번 나오고 신약에서는 50번이 나온다. 그중 14번은 사복음서에, 23번은 사도 바울의 서한에, 그리고 13번은 그 나머지에 있다.

예수께서는 그가 가르치신 것은 그의 교리가 아니고, 그를 보내신 아버지의 교리라고 하셨다.

> 이미 명절의 중간이 되어 예수께서 성전에 올라가사 가르치시니
> 유대인들이 놀랍게 여겨 이르되, 이 사람은 배우지 아니하였거늘 어떻게 글을 아느냐 하니,
> *예수께서 대답하여 이르시되, 내 교훈은 내 것이 아니요 나를 보내신 이의 것이니라.*
> *사람이 하나님의 뜻을 행하려 하면 이 교훈이 하나님께로부터 왔는지 내가 스스로 말함인지 알리라.*

---

1 메리엄-웹스터 사전은 교리를 "가르치거나 참되다고 믿는 일련의 사상 또는 신념"으로 정의하고 있다.

스스로 말하는 자는 자기 영광만 구하되 보내신 이의 영광을 구하는 자는 참되니 그 속에 불의가 없느니라. (요한복음 7:14-18, 강조체 첨가)

대부분의 경우, 성경에서는 교리의 내용이 명확하게 설명되어 있지 않다. 예를 들면, 마태와 누가는 씨뿌리는 자의 비유가 교리라고 말하지 않았지만(마태복음 13:3-9, 누가복음 8:4-8 참조), 마가는 예수께서 씨뿌리는 자의 비유를 그의 교리의 일부로 가르쳤다고 기록했다. "이에 예수께서 여러 가지를 비유로 가르치시니 그 가르치시는 중에 그들에게 이르시되" (마가복음 4:2). [역자 주: 한글 성경의 이 구절에는 교리라는 단어가 없으므로 다음의 영문 구절, 특히 밑줄 부분을 참조한다. And he taught them many things by parables, and said unto them in his doctrine.]

사도 바울은 우리가 기본 교리 이상의 생활을 함으로써 예수 그리스도처럼 온전해져야 한다고 훈계했다. 그는 이것을 설명하기 위해 어른은 어린아이처럼 우유를 마시지 않고 고기를 먹어야 한다는 비유를 사용했다.

그러므로 우리가 그리스도의 도의 초보를 버리고 죽은 행실을 회개함과 하나님께 대한 신앙과
침례들과 안수와 죽은 자의 부활과 영원한 심판에 관한 교훈의 터를 다시 닦지 말고 완전한 데로 나아갈시니라. (히브리서 6:1-2)

이 인용 구절에서 사도 바울은 교리에는 회개, 신앙, 침례, 안수, 부활, 영원한 (최후의) 심판이 포함된다고 가르치고 있다.

몰몬경

몰몬경에서 교리라는 단어는 29번 나오지만, 니파이가 니파이후서 31장에서 가르친 것과 부활하신 예수께서 제3니파이 11장에서 가르치신 것 등 두 가지의 경우에서만 그 내용을 명확하게 가르치고 있다.

<u>예수 그리스도의 교리에 대한 니파이의 가르침 (니파이후서 31)</u>

그리스도의 교리 (제2-4절 참조): 서문

그러한즉 내가 기록한 것이 내게는 족하나, 다만 *그리스도의 가르침*[역자 주: 영문 성경에는 *가르침*이 *doctrine*으로 되어 있음]에 관하여 내가 반드시 말해야 하는 몇 마디 말이 있나니, 그런즉 나는 나의 예언함의 명백함을 좇아 너희에게 명백히 말하리라. (니파이후서 31:2, 강조체 첨가)

물에 의한 침례 (제5-7절 참조)

또 이제 하나님의 어린 양이 그가 거룩하심에도, 모든 의를 이루시기 위하여 물로 침례를 받으실 필요가 있을진대, 오 그러할진대, 거룩하지 못한 우리가 참으로 물로 침례를 받을 필요가 얼마나 더 있겠느냐! (니파이후서 31:5)

성신에 의한 침례 (제8-13절 참조)

그리하여 그가 물로 침례를 받으신 후에, 성신이 비둘기의 형상으로 그의 위에 내려오셨느니라. …

그리고 또한 아들의 음성이 내게 임하여 이르시되, 나의 이름으로 침례를 받는 자, 그에게는 내게 주신 것처럼 아버지께서 성신을 주시리라. 그런즉 나를 따르며, 너희가 본바 내가 행하는 것을 행하라 하셨느니라. …

침례로써—참으로 그의 말씀대로, 너희 주 곧 너희 구주를 좇아 물에 들어감으로써 아버지께 증거할진대, 보라, *그리할진대 너희가 성신을 받을 것이라. 참으로 그리할진대 불과 성신의 침례가 임하나니*, 그때 너희는 천사의 방언으로 말하며 이스라엘의 거룩하신 자에게 찬양을 외칠 수 있느니라. (니파이후서 31:8-13, 강조체 첨가)

끝까지 견딤 (제14-17절 참조)

그러나, 보라, 나의 사랑하는 형제들아, 이같이 아들의 음성이 내게 임하여 이르시되, 너희가 너희 죄를 회개하고 기꺼이 나의 계명을 지키려 한다는 것을, 물의 침례로써 아버지께 증거하고, 불과 성신의 침례를 받고, 새 방언으로, 참으로 천사의 방언으로 말할 수 있게 된 후에, 그리고 난 연후에 나를 부인할진대, 너희가 나를 알지 못했던 것이 너희에게 더 나았으리라 하셨느니라.

또 내가 아버지로부터 한 음성을 들었나니, 이르시되 그러하도다, *내 사랑하는 자의 말이 참되고 신실하도다. 끝까지 견디는 자, 그는 구원을 얻으리라 하셨느니라.*

또 이제 나의 사랑하는 형제들아, 이로써 내가 아노니 사람이 살아 계신 하나님의 아들의 본을 따르며 끝까지 견디지 아니할진대 구원받을 수 없도다. (니파이후서 31:14-16, 강조체 첨가)

영생 (제18-20절 참조)

그런즉 너희는 소망의 완전한 밝은 빛과 하나님과 만인에 대한 사랑을 가지고, 그리스도를 믿는 굳건함을 지니고 힘써 앞으로 나아가야만 하느니라. 그런즉 만일 너희가 힘써 앞으로 나아가되 그리스도의 말씀을 흡족히 취하며 끝까지 견딜진대, 보라, 이같이 아버지께서 말씀하시되 너희가 영생을 얻으리라 하시느니라. (니파이후서 31:20, 강조체 첨가)

그리스도의 교리 (제21절 참조): 맺음말

또 이제, 보라, 나의 사랑하는 형제들아, 이것이 길이니, 사람이 하나님의 나라에서 구원받을 수 있는 길이나 이름이 하늘 아래 달리 주어지지 아니하였느니라. 또 이제, 보라, 이것은 그리스도의 교리[doctrine]요, 한 하나님이시요 끝이 없으신 아버지와 아들과 성신의 유일하고 참된 교리니라. 아멘. (니파이후서 31:21, 영문 일부 첨가)

니파이는 단순히 그리스도의 교리에는 (겸손히 회개한 후) 물에 의한 침례, 성신에 의한 침례, 끝까지 견딤, 영생을 얻기 위해 성신의 권능으로 생활하는 것 등이 포함된다는 것을 가르쳤다. 그는 또한 사람이 그리스도의 교리를 따른다면 성신께서 그의 삶을 인도해 주실 것이라고 가르쳤다.

부활하신 예수 그리스도께서 그의 교리를 가르치심 (제3니파이 11장)

예수께서는 삼 일간 니파이인들을 방문하시는 동안 그의 교리에 관하여 다음과 같이 가르치셨다.

> 보라, 진실로 진실로 내가 너희에게 이르노니, 내가 너희에게 나의 교리를 선포하리로다.
> *또 이것이 나의 교리요, 이는 아버지께서 내게 주신 교리라*, 내가 아버지를 증거하고, 아버지는 나를 증거하시며, 성신은 아버지와 나를 증거하시나니, 나는 아버지께서 모든 사람에게 어디에 있든지 회개하고 나를 믿을 것을 명하심을 증거하노라.
> *또 누구든지 나를 믿고 침례를 받는 자, 그는 구원을 얻으리니, …*
> *아버지께서 불과 성신으로 그를 방문하실 것임이라.*
> 또 이와 같이 아버지께서는 나를 증거하시고, 성신은 그에게 아버지와 나를 증거하시리니, 아버지와 나와 성신은 하나임이니라.
> 또 거듭 내가 너희에게 이르노니, 너희는 반드시 *회개*하고, *어린아이*와 같이 되어, *나의 이름으로 침례를 받아야* 하나니, 그렇지 않고서는 너희가 결단코 이러한 것들을 받을 수 없느니라. …
> *…이는 나의 교리라, 누구든지 이 위에 세우는 자는 나의 반석 위에 세우는 자니, 지옥의 문이 그들을 이기지 못할 것이라.* (제3니파이 11:31-39, 강조체 첨가)

예수 그리스도께서는 니파이인들에게 하나님의 왕국을 기업으로 받으려면 어린아이와 같이 겸손하게 되고, 그리스도에 대한 신앙을 가지고 죄를 회개하며, 물과 성신으로 침례를 받아야 한다고 가르치셨다. 그는 이러한 방식의 삶이 우리를 그의 반석 위에 세우는 것이라고 하셨다. 그는 아버지와 자신과 성신은 이 일에 있어서 함께 하나이심을 확인하셨다.

부활하신 예수 그리스도께서는 또한 니파이인들에게 그의 복음을 다음과 같은 정의와 훈계로써 가르치셨다.

> 보라 내가 내 복음을 너희에게 주었노니, *이것이* 내가 너희에게 준 *복음이니라*—곧 내 아버지께서 나를 보내시므로 내 아버지의 뜻을 행하려고 내가 세상에 왔느니라. …
> 진실로 진실로 내가 너희에게 이르노니 *이것이 나의 복음이니라*. 또 너희는 나의 교회 안에서 너희가 행하여야 할 일을 알고 있나니, 이는 너희가 본바 나의 하는 일 그것을 너희도 하여야 할 것임이니라. 이는 너희가 본바 나의 행하는 것, 곧 그것을 너희가 행하여야 할 것임이니라. (제3니파이 27:13-21, 강조체 첨가)

이와 같이, 니파이인들은 교리의 정의와 그리스도의 복음에 대하여 유대-기독교인들이 성경을 통하여 가르침을 받은 것보다도 훨씬 더 명백하고 분명하게 가르침을 받았다.

◆ 신앙, 소망, 온유, 자애 (또는 사랑)

예수 그리스도께서는 자애와 사랑의 중요성에 대하여 매우 분명하게 가르치셨다. 성경과 몰몬경은 모두 이 주제에 관하여 매우 영감 받은 가르침을 제공하고 있다. 그렇지만, 성경에서는 사도 바울이 신앙, 소망, 사랑에 대하여 가르친 반면, 몰몬경에서는 선지자 몰몬이 신앙, 소망, 온유함, 사랑에 대하여 가르쳤다.

성경

예수님의 가르침

공관 복음서의 저자들은 예수께서 가르치신 하나님과 이웃에 대한 자애와 사랑을 조금 다르게 기록했다. 마태는 예수 그리스도께서 주신 두 가지의 가장 큰 계명을 다음과 같이 간결하게 기록했다.

그중의 한 율법사가 예수를 시험하여 묻되,
선생님 율법 중에서 어느 계명이 크니이까?
예수께서 이르시되, 네 마음을 다하고 목숨을 다하고 뜻을 다하여 주 너의 하나님을 사랑하라 하셨으니
이것이 크고 첫째 되는 계명이요,
둘째도 그와 같으니 네 이웃을 너 자신 같이 사랑하라 하셨으니
이 두 계명이 온 율법과 선지자의 강령이니라. (마태복음 22:35-40)

이러한 마태의 기록에 마가는 예수님의 그러한 가르침에 대하여 어떤 서기관이 (그는 경전을 잘 알고 있었으므로) 다음과 같이 응답하며 확인한 것을 추가했다 "선생님이여 옳소이다. 하나님은 한 분이시요 그 외에 다른 이가 없다 하신 말씀이 참이니이다. 또 마음을 다하고 지혜를 다하고 힘을 다하여 하나님을 사랑하는 것과 또 이웃을 자기 자신과 같이 사랑하는 것이 전체로 드리는 모든 번제물과 기타 제물보다 나으니이다." (마가복음 12:32-33) 그렇지만 누가는 그 질문을 한 율법사가 자기를 옳게 보이려고 예수께 누가 그의 이웃인지 여쭈었다고 기록했다(누가복음 10:29 참조). 이에 대한 대답으로 예수께서는 선한 사마리아인의 비유[2]를 가르치셨다.

---

2 선한 사마리아인의 비유: "예수께서 대답하여 이르시되, 어떤 사람이 예루살렘에서 여리고로 내려가다가 강도를 만나매 강도들이 그 옷을 벗기고 때려, 거의 죽은 것을 버리고 갔더라. 마침 한 제사장이 그 길로 내려가다가 그를 보고 피하여 지나가고 또 이와 같이 한 레위인도 그곳에 이르러 그를 보고 피하여 지나가되, 어떤 사마리아 사람은 여행하는 중 거기 이르러 그를 보고 불쌍히 여겨, 가까이 가서 기름과 포도주를 그 상처에 붓고 싸매고 자기 짐승에 태워 주막으로 데리고 가서 돌보아 주니라. 그 이튿날 그가 주막 주인에게 데나리온 둘을 내어 주며 이르되, 이 사람을 돌보아 주라. 비용이 더 들면 내가 돌아올 때에 갚으리라 하였으니, 네 생각에는 이 세 사람 중에 누가 강도 만난 자의 이웃이 되겠느냐 이르되, 자비를 베푼 자니이다. 예수께서 이르시되, 가서 너도 이와 같이 하라 하시니라." (누가복음 10:30-37)

모세와 여호수아의 가르침

모세의 율법은 하나님과 이웃을 사랑하라는 똑같은 교훈과 계명을 가르쳤으며, 바리새인과 서기관들은 이에 대한 예수님의 말씀을 잘 알고 있었을 것이다(레위기 19:18, 신명기 6:5-6, 10:12-13, 11:1, 30:16, 20, 여호수아 22:5 참조)[3]. 예수께서는 유대인 지도자들에게 그들이 이미 매우 잘 알고 있었던 모세의 율법의 일부분을 근본적으로 다시 가르치셨다.

사도 바울의 가르침

사도 바울은 고린도인에게 보내는 서한에서 신앙, 소망, 사랑 (또는 자애)의 세 가지 속성을 심오하고도 영감 어린 방법으로 서로 관련지어 설명하였으며 이 구절은 기독교인들이 가장 많이 인용하며 가장 영향력 있는 구절들 중 하나가 되었다.

> 내가 사람의 방언과 천사의 말을 할지라도 *사랑*이 없으면 소리 나는 구리와 울리는 꽹과리가 되고,
> 내가 예언하는 능력이 있어 모든 비밀과 모든 지식을 알고 또 산을 옮길 만한 모든 믿음이 있을지라도 *사랑*이 없으면 내가 아무것도 아니요,

---

3 "원수를 갚지 말며 동포를 원망하지 말며 네 이웃 사랑하기를 너 자신과 같이 사랑하라. 나는 여호와이니라" (레위기 19:18)
"너는 마음을 다하고 뜻을 다하고 힘을 다하여 네 하나님 여호와를 사랑하라. 오늘 내가 네게 명하는 이 말씀을 너는 마음에 새기고" (신명기 6:5–6)
"이스라엘아, 네 하나님 여호와께서 네게 요구하시는 것이 무엇이냐? 곧 네 하나님 여호와를 경외하여 그의 모든 도를 행하고 그를 사랑하며 마음을 다하고 뜻을 다하여 네 하나님 여호와를 섬기고, 내가 오늘 네 행복을 위하여 네게 명하는 여호와의 명령과 규례를 지킬 것이 아니냐" (신명기 10:12–13)
"그런즉 네 하나님 여호와를 사랑하여 그가 주신 책무와 법도와 규례와 명령을 항상 지키라" (신명기 11:1)
"곧 내가 오늘 네게 명령하여 네 하나님 여호와를 사랑하고 그 모든 길로 행하며 그의 명령과 규례와 법도를 지키라 하는 것이라. 그리하면 네가 생존하며 번성할 것이요 또 네 하나님 여호와께서 네가 가서 차지할 땅에서 네게 복을 주실 것임이니라. …네 하나님 여호와를 사랑하고 그의 말씀을 청종하며 또 그를 의지하라. 그는 네 생명이시요 네 장수이시니 여호와께서 네 조상 아브라함과 이삭과 야곱에게 주리라고 맹세하신 땅에 네가 거주하리라" (신명기 30:16, 20)
"오직 여호와의 종 모세가 너희에게 명령한 명령과 율법을 반드시 행하여 너희의 하나님 여호와를 사랑하고 그의 모든 길로 행하며, 그의 계명을 지켜 그에게 친근히 하고 너희의 마음을 다하며 성품을 다하여 그를 섬길지니라 하고" (여호수아 22:5)

> 내가 내게 있는 모든 것으로 구제하고 또 내 몸을 불사르게 내줄지라도 *사랑*이 없으면 내게 아무 유익이 없느니라.
> *사랑*은 오래 참고 사랑은 온유하며, 시기하지 아니하며, 사랑은 자랑하지 아니하며, 교만하지 아니하며,
> 무례히 행하지 아니하며, 자기의 유익을 구하지 아니하며, 성내지 아니하며, 악한 것을 생각하지 아니하며,
> 불의를 기뻐하지 아니하며, 진리와 함께 기뻐하고
> 모든 것을 참으며, 모든 것을 믿으며, 모든 것을 바라며, 모든 것을 견디느니라.
> 사랑은 언제까지나 떨어지지 아니하되, 예언도 폐하고 방언도 그치고 지식도 폐하리라.
> 우리는 부분적으로 알고 부분적으로 예언하니
> 온전한 것이 올 때에는 부분적으로 하던 것이 폐하리라.
> 내가 어렸을 때에는 말하는 것이 어린아이와 같고, 깨닫는 것이 어린아이와 같고, 생각하는 것이 어린아이와 같다가 장성한 사람이 되어서는 어린아이의 일을 버렸노라.
> 우리가 지금은 거울로 보는 것같이 희미하나 그때는 얼굴과 얼굴을 대하여 볼 것이요, 지금은 내가 부분적으로 아나 그때는 주께서 나를 아신 것같이 내가 온전히 알리라.
> 그런즉 *믿음, 소망, 사랑*, 이 세 가지는 항상 있을 것인데 그중의 제일은 *사랑*이라. (고린도전서 13:1-13, 강조체 첨가)

전부는 아닐지라도 대부분의 기독교인들에게 신약의 산상수훈, 예수께서 가르치신 두 가지의 큰 계명, 그리고 자애(또는 사랑)에 관한 사도 바울의 강론은 진정한 기독교인의 삶을 사는 데 가장 많은 영감을 주는 지침일 것이다.

몰몬경

몰몬, 앨마, 모로나이는 자애에 관하여 가르쳤다.

몰몬의 가르침

모로나이는 신앙, 소망, 온유함, 사랑(또는 자애)에 관한 그의 부친 몰몬의 가르침을 다음과 같이 기록했다.

> 이는 그리스도의 말씀에 따를진대, 그의 이름을 *믿지* 아니하고는 아무도 구원받지 못할 것임이니, 그러므로 만일 이러한 일들이 그쳤다면, 그러면 *신앙*이 또한 그친 것이요, 이에 사람의 상태가 참담하리니, 이는 그들이 마치 구속이 이루어지지 아니하였던 것과 같음이라.
>
> 그러나 보라, 나의 사랑하는 형제들아, 나는 너희가 더 나은 줄로 판단하노니, 이는 너희의 *온유함*으로 인하여 너희가 그리스도를 *믿는* 줄로 내가 판단함이라. 이는 만일 너희가 그를 믿지 아니하면 너희는 그의 교회의 백성 가운데 헤아림을 받기에 합당하지 아니함이니라.
>
> 그리고 또 나의 사랑하는 형제들아, 내가 *소망*에 관하여 너희에게 말하고자 하노라. 너희가 소망을 갖지 아니하고 어찌 *신앙*에 이를 수 있느냐? 또 너희가 바라야 할 바는 무엇이냐? 보라, 내가 너희에게 이르노니 너희는 그리스도의 속죄와 그의 부활의 능력을 통하여 영생으로 일으키심을 받으리라는 소망을 가져야 할지니, 이는 약속대로 그를 믿는 너희의 *신앙*으로 인한 것이니라.
>
> 그런즉 사람이 *신앙*을 가지려면 반드시 *소망*을 가져야만 하나니, 이는 *신앙* 없이는 아무 *소망*도 있을 수 없음이라.
>
> 그리고 또 보라, 내가 너희에게 이르거니와 그가 *온유*하며 마음이 *겸손*하게 되지 아니하고는 *신앙*과 *소망*을 가질 수 없느니라.
>
> 만일 그러하면 그의 *신앙*과 *소망*은 헛것이라. 이는 *온유*하며 *마음이 겸손*한 자가 아니면 아무도 하나님 앞에 받아들여지지 아니함이라. 또 만일 사람이 *온유*하고 *마음이 겸손*하여 예수가 그리스도이심을 성신의

권능으로 시인하려면, 그는 반드시 *사랑*을 가져야만 하나니, 이는 만일 그에게 *사랑*이 없으면 그가 아무것도 아님이라. 그런즉 그는 반드시 *사랑*을 가져야만 하느니라.

그리고 *사랑*은 오래 참고, 친절하며, 시기하지 아니하며, 교만하지 아니하며, 자기의 것을 구하지 아니하며, 쉽게 성내지 아니하며 악한 것을 생각하지 아니하며, 불의를 기뻐하지 아니하고, 진리를 기뻐하며 모든 것을 참으며 모든 것을 믿으며 모든 것을 바라며 모든 것을 견디느니라.

그런즉 나의 사랑하는 형제들아, 만일 너희에게 *사랑*이 없으면, 너희는 아무것도 아니니, 이는 *사랑*은 언제까지나 시들지 아니함이라. 그런즉 모든 것 중에 으뜸이 되는 *사랑*을 붙들라. 이는 모든 것이 반드시 시들되—

이 *사랑*은 *그리스도*의 *순수한 사*랑이라, 영원히 견딤이요, 누구든지 마지막 날에 이를 지닌 것으로 드러나는 자는 잘될 것임이니라.

그런즉 내 사랑하는 형제들아, 마음의 힘을 다해 아버지께 기도하여, 그의 아들 예수 그리스도를 참되게 따르는 자 모두에게 내려주신 이 *사랑*으로 충만하게 되며, 너희가 하나님의 아들이 되며, 그가 나타나실 때에 그가 계신 그대로 우리가 그를 볼 것인즉, 우리가 그와 같이 되게 하며, 우리로 이 *소망*을 갖게 하며, 그가 순결하신 것같이 우리가 순결하게 되게 할지어다. 아멘. (모로나이서 7:38-48, 강조체 첨가)

몰몬은 신앙, 소망, 사랑에 "온유함과 겸손한 마음"을 추가했으며, 소망은 그리스도의 속죄와 그의 부활의 능력과 영생으로 일으키심을 받는 것을 바라는 것이라고 자세히 설명했다(제41절 참조). 사람이 신앙, 소망, 온유함, 겸손한 마음을 갖고 예수님이 그리스도이심을 성신의 권능으로 시인하려면 그는 반드시 사랑을 가져야만 한다(제44절 참조). 그는 사랑을 사도 바울과 똑같이 정의했다(제45절 참조).

사도 바울이 신앙, 소망, 사랑의 중요성을 가르친 반면, 몰몬은 신앙, 소망, 온유함, 사랑을 그리스도, 부활 및 속죄, 성신의 권능과 연관시켰다.

따라서, 니파이인들은 사랑(또는 자애)은 그리스도를 믿는 신앙, 그리스도를 통한 소망, 성신과 함께하기 위한 겸손한 마음을 요구한다는 가르침을 받았다. 사랑은 그리스도와 성신과 밀접하게 연관되어 있다고 몰몬은 가르쳤다. 바울과 몰몬의 강론은 아래의 도표와 같이 설명할 수 있다.

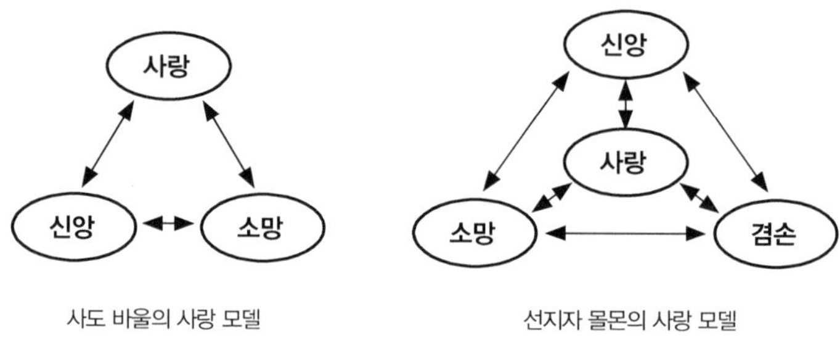

사도 바울의 사랑 모델

선지자 몰몬의 사랑 모델

앨마의 가르침

앨마 또한 신앙, 소망, 사랑을 선행과 관련하여 가르쳤다.

> 또 이제 나는 너희가 겸손하며, 유순하고 온화하며, 쉽게 권함을 받으며, 인내와 오래 참음이 가득하며, 모든 일에 절제하며, 어느 때에나 하나님의 계명을 지키기에 부지런하며, 영적인 것이나 현세적인 것이나 너희에게 필요한 것을 무엇이든지 구하며, 너희가 받는 것이 무엇이든지 그에 대하여 항상 하나님께 감사를 돌리기를 원하노라.
> 또 돌아보아 너희에게 *신앙과 소망과 사랑이 있게 할지니, 그리하면 너희가 항상 선행이 넘치게 되리라.* (앨마서 7:23-24, 강조체 첨가)

이것은 사도 야고보의 가르침인 "이와 같이 행함이 없는 믿음은 그 자체가 죽은 것이라"(야고보서 2:17)와 같은 종류의 가르침이다. 따라서, 선행은 신앙, 소망, 사랑과 함께 필수적으로 수반되어야 하는 것이다. 즉,

우리는 선행을 통하여 신앙, 소망, 사랑을 나타낸다.

모로나이의 가르침

모로나이도 다음과 같은 주님의 말씀을 인용했다. "보라, 내가 이방인들에게 그들의 연약함을 보일 것이요, 또 그들에게 신앙, 소망 그리고 사랑이 나, 곧 모든 의의 근원인 내게로 인도함을 보이리라 하시니라." (이더서 12:28)

성경과 몰몬경의 사랑에 대한 가르침의 종합

성경과 몰몬경에서 가르치는 자애와 사랑을 모두 종합해 보면 가장 큰 두 가지의 계명은 하나님의 사랑과 이웃의 사랑인 것으로 결론지을 수 있다.

우리가 예수 그리스도의 속죄와 부활에 대한 소망을 품고, 선행을 통하여 나타나는 하나님과 이웃에 대한 사랑을 지니면, 우리는 신앙과 온유함으로 예수 그리스도를 성신의 권능으로 시인하며 주님의 모든 의의 근원으로 살아갈 수 있다.

◆ "믿음으로 의롭다 하심을 받음"과 "행위에 따른 심판"

예수 그리스도께서는 서기관들과 바리새인들에게 심판, 자비, 신앙은 율법의 더 중한 바라고 가르치셨다(마태복음 23:23 참조). 성경과 몰몬경에서 다루는 이 세 가지의 더 중한 바에 대한 가르침에서, *심판*이란 말은 *공의* 또는 *의롭다고 하다*와 밀접한 관련이 있고, *자비*는 *은혜*와 밀접한 관련이 있으며, *신앙*은 *행함* 또는 *행위*와 밀접한 관련이 있다. 이러한 말들을 종합해 보면, *신앙으로 심판받음* 또는 *행함으로 의롭게 됨*이란 가르침은 없지만, *신앙으로 의롭게 됨, 행위에 따라 심판 받음, 공의와 자비*에 관한 가르침은 많이 있다.

성경

사도 바울의 14개의 서한[4]은 신약 성서의 약 30퍼센트 분량에 해당한다. 여기에 사도행전 16장부터 끝(28장)까지 수록된 그의 전도 여행 기록을 포함시키고 사복음서의 중복된 기록을 합쳐서 계산하면, 신약 성서의 약 40퍼센트 정도는 사도 바울에 관한 또는 그가 쓴 기록이다. 결과적으로, 신약에서는 다른 이들의 가르침에 비하여 바울의 가르침(다시 말하면, 바울의 교리)이 확실히 주를 이루고 있다. 예를 들면, 바울은 신앙의 중요성을 크게 강조하여 가르쳤다. 신약에는 신앙이란 단어가 245번이 나온다. 이 중에서 70퍼센트(171번)는 바울의 서한(주로 로마서 3-4장, 갈라디아서 2-3장, 히브리서 11장)에 나온다. 흥미롭게도, 사복음서에는 신앙이란 단어가 29번밖에 나오지 않고 요한복음에는 단 한 번도 나오지 않지만, 히브리서에는 11장에만 24번이 나온다.

바울은 또한 이방인 개종자들은 할례받을 필요가 없음과 연계하여 신앙 또는 은혜로 의롭게 되는 것의 중요성을 가르쳤다. 그는 베드로를 포함하여 히브리 (또는 유대) 기독교인들에게 가르치기를, 이방인들은 예수 그리스도를 받아들이기 위해 할례(다시 말하면, 행함)가 필요하지 않다고 했다.

다음은 로마서와 갈라디아서에 수록된 바울의 설교 중 일부를 발췌한 것이다.

로마서 3:27-31

그런즉 자랑할 데가 어디냐 있을 수가 없느니라. 무슨 법으로냐 행위로냐 아니라. 오직 믿음의 법으로니라.

---

4 어떤 학자들은 히브리서가 바울의 서한이 아니며, 따라서 신약에 수록된 바울의 서한은 13개라고 주장한다.

그러므로 사람이 의롭다 하심을 얻는 것은 율법의 행위에 있지 않고 믿음으로 되는 줄 우리가 인정하노라.
하나님은 다만 유대인의 하나님이시냐 또한 이방인의 하나님은 아니시냐? 진실로 이방인의 하나님도 되시느니라.
할례자도 믿음으로 말미암아 또한 무할례자도 믿음으로 말미암아 의롭다 하실 하나님은 한 분이시니라.
그런즉 우리가 믿음으로 말미암아 율법을 파기하느냐 그럴 수 없느니라. 도리어 *율법을 굳게 세우느니라.* (강조체 첨가)

로마서 4:5 및 5:1
"*일을 아니할지라도 경건하지 아니한 자를 의롭다 하시는 이를 믿는 자에게는 그의 믿음을 의로 여기시나니,*" (강조체 첨가)

"그러므로 우리가 *믿음으로 의롭다 하심을 받았으니* 우리 주 예수 그리스도로 말미암아 하나님과 화평을 누리자." (강조체 첨가)

갈라디아서 2:16
사람이 의롭게 되는 것은 율법의 행위로 말미암음이 아니요, 오직 예수 그리스도를 믿음으로 말미암는 줄 앎으로 우리도 그리스도 예수를 믿나니, 이는 우리가 율법의 행위로써가 아니고 그리스도를 믿음으로써 의롭다 함을 얻으려 함이라. 율법의 행위로써는 의롭다 함을 얻을 육체가 없느니라.

갈라디아서 3:8-24
또 하나님이 이방을 믿음으로 말미암아 의로 정하실 것을 성경이 미리 알고 먼저 아브라함에게 복음을 전하되, 모든 이방인이 너로 말미암아 복을 받으리라 하였느니라. …
또 *하나님 앞에서 아무도 율법으로 말미암아 의롭게 되지 못할 것이 분*

> *명하니 이는 의인은 믿음으로 살리라 하였음이라.*
> 율법은 믿음에서 난 것이 아니니 율법을 행하는 자는 그 가운데서 살리라 하였느니라.
> 이같이 율법이 우리를 그리스도께로 인도하는 초등교사가 되어 *우리로 하여금 믿음으로 말미암아 의롭다* 함을 얻게 하려 함이라. (강조체 첨가)

신약에 "사람은 믿음만으로 구원받을 수 있다"라는 교리는 없지만[5], 사도 바울은 "죽은 행실"(히브리서 6:1, 9:14) 또는 "믿음으로 말미암아 의롭게 됨"(로마서 1:17, 3:28-30, 갈라디아서 2:16) 등과 같은 말을 함으로써 행함보다는 믿음의 중요성을 특히 강조했다. 이로 인하여 마틴 루터[6]와 같은 신학자들은 이른바 *sola fide*("믿음만으로")를 가르치게 되었다. 이와는 대조적으로, 요한복음에서는 믿음이란 단어를 찾아볼 수 없다. 예수 그리스도께서는 "인자가 아버지의 영광으로 그 천사들과 함께 오리니 그때 각 사람이 행한 대로 갚으리라"(마태복음 16:27)라고 가르치셨고, 사도 베드로는 "각 사람의 행위대로 심판하시는 이를 너희가 아버지라 부른즉"(베드로전서 1:17)이라고 가르쳤으며, 사도 요한은 "자기의 행위대로 심판을 받고"(요한계시록 20:12-13)라고 가르쳤고, 사도 야고보는 다음과 같이 "행함이 없는 믿음은 죽은 것"이라고 가르쳤다.

> 이와 같이 *행함이 없는 믿음은 그 자체가 죽은 것이라.*
> 어떤 사람은 말하기를, 너는 믿음이 있고 나는 행함이 있으니 행함이 없는 네 믿음을 내게 보이라. *나는 행함으로 내 믿음을 네게 보이리라* 하리라.

---

5 가장 근접한 말씀은 "하나님의 의가 나타나서 믿음으로 믿음에 이르게 하나니, 의인은 믿음으로 말미암아 살리라 고 가르치셨느니라"(로마서 1:17)일 것이다.

6 http://www.iclnet.org/pub/resources/text/wittenberg/luther/luther-faith.txt의 예를 참조한다.

> 네가 하나님은 한 분이신 줄을 믿느냐? 잘하는도다. 귀신들도 믿고 떠느니라.
> 아아 허탄한 사람아, 행함이 없는 믿음이 헛것인 줄을 알고자 하느냐?
> 우리 조상 아브라함이 그 아들 이삭을 제단에 바칠 때에 행함으로 의롭다 하심을 받은 것이 아니냐?
> 네가 보거니와 *믿음이 그의 행함과 함께 일하고 행함으로 믿음이 온전하게 되었느니라.*
> 이에 성경에 이른바 아브라함이 하나님을 믿으니 이것을 의로 여기셨다는 말씀이 이루어졌고, 그는 하나님의 벗이라 칭함을 받았나니
> 이로 보건대, *사람이 행함으로 의롭다 하심을 받고 믿음으로만은 아니니라.* (야고보서 2:17-24, 강조체 첨가)

이와 같이, 바울은 행실로써 주로 할례를 언급한 것 같지만, 요한과 야고보의 가르침은 바울의 가르침과는 모순되는 것 같다. 즉, 행함으로 의롭게 되는 것인지 아니면 믿음으로 의롭다 하심을 받게 되는 것인지가 관건이다.

흥미롭게도, 신약에는 자비라는 말이 64번[7] 나오고 그중 절반은 바울의 서한에서 나오지만, 공의라는 말은 찾아볼 수가 없다. 따라서 신약에서 행함과 공의보다는 믿음과 자비에 대하여 특히 강조한 것이 sola fide(믿음만으로)와 같은 신학적 개념을 전개하는 데 기여했을 것이다.

몰몬경

몰몬경에는 *믿음으로 의롭다 하심을 받음*이란 말이 없다. 그러나, 부활하신 예수 그리스도뿐만 아니라 많은 선지자들은 *행위에 따라 심판받게*

---

7 구약에는 자비라는 말이 258번 나오고 공의라는 말은 28번 나온다. 자비를 가리키는 표현의 대부분은 증거궤 위의 속죄소와 관련이 있다(출애굽기 25장, 레위기 16장 참조). 시편의 저자는 "자비는 영원히 견디느니라"라는 말을 30번이나 했다. 믿음이란 단어는 단지 두 번만 나온다(신명기 32:20, 하박국 2:4).

*됨*을 가르쳤다.

니파이

"참으로 그들은 사망과 지옥으로써 붙잡힌 바 되었나니, 사망과 지옥과 악마와 이로써 붙잡힌 바 된 모든 자는, 하나님의 보좌 앞에 서서 *그들의 행위에 따라 심판을 받아야 하며*" (니파이후서 28:23, 강조체 첨가)

"내가 세상을 심판하되, 기록된 것에 의하여 각 사람을 *그들의 행위대로 심판할 것임이니라.*" (니파이후서 29:11, 강조체 첨가)

베냐민 왕

"…그로 말미암아 그들이 *심판을 받되*, 그 행위가 선하든지, 또는 그 행위가 악하든지, *각 사람은 자기의 행위대로 심판을 받을 것이라.*" (모사이야서 3:24, 강조체 첨가)

아빈아다이

"…그 행위가 선하든지 혹은 그 행위가 악하든지 *그들의 행위에 따라 그에게 심판을 받으리니*" (모사이야서 16:10, 강조체 첨가)

앨마와 앰율레크

"…보라, 모두가 죽은 자 가운데서 일어나 하나님 앞에 서서, *그 행위에 따라 심판받*을 날이 옴이니라." (앨마서 11:41, 강조체 첨가)

"…아들 그리스도와 아버지 하나님과 성령의 심판대 앞에 인도되어 심문을 받고, 그 행위가 선하든지 그 행위가 악하든지 *그 행위대로 심판을 받게 되리라.*" (앨마서 11:44, 강조체 첨가)

"앰율레크가 죽음과 이 죽어야 하는 것에서 죽지 아니하는 상태로 일으킴을 받는 것과 하나님의 심판대 앞으로 인도되어 *우리의 행위에 따라 심판받는 것*에 대하여" (앨마서 12:12, 강조체 첨가. 또한 앨마서 12:8 참조)

"이제 이 일에 대해서는 너희가 판단해야 하거니와…*각 사람에게는 그 행위대로 되리라.*" (앨마서 32:20, 강조체 첨가)
"…모든 사람이 그의 앞에 서서 *마지막 심판 날에 그들의 행위에 따라 심판을 받으리라.*" (앨마서 33:22, 강조체 첨가)
"…하나님 앞에 서서 *그들의 행위에 따라 심판을 받게 될* 때까지 이르리라." (앨마서 40:21, 강조체 첨가)
"또 *사람들이 그 행위대로 심판받게 되는* 것과…하나님의 공의에 있어 불가결한 것이니라." (앨마서 41:3, 강조체 첨가)
"…이같이 그들이 그의 면전으로 회복되어, *그들의 행위대로* 율법과 공의에 따라 *심판받게 되느니라.*" (앨마서 42:23, 강조체 첨가)

부활하신 예수 그리스도
"…그러므로 아버지의 권능을 좇아 내가 모든 사람을 내게로 이끌어 *그들의 행위에 따라 심판받게* 하리라." (제3니파이 27:15, 강조체 첨가)

몰몬
"…예루살렘 땅에서 예수께서 택하사 그의 제자로 삼으신 열둘에게 *너희의 행위대로 심판을 받을* 너희 이스라엘의 열두 지파를…" (몰몬서 3:18, 강조체 첨가)
"…너희는 *너희의 행위에 따라 심판받기 위하여* 반드시 그리스도의 심판대 앞에 설 것이요…" (몰몬서 6:21, 강조체 첨가)

모로나이
"이는 보라, *성급하게 판단하는 자는 도로 성급하게 판단을 받을 것임이니, 이는 저의 행위를 따라* 저의 삯이 있을 것임이라. 그러므로 치는 자는 주께로 말미암아 도로 침을 입으리로다." (몰몬서 8:19, 강조체 첨가)

따라서, 신약에서는 행위에 대한 가르침이 믿음에 대한 바울의 가르침에 가려져 있는 반면, 몰몬경에서는 위의 인용 구절들을 통해서 볼 때 많은 선지자들이 "행위에 따라 심판을 받게 되는" 신학적 이론을 가르쳤음을 알 수 있다.

신약과는 달리, 몰몬경에서는 자비와 공의에 관한 가르침이 더 잘 균형을 이루고 있다. 자비라는 단어는 102번 나오고, 공의는 70번이 나온다[8]. 자비와 공의의 관계에 대한 주목할 만한 강론은 앨마가 그의 아들 코리앤톤에게 준 것이다.

> 그러므로 공의를 좇아 이 시험의 상태, 참으로 이 예비적 상태에서 사람들이 회개하는 조건 위에서가 아니고는 구속의 계획이 이루어질 수 없었나니, 이는 이러한 조건이 아니고는 공의의 일을 폐함이 없이 자비가 효력을 가질 수 없었음이니라. 이제 공의의 일은 폐하여질 수 없으리니, 만일 그러하면 하나님은 하나님이시기를 그치시리라.
> 또 이리하여 우리는 모든 인류가 타락하였고, 그들이 공의, 곧 하나님의 공의에 붙잡혀 있었음을 알게 되나니, 하나님의 공의는 그들을 영원히 그의 면전에서 끊어지게 하였느니라.
> 이에 이제 속죄가 행하여지지 않고서는 자비의 계획이 이루어질 수 없었던지라, 그러므로 자비의 계획을 이루시기 위하여, 공의의 요구를 충족시키기 위하여 하나님이 친히 세상의 죄를 위하여 속죄하시나니, 이는 하나님이 완전하신 공의로우신 하나님이시자, 또한 자비로우신 하나님이시고자 함이라. (앨마서 42:13-15)

> 그러나 율법이 주어져 있고, 형벌이 부가되었으며, 회개가 주어졌나니, 이 회개를 자비가 주장하는 것이라. 그렇지 아니하면 공의가 피조물을 주장하며 율법을 집행하나니, 율법은 형벌을 가하느니라. 만일 그렇지

8 교리와 성약에서도 자비(102번)가 공의(12번)보다 더 많이 나온다.

아니하면 공의의 일은 폐하여질 것이요, 하나님은 하나님이시기를 그치시리라.
그러나 하나님은 하나님이시기를 그치지 아니하시나니, 자비는 뉘우치는 자를 주장하며, 자비는 속죄로 말미암아 오느니라. 또 속죄는 죽은 자의 부활을 가져오며, 죽은 자의 부활은 사람들을 하나님의 면전으로 다시 데려가나니, 이같이 그들이 그의 면전으로 회복되어, 그들의 행위대로 율법과 공의에 따라 심판받게 되느니라.
이는 보라, 공의는 그 모든 요구를 행사하며, 자비 또한 그 스스로의 것을 다 주장함이니, 이리하여 오직 진실로 뉘우치는 자만이 구원을 받느니라.
무엇으로 너는 자비가 공의를 앗아갈 수 있다고 생각하느냐? 내가 네게 이르노니, 아니라. 조금도 그럴 수 없느니라. 만일 그렇다면, 하나님은 하나님이시기를 그치시리라. (앨마서 42:22-25)

앨마는 그의 강론에서 자비와 공의의 교리를 회개 및 속죄와 결부시켜 가르치면서 자비가 공의를 앗아갈 수는 없지만, 죄인은 회개와 그리스도의 속죄를 통하여 자비의 필요와 공의의 요구를 모두 충족시키는 방법이 있다고 가르쳤다.

◆ 씨뿌리는 자의 비유와 씨의 비유

예수께서는 유대인들에게 복음을 받아들이는 네 가지의 다른 경우를 씨뿌리는 자의 비유를 들어 가르치셨다. 선지자 앨마는 예수께서 가르치신 이 네 가지의 경우 중, 복음이 백 배, 육십 배, 혹은 삼십 배의 수확을 가져올 수 있는 훌륭하게 성장하는 환경에 대하여 자세히 설명했다.

<u>성경</u>
예수께서는 유대인들에게 씨뿌리는 자의 비유를 가르치셨다.

> 예수께서 비유로 여러 가지를 그들에게 말씀하여 이르시되, 씨를 뿌리는 자가 뿌리러 나가서
> 뿌릴새, 더러는 길가에 떨어지매 새들이 와서 먹어버렸고,
> 더러는 흙이 얕은 돌밭에 떨어지매 흙이 깊지 아니하므로 곧 싹이 나오나
> 해가 돋은 후에 타서 뿌리가 없으므로 말랐고,
> 더러는 가시떨기 위에 떨어지매 가시가 자라서 기운을 막았고,
> *더러는 좋은 땅에 떨어지매 어떤 것은 백 배, 어떤 것은 육십 배, 어떤 것은 삼십 배의 결실을 하였느니라.*
> 귀 있는 자는 들으라 하시니라. (마태복음 13:3-9, 강조체 첨가. 또한 마가복음 4:14-20, 누가복음 8:4-8 참조)

예수께서는 이어서 이 비유에 나오는 네 가지의 다른 환경에 대한 뜻을 묻는 제자들의 질문에 답하셨다(누가복음 8:9–15 참조).

<u>몰몬경</u>
선지자 앨마는 다음의 강론에서 예수께서 씨뿌리는 자의 비유에서 가르치신 백 배, 육십 배, 혹은 삼십 배의 수확을 거두려면 어떻게 해야 마음에 좋은 땅을 가꿀 수 있는지에 대하여 가르쳤다.

> 이제 우리는 말씀을 씨앗에 비유하리라. 이제 만일 너희가 자리를 내주어 씨앗 하나가 너희 마음에 심어졌다면, 보라 그것이 참된 씨앗, 곧 좋은 씨앗이라면, 너희가 너희의 믿지 않음으로 그것을 내어 버려, 주의 영을 물리치지 아니할진대, 보라, 그것은 너희 가슴 속에서 부풀기 시작하리니, 이 부푸는 움직임을 너희가 느낄 때에, 너희가 속으로 말하기 시작하기를—*이것은 좋은 씨앗임에, 곧 그 말씀은 선함에 틀림없도다.* 이는

이것이 내 영혼을 크게 하기 시작함이라. 참으로 이것은 나의 이해력을 밝혀 주기 시작하나니, 참으로 이것은 내게 기쁨을 주기 시작하는도다 하리라. …

그러나 만일 너희가 너희의 신앙으로 큰 부지런함을 가지고, 또 인내를 가지고 그 열매를 고대하며 말씀을 가꾼다면, 참으로 나무가 자라기 시작할 때 이를 가꾼다면, 그것은 뿌리를 내리리니, 보라 영생으로 솟아오르는 나무가 되리라.

또 말씀을 가꾸어 그것으로 너희 안에 뿌리를 내리게 하려는 너희의 부지런함과 너희의 신앙과 너희의 인내로 말미암아, 머지않아, 보라 너희가 지극히 귀하고, 감미로운 모든 것 위에 뛰어나게 감미로우며, 흰 모든 것 위에 뛰어나게 희며, 순결한 모든 것 위에 뛰어나게 순결한 그 열매를 거두게 될 것이라. 그리하여 너희가 이 열매를 배부르도록 흡족히 먹게 되리니, 너희가 주리지도 아니하며, 목마르지도 아니하리라.

그때 나의 형제들아, 나무가 너희에게 열매 맺기를 기다린바, 너희의 신앙과 너희의 부지런함과 인내와 오래 참음의 보상을 너희가 거두게 되리라. (앨마서 32:28-43, 강조체 첨가)

선지자 앨마는 예수 그리스도께서 가르치신 비유에서 백 배, 육십 배, 혹은 삼십 배의 수확을 거두는 과정을, 즉 사람의 마음(좋은 땅)에 심어진 하나님의 말씀(좋은 씨앗)을 가꾸는 것을, 예수께서 가르치신 씨뿌리는 자의 비유와 씨의 비유를 연결하여 설명했다.

◆ 아담과 예수 그리스도의 관계에 관한 가르침

성경 (사도 바울의 가르침)

사복음서에는 예수께서 아담에 대하여 언급하신 기록이 없다. 그러나, 사도 바울은 사망과 부활에 관하여 아담과 예수 그리스도의 관계를 가르쳤다.

> *로마서 5:12-17*
> 그러므로 한 사람으로 말미암아 죄가 세상에 들어오고 죄로 말미암아 사망이 들어왔나니, 이와 같이 모든 사람이 죄를 지었으므로 사망이 모든 사람에게 이르렀느니라. …
> 그러나 아담으로부터 모세까지 아담의 범죄와 같은 죄를 짓지 아니한 자들까지도 사망이 왕 노릇 하였나니 아담은 오실 자의 모형이라. …
> 한 사람의 범죄로 말미암아 사망이 그 한 사람을 통하여 왕 노릇 하였은즉 더욱 은혜와 의의 선물을 넘치게 받는 자들은 한 분 예수 그리스도를 통하여 생명 안에서 왕 노릇 하리로다.

> *고린도전서 15:21-22*
> 사망이 한 사람으로 말미암았으니 죽은 자의 부활도 한 사람으로 말미암는도다.
> 아담 안에서 모든 사람이 죽은 것같이 그리스도 안에서 모든 사람이 삶을 얻으리라.

많은 기독교인들은 위의 인용문을 가지고 아담의 원죄설, 즉 모든 인류는 아담의 타락으로 인하여 죄를 가지고 태어난다는 개념을 가르친다.

<u>몰몬경 (선지자 리하이와 베냐민 왕의 가르침)</u>

선지자 리하이는 그의 아들 야곱에게 아담이 타락한 이유를 설명했다. 그는 이것을 사람이 선택할 수 있는 자유(선택 의지)의 원리, 그리고 그러한 자유와 메시야 및 악마와의 관계를 들어 설명했다. 리하이는 아담의 범법은 모든 것을 아시는 하나님의 위대하신 지혜로 이루어졌다고 말했다.

> 그러나 보라, 만사는 모든 것을 아시는 이의 지혜 안에서 이루어졌느니라. 아담이 타락한 것은 사람이 존재하게 하려 함이요, 사람이 존재함은 기쁨을 갖기 위함이니라.
> 그리고 메시야는 사람의 자녀들을 타락에서 구속하시고자 때가 찰 때 오시느니라. 또 그들은 타락에서 구속되었으므로 선악을 분별하며 영원히 자유롭게 되었나니, 하나님께서 주신 계명에 따라, 저 큰 마지막 날에 있을 율법의 형벌에 의한 것을 제외하고는, 스스로 행하며 행함을 받지 아니하게 되었느니라. (니파이후서 2:24-26)

선지자 리하이는 아담과 이브가 열매를 따 먹은 이유는 후손(온 인류)을 위한 것이었음을 가르쳤다. 그들의 목적은 모든 인류가 위대하신 중보자를 통하여 기쁨을 누릴 수 있는 기회를 갖도록 하기 위함이었다. 모든 인류는 선택 의지를 행사함에 있어서 악마의 속박과 죽음 대신 그리스도를 통한 자유와 영생을 선택함으로써 이러한 목적을 이룰 수 있다. 리하이의 이러한 가르침은 메시야와 연계된 아담의 범법에 대한 분명한 목적과 함께 사도 바울이 가르친 원리를 분명히 설명해 준다.

베냐민 왕도 인류가 그리스도의 속죄를 통하여 (리하이와 바울이 가르친 아담의 범법에서 비롯된) 불의한 본성을 극복하는 방법과 어린아이와 같이 유순한 태도로 성신의 이끄심에 귀를 기울이기를 가르쳤다.

> 이는 성령의 이끄심을 따르며, 육에 속한 사람을 벗어 버리고 주 그리스도의 속죄를 통하여 성도가 되며, 어린아이와 같이 되고, 유순, 온유, 겸손, 인내하며, 사랑이 충만하게 되어, 주께서 합당하게 여겨 그에게 내리시는 모든 것에 기꺼이 복종하고자 하기를, 아이가 참으로 그 아버지에게 복종함같이 하지 아니하는 한, 육에 속한 사람은 하나님의 적이라, 아담의 타락 때로부터 그러하였고 영원무궁토록 그러할 것임이니라. (모사이야서 3:19)

육에 속한 사람을 극복하는 과정

1. 성신의 이끄심을 따른다.
2. 육에 속한 사람을 벗어 버린다.
3. 그리스도의 속죄를 통하여 성도가 된다.
4. 겸손과 사랑으로 주께 절대적으로 복종하는 속성을 지니고 어린아이와 같이 된다.

리하이와 베냐민 왕의 가르침에서 한 가지 흥미로운 점은 이들이 예수 그리스도의 성역이 있기 오래전에 (리하이의 경우 기원전 588-570년에, 베냐민 왕의 경우 기원전 121년에) 똑같은 원리를 가르쳤다는 것이다.

구약 기간 중에 기록된 몰몬경에는 신약에서 사용된 것과 똑같은 용어들을 사용했다. 예를 들면, 예수 그리스도와 그의 속죄, 성신, 침례, 사랑 등이다. 몰몬경의 가르침은 구약과 신약 기간 사이에 근본적인 차이가 없다[9]. 이것은 바울이 가르친 "예수 그리스도는 어제나 오늘이나 영원토록 동일하시니라"(히브리서 13:8)라는 말씀을 입증한다.

◆ 예수 그리스도께서 하늘로부터 직접 관여하신 극적인 개종

사도 바울의 매우 극적인 개종은 대부분의 기독교인들에게 가장 영감을 주는 이야기 중 하나이다. 그는 그리스도를 박해하는 바리새인에서 가장 헌신적이고 열렬한 그리스도의 사도로 개종했다(사도행전 9장 참조). 몰몬경에도 앨마 이세와 모사이야 왕의 네 아들인 암몬, 아론, 옴너, 힘나이

9 몰몬경은 마지막 저자들인 몰몬과 모로나이가 편집하고 편찬한 것이다. 마지막 책인 모로나이서를 제외하고는 책 전체를 통하여 '이렇게 되었나니'라는 구절이 1359번 나온다. 이것은 몰몬경이 모로나이서를 제외하고는 시일이 지난 후에 말로 이야기하거나 편집된 것임을 말해 준다.

가 하나님의 교회를 핍박하다가 헌신적인 선교사로 개종한 극적인 이야기가 기록되어 있다(모사이야서 27장 참조). 이 두 가지의 경우 모두 예수님이나 천사들이 하늘로부터 직접 관여했다.

이 두 가지의 개종 경위는 매우 유사한데, 이것은 예수 그리스도께서 유다 지파와 요셉 지파의 일에 똑같은 수준으로 관여하셨다는 것을 보여준다. 사도 바울은 예수 그리스도의 복음을 이방인들에게로 가져다준 이방인들을 위한 사도였다(로마서 11:13, 디모데전서 2:7 참조). 앨마는 니파이인들 가운데서 예수 그리스도의 교회를 세웠으며(앨마서 4-16장 참조), 모사이야의 네 아들들은 많은 수의 레이맨인들을 예수 그리스도에게로 개종시켰다(앨마서 17-26장 참조).

성경: 사도 바울의 개종 경험

사도 바울의 극적인 개종 이야기는 사도행전에 기록되어 있다.

사울이 길을 가다가 다메섹에 가까이 이르더니 홀연히 하늘로부터 빛이 그를 둘러 비추는지라.
땅에 엎드러져 들으매 소리가 있어 이르시되, 사울아 사울아 네가 어찌하여 나를 박해하느냐 하시거늘,
대답하되, 주여 누구시니이까? 이르시되, 나는 네가 박해하는 예수라.
너는 일어나 시내로 들어가라. 네가 행할 것을 네게 이를 자가 있느니라 하시니,
같이 가던 사람들은 소리만 듣고 아무도 보지 못하여 말을 못 하고 서 있더라.
사울이 땅에서 일어나 눈은 떴으나 아무것도 보지 못하고, 사람의 손에 끌려 다메섹으로 들어가서
사흘 동안 보지 못하고 먹지도 마시지도 아니하니라. (사도행전 9:3-9)

사도 바울은 사도행전 22장에서 자신의 개종 경험을 간략하게 이야

기했고[10], 사도행전 26장에서는 아그립바 왕에게 자신의 개종 경험을 포함하여 전 생애에 걸친 이야기를 들려주었다. 전반적으로 볼 때, 바울은 이방인들을 위한 사도로 부름받은 예수 그리스도의 선택된 그릇이었음이 분명하며, 실로 이방인들 가운데서 그리스 기독교의 씨를 심는 주님의 주된 도구였다고 결론지어도 무방할 것이다.

몰몬경: 앨마와 모사이야 왕의 네 아들의 개종 경험

이 젊은이들은 훌륭하신 아버지들을 두었다. 한 아버지는 매우 의로운 선지자였고, 또 한 아버지는 위대한 왕이었다. 그러나 이들은 백성들에게 나쁜 모범이 되었고, 아버지의 뜻을 거스르고 예수 그리스도의 교회를 무너뜨리려고 했다. 이들의 개종 경험은 모사이야서에 기록되어 있다.

> 그리하여 내가 너희에게 이른 것같이, 그들이 하나님을 거역하며 여기저기 다니고 있을 때, 보라 주의 천사가 그들에게 나타났더니, 그가 마치 구름에 둘러싸인 듯 하강하여 마치 우레와도 같은 소리로 말한지라, 그 음성으로 인해 그들이 서 있는 땅이 진동하였더라.
>
> 이에 그들의 놀라움이 심히 커서 그들이 땅에 엎드러져, 천사가 그들에게 하는 말을 깨닫지 못하더라.
>
> 그럼에도 불구하고 그가 다시 외쳐 이르되, 앨마야, 일어나 앞으로 나서라, 네가 어찌하여 하나님의 교회를 핍박하느냐? 주께서 말씀하시되, 이는 내 교회라, 내가 이를 세우리니, 내 백성의 범법이 아니고는 아무것도 이를 전복하지 못하리라 하셨느니라.
>
> 또 천사가 다시 이르되, 보라, 주께서 그 백성의 기도와 또한 네 아비인 그 종 앨마의 기도를 들으셨으니, 이는 그가 네게 관하여 곧 네가 진리

10 바울의 개종에 관한 두 가지의 이야기에서 주된 차이점은 그와 함께 있던 사람들도 하늘로부터 오는 음성을 들었는가이다. (사도행전 9:7과 22:9을 비교한다)

의 지식으로 인도되기를 많은 신앙으로 기도하였음이니라. 이러므로 네게 하나님의 권능과 권세를 깨닫게 하여, 그 종들의 기도가 그들의 신앙에 따라 응답되게 하려는 이 목적으로 내가 왔노라.

또 이제 볼지어다, 너희가 하나님의 권능을 논박할 수 있느냐? 보라, 내 음성이 땅을 진동시키지 아니하느냐? 너희가 또한 너희 앞에 나를 볼 수 있지 아니하느냐? 나는 하나님에게서 보내심을 받았느니라.

이제 내가 네게 이르노니, 가라, 가서 힐램 땅에서와 니파이 땅에서 네 조상들이 사로잡혔던 것을 기억하고, 주께서 그들을 위해 얼마나 큰일을 행하셨는지를 기억하라. 이는 그들이 속박되어 있었고 그가 그들을 건지셨음이니라. 그리고 이제 내가 너 앨마에게 이르노니, 네 길을 가고, 더 이상 하나님의 교회 무너뜨리기를 꾀하지 말라. 그리하여 그들의 기도가 응답되게 하되, 설혹 너 스스로는 버림받기를 원한다 할지라도 그리하라 하니라.

이에 이제 이렇게 되었나니 이것이 천사가 앨마에게 한 마지막 말이라, 이에 그가 떠나니라.

이에 이제 앨마와 그와 함께한 자들이 다시 땅에 엎드러졌으니, 이는 그들의 놀라움이 실로 컸음이라. 이는 그들 스스로의 눈으로 그들이 주의 천사를 보았으며, 그의 음성이 우레 같아 땅을 진동하게 하였고, 땅을 진동하게 하여 그것으로 마치 갈라질 듯 요동하게 할 수 있는 것이 하나님의 권능 이외에는 없다는 것을 그들이 알았음이라.

그리고 이제 앨마의 놀라움은 너무 컸던지라 그가 말 못 하는 자가 되어 그 입을 열지 못하였고, 또한 그가 약해져서 그 손도 움직일 수 없게 되매, 이러므로 그가 함께한 자들에 의해 들려서, 몸을 가누지 못하는 채 옮겨져 이윽고 그 부친 앞에 뉘이우니라. (모사이야서 27:11-19)

앨마는 또한 앨마서 36:7-20에서 그의 아들 힐라맨에게 그들의 개종 경험을 들려주었다.

모사이야 왕의 네 아들들은 적국인 레이맨인 나라에서 14년간 선교

사업을 했으며, 왕과 그 가족들을 포함하여 많은 사람들을 개종시켰다. 그들은 개종한 레이맨인들을 앨마의 도움을 받아 니파이인 나라로 데려와 여어숀 땅에 정착할 수 있도록 했다. 이것은 리하이의 후손이며 요셉의 남은 자들인 니파이인의 역사에 주된 변화를 가져오는 계기가 되었다.

하늘의 직접적인 개입을 통한 이 두 가지의 개종은 기독교의 역사뿐만 아니라 모든 상황을 완전히 바꾸어 놓았다. 즉, 바울의 개종은 유대-기독교 사회를 바꾸었고, 앨마와 모사이야의 네 아들들의 개종은 니파이인과 레이맨인의 사회를 바꾸었다. 그들은 개종한 후 여생을 예수 그리스도의 명에 따라 선교사업을 하는 데 바쳤다. 사도 바울은 "나는 선한 싸움을 싸우고 나의 달려갈 길을 마치고 믿음을 지켰다"(디모데후서 4:7)라고 말하며 그의 헌신적인 노력을 요약했다. 앨마와 암몬은 주님을 위하여 선교사업을 하면서 느낀 기쁨과 예수 그리스도를 증거하는 간증을 자세히 기록했다(앨마서 26장과 29장 참조).

◆ "먼저 된 자가 나중 되고, 나중 된 자가 먼저 된다"에 관한 가르침

<u>성경: 열두 제자에게 준 가르침</u>

한번은 베드로가 예수께 여쭈었다. "우리가 모든 것을 버리고 주를 따랐사온데 그런즉 우리가 무엇을 얻으리이까?" 그러자 예수께서는 다음과 같이 대답하셨다.

> *그러나 먼저 된 자로서 나중 되고 나중 된 자로서 먼저 될 자가 많으니라.*
> 천국은 마치 품꾼을 얻어 포도원에 들여보내려고 이른 아침에 나간 집주인과 같으니,
> 그가 하루 한 데나리온씩 품꾼들과 약속하여 포도원에 들여보내고
> 또 제삼시에 나가 보니 장터에 놀고 서 있는 사람들이 또 있는지라.

그들에게 이르되 너희도 포도원에 들어가라. 내가 너희에게 상당하게 주리라 하니 그들이 가고,
제육시와 제구시에 또 나가 그와 같이하고,
제십일시에도 나가 보니 서 있는 사람들이 또 있는지라. 이르되 너희는 어찌하여 종일토록 놀고 여기 서 있느냐?
이르되 우리를 품꾼으로 쓰는 이가 없음이니이다. 이르되 너희도 포도원에 들어가라 하니라.
저물매 포도원 주인이 청지기에게 이르되, 품꾼들을 불러 나중 온 자로부터 시작하여 먼저 온 자까지 삯을 주라 하니,
제십일시에 온 자들이 와서 한 데나리온씩을 받거늘,
먼저 온 자들이 와서 더 받을 줄 알았더니 그들도 한 데나리온씩 받은지라.
받은 후 집 주인을 원망하여 이르되,
나중 온 이 사람들은 한 시간밖에 일하지 아니하였거늘 그들을 종일 수고하며 더위를 견딘 우리와 같게 하였나이다.
주인이 그중의 한 사람에게 대답하여 이르되, 친구여 내가 네게 잘못한 것이 없노라. 네가 나와 한 데나리온의 약속을 하지 아니하였느냐?
네 것이나 가지고 가라. 나중 온 이 사람에게 너와 같이 주는 것이 내 뜻이니라.
내 것을 가지고 내 뜻대로 할 것이 아니냐? 내가 선하므로 네가 악하게 보느냐?
이와 같이 나중 된 자로서 먼저 되고 먼저 된 자로서 나중 되리라. 부름받은 자는 많으나 택함받은 자는 적도다[11]. (마태복음 19:30-20:16, 강조체 첨가. 또한 마가복음 10:28-31 참조)

11 표준새번역 개정판과 같은 성경의 일부 다른 버전에는 흠정역의 제16절에 있는 "부름받은 자는 많으나 택함받은 자는 적도다"라는 구절이 없다.

예수께서는 베드로의 질문에 대답하시면서 제자들이 이스라엘의 열두 지파를 심판하게 될 것이라고 하셨는데, 이것이 "먼저 된 자가 나중 되고 나중 된 자가 먼저 되는" 경우이다. 그리고 부름받은 자는 많을 것이나 택함받은 자는 적을 것이라고 하셨다[12]. 또한 주를 위하여 자기의 목숨을 버리는 자는 백배로, 심지어는 영생을 받게 될 것이라고 하셨다.

예수께서는 또한 누가복음 13:24-30에서 똑같은 원리를 가르치셨다. "나중 된 자로서 먼저 될 자도 있고, 먼저 된 자로서 나중 될 자도 있느니라."

몰몬경: 선지자 니파이와 모로나이의 예언들

유대인과 이방인이 먼저 된 자가 나중이 되고 나중 된 자가 먼저 되는 경우에 관하여, 한 천사는 니파이에게 다음과 같이 가르쳤다.

> 또 그가 모든 국민에게 자기를 나타내실 때가 이르나니, 유대인들에게와 또한 이방인들에게 모두 그리하실 것이며, 그가 유대인들에게와 또한 이방인들에게 자기를 나타내시고 나서 그가 이방인들에게와 또한 유대인들에게 자기를 나타내시리니, 나중 된 자가 먼저 되고 먼저 된 자가 나중이 되리라. (니파이전서 13:42)

이 말씀은 예수께서는 지상에서 성역을 베푸실 때 유대인에게 먼저 오셨으나 재림 때는 이방인에게 먼저 오실 것임을 가리킨다. 따라서 나중 된 자가 먼저 되고 먼저 된 자가 나중 될 것이다.

모로나이는 새 예루살렘과 옛 예루살렘에 관하여 다음과 같이 예언했다.

> 또 그때 새 예루살렘이 임하나니, 거기 거하는 자들은 복이 있도다. 이는

12 택함받은 자들이 많지 않을 것에 대한 이유는 교리와 성약 121:34-35을 참조한다.

> 저희가 그 옷이 어린 양의 피를 통하여 희게 된 자들임이요, 또 저희는 이스라엘의 집에 속한 요셉 자손의 남은 자 가운데 헤아림을 받는 자들임이라.
> 그리고 그때에 또한 옛 예루살렘이 임하나니, 그 주민들 그들에게 복이 있도다. 이는 그들이 어린 양의 피에 씻겼음이요, 또 그들은 흩음을 당하였다가 땅의 사방에서와 북쪽 지방에서 모음을 입고, 하나님이 그들 조상 아브라함과 세우신 성약을 이루는 일에 참여하는 자들임이라.
> 또 이러한 일들이 이를 때 말하기를, *먼저 된 자로서 나중 될 자들이 있고, 나중 된 자로서 먼저 될 자들이 있다* 하는 경전이 이루어지리로다. (이더서 13:10-12, 강조체 첨가)

예수 그리스도 후기 성도 교회의 대부분의 회원들은 이방인 태생으로 예수 그리스도께 개종한 사람들이며, 이들은 이 경륜의 시대에 이스라엘 백성으로 헤아림을 받는다. 이 이스라엘 백성은 열두 지파 모두를 가리키며, 그중 요셉 지파의 수가 아주 많다. 위의 예언에 의하면, 세상의 마지막에는 요셉인들이 새 예루살렘에 거주하는 축복을 받게 될 것이며, 유대인들은 옛 예루살렘으로 모일 것이다. 또한 예수께서는 옛 예루살렘을 방문하시기 전에 새 예루살렘의 요셉인들에게 먼저 오실 것이다. 이것은 먼저 된 자가 나중이 되고 나중 된 자가 먼저 되는 한 가지 예가 된다.

◆ 요한복음 1:1-18과 제3니파이 9:15-22의 비교 및 통합 (몰몬경의 구절들은 강조체로 표기됨)

요한복음 1:1 태초에 말씀이 계시니라. 이 말씀이 하나님과 함께 계셨으니 이 말씀은 곧 하나님이시니라. (2) 그가 태초에 하나님과 함께 계셨고 (3) 만물이 그로 말미암아 지은 바 되었으니 지은 것이 하나도 그가 없이는 된 것이 없느니라.

제3니파이 9:15 보라, *나는 하나님의 아들 예수 그리스도라. 내가 하늘과 땅과 그 가운데 있는 만물을 창조하였느니라. 나는 태초부터 아버지와 함께 있었나니. …*

요한복음 1:4 그 안에 생명이 있었으니 이 생명은 사람들의 빛이라. (5) 빛이 어둠에 비치되 어둠이 깨닫지 못하더라.

제3니파이 9:18 *나는 세상의 빛이요 생명이라. 나는 알파와 오메가요 시작과 끝이니라.*

침례 요한에 대한 언급

요한복음 1:6 하나님께로부터 보내심을 받은 사람이 있으니 그의 이름은 요한이라. (7) 그가 증언하러 왔으니 곧 빛에 대하여 증언하고 모든 사람이 자기로 말미암아 믿게 하려 함이라. (8) 그는 이 빛이 아니요 이 빛에 대하여 증언하러 온 자라. (9) 참빛 곧 세상에 와서 각 사람에게 비추는 빛이 있었나니, (10) 그가 세상에 계셨으며 세상은 그로 말미암아 지은 바 되었으되 세상이 그를 알지 못하였고, (11) 자기 땅에 오매 자기 백성이 영접하지 아니하였으나

제3니파이 9:16 *내가 내 백성에게 왔으되 내 백성이 나를 영접하지 아니하였으니, 나의 옴에 관한 경전이 이루어졌느니라.*

요한복음 1:12 영접하는 자 곧 그 이름을 믿는 자들에게는 하나님의 자녀가 되는 권세를 주셨으니, (13) 이는 혈통으로나 육정으로나 사람의 뜻으로 나지 아니하고 오직 하나님께로부터 난 자들이니라, (14) 말씀이 육신이 되어 우리 가운데 거하시매 우리가 그의 영광을 보니, 아버지의 독생자의 영광이요 은혜와 진리가 충만하더라.

제3니파이 9:17 *그러나 나를 영접하는 자들에게는 내가 다 하나님의 아들들이 되게 하여 주었나니, 또 그와 같이 나의 이름을 믿게 될 모든 자에게도 내가 그리하여 줄 것은, 보라, 나로 말미암아 구속이 이르며…*

요한복음 1:15 요한이 그에 대하여 증언하여 외쳐 이르되, 내가 전에 말하기를, 내 뒤에 오시는 이가 나보다 앞선 것은 나보다 먼저 계심이라 한 것이 이 사람을 가리킴이라 하니라. (16) 우리가 다 그의 충만한 데서 받으니 은혜 위에 은혜러라. (17) 율법은 모세로 말미암아 주어진 것이요, 은혜와 진리는 예수 그리스도로 말미암아 온 것이라.

제3니파이 9:17 …*내 안에서 모세의 율법이 이루어짐이라.*

(19) *그런즉 너희는 더 이상 피 흘리는 것으로 내게 바치지 말지니라. 참으로 너희의 희생과 너희의 번제를 폐할지니, 이는 내가 너희의 희생과 너희의 번제를 하나도 받지 아니할 것임이니라.*

요한복음 1:18 본래 하나님을 본 사람이 없으되, 아버지 품속에 있는 독생하신 하나님이 나타내셨느니라.

제3니파이 9:15 …[예수님의 선언] *내가 아버지 안에 있고 아버지께서는 내 안에 계셔서 나로 말미암아 아버지께서 그 이름을 영화롭게 하셨느니라.*

(20) 이에 너희는 상한 마음과 통회하는 심령을 내게 희생으로 드릴지니, 누구든지 상한 마음과 통회하는 심령을 가지고 내게로 오면 내가 그에게 불과 성신으로 침례를 줄 것이라. [니파이인들에게 주는 예] 이는 곧 레이맨인들이 그 돌이킬 때에 나를 믿는 그들의 신앙으로 인하여 불과 성신으로 침례를 받은 것 같으려니와 그들이 이를 알지 못하였느니라. (21) 보라, 내가 세상에 온 것은 세상에 구속을 가져다주려 함이요, 세상을 죄에서 구원하고자 함이니라. (22) 그러므로 누구든지 회개하고 어린아이와 같이 되어 내게로 오는 그는 내가 영접하리니, 이는 하나님의 나라가 그러한 자의 것임이라. 보라, 그러한 자를 위하여 내가 내 목숨을 버렸고, 또다시 취하였노라. 그러므로 너희 땅끝에 거하는 자들아, 회개하고 내게로 와서 구원을 받을지어다.

이 두 가지의 경전 구절들은 서로 잘 들어맞는 가르침의 한 가지 예이다. 몰몬경(요셉 지파의 막대기)은 성경(유다 지파의 막대기)의 구절과 거의 똑같은 말씀을 조목조목 증거함으로써 요한복음 1:1-18의 가르침이 타당함을 확인해 준다.

요한복음 1:1-18의 가르침은 삼위일체 교리를 신봉하는 신학자들이 자주 인용한다. 또한 일부 신약 비평가들은 이 구절들은 삼위일체를 신봉하는 일부 서기관들이 나중에 추가했을 것이라고 주장한다. 이러한 주장의 증거로, 그들은 16세기의 그리스어 성경에 삼위일체를 뒷받침하는 문장—"하늘에서 기록하는 이가 셋이니 곧 아버지와 말씀과 성신이라."(요한1서 5:7)—이 추가되었다고 말한다(흠정역의 요한1서 5:7을 표준새번역 개정판(NRSV)이나 신국제역(NIV)과 비교한다). 그럼에도 불구하고, 몰몬경에서는 부활하신 예수 그리스도께서 똑같은 말씀을 조목조목 가르치심으로써 요한복음 1:1-18의 말씀이 참됨을 증거한다. 이와 동시에, 이 책은 예수께서는 아버지가 아님을 분명히 밝히고 있으므로 삼위일체 교리가 잘못되었음을 증명해 준다(성경의 요한복음은 삼인칭으로 기록되었지만, 몰몬경의 제3니파이는 부활하신 예수 그리스도의 말씀을 직접 인용한 것이며 일인칭으로 기록되었다).

◆ 예수 그리스도의 제자로서의 본분

성경과 몰몬경에는 참된 제자가 되어 예수 그리스도를 따르고 그의 계명을 지키는 데 적용되는 훈계가 많이 기록되어 있다. 예수 그리스도께서는 산상 수훈과 성전 수훈에서 9가지의 "복을 받는" 교리를 가르치셨다. 사도 베드로는 확실한 선택을 받기 위해 요구되는 아홉 가지를 가르쳤고, 사도 바울은 성령의 아홉 가지 열매를, 선지자 앨마는 하나님의 거룩한 반차를 따르는 9가지의 방법을 각각 가르쳤다.

다음은 그리스도의 제자가 되기 위해 갖추어야 할 9가지의 속성이다.

	예수 그리스도	사도 베드로	사도 바울	선지자 앨마
	(마태복음 5:3-11, 제3 니파이 12:3-11) 9가지의 축복받는 교리	(베드로후서 1:5-7)[13] 확실한 선택을 받기 위한 9가지	(갈라디아서 5:22-23) 성령의 9가지 열매	(앨마서 7:23-24) 하나님의 거룩한 반차를 따르는 9가지 방법
1	심령이 가난함	근면	사랑	겸손
2	위로를 받기 위해 애통함	믿음	희락	유순
3	온유함	덕	화평	쉽게 권함 받음
4	의에 주리고 목마름	지식	오래 참음	인내와 오래 참음이 가득함
5	긍휼히 여김	절제	자비	모든 일에 절제함
6	마음이 청결함	인내	양선	계명 지키기에 부지런함
7	화평하게 함	경건	충성	필요한 것은 무엇이든지 구함
8	의를 위하여 박해를 받음	형제 우애	온유	하나님께 감사를 돌림
9	예수님을 위하여 박해를 받음	사랑	절제	신앙과 소망과 사랑으로 채움

성경과 몰몬경에서 가르치는 위의 사항을 참고하여 정기적으로 자신의 제자로서의 신분을 점검해 보면, 예수께서 마태복음 5장에서 가르치신 세상의 소금, 빛, 목자로서의 자신의 위치를 평가하는 데 좋은 방법이 될 것이다. 이것은 또한 사도 베드로의 훈계인 "내가 힘써 너희로 하여금 내

13 교리와 성약 4:6에는 거의 동일한 목록이 있다.

가 떠난 후에라도 어느 때나 이런 것을 생각나게 하려 하노라"(베드로후서 1:15)라는 가르침을 점검하고 따르는 좋은 방법이다.

위의 표에는 포함되어 있지 않지만, 앨마가 제기한 다음과 같은 질문에 대답해 보는 것도 현명한 일일 것이다. "너희는 영적으로 하나님에게서 났느냐? 너희는 너희의 얼굴에 그의 형상을 지녀 보았느냐? 너희는 너희의 마음에 이 크나큰 변화를 경험하였느냐?" (앨마서 5:14)

◆ 몰몬경의 독특한 가르침의 한 가지 예

일부의 경우, 몰몬경의 가르침은 중국의 주역과 원불교의 수트라(경전)와 같은 동양의 종교적 경전의 가르침과 유사하다[14]. 예를 들면, 중국 주역의 기본 원리는 범사에 상대되는 것이 있다는 것이다. 리하이도 몰몬경에서 "이는 모든 것에 반대되는 것이 있음이 꼭 필요함이라"(니파이후서 2:11)라고 말했다.

또 다른 예로, 원불교의 "○"(채워지지 않은 빈 둥근 원)은 자아실현을 통하여 무(無)로부터 진리를 깨닫게 되는 것을 상징한다. 이와 유사한 설명이 몰몬경의 다음과 같은 구절에 있다[15]. "주의 진로는 하나의 영원한 원이니라"(니파이전서 10:19), "모든 것이 혼합되어 하나가 되어야 할 것이라"(니파이후서 2:11), "그러므로 그의 진로는 하나의 영원한 원이라"(앨마서 7:20), "그의 길은 곧고, 그의 진로는 하나의 영원한 원임이니라"(앨마서 37:12), "이는 보라, 만일 이 시간 하나님의 선하심에 대한 지식이 너희를 일깨워 너희가 아무것도 아니며, 너희가 아무 가치 없는 타락한 상태에 있

---

14 김구환 박사는 그의 저서 "하나의 영원한 원: 회복된 복음, 주역, 불교 간 하나의 영원한 원의 비교"에서 중국의 주역과 원불교의 가르침을 몰몬경의 가르침과 연관시켰다.

15 성경에는 영원한 원이라는 말이 없으며, 교리와 성약에는 이 말이 두 번 나온다. (교리와 성약 3:2, 35:1 참조)

음을 느끼게 해 주었다면"(모사이야서 4:5) 등. 이러한 원리들은 성경에서는 찾아볼 수 없다.

◆ 위의 10가지 가르침의 요약

요약하면, 성경과 몰몬경의 공통된 가르침의 예는 이 장에서 토론한 것보다 더 많이 있을 수 있겠지만, 위에서 다룬 10가지의 예는 다음과 같은 사실을 입증해 준다.

1. "그리스도의 교리"의 예는 몰몬경이 성경에서 가르치는 그리스도의 교리에 대한 정의를 제공하고 있음을 입증해 준다.
2. 가장 큰 두 가지의 계명과 더불어 신앙, 소망, 온유함, 사랑의 예는 몰몬경이 성경에서 가르치는 신앙, 소망, 사랑을 예수 그리스도의 부활 및 속죄와 성신에 중점을 둔 선행과 연결하는 방법을 가르치고 있음을 입증해 준다.
3. 신앙으로 의롭게 됨과 행위에 따른 심판의 예는 몰몬경이 성경의 가르침을 명확하게 하고 있음을 입증해 준다.
4. 씨뿌리는 자의 비유와 씨의 비유는 몰몬경이 성경의 가르침을 부연 설명하고 있음을 입증해 준다.
5. 아담의 원죄와 예수 그리스도의 속죄에 관한 토론은 몰몬경이 성경의 가르침을 왜곡시키지 않도록 해 주는 두 번째 증인임을 입증해 준다.
6. 극적인 개종의 예는 주께서 유다 지파와 마찬가지로 요셉 지파도 사랑하심을 입증해 준다.
7. 나중 된 자가 먼저 되고 먼저 된 자가 나중이 되는 가르침은 몰몬경이 성경의 가르침을 예수 그리스도의 재림에 대한 구체적인 예언에 적용하고 있음을 입증해 준다.

8. 요한복음 1:1-18과 제3니파이 9:15-22의 가르침을 비교해 보면 서로 잘 들어맞는다. 그러나 몰몬경에서는 부활하신 예수 그리스도께서 자신은 요한복음의 구절에서 일반적으로 해석하는 하나님 아버지가 아니심을 분명히 입증해 준다.
9. 예수 그리스도의 제자의 본분에 관한 토론은 성경과 몰몬경 모두 예수 그리스도의 참된 제자로서 어떠한 삶을 살아야 하는지를 가르치고 훈계하고 있음을 입증해 준다.
10. 독특한 가르침의 예는 몰몬경의 가르침이 성경의 가르침뿐만 아니라 비기독교(타 종교) 종교의 가르침과도 연관됨을 입증해 준다.

이 장에서는 단지 몇 가지 예만 들어 토론했지만, 이러한 예들은 유다 지파와 요셉 지파의 경전을 하나의 경전(즉, 하나의 막대기)으로서 가르칠 수 있음을 입증해 준다. 소개에서 토론한 바와 같이 이것은 에스겔(에스겔 37:19 참조), 리하이(니파이후서 3:12 참조), 몰몬(몰몬서 7:9 참조)의 가르침이 성취된 증거가 될 수 있다.

제8장

족장과 선지자들의 유언

참으로 그리스도에게로 나아와, 그의 안에서 온전하게 되고, 모든 경건하지 아니한 것을 거부하라. 너희가 만일 모든 경건하지 아니한 것을 거부하고, 너희의 능력과 생각과 힘을 다하여 하나님을 사랑할 것 같으면, 그러면 그의 은혜가 너희에게 족하니, 그의 은혜로 너희가 그리스도 안에서 온전하게 될지라. 또 만일 하나님의 은혜로 너희가 그리스도 안에서 온전하면, 너희가 결단코 하나님의 권능을 부인할 수 없으리로다.

그리고 또, 너희가 만일 하나님의 은혜로 그리스도 안에서 온전하고 그의 권능을 부인하지 아니하면, 그러면 너희가 그리스도의 피 흘리심을 통하여 하나님의 은혜로 그리스도 안에서 성결하게 되나니, 이 피 흘리심은 아버지의 성약 안에서 너희의 죄 사함을 위한 것으로서 너희를 거룩하며 흠 없게 되게 하는 것이니라.

그리고 이제 나는 모든 이에게 작별을 고하노니, 내가 곧 하나님의 낙원으로 가서 쉬리로다. 그리하여 나의 영과 육신이 다시 재결합하고, 내가 공중에서 승리자로 나아와, 산 자와 죽은 자의 영원한 재판관이신 위대한 여호와의 기쁜 심판대 앞에서 너희를 만나리라. 아멘. (모로나이서 10: 32-34)

◆
◆

임종에 이른 사람의 유언은 가장 진지하고 진실되고 소중하다. 이 장에서는 성경과 몰몬경의 선지자들과 족장들이 임종을 앞두고 준 축복과 말씀을 검토해 본다.

구약은 여러 세대에 걸친 역사적 문헌이므로 이 책에는 일부 선지자들의 마지막 말씀 이외에도 고대의 족장들이 준 족장의 축복들이 기록되어 있다. 신약은 한 세대의 기록이므로 사실상 마지막 말씀이 없다. 한 가지 예외는 예수 그리스도께서 마지막으로 예루살렘으로 가실 때부터 승천하실 때까지 제자들에게 주신 임무나 계명이다. 몰몬경에는 선지자들의 승계가 잘 기록되어 있고 선지자들의 유언을 자세히 기록해 놓은 것이 많다.

◆ 성경

창세기부터 시작하여 족장의 축복과 가까운 첫 번째 기록은 노아가 그의 아들들에게 준 것이다.

이에 이르되 가나안은 저주를 받아 그의 형제의 종들의 종이 되기를 원

하노라 하고,
또 이르되 셈의 하나님 여호와를 찬송하리로다. 가나안은 셈의 종이 되고 하나님이 야벳을 창대하게 하사 셈의 장막에 거하게 하시고 가나안은 그의 종이 되게 하시기를 원하노라 하였더라. (창세기 9:25-27)

야곱은 죽기 전 열두 아들들을 모아 놓고 축복을 주었다. "야곱이 그 아들들을 불러 이르되 너희는 모이라. 너희가 후일에 당할 일을 내가 너희에게 이르리라. 너희는 모여 들으라. 야곱의 아들들아, 너희 아버지 이스라엘에게 들을지어다." (창세기 49:1-2)

야곱의 축복

다음은 야곱이 그의 열두 아들 모두에게 준 축복이다.

장자 루우벤에게 준 축복

르우벤아, 너는 내 장자요 내 능력이요 내 기력의 시작이라. 위풍이 월등하고 권능이 탁월하다마는 물의 끓음 같았은즉, 너는 탁월하지 못하리니 네가 아버지의 침상에 올라 더럽혔음이로다. 그가 내 침상에 올랐었도다. (창세기 49:3-4)

둘째 아들 시므온과 셋째 아들 레위에게 준 축복

시므온과 레위는 형제요 그들의 칼은 폭력의 도구로다.
내 혼아, 그들의 모의에 상관하지 말지어다. 내 영광아, 그들의 집회에 참여하지 말지어다. 그들이 그들의 분노대로 사람을 죽이고 그들의 혈기대로 소의 발목 힘줄을 끊었음이로다.
그 노여움이 혹독하니 저주를 받을 것이요 분기가 맹렬하니 저주를 받을 것이라. 내가 그들을 야곱 중에서 나누며 이스라엘 중에서 흩으리로다. (창세기 49:5-7)

넷째 아들 유다에게 준 축복

유다야, 너는 네 형제의 찬송이 될지라. 네 손이 네 원수의 목을 잡을 것이요 네 아버지의 아들들이 네 앞에 절하리로다.
유다는 사자 새끼로다. 내 아들아, 너는 움킨 것을 찢고 올라갔도다. 그가 엎드리고 웅크림이 수사자 같고 암사자 같으니 누가 그를 범할 수 있으랴?
규가 유다를 떠나지 아니하며 통치자의 지팡이가 그 발 사이에서 떠나지 아니하기를 실로가 오시기까지 이르리니, 그에게 모든 백성이 복종하리로다.
그의 나귀를 포도나무에 매며 그의 암나귀 새끼를 아름다운 포도나무에 맬 것이며, 또 그 옷을 포도주에 빨며 그의 복장을 포도즙에 빨리로다.
그의 눈은 포도주로 인하여 붉겠고 그의 이는 우유로 말미암아 희리로다. (창세기 49:8-12)

다섯째 아들 스불론에게 준 축복

스불론은 해변에 거주하리니 그곳은 배 매는 해변이라. 그의 경계가 시돈까지리로다. (창세기 49:13)

여섯째 아들 잇사갈에게 준 축복

잇사갈은 양의 우리 사이에 꿇어앉은 건장한 나귀로다. 그는 쉴 곳을 보고 좋게 여기며, 토지를 보고 아름답게 여기고, 어깨를 내려 짐을 메고 압제 아래에서 섬기리로다. (창세기 49:14-15)

일곱째 아들 단에게 준 축복

단은 이스라엘의 한 지파같이 그의 백성을 심판하리로다. 단은 길섶의 뱀이요 샛길의 독사로다. 말굽을 물어서 그 탄 자를 뒤로 떨어지게 하리로다. 여호와여, 나는 주의 구원을 기다리나이다. (창세기 49:16-18)

여덟째 아들 갓에게 준 축복

갓은 군대의 추격을 받으나 도리어 그 뒤를 추격하리로다. (창세기 49:19)

아홉째 아들 아셀에게 준 축복

아셀에게서 나는 먹을 것은 기름진 것이라. 그가 왕의 수라상을 차리리로다. (창세기 49:20)

열째 아들 납달리에게 준 축복

납달리는 놓인 암사슴이라. 아름다운 소리를 발하는도다. (창세기 49:21)

열한째 아들 요셉에게 준 축복

요셉은 무성한 가지 곧 샘 곁의 무성한 가지라. 그 가지가 담을 넘었도다.
활 쏘는 자가 그를 학대하며 적개심을 가지고 그를 쏘았으나,
요셉의 활은 도리어 굳세며 그의 팔은 힘이 있으니 이는 야곱의 전능자 이스라엘의 반석인 목자의 손을 힘입음이라.
네 아버지의 하나님께로 말미암나니 그가 너를 도우실 것이요, 전능자로 말미암나니 그가 네게 복을 주실 것이라. 위로 하늘의 복과 아래로 깊은 샘의 복과 젖 먹이는 복과 태의 복이리로다.
네 아버지의 축복이 내 선조의 축복보다 나아서 영원한 산이 한없음같이 이 축복이 요셉의 머리로 돌아오며, 그 형제 중 뛰어난 자의 정수리로 돌아오리로다. (창세기 49:22-26)

열두째 아들 베냐민에게 준 축복

베냐민은 물어뜯는 이리라. 아침에는 빼앗은 것을 먹고 저녁에는 움킨 것을 나누리로다. (창세기 49:27)

야곱은 요셉의 두 아들인 므낫세와 에브라임을 입양하였고, 그의 열

두 아들들에게 축복을 주기 전에 이 두 사람에게 먼저 축복을 주었다. 야곱은 차남인 에브라임이 장자인 므낫세보다 먼저임을 확인하였다[1]. 즉, 에브라임이 장자권을 받았다.

> 요셉이 그 아버지가 오른손을 에브라임의 머리에 얹은 것을 보고 기뻐하지 아니하여, 아버지의 손을 들어 에브라임의 머리에서 므낫세의 머리로 옮기고자 하여
> 그의 아버지에게 이르되, 아버지여 그리 마옵소서. 이는 장자이니 오른손을 그의 머리에 얹으소서 하였으나,
> 그의 아버지가 허락하지 아니하며 이르되, 나도 안다. 내 아들아, 나도 안다. 그도 한 족속이 되며 그도 크게 되려니와 그의 아우가 그보다 큰 자가 되고 그의 자손이 여러 민족을 이루리라 하고,
> 그날에 그들에게 축복하여 이르되, 이스라엘이 너로 말미암아 축복하기를 하나님이 네게 에브라임 같고 므낫세 같게 하시리라 하며, 에브라임을 므낫세보다 앞세웠더라. (창세기 48:17-20)

여기서 알 수 있듯이, 유다와 요셉에게 준 축복들은 독특하고 특별한 것이었으며, 이 두 지파들은 이스라엘의 모든 지파를 인도할 축복을 받은 것이 분명하다.

유다 지파의 경우, 홀과 규는 실로(구주)가 오시기까지 그 지파를 떠나지 않을 것이다. 예수께서는 정말로 다윗 왕의 혈통인 유다 지파에서 태어나셨다(마태복음 1:6, 누가복음 1:27, 3:31 참조).

서기 70년 예루살렘이 로마에 의해 멸망된 후, 유대 왕국과 성전은 사

---

1 역대상 5:1–2은 장자권이 요셉의 아들들에게 있음을 확인해 준다. "이스라엘의 장자 르우벤의 아들들은 이러하니라. (르우벤은 장자라도 그의 아버지의 침상을 더럽혔으므로 장자의 명분이 이스라엘의 아들 요셉의 자손에게로 돌아가서 족보에 장자의 명분대로 기록되지 못하였느니라. 유다는 형제보다 뛰어나고 주권자가 유다에게서 났으나 장자의 명분은 요셉에게 있으니라.)"

라졌다. 유대인들은 오랫동안 흩어진 후, 서기 1948년 이방 국가들(국제 연합)의 도움으로 마침내 그들의 국가를 재건했다. 기독교는 가장 큰 종교가 되었고, 수십억 명의 기독교인들이 예수 그리스도에게로 와서 그를 예배해 왔다.

요셉 지파는 번성하는 축복을 받아 그들 중 일부는 담을 넘어 다른 지역으로 가서 다른 지파와 분리될 것이다. 요셉인들은 조상들의 장자권을 영위했다(역대상 5:1-2 참조). 그들은 다른 자들로부터 미움을 받으나 주의 보호를 받을 것이다. 조셉 스미스가 몰몬경을 번역하고 출판한 후 밝혀진 사실은, 요셉 지파에 속한 리하이와 이스마엘의 두 가족으로 구성된 작은 무리가 예루살렘을 떠나 미 대륙으로 이주함으로써 기원전 600년경부터 이스라엘의 남은 민족으로부터 분리되었다.

따라서, 유다와 요셉에게 준 야곱의 축복은 성취되었거나 성취되는 과정에 있다.

요셉도 그의 형제들에게 유언을 남겼다[2].

요셉이 그의 형제들에게 이르되, 나는 죽을 것이나 하나님이 당신들을 돌보시고 당신들을 이 땅에서 인도하여 내사, 아브라함과 이삭과 야곱에게 맹세하신 땅에 이르게 하시리라 하고,
요셉이 또 이스라엘 자손에게 맹세시켜 이르기를, 하나님이 반드시 당신들을 돌보시리니 당신들은 여기서 내 해골을 메고 올라가겠다 하라 하였더라.
요셉이 백십 세에 죽으매 그들이 그의 몸에 향 재료를 넣고 애굽에서 입

---

2 창세기 50:24–26에 기록된 요셉의 말씀 이외에도 조셉 스미스 역 성경에는 애굽의 요셉이 추가로 한 예언들이 나온다. 따라서 창세기 50장에는 흠정역의 26개의 절이 아닌 38개의 절이 있다. 이 별도의 예언들은 니파이후서 3:6–21에 기록된 요셉의 예언들과 매우 흡사하다.

관하였더라.(창세기 50:24-26)

이스라엘 민족이 애굽을 떠날 때 선지자 모세는 요셉의 유언을 이행하기 위하여 그의 유골을 가지고 갔다(출애굽기 13:19 참조).

이스라엘 지파에게 준 모세의 마지막 축복

모세도 죽기 전에 이스라엘의 열두 지파 모두에게 마지막 축복을 주었다.

여기서는 그 열두 가지의 축복 중 유다, 요셉, 레위 지파에게 준 세 가지 축복만 검토해 본다. 유다 지파에게 준 모세의 축복은 짧은 반면, 요셉 지파(에브라임 지파와 므낫세 지파 모두)에게 준 축복은 길고 특별하다. 레위인들의 축복에는 특별한 임무가 주어져 있다.

유다 지파에게 준 모세의 마지막 축복

유다에 대한 축복은 이러하니라 일렀으되, 여호와여, 유다의 음성을 들으시고 그의 백성에게로 인도하시오며, 그의 손으로 자기를 위하여 싸우게 하시고 주께서 도우사, 그가 그 대적을 치게 하시기를 원하나이다.(신명기 33:7)

요셉 지파에게 준 모세의 마지막 축복

요셉에 대하여는 일렀으되, 원하건대 그 땅이 여호와께 복을 받아 하늘의 보물인 이슬과 땅 아래에 저장한 물과
태양이 결실하게 하는 선물과 태음이 자라게 하는 선물과
옛 산의 좋은 산물과 영원한 작은 언덕의 선물과
땅의 선물과 거기 충만한 것과 가시떨기나무 가운데에 계시던 이의 은혜로 말미암아 복이 요셉의 머리에, 그의 형제 중 구별한 자의 정수리에 임할지로다.
그는 첫 수송아지같이 위엄이 있으니 그 뿔이 들소의 뿔 같도다. 이것으

로 민족들을 받아 땅끝까지 이르리니, 곧 에브라임의 자손은 만만이요 므낫세의 자손은 천천이리로다. (신명기 33:13-17)

레위 지파(모세 자신의 지파)에게 준 모세의 마지막 축복

레위에 대하여는 일렀으되 주의 둠밈과 우림이 주의 경건한 자에게 있도다. 주께서 그를 맛사에서 시험하시고 므리바 물가에서 그와 다투셨도다.

그는 그의 부모에게 대하여 이르기를, 내가 그들을 보지 못하였다 하며 그의 형제들을 인정하지 아니하며 그의 자녀를 알지 아니한 것은 주의 말씀을 준행하고 주의 언약을 지킴으로 말미암음이로다.

주의 법도를 야곱에게, 주의 율법을 이스라엘에게 가르치며 주 앞에 분향하고 온전한 번제를 주의 제단 위에 드리리로다.

여호와여, 그의 재산을 풍족하게 하시고 그의 손의 일을 받으소서. 그를 대적하여 일어나는 자와 미워하는 자의 허리를 꺾으사, 다시 일어나지 못하게 하옵소서. (신명기 33:8-11)

야곱의 축복을 보면 유다와 요셉 지파는 선도적인 지파들로 예정되었음이 명백하다. 요셉인들은 이스라엘의 장자권을 가질 것이며 축복을 받아 원수로부터 보호를 받을 것이다. 모세는 요셉인들이 받은 많은 축복을 확인했으며, 에브라임의 후손이 므낫세의 후손보다 더 많을 것임을 밝혔다. 또한 레위인들에게는 그가 죽은 후에도 성스러운 성전 의식을 맡을 축복을 주었다.

예수 그리스도께서 제자들에게 주신 마지막 임무

다음은 사복음서와 사도행전에 기록된 예수 그리스도께서 그의 제자들에게 주신 마지막 임무이다.

마태복음 28:18-20
(또한 마가복음 16:15-18, 누가복음 24:44-49 참조)

예수께서 나아와 말씀하여 이르시되, 하늘과 땅의 모든 권세를 내게 주셨으니,
그러므로 너희는 가서 모든 민족을 제자로 삼아 아버지와 아들과 성령의 이름으로 침례를 베풀고,
내가 너희에게 분부한 모든 것을 가르쳐 지키게 하라. 볼지어다. 내가 세상 끝날까지 너희와 항상 함께 있으리라 하시니라.

요한복음 21:14-23

이것은 예수께서 죽은 자 가운데서 살아나신 후에 세 번째로 제자들에게 나타나신 것이라.
그들이 조반 먹은 후에 예수께서 시몬 베드로에게 이르시되, 요한의 아들 시몬아, 네가 이 사람들보다 나를 더 사랑하느냐 하시니, 이르되, 주님 그러하나이다. 내가 주님을 사랑하는 줄 주님께서 아시나이다. 이르시되, 내 어린 양을 먹이라 하시고,
또 두 번째 이르시되, 요한의 아들 시몬아, 네가 나를 사랑하느냐 하시니, 이르되, 주님 그러하나이다. 내가 주님을 사랑하는 줄 주님께서 아시나이다. 이르시되, 내 양을 치라 하시고,
세 번째 이르시되, 요한의 아들 시몬아, 네가 나를 사랑하느냐 하시니, 주께서 세 번째 네가 나를 사랑하느냐 하시므로 베드로가 근심하여 이르되, 주님 모든 것을 아시오매 내가 주님을 사랑하는 줄을 주님께서 아시나이다. 예수께서 이르시되 내 양을 먹이라.
내가 진실로 진실로 네게 이르노니 네가 젊어서는 스스로 띠 띠고 원하는 곳으로 다녔거니와, 늙어서는 네 팔을 벌리리니 남이 네게 띠 띠우고 원하지 아니하는 곳으로 데려가리라.
이 말씀을 하심은 베드로가 어떠한 죽음으로 하나님께 영광을 돌릴 것을 가리키심이러라. 이 말씀을 하시고 베드로에게 이르시되 나를 따르

라 하시니,
베드로가 돌이켜 예수께서 사랑하시는 그 제자가 따르는 것을 보니 그는 만찬석에서 예수의 품에 의지하여 주님 주님을 파는 자가 누구오니이까 묻던 자더라.
이에 베드로가 그를 보고 예수께 여짜오되, 주님 이 사람은 어떻게 되겠사옵나이까?
예수께서 이르시되, 내가 올 때까지 그를 머물게 하고자 할지라도 네게 무슨 상관이냐? 너는 나를 따르라 하시더라.
이 말씀이 형제들에게 나가서 그 제자는 죽지 아니하겠다 하였으나, 예수의 말씀은 그가 죽지 않겠다 하신 것이 아니라 내가 올 때까지 그를 머물게 하고자 할지라도 네게 무슨 상관이냐 하신 것이러라.

사도행전 1:4-8
사도와 함께 모이사 그들에게 분부하여 이르시되, 예루살렘을 떠나지 말고 내게서 들은바 아버지께서 약속하신 것을 기다리라.
요한은 물로 침례를 베풀었으나 너희는 몇 날이 못 되어 성령으로 침례를 받으리라 하셨느니라.
그들이 모였을 때에 예수께 여쭈어 이르되, 주께서 이스라엘 나라를 회복하심이 이때니이까? 하니
이르시되, 때와 시기는 아버지께서 자기의 권한에 두셨으니 너희가 알 바 아니요,
오직 성령이 너희에게 임하시면 너희가 권능을 받고 예루살렘과 온 유대와 사마리아와 땅끝까지 이르러 내 증인이 되리라 하시니라.

이러한 임무들을 검토해 보면, 사복음서의 저자들과 사도행전의 저자는 공통된 주제를 기록했다. 즉, 예수께서는 그의 제자들에게 그가 다시 오실 때까지 세상에 나아가 그의 복음을 전파하고 모든 사람들에게 침례를 베풀라고 당부하셨다. 그렇지만, 요한의 기록은 베드로와 요한에게만 주신

말씀이기 때문에 다른 저자들의 기록과는 사뭇 다르다. 예수께서는 베드로에게 그의 양(또는 어린 양)을 먹이라고 세 번 말씀하셨는데, 이것은 예수 그리스도를 따르는 자들에게 성역을 베푸는 주님의 지도자 역할을 강조한 것이며, 요한은 예수께서 다시 오실 때까지 지상에 머물게 될 것이라고 암시하시면서 베드로의 질문에 답하셨다[3].

예수께서 제자들에게 주신 마지막 임무를 보면, 예수 그리스도께는 복음을 전파하고 침례를 주는 일이 매우 중요한 것임을 분명히 하고 있다. 침례가 구주께 그렇게 중요한 일이라면, 이것은 모든 기독교인들에게도 분명히 최우선 순위가 되어야 할 것이다. 이것은 사람이 믿음 안에서 사랑을 지니고 의롭게 살기만 한다면 침례 의식은 불필요하다고 주장하는 일부 기독교인들의 신조가 잘못되었음을 지적해 준다.

◆ 몰몬경

몰몬경에는 여러 선지자들이 그들의 마지막 말을 기록했다[4]. 예를 들면, 선지자 리하이는 그의 아들들과 그 외 다른 사람들에게 특별한 교리적 가르침과 예언이 들어있는 족장의 축복을 주었다(니파이후서 1-3장 참조). 니파이 역시 그의 백성에게 간증, 예언, 훈계가 담긴 마지막 가르침을 기록으로 남겼다(니파이후서 25-33장 참조). 베냐민 왕은 그의 왕국의 백성에게 그들의 왕으로서 하는 마지막 연설에서 심오한 설교를 남겼다(모사이야서 2-4장)[5]. 몰몬경의 마지막 저자인 모로나이는 몰몬경을 읽을 미래의 독

---

3 교리와 성약 7편에는 이 일에 대한 예수님과 요한의 대화가 더 자세히 나온다. 또한 예수 그리스도께서는 세 명의 니파이인 제자들이 그의 재림 때까지 지상에 머물도록 허락하셨다. (제3니파이 28:4-9 참조)

4 앨마 이세도 그의 세 아들들에게 주는 권고의 말씀을 남겼지만(앨마서 36-42장 참조), 죽기 전에 마지막으로 한 말이 아니므로 이 단락에는 포함시키지 않았다.

5 베냐민 왕의 연설은 이 책의 제1장에서도 부분적으로 토론된 바 있다.

자들에게 그의 마지막 말을 남겼다(몰몬서 8-9장, 모로나이서 10장 참조).

리하이의 마지막 예언과 말씀 (니파이후서 1-4장)

리하이는 그가 본 시현과 가족이 약속의 땅으로 여행한 것을 먼저 회고한 다음, 그와 그의 가족이 정착한 약속의 땅(현재의 미 대륙)의 미래에 관하여 예언했다. 그는 예루살렘을 떠난 후 나중에 태어난 두 어린 아들들인 야곱과 요셉에게는 특별한 강론을 덧붙였다. 그런 다음, 그는 그의 아들들의 가족들과 이스마엘의 아들들의 가족들에게 따로 마지막 말을 남겼다. 야곱의 짧고 간결한 축복과는 달리, 리하이가 준 축복은 그의 아들 니파이가 자세히 기록했다. 리하이가 준 족장의 축복은 다음과 같이 요약된다.

리하이가 그와 이스마엘의 아들들에게 한 연설 (니파이후서 1장)

리하이는 그와 이스마엘의 가족들이 주님의 인도와 보호 아래 약속의 땅으로 온 경험을 회고했고(제1-3절 참조), 그들에게 그가 본 시현과 예루살렘의 멸망[6]을 시현으로 본 것을 상기시켰고(제5절 참조), 약속의 땅이 그의 후손들의 기업으로 선택되어 의로운 자들을 위해 보존될 것을 예언하였고(제5-9절 참조), 불의한 자들은 다른 국민들에 의해 흩어질 것이라는 저주를 내렸고(제10-12절 참조), 깨어 의로움 가운데 거하라고 훈계했다(제13-23절 참조). 그는 또한 니파이를 옹호하면서 그를 따르라고 권면했다(제24-27절 참조). 그는 그의 아들들과 이스마엘의 아들들과 조램[7]에게 마지막 말을 남겼다(제28-32절 참조).

6 예루살렘의 멸망에 관한 이 예언은 기원전 587년에 글자 그대로 성취되었다.

7 조램은 리하이의 가족이 예루살렘을 떠날 때 그들과 합류하여 자유의 몸이 된 라반의 종이었다. (니파이전서 4:20-38 참조)

리하이가 야곱에게 준 마지막 말씀 (니파이후서 2:1-13)

리하이는 야곱을 "광야에서 나의 환란의 날에 얻은 첫아들"이라고 부르며 아들에 대한 애정을 보이면서 니파이의 말을 잘 따르라고 권고했다(제1-3절 참조). 리하이는 야곱에게 하나님께서 그의 고난을 성별하사 그의 유익이 되게 하실 것이라고 약속했다(제2절 참조). 계속해서 그는 상한 마음과 통회하는 심령을 지니고 하나님을 믿는 자들에게 거룩하신 메시야의 공덕과 은혜와 자비 안에서 그리고 이것들을 통하여 임하는 무한한 속죄와 구속, 그리고 사람이 타락한 때로부터 길이 예비되었으며 구원은 거저 주어지는 것이라는 심오한 교리를 가르쳤다(제4-10절 참조). 그는 "모든 것에 반대되는 것이 있음이…모든 것이 혼합되어 하나가 되어야 할 것"이라고 가르쳤다(니파이후서 2:11). 그는 또한 반대되는 것이 없으면 하나님도 계시지 않는다고 설명하면서 "만일 하나님이 계시지 않다면, 우리도 없고 세상도 없나니, 이는 행하거나 행함을 받는 것들의 창조가 없었을 것임이라. 그런즉 만물이 다 사라져 버렸으리라"(니파이후서 2:12-13)라는 말로 결론지었다.

리하이가 그의 아들들에게 준 마지막 말씀[8] (니파이후서 2:14-30)

리하이는 계속해서 왜 모든 것에 반대되는 것이 있어야 하는지를 생명 나무의 열매[9]와 반대되는 금단의 열매—하나는 달고 다른 하나는 쓴—를 예로 들어 설명하면서, 사람은 이편이나 저편에 의해 이끌려 행한다고 가르쳤다(제16절 참조). 그는 아담이 금단의 열매를 따 먹은 것은 하늘에서 타락한 천사요 모든 거짓의 아비인 사탄의 유혹을 받은 경우라고 가르쳤다(제17-18절 참조). 리하이는 아담의 타락으로 인하여 땅이 변했으므로 아

8 이때까지 야곱과 더불어 다른 아들(들)이 한자리에 있었음이 분명하다.

9 "생명 나무"는 성경의 요한계시록 2:7, 22:2, 22:14에 나오며, 몰몬경의 니파이전서 11:25, 15:22, 15:28, 15:36, 니파이후서 2:15, 앨마서 5:34, 36, 12:21, 23, 36, 32:40, 42:2, 3, 5, 6에도 나온다.

담은 다른 삶을 살게 되었고, 아담과 이브는 자녀를 갖는 기쁨을 누릴 수 있게 되었다고 설명했다(제19-23절 참조). 그는 이것이 모든 것을 아시는 하나님의 지혜 안에서 이루어졌다고 단언했다(제24절 참조). "아담이 타락한 것은 사람이 존재하게 하려 함이요, 사람이 존재함은 기쁨을 갖기 위함이니라." (제25절)

리하이는 메시야께서 사람의 자녀들을 아담의 타락에서 구속하시고 자유롭게 하시기 위하여 오시며, 사람은 크신 중보자(메시야)를 통하여 자유와 영생을 택하거나 악마의 능력을 통하여 사로잡힘과 죽음을 택할 의지를 스스로 가지고 있다고 가르쳤다(제26-27절 참조). 그 자신은 좋은 편을 택하였다고 말하면서 그의 아들들에게 그들의 영혼의 영원한 복리를 위하여 본인(리하이 자신)과 같이 선택하라고 당부했다(제28-30절 참조).

리하이가 요셉에게 준 마지막 말씀 (니파이후서 3장)

리하이는 그들의 고난 중에 광야에서 태어난 그의 막내아들인 요셉에게 그의 마지막 말을 남겼다. 그는 가장 귀한 땅이 요셉의 자손과 리하이의 다른 자손을 위한 기업이 될 것이라고 축복했다(제1-3절 참조). 리하이는 자신이 요셉의 지파에서 나왔으며, 요셉은 진실로 리하이의 날을 보았고 주께서 요셉인들 중 의로운 가지 하나를 꺾어 일으키실 것이라는 약속을 받았다고 선언했다(제4-5절 참조). 리하이는 메시야께서 친히 그들에게 나타나실 것이라고 가르쳤다(제5절 참조).

리하이는 또한 그의 아들 요셉에게 고대 애굽의 요셉의 말씀을 인용하여 후일에 있을 복음의 회복에 관하여 가르쳤다. 다음은 애굽의 요셉의 말씀을 인용한 것으로, 이것은 성경에는 없고 몰몬경에만 있는 기록이다.

> 진실로 요셉이 말하기를, 이같이 주께서 내게 이르시되, 뛰어난 선견자 하나를 내가 네 허리의 열매로부터 일으키리니, 그가 네 허리의 열매 가운데서 높이 여김을 받으리라. 또 그에게 내가 명령을 주어 네 허리의 열매, 그의 형제들을 위하여 한 가지 일을 하게 할 것인즉 이는 그들에

게 큰 가치가 있으리니, 참으로 그들에게 내가 너의 조상들과 맺은 성약에 대하여 알게 하기에 이르리라.

또 나는 그에게 명령을 주어 내가 그에게 명하는 일 이외에 다른 일은 아무것도 하지 않게 할 것이요, 또 내가 그를 내 눈에 크게 하리니 이는 그가 나의 일을 할 것임이니라.

또 그가 모세와 같이 크게 되리니, 이스라엘의 집이여, 이 모세는 내가 내 백성을 건지기 위하여 너희에게 일으키겠다 말한 자니라.

또 모세를 내가 일으켜 너의 백성을 애굽 땅에서 건져 내리라.

그러나 한 선견자를 내가 네 허리의 열매 중에서 일으켜, 그에게 내가 권능을 주어 네 허리의 자손들에게 나의 말을 가져다주게 하며, 나의 말을 가져다줄 뿐만 아니라 그들 가운데 이미 나아갔을 나의 말을 그들에게 확신시켜 주리라, 주께서 말씀하시느니라.

그런즉 네 허리의 열매가 기록할 것이요, 유다의 허리의 열매가 기록할 것이라. 네 허리의 열매에 의해 기록될 것과 또한 유다의 허리의 열매에 의해 기록될 것이 함께 자라 거짓 교리들을 무너뜨리며, 다툼을 가라앉히며, 네 허리의 열매 가운데 평화를 이루며, 후일에 그들로 하여금 그들 조상에 대하여 알게 하고, 또한 나의 성약에 대하여 알게 하리라, 주께서 말씀하시느니라.

또 연약함으로부터 그가 강하게 되리니 이스라엘의 집이여, 곧 나의 일이 나의 모든 백성 가운데 시작될 날에 너를 회복하기에 이르리라, 주께서 말씀하시느니라.

또 이같이 요셉이 예언하여 이르되, 보라, 그 선견자를 주께서 축복하시리니 그를 멸망시키려 하는 자들이 좌절될 것이라. 이는 내 허리의 열매에 대하여 내가 주께 얻은 이 약속이 이루어질 것이라. 보라, 나는 이 약속이 이루어질 것을 확신하노라.

또 그의 이름은 나를 따라 일컬어질 것이요, 그의 부친의 이름을 따를 것이며, 또 그는 나와 같으리니, 이는 주께서 그의 손으로 주의 권능으로 말미암아 드러내실 일이 나의 백성을 구원에 이르게 할 것임이니라 하였느니라.

참으로 이같이 요셉이 예언하되, 내가 모세의 약속을 확신하는 것같이 나는 이 일에 관하여 확신하노니, 이는 주께서 나에게 이르시기를, 내가 네 씨를 영원토록 보전하리라 하셨음이라.

또 주께서 이르시되, 내가 모세라 하는 자를 일으키고 권능을 막대기에 실어 그에게 줄 것이며, 기록할 수 있는 판단력을 그에게 주리라. 그러할지라도 내가 그의 혀를 풀어 말을 많이 하게 하지 아니하리니, 이는 내가 그를 말에 능한 자가 되게 하지 아니할 것임이니라. 그러나 내가 친히 내 손가락으로 나의 율법을 적어 그에게 줄 것이며, 그를 위하여 대변자를 만들어 주리라 하셨더라.

주께서 또 나에게 이르시기를, 내가 네 허리의 열매를 위하여 일으킬 것이며, 내가 그를 위하여 한 대변자를 만들어 주리라. 또 내가, 보라, 내가 그로 하여금 네 허리의 열매를 위하여 네 허리의 열매가 기록한 것을 기록하게 하고, 네 허리의 대변자로 그것을 선포하게 하리라.

또 그가 기록할 말은 나의 지혜 안에서 네 허리의 열매에 나아가기에 합당한 후일 것이며, 이는 마치 네 허리의 열매가 티끌에서 그들에게 외친 것과 같으리니, 이는 내가 그들의 신앙을 앎이니라.

또 그들이 티끌에서 참으로 회개를 그들의 형제들에게 외치리니, 곧 그들에게 있어 여러 세대가 지난 후일 것이며, 또 이같이 되리니 그들의 외침은 그들의 말의 단순함을 좇아 나아갈 것이라.

그들의 신앙으로 말미암아 그들의 말은 내 입에서 나아와, 네 허리의 열매인 그들의 형제들에게 이를 것이요, 그들의 말의 연약함을 내가 그들의 신앙 안에서 강하게 하여, 내가 네 조상들과 맺은 나의 성약을 기억하게 하리라 하셨다 하였느니라. (니파이후서 3:7-21)

리하이는 위와 같은 고대 요셉의 말씀을 인용하여, 요셉은 이스라엘 백성에게 주의 율법을 가져올 모세에 관하여 주께서 그에게 하신 말씀을 전했다고 가르쳤다. 주께서는 또한 그에게 후일의 한 선견자에 대하여 말씀하셨으며 그의 이름은 그를 따라 그리고 그 선견자의 부친의 이름을 따라 요셉(조셉)이라고 불릴 것이라고 하셨다. 요셉이 야곱의 온 권속들을 구한 것처럼 그 선견자는 요셉의 후손에게 구원을 가져올 것이라고 말했다. 니파이는 니파이후서 4:2에서 요셉의 이러한 예언들은 놋쇠판에 기록되어 있다고 말했다.

주께서는 요셉에게 두 개의 기록, 즉 유다 지파의 기록(모세의 율법)과 요셉 지파에 의해 티끌에서 (땅에서) 나온 기록과 그들의 역할에 대하여 설명하셨다. 이 두 기록들은 함께 자라 주의 사업을 견고히 할 것이다. 요셉인들의 기록은 리하이의 후손들에게 회개할 것을 권하고 있으며, 그들의 신앙을 강하게 할 것이며, 주께서 그들의 조상들과 맺으신 성약을 기억하게 할 것이다. 계속해서 리하이는 그의 후손들이 멸망하지 않을 것이며 그들은 그 선견자를 통하여 회복에 관하여 듣게 될 것이라고 말한 고대 요셉의 예언을 확인시켜 주었다. 그는 "죽어가는 네 아비의 말을 기억하라"(니파이후서 3:25)라고 권면하며 말을 마쳤다.

레이맨과 레뮤엘의 자녀들에게 준 리하이의 축복 (니파이후서 4:3-9)

리하이는 레이맨과 레뮤엘의 자녀들에게 따로 똑같은 축복을 주었다. 그는 그들이 저주를 받는다면 그 저주가 그들에게서 거두어져 그들 부모의 머리 위에 응답되리라고 가르쳤다. 리하이는 또한 하나님께서는 그들과 그들의 자손들이 멸망되도록 버려두지 않으실 것이며 오히려 그들은 축복을 받게 될 것이라고 말했다.

이스마엘의 가족과 아들 샘에게 준 리하이의 축복

리하이는 이스마엘의 가족을 축복하면서 계명을 지킬 것을 권면했다. 그는 또한 그의 아들 샘에게 따로 축복을 주면서 그의 자손은 니파이의 자손과 같게 될 것이라고 말했다(니파이후서 4:10-11 참조).

리하이의 마지막 말이 끝난 후, 니파이는 그의 부친의 죽음을 알렸다.

"그리고 이렇게 되었나니 나의 부친 리하이가 자기 마음의 느낌과 그의 안에 있는 주의 영을 따라, 그의 모든 권속에게 말씀하신 후 부친은 노쇠해졌더라. 그리고 이렇게 되었나니 부친이 죽어 장사되니라."(니파이후서 4:12)

전반적으로 리하이가 그의 자손에게 준 족장의 축복을 요약하면, 리하이는 니파이가 그들의 지도자이므로 그의 지도력을 따라야 한다고 모두에게 공표한 것이다[10]. 그는 모두에게 주의 계명을 지킬 것을 권면했다. 그는 야곱을 비롯하여 그의 아들들에게 다음과 같은 심오한 교리를 가르쳤다. 즉 아담의 범법은 메시야를 통하여 주님과 그의 자녀들에게 모두 유익한 것이 된다. 모든 것에 반대되는 것이 있지만 모든 것이 혼합되어 하나가 될 것이다. 또한 자신의 의지를 행사함에 있어서 하나님의 이끄시는 음성을 따르는 것이 중요하며, 영원한 구원은 그리스도의 속죄 안에서 그리고 그리스도의 속죄를 통하여 온다.

리하이는 요셉에게 요셉인들을 위해 선택된 선견자가 땅에서부터 몰몬경을 가져오는 회복과, 성경과 몰몬경의 공동 성취, 그리고 이들이 후일의 회복에 미치는 영향에 관한 많은 예언을 말해 주었다.

니파이의 마지막 권면의 말씀 (니파이후서 33장)

니파이는 그의 부친이 예루살렘에서 시현을 보았을 때부터 (기원전 600년) 약속의 땅에서 그의 생이 끝날 때까지 (기원전 544년경) 그의 가족 역사와 개인 경험을 기록했다. 그의 부친이 죽은 후 얼마 지나지 않아 니파이의 무리는 그를 살해하려는 그의 형들의 무리로부터 떨어져 나왔다.

니파이는 그의 백성을 의롭게 이끌었으며, 백성을 향한 그의 부드러운 사랑은 다음과 같은 그의 말에 잘 나타나 있다. "이는 내가 낮으로 그들을 위해 쉬지 않고 기도하며, 밤으로는 그들로 인하여 내 눈물이 내 베개를

10 리하이의 임종 시 백성들의 수는 삼사십 명 정도로 추산된다. (리하이의 가족 약 10명, 이스마엘의 가족 약 10명, 조램, 그리고 리하이의 자녀들과 조램이 이스마엘의 자녀들과 결혼한 후 태어난 다수의 자녀들)

적심이라."(니파이후서 33:3) 그는 백성들을 가르칠 때 이사야의 말씀을 자주 인용했다[11]. 그는 죽음을 앞두고 예수 그리스도에 대한 간증을 남겼고, 그리스도의 교리를 가르쳤으며, 후일에 있을 몰몬경의 출현과 예수 그리스도의 복음의 회복을 예언했으며, 마지막 당부 사항을 남겼다(니파이후서 25-33장 참조). 이 단락에서는 니파이후서 33장에 나오는 그의 마지막 당부 내용을 검토해 본다.

니파이는 그가 성신의 권능으로 말할 때와는 달리, 기록에는 능하지 못하다고 말하면서 기록에 대한 자신의 부족함을 표현했으나(니파이후서 33:1-2 참조), 그의 말씀은 특히 그의 백성에게 큰 가치가 있는 것으로 여겼다(니파이후서 33:3 참조). 그가 기록한 말씀은 그들이 선을 행하고, 그들의 조상에 대하여 알며, 예수님에 대하여 말하고, 그를 믿으며, 영생을 얻기 위해 끝까지 견디도록 설득할 것이므로, 그는 주께서 그의 백성의 이익을 위하여 그의 말씀을 성별하실 것과 그가 연약한 가운데 기록한 말들이 그의 백성에게 강하게 될 것임을 알았다(니파이후서 33:4 참조). 니파이는 또한 명백하게 진리를 가르침을 예수님 안에서 자랑한다고 말했다(니파이후서 33:5-6 참조).

니파이는 그의 백성과 유대인과 이방인에 대한 사랑을 나타내면서 이들 모두가 그리스도에게 화합하기를 바란다고 했다(니파이후서 33:7-9 참조). 그는 모두가 그의 말에 귀를 기울이고 그리스도를 믿으라고 권면했으며, 그들은 마지막 날에 주의 심판대에서 주께서 그에게 이러한 것들을 기록하도록 명하셨음을 알게 될 것이라고 말했다(니파이후서 33:10-11).

니파이는 다음과 같은 마지막 말로 그 큰 마지막 날에 많은 자들이 구원받게 되기를 그리스도의 이름으로 아버지께 기도한다고 말했다.

그러면 이제 나의 사랑하는 형제들, 이스라엘의 집에 속한 모든 자와 너

11 니파이가 인용한 이사야의 말씀은 대부분 이사야 2-14, 29, 48-49장이다.

희 모든 땅끝이여, 내가 티끌에서부터 외치는 자의 음성으로 너희에게 말하노니, 저 큰 날이 이르기까지 잘 있으라.

또 너희 하나님의 선하심에 참여하지 아니하며, 유대인들의 말과 또한 나의 말과 하나님의 어린 양의 입에서 나아올 말씀을 존중하지 아니할 자들아, 보라, 내가 너희에게 영원한 작별을 고하노니 이는 이 말씀들이 마지막 날에 너희를 정죄할 것임이라.

이는 내가 땅에서 인봉하는 것이 심판대에서 너희를 거슬러 제출될 것임이니라. 이는 이같이 주께서 내게 명하셨음이니 내가 순종해야만 하리라. 아멘. (니파이후서 33:13-15)

니파이의 마지막 말은 그리스도와 백성에 대한 사랑이 넘치므로, 그가 진정으로 그의 후손과 유대인과 이방인의 영원한 복리를 열망한다는 것을 쉽게 알 수 있다. 니파이는 그가 한 모든 것은 주께 순종하는 것이었다고 결론지었다. 니파이야말로 우리가 본받을 만한 가장 완벽한 그리스도인 중에 한 명일 것이다.

베냐민 왕의 마지막 연설 (모사이야서 1-6장)

몰몬에 의하면 베냐민 왕은 그의 백성을 적으로부터 (군사적으로) 잘 지켰고, 자애롭고 의로운 왕이었으며, 거룩한 사람이었다(몰몬의 말씀 1:17-18 참조). 베냐민 왕은 죽기 삼 년 전 왕위에서 내려와 그의 왕국을 그의 장자인 모사이야에게 물려주기로 했다. 그는 모사이야에게 놋쇠판, 니파이의 판, 기타 성스러운 유물들을 넘겨주었으며, 그의 아들들과 함께 판들에 쓰인 기록들을 읽어보면서 그 가르침들이 참됨을 증거하였다(모사이야서 1:1-7 참조).

베냐민 왕은 그의 백성을 제이라헤믈라 성의 성전 뜰에 모아 놓고 마지막 연설을 했다(모사이야서 2:1 참조). 그는 먼저 모세의 율법을 좇아 희생과 번제를 드렸다(모사이야서 2:2-3 참조). 그곳에 모인 무리의 수가 심히 많았으므로, 그들은 사람들을 가족 단위로 성전을 향하여 질서 정연하게 앉혔고, 대를 세워 그의 말이 잘 들리도록 하였고, 그의 말을 기록하여 백성들이 그것을 읽을 수 있도록 하였으며, 백성들이 그들의 의견을 말할 수 있도록 하는 등, 몇 가지의 물리적인 사항들을 해결해야 했다.

베냐민 왕은 공정하고 의로운 판사가 되기 위해 자신이 스스로 노력하여 일함으로써 백성의 짐을 덜었다고 말하며 섬김의 중요성을 가르쳤다. 그는 "너희가 너희 이웃을 섬길 때 너희는 다만 너희 하나님을 섬기고 있는 것이라"(모사이야서 2:17)라는 심오한 원리를 가르쳤다. 그는 "내가 이르노니, 설혹 너희가 너희 온 영혼을 다해 그를 섬긴다 할지라도 너희는 오히려 무익한 종일 것이니라"(모사이야서 2:21)라고 훈계했고, 주께서 우리를 창조하셨고 우리에게 생명을 부여해 주셨으며 우리가 그의 계명을 지킬 때 즉시 우리를 축복하시므로 사람은 항상 하나님께 빚을 지고 있다고 가르쳤다(모사이야서 2:22-25 참조).

베냐민 왕은 하나님의 천사가 그에게 선포하신 큰 기쁨의 좋은 소식, 즉 머지않아 전능하신 주(예수 그리스도)께서 사람의 자녀들에게 오실 것을 전했다. 그는 예수 그리스도께서 사람들에게 많은 기적으로 성역을 베풀고, 육신의 고통, 주림, 갈증, 피로를 겪으실 것이라고 설명했다. 백성의 사악함과 가증함으로 인한 그의 고뇌는 피가 그의 몸의 모든 땀구멍에서 나올 정도로 클 것이라고 가르쳤다. 베냐민 왕은 다음과 같이 예언했다.

· 예수님은 태초로부터 만물의 창조자이다.
· 그의 모친은 마리아라 칭하여질 것이다.
· 그는 십자가에 못 박히나 제삼일에 죽은 자 가운데서 일어나실 것이다.
· 그의 피는 아담의 범법으로 말미암아 타락한 자들, 하나님의 뜻을 알지 못하고 죄 가운데 죽은 자들, 무지한 가운데 죄를 범한 자들, 하나님을 거역했으나 회개하고 예수 그리스도를 믿는 신앙을 가진 자들의 죄를 속죄할 것이다. (모사이야서 3:1-13 참조)

베냐민 왕은 모세의 율법은 완고한 백성에게는 예수 그리스도의 속죄에 대한 전조가 되며, 모세의 율법은 예수 그리스도의 피의 속죄를 통하지 않고서는 무익하다고 가르쳤다. 그리스도의 피는 어린아이들의 죄를 대속하여 주며, 유아들은 죽을 때 저주를 받지 않는다. 사람은 성령의 이끄심을 따르며, 육에 속한 사람을 벗어 버리고, 그리스도의 속죄를 통하여 성도가 되며, 어린아이와 같이 되어 완전히 복종하지 않으면, 아담의 타락 때로부터 "육에 속한 사람은 하나님의 적"이므로 구원받을 수 없다(모사이야서 3:14-19 참조). 그는 구주에 대한 지식이 모든 나라와 족속과 방언과 백성에게 두루 퍼지며, 각 사람은 자기의 행위대로 심판받을 때가 이를 것이라고 가르쳤다(모사이야서 3:20-27 참조).

베냐민 왕이 천사가 그에게 가르친 것을 전한 후, 백성들은 한목소리로 다음과 같이 크게 부르짖었다. "오 긍휼히 여기시고 그리스도의 속죄의 피를 적용하사 우리로 우리의 죄 사하심을 받게 하시옵고, 우리의 마음이 청결하게 되게 하시옵소서. 이는 우리가, 하늘과 땅과 만물을 창조하셨고, 사람의 자녀들 가운데 내려오실 하나님의 아들 예수 그리스도를 믿음이니이다." (모사이야서 4:2) 베냐민 왕의 가르침은 매우 강력하여 그의 백성은 예수 그리스도를 믿는 놀라운 신앙과 기쁨으로 충만하게 되었다(모사이야서 4:3 참조).

베냐민 왕은 그의 연설 중간에 백성들의 반응이 매우 긍정적인 것을 확인하고는, 계속해서 예수 그리스도의 속죄의 영향과, 하나님의 위대하심에 대한 지식과 관련된 구원의 조건과, 우리 자신은 아무것도 아님과, 각 사람을 향한 주의 오래 참으심과, 지극히 겸손해짐과, 매일 주의 이름을 부름과, 예수 그리스도를 믿는 신앙 안에서 굳게 설 것에 대하여 말했다(모사이야서 4:4-11 참조). 그는 사람이 하나님의 축복과 사랑을 받으면 죄 사함을 간직하고, 바르고 참된 지식을 얻게 되며, 서로 상하게 하는 마음을 갖지 않고 도리어 평화롭게 살려 하며, 자녀를 올바르게 키우고, 도움을 필요로 하는 자들을 구제할 것이며, 궁핍한 자들과 재물을 나누며, 자신이 가진 힘보다 더 빨리 달리지 않으며, 빌린 것은 되돌려 주어야 한다고 가르쳤다. 그리고 그는 다음과 같은 훈계로써 말을 마쳤다.

> …만일 너희가 너희 자신과 너희의 생각과 너희의 말과 너희의 행실을 살피고 하나님의 계명을 준행하고, 우리 주의 오심에 관하여 너희가 들은 것을 믿는 신앙 안에 계속하여 거하되, 실로 너희 생애의 끝까지 그리하지 아니하면, 너희가 반드시 멸망하리라. 그런즉 이제 오 사람아, 기억하고 멸망하지 말지어다. (모사이야서 4:30)

> 그러므로 나는 너희가 굳건하고 흔들리지 아니하며, 항상 선한 행실이 가득하여, 전능하신 주 하나님이신 그리스도께서 너희를 자기 것으로 인 치시어, 너희로 하늘에 인도되게 하시고, 하늘과 땅의 만물을 창조하시고, 만유 위에 하나님이 되시는 이의 지혜와 권능과 공의와 자비를 통하여 영원한 구원과 영생을 갖게 하시기를 바라노라. 아멘. (모사이야서 5:15)

베냐민 왕이 말을 마치자 백성들은 또다시 한목소리로 부르짖어 그의 말씀을 모두 믿으며 여생을 하나님의 뜻을 행하고 그의 계명에 순종하기로 성약을 맺기를 바란다고 말했다. 이날 영적으로 태어난 그들은 스스로를 그리스도의 자녀라고 불렀다(모사이야서 6:1-2 참조). 베냐민 왕은 이 말씀을 하고 삼 년 후인 기원전 124년에 숨을 거두었다(모사이야서 6:5 참조).

선지자 모로나이가 준 여덟 가지의 마지막 권고 (모로나이서 10장)

성경은 각 책과 서한의 저자들 사이에 연속성이 거의 없는 반면, 몰몬경은 첫 번째 저자인 니파이부터 마지막 저자인 모로나이까지 줄곧 연속성을 가지고 있다. 몰몬경의 마지막 저자인 모로나이는 이 책을 읽을 미래의 독자들과 레이맨인들의 후손들에게 마지막 말씀을 남겼다. 그는 미래의 독자들에게 주는 마지막 말씀으로 여덟 가지를 권면하며 몰몬경을 끝맺은 다음, 서기 421년 그 판들을 땅에 묻어 인봉했다(모로나이서 10:1-2 참조).

권면 1 : 이 책을 읽고 주께서 얼마나 자비로우셨던가를 깊이 생각하라

보라, 내가 너희를 권면하거니와, 너희가 이를 읽는 것이 하나님 안에 있는 지혜일진대, 너희가 이 기록을 읽게 되거든, 너희는 아담이 창조된 때로부터 너희가 이 기록을 받게 될 때까지 주께서 사람의 자녀들에게 얼마나 자비로우셨던가를 기억하고, 그것을 너희 마음에 깊이 생각하라. (모로나이서 10:3)

권면 2 : 이 책이 참되지 아니한지 그리스도의 이름으로 하나님께 간구하면 성신이 그것의 참됨을 드러내어 주시리라

또 너희가 이 기록을 받거든, 내가 너희를 권면하거니와, 너희는 혹 이 기록이 참되지 아니한지 그리스도의 이름으로 영원하신 하나님 아버지께 간구하여 보라. 너희가 만일 그리스도를 믿는 신앙을 가지고, 진정한 의도를 지니며, 진실한 마음으로 간구할진대, 그는 성신의 권능으로 너희에게 이것의 참됨을 드러내어 주시리라.

또 성신의 권능으로 너희는 모든 것의 참됨을 알게 되리라.

또 무엇이든지 선한 것은 바르고 참된지라, 그러므로 무엇이라도 선한 것은 그리스도를 부인하지 아니하고 그가 계심을 인정하느니라. (모로나이서 10:4-6)

권면 3 : 하나님의 권능을 부인하지 말라

이에 너희가 성신의 권능으로 그가 계심을 알리로다. 그런즉 내가 너희를 권면하노니, 너희는 하나님의 권능을 부인하지 말라. 이는 그가 사람의 자녀들의 신앙을 따라 권능으로써 역사하심이 오늘이나 내일이나 영원토록 동일하심이니라. (모로나이서 10:7)

권면 4 : 하나님의 영의 나타나심으로 사람들에게 주어지는 하나님의 은사를 부인하지 말라

그리고 또 나의 형제들아, 내가 너희를 권면하노니, 너희는 하나님의 은

사를 부인하지 말라. 이는 은사가 많음이요, 그것들이 같은 하나님에게서 옴이니라. 또 이러한 은사들이 베풀어지는 데도 여러 가지 길이 있으나, 모든 것 안에서 모든 것을 역사하시는 이는 같은 하나님이시요, 이러한 것이 하나님의 영의 나타나심으로 사람들에게 주어지는 것은 그들을 유익하게 하려는 것이니라.

이는 보라, 어떤 이에게는 하나님의 영으로 말미암아 지혜의 말씀을 가르치게 하여 주시니라.

또 다른 이에게는 같은 영으로 지식의 말씀을 가르치게 하여 주시니라.

또 다른 이에게는 심히 큰 신앙을, 또 다른 이에게는 같은 영으로 병 고침의 은사를,

그리고 또 다른 이에게는 능한 기적 행함을,

그리고 또 다른 이에게는 모든 것에 관하여 예언함을,

그리고 또 다른 이에게는 천사들과 성역을 베푸는 영들을 봄을,

그리고 또 다른 이에게는 온갖 방언을,

그리고 또 다른 이에게는 언어들과 각종 방언 통역함을 주심이니,

이 모든 은사가 그리스도의 영으로 말미암아 오며, 그가 원하시는 대로 모든 사람에게 각각 임하느니라. (모로나이서 10:8-17)

권면 5: 모든 선한 은사는 그리스도에게서 오는 것임을 기억하라

또 나의 사랑하는 형제들아, 내가 너희를 권면하노니, 너희는 모든 선한 은사가 그리스도에게서 오는 것임을 기억하라. (모로나이서 10:18)

권면 6: 영적인 은사를 기억하고, 구원을 받으려면 신앙, 소망, 사랑이 있어야 함을 기억하라

또 내 사랑하는 형제들아, 내가 너희를 권면하노니, 너희는 그가 어제나 오늘이나 영원토록 동일하심과 내가 말한 이 모든 영적인 은사가 사람의 자녀들의 믿지 않음을 따라서가 아니고는 세상이 존재하는 동안 결코 폐하여지지 아니할 것임을 기억하라.

그런즉 반드시 신앙이 있어야 하며, 반드시 신앙이 있어야 할진대 또한 반드시 소망이 있어야 하며, 반드시 소망이 있어야 할진대 또한 반드시 사랑이 있어야 하느니라.
또 너희에게 사랑이 있지 아니하면 너희가 결단코 하나님의 나라에서 구원받을 수 없고, 너희에게 신앙이 없어도 하나님의 나라에서 구원받을 수 없으며, 너희에게 소망이 없어도 구원받을 수 없느니라.
또 만일 너희에게 소망이 없으면 너희가 반드시 절망하리니, 절망은 죄악으로 인하여 오는도다.
그러나 그리스도께서는 진실로 우리 조상들에게 말씀하시기를, 만일 너희에게 신앙이 있으면 내게 합당한 것은 무엇이라도 다 행할 수 있으리라 하셨느니라.
이에 이제 내가 땅의 모든 끝에게 말하노니—만일 너희 가운데 하나님의 권능과 은사가 폐하여지는 날이 이르면 그것은 믿지 않음으로 인함일 것이니라.
또 만일 그러할진대 사람의 자녀들에게 화 있을진저, 이는 너희 중에 선을 행하는 자가 없되, 하나도 없을 것임이니, 이는 만일 너희 중에 선을 행하는 자가 있다면 그는 하나님의 권능과 은사로 역사할 것임이니라.
또 이러한 것을 폐하고 죽을 자들에게 화 있나니, 이는 그들이 그들의 죄 가운데 죽고, 하나님의 나라에서 구원받을 수 없음이라. 내가 그리스도의 말씀대로 이를 말하고 거짓말하지 아니하노라. (모로나이서 10: 19-26)

권면 7: 하나님의 말씀은 대대로 울려 퍼질 것임을 기억하라

이에 내가 너희에게 권하노니, 너희는 이러한 것을 기억하라. 이는 내가 거짓말 아니하는 줄 너희가 알게 될 때가 속히 이름이니, 이는 너희가 하나님의 심판대에서 나를 볼 것이요, 주 하나님께서는 너희에게 이르시기를, 이 사람이 기록한 나의 말을 내가 죽은 자 가운데서 외치는 자 같이 참으로 티끌에서 말하는 자같이 너희에게 선포하지 아니하였느냐 하실 것이니라.

내가 이러한 것을 선포하여 예언을 이루노니, 보라, 그것은 영원하신 하나님의 입에서 나아올 것이요, 그의 말씀은 대대로 울려 퍼질 것이니라. 또 하나님께서는 내가 기록한 것들이 참됨을 너희에게 보이시리라. (모로나이서 10:27-29)

권면 8 : 그리스도에게로 나아와 그의 안에서 온전하게 되라

또 내가 거듭 너희를 권면하노니 너희는 그리스도에게로 나아와 모든 선한 은사를 붙들고 악한 은사나 부정한 것은 손대지 말라.

그리고 예루살렘이여, 깨어나 티끌에서 일어나라. 또한 시온의 딸아, 네 아름다운 옷을 입으며 너의 말뚝을 견고히 하고 네 경계를 영원히 넓혀 다시는 혼란하게 되지 않게 하고, 그리하여 이스라엘의 집이여, 네게 맺으신 영원하신 아버지의 성약이 성취되게 하라.

참으로 그리스도에게로 나아와, 그의 안에서 온전하게 되고, 모든 경건하지 아니한 것을 거부하라. 너희가 만일 모든 경건하지 아니한 것을 거부하고, 너희의 능력과 생각과 힘을 다하여 하나님을 사랑할 것 같으면, 그러면 그의 은혜가 너희에게 족하니, 그의 은혜로 너희가 그리스도 안에서 온전하게 될지라, 또 만일 하나님의 은혜로 너희가 그리스도 안에서 온전하면, 너희가 결단코 하나님의 권능을 부인할 수 없으리로다.

그리고 또, 너희가 만일 하나님의 은혜로 그리스도 안에서 온전하고 그의 권능을 부인하지 아니하면, 그러면 너희가 그리스도의 피 흘리심을 통하여 하나님의 은혜로 그리스도 안에서 성결하게 되나니, 이 피 흘리심은 아버지의 성약 안에서 너희의 죄 사함을 위한 것으로서 너희를 거룩하며 흠 없게 되게 하는 것이니라. (모로나이 10:30-33)

모로나이는 이렇게 여덟 가지를 권면한 후, 독자들에게 산 자와 죽은 자의 영원한 재판관이신 위대한 여호와의 기쁜 심판대 앞에서 만날 것을 권유하면서 작별을 고한다.

> 그리고 이제 나는 모든 이에게 작별을 고하노니, 내가 곧 하나님의 낙원으로 가서 쉬리로다. 그리하여 나의 영과 육신이 다시 재결합하고, 내가 공중에서 승리자로 나아와, 산 자와 죽은 자의 영원한 재판관이신 위대한 여호와의 기쁜 심판대 앞에서 너희를 만나리라. 아멘. (모로나이서 10:34)

모로나이의 여덟 가지 권면 중, 첫 번째, 두 번째, 그리고 일곱 번째 권면은 몰몬경의 참됨에 관한 것이고, 세 번째 권면은 신앙과 하나님의 권능에 관한 것이고, 네 번째, 다섯 번째, 그리고 여섯 번째 권면은 하나님의 은사에 관한 것이며, 여덟 번째 권면은 그리스도에게로 나아와 그의 속죄의 피를 통하여 그의 은혜로 온전하고 성결하게 됨에 관한 것이다. 따라서, 몰몬경에 남긴 모로나이의 마지막 말은 그리스도에게로 나아와 그의 자비로운 속죄의 피를 통하여 그 안에서 온전하고 성결하게 되라고 권유하는 것이다.

이와 같이 모로나이는 그리스도 안에서 온전하고 성결하게 되라고 진지하게 권면하고 훈계한 다음, 몰몬경을 읽을 모든 사람들에게 (예수 그리스도의 이름으로가 아닌) 위대한 여호와의 이름으로 작별을 고했다. 몰몬경에서 여호와의 이름이 사용된 곳은 이곳뿐이다(한 가지 예외는 니파이가 니파이후서 22:2에서 인용한 이사야 12:2이다). 모로나이는 몰몬경 전체의 맨 마지막 문장에 여호와라는 칭호를 사용함으로써, 여호와는 몰몬경의 모든 저자들이 증거한 예수 그리스도이심을 가르치려고 한 것 같다. 이것은 또한 몰몬경 전체를 이스라엘의 하나님이신 여호와께 헌정한다는 상징일 수도 있다.

첫 번째 저자인 니파이의 마지막 말은 그리스도를 믿고 주께 순종하라는 것이었다. 마지막 저자인 모로나이의 마지막 말도 예수님 앞에 나와 온전하게 되며 예수님 안에서 성결하게 되라는 권면이었다. 이것은 요셉 지파의 니파이인들은 그리스도인들이었으며 몰몬경은 진실로 기독교 경전임을 확실하게 확인해 준다.

제9장

몰몬경의 독특한 예언들

◆
◆

또 그때 새 예루살렘이 임하나니, 거기 거하는 자들은 복이 있도다. 이는 저희가 그 옷이 어린 양의 피를 통하여 희게 된 자들임이요, 또 저희는 이스라엘의 집에 속한 요셉 자손의 남은 자 가운데 헤아림을 받는 자들임이라.
그리고 그때에 또한 옛 예루살렘이 임하나니, 그 주민들 그들에게 복이 있도다. 이는 그들이 어린 양의 피에 씻겼음이요, 또 그들은 흩음을 당하였다가 땅의 사방에서와 북쪽 지방에서 모음을 입고, 하나님이 그들 조상 아브라함과 세우신 성약을 이루는 일에 참여하는 자들임이라.
또 이러한 일들이 이를 때 말하기를, 먼저 된 자로서 나중 될 자들이 있고, 나중 된 자로서 먼저 될 자들이 있다 하는 경전이 이루어지리로다. (이더서 13:10-12)

◆
◆

몰몬경에는 성경에서는 찾아볼 수 없는 독특한 예언들이 있으며, 대부분 니파이전서 10-15, 22장, 니파이후서 3, 25-33장, 야곱서 5장, 제3니파이 16, 20-21, 26-27, 29장, 몰몬서 7-8장, 이더서 3-5, 13장에 있다. 이 구절들은 각각 특정한 예언들을 포함하고 있지만, 특히 야곱서 5장에는 이스라엘 백성의 분산과 집합에 관한 전 과정이 실려 있다. 이 장에서는 먼저 야곱서 5장에 나오는 감람나무의 비유를 요약한다. 나머지 예언들은 하나로 묶어 세 가지 범주, 즉 이미 성취된 예언들, 현재 성취되고 있는 예언들, 아직 성취되지 않은 예언들로 나누어 검토한다.

◆ 야곱이 인용한 지노스의 감람나무의 비유 (야곱서 5장)

기원전 544년, 야곱은 선지자 지노스의 말을 인용하여 이스라엘 백성의 분산과 집합에 관하여 세상의 끝까지 그 전경을 보여주었다. 이 감람나무의 비유[1]는 유대-기독교 역사 및 성경의 몇몇 예언들과 밀접한 관련이 있다. 요한계시록이 세상의 종말에 관한 책이라면, 이 비유는 이스라엘 백성의 분산과 집합에 관한 책이 될 수 있다.

감람나무의 비유의 개요

이 비유는 다음과 같이 몇 가지의 중요한 단계로 나눌 수 있다. 초기 상태 및 접목(즉, 분산), 처음 방문 시 관찰된 좋은 열매와 영양 상태, 두 번째 방문 시 관찰된 나쁜 열매와 썩은 상태(즉, 배도), 나중 된 것부터 먼저 된 것 순서로 재접목(즉, 집합) 및 영양 공급, 최후의 심판과 포도원을 불사름이다.

초기 상태 및 분산

제1-14절의 비유에서는 뿌리는 실하나 가지 끝은 썩어가고 있는 가꾼 감람나무의 초기 상태를 설명한다. 포도원의 주는 종에게 명하여 나쁜 가지들을 쳐내고 나무에 거름을 주라고 했으며, 그 결과 어리고 연한 가지가 자라났다. 주는 또 종에게 명하여 원나무의 어리고 연한 가지들을 여러 곳에 있는 들나무에 접목시키고, 들나무의 가지들은 가꾼 감람나무에 접목시키라고 했다.

주의 첫 번째 방문과 좋은 열매

제15-28절에서는 오랜 세월이 지난 후 주가 그의 종과 함께 포도원에 내려갔고, 거기서 전반적으로 좋은 결과를 보았다. 들가지를 접목시킨 가꾼 나무와 원가지를 접목시킨 들나무가 모두, 가장 척박한 땅에 심은 것 조차도, 좋은 열매를 맺었다. 그러나, 좋은 땅에 심은 나무 중 일부는 좋은 열매를 맺고 어떤 나무는 나쁜 열매를 맺었다. 주는 나쁜 것들을 불살라 버

---

1 사도 바울도 로마서 11:16-21에서 감람나무의 가지를 접목시키는 비유를 사용했다.

리라고 했으나 종은 그것들을 남겨 두자고 주를 설득한 다음, 좋은 열매를 수확하기 위하여 포도원에서 계속 일한다.

주의 두 번째 방문과 나쁜 열매

제29-51절에서는 오랜 세월이 지난 후 절기가 끝나갈 무렵, 주와 그의 종이 함께 두 번째로 포도원에 내려와서 보니 모든 나무가 온갖 종류의 열매를 맺었는데 대부분은 못 쓰게 된 것들이었다. 접목된 들가지가 가꾼 나무의 좋은 뿌리를 뒤덮으며 나쁜 열매를 많이 맺고 있었다. 들나무에 접목된 원가지도 모두 못쓰게 되었고, 좋은 가지들은 말라 죽어 버렸다. 주는 처음에 바랐던 대로 좋은 땅에 심은 나쁜 가지들을 불사르지 않았던 것을 한탄하며 후회했다. 종은 가지가 웃자라 뿌리를 이긴 것이 문제라고 설명한다. 주와 종은 나무에 거름을 주고 조금 더 살려두기로 결정한다.

끝 무렵 집합: 나중 된 것이 먼저 되고, 먼저 된 것이 나중 됨

제52-76절에서 포도원의 주는 종에게 끝이 가까워 오니 원가지들을 어미 나무에 다시 접붙여 가장 쓴 열매를 맺는 가지들과 바꾸라고 명하였다. 주는 또 종에게 다른 종들도 데려와 좋은 열매를 맺도록 마지막으로 한 번 더 노력해 보라고 명하였으나 일할 수 있는 종들의 수가 적었다.

주의 종들은 원가지들을 어미 나무에 다시 접목시킨 후 힘을 다하여 나무에 거름을 주고 손질했다. 필요에 따라 나쁜 가지들을 쳐내고 불살라 버림으로써 뿌리와 가지의 힘을 동등하게 유지했다. 주는 종들에게 마지막으로 나무에 거름을 주되 나중 된 것에서 시작하여 그것들로 먼저 되게 하고, 먼저 된 것으로 나중 되게 하라고 명했다. 이 복원 작업은 성공적이었으며, 나무들은 좋은 열매를 많이 맺었다. 주는 이 열매가 처음부터 귀한 것이었다고 말했다.

최후의 심판과 포도원 전체를 불사름

제77절에서 설명된 바와 같이, 못된 열매가 포도원에 다시 들어올 때

가 이르면, 주는 좋은 것과 나쁜 것을 모으게 하여 좋은 것은 보전하고 나쁜 것은 제자리에 던져 버릴 것이다. 그러고 나면 절기의 끝이 오고 주가 포도원 전체를 불에 살라지게 할 것이다.

이 비유를 유대-기독교 역사 및 마지막 경륜의 시대에 일어날 일들에 대한 예언과 관련지어 해석할 때 다양한 의견이 있지만, 다음은 그 의견들을 서로 관련시킬 수 있는 한 가지 방법이 될 것이다.

아브라함이 참된 하나님을 예배하기 위하여 하란에서 가나안으로 이주하고, 히브리인들은 모세를 통하여 여호와의 지시 아래 애굽에서 가나안 땅으로 돌아온 후, 세 번의 큰 흩어짐이 있었다.

· 첫째, 기원전 721년 앗수르에 의한 북왕국의 흩어짐 (잃어버린 열 지파의 흩어짐)
· 둘째, 기원전 587년 바벨론에 의한 남왕국의 흩어짐
· 셋째, 서기 70년 로마에 의한 유대인의 흩어짐과 예루살렘의 큰 멸망

기원전 600-592년 동안에도 작은 무리의 요셉인들이 훌륭한 땅(약속의 땅 또는 미 대륙)으로 이주했고 이들은 니파이인과 레이맨인의 두 무리로 나누어졌다. 니파이인들은 의로웠고(좋은 열매), 레이맨인들은 사악했다(나쁜 열매).

포도원의 주가 첫 번째로 돌아옴을 나타내는 것으로써 예수 그리스도께서 탄생하셔서 유대인 가운데 거주하셨다. 또한 그는 죽음과 부활 후에 니파이인들을 방문하셨다. 예수 그리스도와 사도들의 성역 이후 이방인으로부터 배도가 시작되어 오랫동안 성행하였다. 서기 400년경 미 대륙에서는 레이맨인들이 니파이인들을 전멸시켰다. 이러한 많은 역사적 사건은 지노스의 비유에 나오는 이야기에 꼭 들어맞는다.

절기가 끝날 무렵 주가 포도원으로 두 번째로 돌아온 후, 재접목(집합)이 이루어졌고, 더 많은 종들이 부름을 받아 나무에 거름을 주고, 도처의

나쁜 가지와 잡초들을 쳐내고, 뿌리와 가지의 힘을 동등하게 유지하는 등, 나무가 좋은 열매를 맺도록 열심히 일했다. 이것은 19세기 초의 주요 회복 사건들과 들어맞는다.

· 예수 그리스도께서 시현을 통하여 조셉 스미스를 방문하심
· 몰몬경의 출현. 이 책의 출판과 함께 이스라엘의 집합이 시작될 것이라고 예수 그리스도께서 가르치심
· 조셉 스미스가 신권의 열쇠를 받음
· 많은 사람이 회복의 사업에 부름을 받음

이러한 사건들은, 19세기 말 유럽에서 일어난 테오도르 헤즐[2]의 시온주의 운동의 시작, 서기 1917년의 벨푸어 선언[3], 서기 1948년 국제 연합의 유대 국가 재건 등과 같은 유대인의 다른 집합 운동과 일치한다. 예수 그리스도의 참된 복음은 19세기에 요셉인들을 통하여 먼저 회복되었고, 유대인들은 20세기에 고국으로 집합하고 있었으며, 그중 일부는 예수 그리스도의 참된 복음이 회복된 것을 알게 되었다. 이러한 계기들은 나중 된 것이 먼저 되고 먼저 된 것이 나중 된다는 예언의 성취일 것이다.

세상의 끝은 아직 오지 않았다. 최후의 심판이 있기 전에, 악마가 돌아와 사람들을 다시 속일 것이다. 최후의 심판이 끝나면, 의인과 악인은 응분의 보상 또는 벌을 받을 것이며, 지구 전체는 불에 탈 것이다.

---

2 자세한 정보는 다음 사이트를 참조한다.
https://www.jewishvirtuallibrary.org/quot-the-jewish-state-quot-theodor-herzl

3 자세한 정보는 다음 사이트를 참조한다.
https://www.history.com/topics/balfour-declaration

◆ 이미 성취된 예언들

다음 목록은 몰몬경에 나오는 예언들이 성취된 예를 보여준다.

예루살렘의 멸망 및 유대인의 흩어짐

<table>
<tr><th>예언</th><th>선지자 및 예언의 시점</th><th>경전 구절</th><th>역사적 성취</th></tr>
<tr><td rowspan="4">예루살렘이 멸망할 것이다.</td><td rowspan="4">리하이 (기원전 600-592년)</td><td>니파이전서 1:4</td><td rowspan="5">유다 왕국이 바벨론에게 정복되었고, 예루살렘은 기원전 587년에 멸망했다. 많은 사람들이 바벨론으로 잡혀갔다.</td></tr>
<tr><td>니파이전서 1:13</td></tr>
<tr><td>니파이전서 10:3</td></tr>
<tr><td>니파이후서 1:4</td></tr>
<tr><td>유대인들이 바벨론으로 사로잡혀 갔을 것이다.</td><td>니파이 (기원전 559-545년)</td><td>니파이후서 25:10</td></tr>
<tr><td rowspan="2">유대인들이 예루살렘으로 돌아올 것이다.</td><td>리하이(기원전 600-592년)</td><td>니파이전서 10:3</td><td rowspan="2">페르시아가 바벨론을 정복했고, 기원전 520년경부터 유대인들이 예루살렘으로 돌아가는 것을 허용했다.</td></tr>
<tr><td>니파이(기원전 559-545년)</td><td>니파이후서 25:11</td></tr>
<tr><td>예루살렘은 예수님의 성역 이후 두 번째로 다시 멸망할 것이다.</td><td>니파이(기원전 559-545년)</td><td>니파이후서 25:14-15</td><td>로마가 서기 70년 예루살렘을 멸망시켰고, 유대인들은 전 세계로 흩어졌다.</td></tr>
</table>

레이맨인과 니파이인

예언	선지자 및 예언의 시점	경전 구절	역사적 성취
레이맨인들은 멸망하지 않으나 니파이인들은 결국 레이맨인들에 의해 멸망될 것이다.	니파이(기원전 600-592년)	니파이전서 13:30-31	"수천 년이 지난 후 레이맨인을 제외한 모든 민족이 멸망되었다." (몰몬경, 소개)
이방인들이 레이맨인들을 완전히 멸하지는 않을 것이다.	니파이(기원전 600-592년)	니파이전서 13:30-31	

예수 그리스도의 복음의 회복과 몰몬경

예언	선지자 및 예언의 시점	경전 구절	역사적 성취
후일[역자 주: 이 장에서의 모든 후일(latter day)은 마지막 경륜의 시대를 뜻함]에 회복의 선지자가 그의 부친의 이름을 따라 조셉(요셉)이라 불릴 것이며, 애굽의 요셉과도 이름이 같을 것이다.	리하이(기원전 588-570년)	니파이후서 3:7-8, 15	조셉 스미스의 이름은 아버지의 이름을 따서 지었다.(그는 셋째 아들로 태어났다.)

4 이사야 29:14에도 이와 비슷한 예언이 있다.

<table>
<tr><td rowspan="4">후일의 이방인들 가운데 회복의 기이한 일이 나타날 것이다[4].</td><td rowspan="3">니파이(기원전 588-545년)</td><td>니파이전서 22:8</td><td rowspan="4">조셉 스미스는 첫 번째 시현을 보았고(서기 1820년), 몰몬경을 번역했고(서기 1829년), 신권과 그 열쇠들을 받았으며(서기 1829년, 1836년), 교회를 조직했다(서기 1830년).</td></tr>
<tr><td>니파이후서 27:26</td></tr>
<tr><td>니파이후서 29:1</td></tr>
<tr><td>부활하신 예수 그리스도 (서기 34년)</td><td>제3니파이 21:9</td></tr>
<tr><td>예수께서 후일에 한 사람을 통하여 아버지의 일을 선포할 것이다.</td><td>부활하신 예수 그리스도 (서기 34년)</td><td>제3니파이 21:9</td><td>조셉 스미스는 후일에 선지자로 부름받았다.</td></tr>
<tr><td>성경과 몰몬경은 함께 자랄 것이다.</td><td>리하이 (기원전 588-570년)</td><td>니파이후서 3:12</td><td>두 경전은 함께 예수 그리스도를 증거하고 있다.</td></tr>
<tr><td>세 명의 증인과 몇 사람이 그 책(금판)을 볼 것이다.</td><td>니파이(기원전 559-545년)</td><td>니파이후서 27:12-13</td><td>금판을 본 세 명의 증인[5]은 올리버 카우드리, 데이비드 휘트머, 마틴 해리스이다.</td></tr>
<tr><td>한 학자가 말하기를 "책을 이리로 가져오라. 그리하면 내가 그것을 읽겠노라" 하리라. 그 사람이 이르기를 "나는 그 책을 가져 올 수 없나니 이는 그것이 봉해져 있음이라" 하리라. 그러면 그 학자가 말하기를 "나는 그것을 읽을 수 없다" 하리라.</td><td>니파이(기원전 559-545년)</td><td>니파이후서 27:15-18</td><td>서기 1828년 마틴 해리스가 안톤 교수와 이러한 내용의 대화를 나누었다.</td></tr>
</table>

몰몬경은 성경의 믿음을 고취시키기 위해 쓰여졌다. 성경을 믿으면 몰몬경도 믿게 된다.	몰몬 (서기 385년경)	몰몬서 7:9	몰몬경은 예수 그리스도의 또 하나의 성약이며, 성경을 더 잘 이해하도록 돕는다.
몰몬경이 출현한 후, 유대인들이 팔레스타인 지역으로 돌아오기 시작할 것이다.	부활하신 예수 그리스도 (서기 34년)	제3니파이 21:7, 26-28	예: 19세기 말 테오도르 헤즐의 시온주의 운동의 시작, 벨푸어 선언(서기 1917년), 국제 연합의 유대 국가 재건 (서기 1948년)
	몰몬 (서기 362년)	몰몬서 3:17	
	모로나이(서기 400-421년)	이더서 4:17	

이방인에 의한 교회의 설립과 성경의 출현

예언	선지자 및 예언의 시점	경전 구절	역사적 성취
이방인들에 의해 큰 교회가 형성되어 많은 사악함을 가져올 것이다.	니파이(기원전 600-592년)	니파이전서 13:4-9	4세기부터 조직된 기독교가 생겨나기 시작했다.
열두 사도가 기록한 충만한 복음이 실려 있는 유대인의 기록(성경)이 순수한 그대로 이방인들에게 나아갈 것이다.	니파이(기원전 600-592년)	니파이전서 13:24	신약의 원본이 없어지고 많은 사본들이 생겨났다.

5 서기 1829년에 작성된 세 증인의 증언은 몰몬경의 소개 부분에 포함되어 있으며, 그들은 "니파이 백성과 또한 그들의 형제 레이맨인과 또한 이미 언급한 탑에서 온 야렛 백성의 기록인 이 기록이 실려 있는 판을 보았노라"라고 명시하고 있다.

성경에서 명백하고 귀한 부분과 성약이 제하여짐으로 인해 많은 자들이 실족하여 넘어질 것이다.	니파이(기원전 600-592년)	니파이전서 13:26-29	종파마다 성경에 대한 주장과 해석이 각기 다르다.
예수께서 니파이인들을 방문하셔서 명백하고 진귀한 부분을 전하여 줄 것이나 그 기록은 숨겨질 것이다. 그 기록은 이방인들이 실족하여 넘어진 후 그들에게 나아오게 될 것이다.	니파이(기원전 600-592년)	니파이전서 13:34-35	서기 421년 모로나이는 금판을 숨겼다. 오랜 기간의 배도가 있은 후, 서기 1830년 몰몬경이 출판되었고 그 책에서 성경의 누락된 부분을 찾을 수 있다.
단지 두 개의 교회만 있을 것이다. 하나는 하나님의 어린 양의 교회이며, 다른 하나는 악마의 교회이다. 전자는 전 세계적으로 존재하지만 그 규모가 작고, 후자는 전 세계적으로 존재하며 그 규모도 크다.	니파이(기원전 600-592년)	니파이전서 14:10-13	기독교회는 기본적으로 두 개의 가지만 존재한다. 하나는 유대-기독교회이고 다른 하나는 예수 그리스도 후기 성도 교회이다. 후자는 그 규모에 있어서 전자의 1퍼센트도 안 된다.
악마의 교회가 시작되고 모든 나라에 전쟁과 전쟁의 소문이 있을 것이다.	니파이(기원전 600-592년)	니파이전서 14:15-17	역사적으로 유대-기독교회가 시작했거나 유발시킨 전쟁이 다수 있었다.
사도 요한은 세상의 종말에 관하여 기록할 것이다. 원본에는 명백하고 진귀한 부분이 실려 있다.	니파이 (기원전 600-592년) 모로나이 (서기 400-421년)	니파이전서 14:22-27 이더서 4:16	사도 요한의 계시록은 서기 419년 정경에 포함되었지만 그 진위 여부는 100% 확실하지는 않다.

예수 그리스도의 생애와 성역 (자세한 내용은 이 책의 1–3장을 참조한다)

<table>
<tr><th>예언</th><th>선지자 및
예언의 시점</th><th>경전 구절</th><th>역사적 성취</th></tr>
<tr><td rowspan="2">리하이가 예루살렘을 떠난 지 600년 후 탄생하심</td><td>리하이(기원전 600-592년)</td><td>니파이전서 10:4</td><td rowspan="4">이 예언들의 성취는 마태, 마가, 누가, 요한에 의해 신약의 사복음서에 기록되어 있다.</td></tr>
<tr><td>니파이(기원전 559-545년)</td><td>니파이후서 25:19</td></tr>
<tr><td rowspan="2">그의 이름은 예수요 그 모친의 이름은 마리아라.</td><td>베냐민 왕
(기원전 124년)</td><td>모사이야서 3:8</td></tr>
<tr><td>앨마
(기원전 83년)</td><td>앨마서 7:10</td></tr>
<tr><td>그는 침례 요한에게서 침례를 받을 것이다.</td><td>니파이(기원전 600-592년)</td><td>니파이전서 10:9-10</td><td rowspan="4">이 예언들의 성취는 마태, 마가, 누가, 요한에 의해 신약의 사복음서에 기록되어 있다.</td></tr>
<tr><td rowspan="2">예수 그리스도의 성역</td><td>베냐민 왕
(기원전 124년)</td><td>모사이야서 3:2-9</td></tr>
<tr><td>앨마
(기원전 83년)</td><td>앨마서 7:9-13</td></tr>
<tr><td>유대인들은 예수를 십자가에 못 박을 것이나 그는 삼 일만에 일어나실 것이다.</td><td>니파이(기원전 559-545년)</td><td>니파이후서 25:12</td></tr>
</table>

약속의 땅 (미 대륙 땅)

예언	선지자 및 예언의 시점	경전 구절	역사적 성취
한 이방인이 대양을 건너 레이맨인들이 사는 약속의 땅에 도착할 것이다.	니파이(기원전 600-592년)	니파이전서 13:12	서기 1492년 콜럼버스가 서인도제도를 발견했다.

많은 이방 백인들이 약속의 땅으로 나아와 레이맨인들을 흩어놓을 것이다.	니파이(기원전 600-592년)	니파이전서 13:14-15	17-19세기에 유럽의 개척자들이 신대륙으로 이주하여 아메리칸 인디언들과의 전쟁에서 이기고 그들을 흩어 놓았다.
이주한 이방 백인들은 그들의 조국을 대적하여 전쟁을 일으킬 것이며, 그들은 주님의 축복으로 그 전쟁에서 승리할 것이다.	니파이(기원전 600-592년)	니파이전서 13:17-19	새로운 식민지 개척자들은 유럽의 국가들과 싸운 독립 전쟁에서 승리하고 독립 국가를 건설했다(미국의 경우: 서기 1776년).
이 이방인들은 선지자들의 예언과 열두 사도의 기록이 담긴 유대인의 책을 가져올 것이다. 이 책은 그들에게 큰 가치가 있을 것이다.	니파이(기원전 600-592년)	니파이전서 13:20-25	성경은 유럽에서 온 개척자들이 그들의 종교를 지키고 학문을 쌓는 데 소중한 역할을 했다.
주님은 이 땅에 야곱의 남은 자들이 이방인으로부터 복음을 들을 수 있는 자유로운 사회를 건설할 것이다.	부활하신 예수 그리스도 (서기 34년)	제3니파이 21:4	회복된 복음은 조셉 스미스 시대부터 북미와 남미의 아메리칸 인디언들에게도 전해졌다.

◆ 성취 중인 예언들

어떤 예언들은 계속 성취되는 과정에 있다.

예언	선지자 및 예언의 시점	경전 구절	역사적 성취
하나님의 어린 양의 교회에 속한 성약의 백성들이 하나님의 의와 권능으로 무장될 것이다.	니파이(기원전 600-592년)	니파이전서 14:14	예수 그리스도 후기 성도 교회에는 충실하고 의로운 성도들이 많다.
많은 이방인들이 "하나의 성경, 하나의 성경, 우리에게는 하나의 성경이 있으니 더 이상의 성경이 있을 수 없도다" 하면서 몰몬경을 거절할 것이다.	니파이(기원전 559-545년)	니파이후서 29:3, 6	많은 기독교인들이 정경화된 성경에 더이상 보탤 것이 없다고 믿으며, 그 외의 경전은 받아들이지 않는다.
마지막 날에 많은 거짓 교회가 재물의 이익을 얻으려 세워질 것이며, 하나님의 권능을 부인할 것이며, 자신의 계율을 가르칠 것이다.	니파이(기원전 559-545년)	니파이전서 22:23 니파이후서 28:3-6	모든 교회에는 정직하고 의로운 사람들이 많이 있지만, 오늘날에도 이러한 부류에 속하는 교회나 성직자들이 있다.
이 땅은 다른 나라의 속박에서 자유롭게 될 택함 받은 땅이다.	모로나이(서기 400-421년)	이더서 2:12	미 대륙의 국가들은 독립 이래 외세의 지배를 받지 않은 자유 국가들이다.

<table>
<tr><td rowspan="2">성약의 백성들이 그들의 기업의 땅인 예루살렘으로 집합할 것이다.</td><td rowspan="2">부활하신 예수께서 아버지의 말씀을 인용[6] (서기 34년)</td><td>제3니파이 20:29-34</td><td rowspan="6">올슨 하이드 장로는 서기 1841년 유대인의 집합을 위해 예루살렘에서 이스라엘 땅을 헌납했다. 서기 1948년 이스라엘이 건국된 후 유대인들은 이스라엘로 돌아오고 있다. 이스라엘에는 많은 기독교회가 있지만 대부분의 유대인들은 아직 예수님을 그리스도로 받아들이지 않는다.</td></tr>
<tr><td>제3니파이 21:26-28</td></tr>
<tr><td rowspan="3">이 복음의 회복과 이스라엘 백성들의 재집합은 몰몬경이 이방인들에게 나아올 때 시작할 것이다.</td><td rowspan="2">부활하신 예수 그리스도 (서기 34년)</td><td>제3니파이 21:7</td></tr>
<tr><td>제3니파이 21:26-28</td></tr>
<tr><td>몰몬 (서기 380년경)</td><td>제3니파이 29:1</td></tr>
</table>

모로나이의 여섯 가지 예언[7]

선지자 모로나이는 현재와 같은 사회적 상황과 종교적 상황을 가상적으로 묘사하는 다음과 같은 여섯 가지의 예언을 기록했다. 그는 각각의 예언들을 "…는 날에 나아올 것이라"라고 말하며 시작했다. [역자 주: 영문 기준]

> 아무도 이것이 나아오지 아니할 것이라 말할 필요가 없나니, 이는 이것들이 반드시 나아올 것임이라. 이는 주께서 그리 말씀하셨음이니라. 이

---

6 제3니파이20:29-34: "그리고 내가 내 백성과 더불어 세운 성약을 기억하리니, 내가 그들과 성약하기를 나의 정한 때에 내가 그들을 함께 모으고, 그들의 조상들의 땅을 다시 그들에게 주어 그들의 기업으로 삼게 하리라 하였도다. 이는 예루살렘 땅이니 영원히 그들에게 약속된 땅이니라, 아버지께서 말씀하시느니라. 또 이렇게 되리니 곧 내 복음의 충만함이 그들에게 전파될 때가 이르면, 또 그들이 나를, 곧 내가 하나님의 아들 예수 그리스도임을 믿고, 내 이름으로 아버지께 기도할 것이라. 그때 그들의 파수꾼들이 그 소리를 높이며, 소리를 합하여 그들이 노래하리니, 이는 그들의 눈과 눈이 마주 봄이로다. 그때 아버지께서 그들을 다시 함께 모으시고, 그들의 기업의 땅으로 예루살렘을 그들에게 주실 것이라. 그때 그들이 기쁨을 발하리니—너희 예루살렘의 황폐한 곳들아, 함께 노래하라. 이는 아버지께서 그 백성을 위로하셨고 그가 예루살렘을 구속하셨음이라."

7 이 여섯 가지의 예언과 함께 모로나이는 일곱 가지 질문도 하고 있다(몰몬서 8:33, 38, 39, 40 참조).

는 주의 손으로 말미암아 땅에서 이것들이 나아올 터인 즉 아무도 이것을 막지 못할 것임이라. 또 [1] 이는 기적이 폐하여졌다 하는 *날에 나아올 것이요*, 참으로 마치 사람이 죽은 자 가운데서 말하는 것같이 나아올 것이라.

또 [2] 비밀 결사와 어둠의 일로 인하여, 성도들의 피가 주께 부르짖는 *날에 나아올 것이라*.

참으로 [3] 이것은 하나님의 권능이 부인되며, 교회들이 더럽혀지고 그 마음의 교만 중에 자고하게 된 날에, 참으로 교회의 지도자들과 교사들이 그 마음의 교만 중에 일어나 실로 그들의 교회에 속한 자들을 시기하기에 이르는 *날에 나아올 것이라*.

참으로 [4] 이것은 타국 땅에 불과 태풍과 연무가 있음을 듣게 되는 *날에 나타나리니*,

또 그때에 또한 처처에 전쟁과 전쟁의 소문과 지진이 있음을 듣게 되리라.

참으로 [5] 이것은 지구상에 큰 오염이 있는 *날에 나아오리니*, 살인과 강탈과 거짓말과 속임과 음행과 온갖 가증함이 있을 것이라. 그때 많은 자들이 있어 이르기를, 이렇게 하라, 아니면 저렇게 하라, 어찌하든지 상관이 없나니, 이는 마지막 날에 주께서 그러한 자를 붙들어 주실 것임이라 할 것이나, 그러한 자들에게 화 있나니 이는 그들이 쓰디쓴 담즙에 빠져 있고 불의에 매여 있음이라.

참으로 [6] 이것은, 내게로 오라, 너희의 돈으로 인하여 너희가 너희의 죄 사함을 받으리라 하는 교회들이 세워지는 *날에 나아오리라*. (몰몬서 8:26-32, 강조체 첨가)

이 여섯 가지의 예언은 모두 성취되고 있다.

1. 기적을 믿지 않고 하나님의 권능을 부인함
2. 세상에서 어두운 음모를 꾸밈
3. 기독교인과 교회의 타락과 교만

4. 세계 도처에서 발생하는 많은 천재지변
5. 무수히 증가하는 도덕적 오염
6. 면죄부와 같은 교회 내의 돈 거래 또는 돈으로 교회의 지도력을 삼 (예: 장로 또는 집사 직분을 얻기 위해 돈을 지불함)

따라서, 선지자 모로나이는 후일의 기독교 상태와 행태를 잘 알고 있었음이 분명하다.

◆ 성취될 예언들

여기서는 몰몬경의 선지자들이 한 예언 중 아직 성취되지 않은 것들을 검토해 본다. 성취된 몇몇 예언은 명확성을 기하기 위해 여기에 열거한다.

니파이의 예언 (몰몬경의 첫 번째 저자)

니파이전서 12:6-10 (기원전 600-592년)

한 천사는 니파이에게 예수 그리스도의 십이사도들은 최후의 심판에서 이스라엘의 열두 지파를 모두 심판하게 될 것이라고 가르쳤다. 이것은 예수께서 십이사도에게 마태복음 19:28에서 가르쳐 주신 것을 확인해 준다(또한 누가복음 22:30 참조). 그 천사는 또한 니파이인 열두 제자들은 니파이의 후손들을 심판하게 될 것이라고 가르쳤다. 서기 363년 몰몬은 성령이 그에게 똑같은 말씀을 전했다고 기록했다(몰몬서 3:18-19 참조).

니파이전서 22:1-31 (기원전 588-570년)

니파이는 놋쇠판에서 이사야의 말씀을 읽은 후 (제1절 참조) 그의 형제들에게 그들의 질문에 대답하여 가르쳤다. 그는 이스라엘 민족의 분산과 집합 및 세상의 종말에 대한 개요를 교차 대구법 형식[8]으로 가르쳤다. 분산과 집합은 이미 성취되었거나 현재 성취되는 과정에 있지만(2-12절 참조)[9], 세상의 종말은 아직 오지 않았다(13-31절 참조).

· 온 세상의 창녀인 크고 가증한 교회는 시온을 대적하여 싸울 뿐 아니라 자기들끼리도 싸울 것이다. 그러나 그 교회는 크게 무너져 흙먼지처럼 될 것이다(13-14절 참조).
· 하나님의 진노가 사탄이 사람의 마음을 다스릴 권능을 더 이상 갖지 못하게 할 날이 속히 이를 것이다. 악한 자들은 모두 멸망당하나 의인들은 멸망당하지 않을 것이다(15-19절 참조).
· 이스라엘의 거룩하신 자는 모세의 다음과 같은 예언대로 오실 것이다. "주 너희 하나님께서 너희를 위해 나와 같은 선지자 하나를 일으키시리니, 그가 너희에게 이르는 것은 무엇이든지 다 들을지니라." (니파이전서 22:20) 니파이는 모세가 예언한 선지자는 이스라엘의 거룩하신 자라고 선언했다(제21절 참조).
· 모든 교회와 백성들이 재물의 이익을 얻고, 사람들을 다스릴 권력을 얻고, 세상의 인기를 얻고, 육신의 정욕과 세상의 것을 구하고, 온갖 죄악을 행하기 위해 세워질 때가 속히 이를 것이다. 악마에게 속한 모든 자들은 반드시 그루터기처럼 타 없어질 것이다. (제22-23절 참조)

---

8 몰몬경에는 교차 대구법의 예가 많이 있다. (예: 니파이전서 22: 1–3, 3–5, 7–8, 9–11, 13, 15–16, 20, 25, 26, 29–31) 몰몬경의 교차 대구법의 예는 다음 사이트에 많이 수록되어 있다.
https://chiasmusresources.org/index-chiasm-book-mormon.

9 니파이는 이사야 48–49장을 인용한 다음, 분산에 관하여 말했다(2–12절 참조). 그의 예언들은 성취되었다. 예루살렘의 일부 이스라엘 민족은 이미 모든 나라로 흩어졌고 더 많은 자들이 흩어지게 될 것이다. 이것은 그들이 이스라엘의 거룩하신 자에게 그들의 마음을 완악하게 했기 때문이다(4–5절 참조). 흩어진 이스라엘 민족은 이방인들에게 보살핌을 받게 되고, 주께서는 레이맨인들을 흩어놓을 이방인들 사이에 강한 나라를 세우실 것이다(6–7절 참조). 주께서 나아가사 이방인들 가운데 기이한 일을 행하실 것이며, 이들을 통하여 이스라엘 민족을 포함한 모든 백성들에게 아브라함의 성약을 새롭게 하실 것이다(8–11절 참조). 이스라엘 민족은 속박과 어두움으로부터 인도되어 나와 그들의 상속의 땅에 모일 것이며, 그들의 구주시요 구속주이신 이스라엘의 능한 자를 알게 될 것이다(12절 참조).

· 의인들은 이스라엘의 거룩하신 자가 주권과 능력과 권능과 큰 영광으로 다스리실 수 있도록 도울 것이다. 그는 회개하는 자녀들을 모으시며 그들을 먹이실 것이다. 그의 백성의 의로움으로 인하여 사탄은 아무 권능도 갖지 못하고 여러 해 동안 풀려날 수 없게 될 것이다.(제24-28절 참조)

· 니파이는 놋쇠판의 기록이 참됨을 증거했다. 마지막 날에 구원을 받으려면 하나님의 계명에 순종[10]하며 끝까지 견뎌야 한다.(제29-31절 참조)

니파이후서 29:12-14 (기원전 559-545년)

아브라함의 성약을 맺은 이스라엘의 여러 지파들은 유대인의 기록과 요셉인의 기록과 그 외 지파들의 기록을 남길 것이다. 모든 지파들이 다른 지파들의 기록을 갖게 될 것이다. 마지막에는 모든 기록들이 하나로 모일 것이다. 주께서는 그의 성약의 백성을 영원토록 기억하실 것이다.

니파이후서 30:7-18 (기원전 559-545년)

유대인들은 모이게 될 것이며 많은 자들이 그리스도를 믿을 것이다. 주께서 지상에 자기 백성을 회복하시기 위하여 그의 일을 시작하실 것이다(제7-8절 참조). 주께서 세상을 심판하시고 악인들은 불로써 멸할 것이나, 의인들과 성실한 자들은 그의 허리의 띠가 될 것이다(제9-11절 참조). 그런 다음 복천년이 시작되고[11] 짐승들은 평화롭게 같이 살 것이며 어린아이가 그들을 인도할 것이다. (물이 바다를 덮음 같이) 하나님에 관한 모든 일

10 니파이가 그의 첫 번째 책(니파이전서)을 끝내면서 "사람이 하나님의 계명에 반드시 순종해야 함을… 만일 당신들이 계명에 순종하며 끝까지 견딜진대, 당신들은 마지막 날에 구원을 받으리이다"(니파이전서 22:30-31)라고 간증한 것은 흥미롭다. 그는 또한 그의 마지막 책(니파이후서)을 끝내면서 "이는 이같이 주께서 내게 명하셨음이니 내가 순종해야만 하리라"(니파이후서 33:15)라고 마지막 말을 남겼다. 니파이는 하나님께 대한 순종의 중요성을 증거하고 입증하는 데 매우 일관적이다.

11 이사야 제11장이 니파이후서 제21장에 인용되었다.

들이 사람들에게 완전히 알려질 것이며, 은밀한 것이 모두 드러날 것이다[12]. 어둠의 일이 없을 것이며, 사탄은 오랫동안 사람들의 마음을 다스릴 권능을 갖지 못할 것이다(제12-18절 참조).

부활하신 예수 그리스도의 예언

제3장에서 토론한 바와 같이, 부활하신 예수 그리스도께서는 후일에 요셉의 남은 자들, 이방인, 유대인 간의 관계에 대하여 구체적으로 예언하셨다. 이러한 예언들 중 대부분은 제3장에서 다루었으므로, 여기서는 앞으로 성취될 예언들만 요약해 본다.

제3니파이 20:12-22 (서기 34년)

아버지께서 이스라엘의 족속과 세우신 성약이 이루어질 것이다. 그들은 세상 도처에서 모여들며, 요셉인들은 미 대륙을 기업으로 받을 것이다(제12-14절 참조). 이방인들이 주의 백성을 흩어놓은 후에 회개하지 않으면 야곱의 남은 자들은 주의 도움으로 그들을 멸할 것이다[13]. 그들이 회개하지 않으면 마지막 날에 그들에게 주의 심판이 임할 것이다(제15-20절 참조). 주께서는 미 대륙의 새 예루살렘에 이 백성을 세워 야곱과 세운 성약을 이루실 것이다(제21-22절 참조).

제3니파이 20:25-34, 46 (서기 34년)

아버지께서는 니파이인들이 성약의 자녀이므로 그들에게 부활하신 예수님을 보내셨다. 이방인들은 성신의 축복을 받을 것이다. 그러나 그들이 만약 복음의 충만함을 받은 후에 예수님에 대하여 마음을 완악하게 하면, 아버지께서 그들의 죄악이 그들의 머리 위에 돌아가게 하실 것이다(제

12 이와 유사한 예언이 요엘 2장에 있다.

13 미가는 유대인에게 이와 비슷한 경고를 했다. (미가 4:13 참조)

25-28절 참조).

주께서는 그의 백성과 세운 성약을 기억하실 것이며, 그가 정하신 때에 그들을 모으실 것이다. 그는 그들에게 예루살렘을 주어 그들의 기업으로 삼게 하실 것이며, 예수님의 복음의 충만함이 그들에게 전파될 것이다. 그들은 예수님을 믿고 기뻐하며 함께 노래를 부를 것이다. 예수께서는 이 모든 일이 정녕 이를 것임을 확인하셨다(제29-34, 46절 참조).

제3니파이 21:1-29 (서기 34년)

이스라엘 민족과 이방인 간의 관계에 대한 예언들 중 일부는 성취되었으며(제1-10절 참조), 일부는 앞으로 성취될 것이다(제11-29절 참조). 이방인들이 예수 그리스도의 종이 전한 그의 말씀을 믿지 않으면 야곱의 남은 자가 수풀의 짐승들 중 사자같이 그들을 밟고 찢을 것이다. 회개하지 않는 사악한 이방인에게는 전례 없는 주님의 보복이 임할 것이다(제11-21절 참조)[14].

그러나 회개하고 예수님의 말씀에 귀를 기울이며 그 마음을 완악하게 하지 않는 이방인에게는 예수께서 그들 중에 그의 교회를 세우실 것이며, 그들은 야곱의 남은 자들 가운데서 헤아림을 받을 것이다. 예수께서는 그들에게 미 대륙을 기업(유산)으로 줄 것이다. 그들은 야곱의 남은 자들을 모아 새 예루살렘을 세울 것이다(제22-25절 참조). 아버지의 일이 시작되는 날에 이 복음은 살아남은 레이맨인들과 이스라엘의 잃어버린 지파에게도 전파되어 그들이 예수님의 이름으로 아버지께 올 수 있도록 하며, 그들은 기업의 땅으로 모일 것이다[15](제26-29절 참조).

---

14 미가는 유대인에게 이와 비슷한 경고를 했다. (미가 5:8-15 참조)

15 미 대륙이 요셉인들의 기업이 되거나 새 예루살렘의 장소가 됨을 언급하는 다른 구절들로는 제3니파이 15:13, 16:16, 29:1, 몰몬서 3:17, 이더서 2:15, 13:8이 있다.

이더의 예언 (모로나이가 기록)

모로나이는 선지자 이더가 옛 예루살렘의 유대인과 새 예루살렘의 요셉인의 집합에 관하여 말한 것을 기록했다(이더서 13:2-13 참조).

미 대륙은 (물이 줄어든) 노아의 시대부터 다른 모든 땅 위에 특별히 주의 택하신 땅이며, 새 예루살렘이 주의 거룩한 성소로서 하늘에서 이 땅으로 내려올 것이다(제2-4절 참조). 이스라엘의 옛 예루살렘은 멸망하나 주 앞에 거룩한 성으로 다시 세워질 것이며, 새 예루살렘이 요셉의 자손의 남은 자들을 위하여 미 대륙에 세워질 것이다(제5-6절 참조).

아버지께서 자비를 베푸사 요셉의 남은 자들을 예루살렘에서 미 대륙으로 인도해 내셨다. 이 땅은 세상 끝까지 저들의 기업(유산)의 땅이 될 것이다. 저들이 주를 위하여 옛 예루살렘과 같은 한 거룩한 성을 세울 것이다(제7-8절 참조). 새 하늘과 새 땅이 있게 될 것이며 모든 것이 새로워질 것이다.

그들의 옷이 어린 양의 피를 통하여 희게 된 새 예루살렘에 거하는 요셉인들은 복이 있을 것이다. 옛 예루살렘에 거하는 주민들은 어린 양의 피로 씻길 것이며 아브라함의 성약을 이루는 축복을 받을 것이다(제9-11절 참조). 이러한 일들이 이루어질 때 먼저 된 자로서 나중 될 자들이 있고, 나중 된 자로서 먼저 될 자들이 있다는 예언이 이루어질 것이다(제12절 참조).

모로나이가 여기에 기록한 것은 기본적으로 이스라엘의 옛 예루살렘은 유대인들의 기업(유산)이고, 미 대륙의 새 예루살렘은 요셉인들의 기업(유산)인 것으로 요약할 수 있다. 두 예루살렘에는 아브라함과 성약을 맺은 이스라엘 민족들이 거하게 될 것이다.

◆ 몰몬경의 예언에 대한 요점

장래의 유대인들과 예수 그리스도에 관한 예언

유대인들은 이방 국가(바벨론)에 사로잡혀 가지만 예루살렘으로 돌아올 것이다. 그들은 예수 그리스도의 성역 이후 다시 흩어지게 될 것이다. 그들은 오랜 기간 동안 흩어진 후에 성신의 인도를 받은 이방인들(국제 연합)의 도움으로 예루살렘에 다시 모이게 될 것이다. 그때 그들은 예수님은 그리스도이시요 메시야임을 알게 될 것이다.

요셉인들(요셉 또는 야곱의 남은자 들)에 관한 예언

이들은 이스라엘 민족에서 갈라져 나온 작은 무리이다. 그들 후손들의 일부는 의로우나 다른 일부는 사악할 것이며, 한쪽이 다른 한쪽을 멸할 것이다. 그들은 예수 그리스도의 방문을 받을 것이다. 그들은 이방인들에 의해 흩어질 것이나, 이 택함받은 땅(미 대륙)을 기업(유산)으로 받아 자유롭고 강대한 이방 국가의 도움으로 새 예루살렘을 세울 것이다.

후일의 선지자에 관한 예언

후일의 선지자의 이름은 애굽의 요셉과 같으며 그의 부친의 이름과도 같은 요셉(조셉)이 될 것이다. 그는 후일에 주의 참된 복음을 선포하며, 몰몬경을 내놓으며, 하나님의 어린 양의 교회를 세울 것이다. 악마가 그를 상하게 할 것이나 주께서 그를 치유하실 것이다.

몰몬경에 관한 예언

한 선지자가 티끌(땅속)에서부터 몰몬경을 내놓을 것이다. 이 책과 성경은 진리를 가져다주고, 하나님의 백성 가운데서 평화를 세우며, 거짓 교리들을 혼동시킴으로써 하나님의 말씀을 세울 것이다. 이 책은 성경에서 누락된 많은 명백하고 진귀한 부분과 성약을 알려 줄 것이다. 그러나 많은 사람들은 이미 성경을 가지고 있기 때문에 이 책을 거절할 것이다. 이 책을 받아들이는 사람들은 축복을 받을 것이나, 거절하는 사람들은 저주를 받을 것이다.

미 대륙과 자유롭고 강대한 이방인 국가에 관한 예언

이 땅은 태초로부터 요셉인들의 기업(유산)의 땅으로 선택되었다. 이방 백인들이 이 땅을 발견하여 식민지화할 것이며, 그들의 모국과의 전쟁에서 승리할 것이며, 미 대륙에 자유롭고 강대한 국가를 세울 것이다. 이 모든 것들은 성신의 인도에 따라 성취될 것이다. 이 이방인들은 요셉의 남은 자들인 레이맨인들을 그들의 어깨에 메고 나올 것이다.

단지 두 개의 교회에 관한 예언

단지 두 개의 교회, 즉 하나님의 어린 양의 교회와 악마의 교회만 있을 것이다. 하나님의 어린 양의 교회는 전 세계로 퍼져 나가겠지만 상대적으로 그 수가 적을 것이다. 그렇지만, 이방인들이 세운 악마의 교회는 그 규모가 매우 클 것이며, 그들 가운데 전쟁과 전쟁의 소문이 있을 것이며, 성도들을 핍박할 것이다. 그러나 종국에는 땅에 넘어지게(멸망) 될 것이며 그 무너짐이 클 것이다.

성경에 관한 예언

유대-기독교 경전은 주님의 사도들로부터 처음 나왔을 때는 순수했었다. 그렇지만, 유대인으로부터 이방인에게로 전달되는 과정에서 많은 명백하고 귀한 부분과 성약들이 악마의 영향으로 누락되었다. 이로 인해 많은 사람들이 진리를 완전히 알지 못하게 되므로 실족하게 될 것이다.

다른 지파의 다른 기록에 관한 예언

유대인들과 요셉인들이 그들 자신의 기록을 가진 것처럼, 다른 지파들도 그들 자신의 기록을 내놓을 것이다. 이 모든 기록들은 모든 지파들이 보게 될 것이며 종국에는 하나로 모일 것이다.

주의 성약의 백성의 분산과 집합에 관한 예언

앞서 언급한 바와 같이, 유대인들은 바벨론으로 끌려가지만 예루살렘으로 돌아올 것이다. 그들은 예수 그리스도를 십자가에 못 박을 것이며, 오랫동안 전 세계로 흩어질 것이다. 그들의 집합은 몰몬경이 세상에 나온 후 시작될 것이다. 그들은 결국 예수님을 그들의 하나님으로 인정하고 받아들일 것이다.

요셉의 남은 자들인 레이맨인들은 이방 백인들에 의해 흩어지고 그들의 어깨에 메이어 올 것이다. 그들은 몰몬경을 통하여 그들의 조상들과 예수 그리스도의 참된 복음을 알게 될 것이다. 성약의 백성들의 흩어짐과 집합에 관한 더 많은 예언은 이 장 끝에 있는 서기 1841년 올슨 하이드가 드린 예루살렘 헌납 기도문을 참조한다.

후일의 이방인들에 관한 예언

이방인들은 아브라함의 성약의 백성들을 흩어놓을 것이나, 그들은 주께서 정하신 때에 성신의 인도 아래 성약의 백성들을 집합시키는 도구가 될 것이다. 그들이 회개하고 그리스도를 받아들이고 침례를 받고 계명을 지키면, 그들은 아브라함의 성약 안으로 입양될 것이다. 그들이 회개하지 않으면 요셉인들이 일어나 그들을 짓밟아 흩어 버릴 것이다.

옛 예루살렘과 새 예루살렘에 관한 예언

옛 예루살렘에는 유대인들이 다시 들어와 살게 되며 그들은 예수 그리스도를 그들의 메시야로 받아들일 것이다. 주께서는 이스라엘의 잃어버린 열 지파를 기억하실 것이다. 그리하여 그들은 예수 그리스도와 그의 복음에 대해 배우게 될 것이며, 그들의 기업의 땅으로 모일 것이다. 요셉인들과 개종한 이방인들은 미 대륙에 새 예루살렘을 세울 것이며, 하늘에서 한 도시가 새 예루살렘으로 내려올 것이다.

세상의 끝에 관한 예언[16]

몰몬경에는 세상의 끝에 관한 예언이 자세히 설명되어 있지는 않지만, 일반적인 추세가 몇 가지 기록되어 있다. 예수 그리스도께서 지상에서 의와 화평 가운데 직접 성역을 베푸신 다음, 사탄은 잠시 돌아와 다시 악을 퍼뜨릴 것이다. 예수께서는 최후의 심판에서 천사들과 사도들의 도움을 받아 의인과 악인을 분리할 것이다. 세상은 불에 타 새롭게 될 것이다. 지구는 해와 달을 지나 새로운 곳으로 이동할 것이다.

이상은 몰몬경에는 나오지만 유대-기독교인들에게는 생소한 대부분의 예언들이다. 일부 경우에는 정경화된 성경에도 이와 비슷한 예언들이 있지만, 그 대부분은 정경화된 성경에는 없다.

감람산에서 드린 올슨 하이드의 예루살렘 헌납 기도 (1841년 11월 22일)

오! 영원부터 영원까지 계시고 영원토록 불변하시며 하늘에서 다스리시고 지상의 사람들의 운명을 주관하시는 하나님이시여! 당신의 무한하신 선하심과 극진한 사랑을 베푸사 의의 아들께서 피를 흘리시고 당신의 기름 부음을 받은 이께서 돌아가신 이 땅에서 오늘 당신의 종이 당신의 거룩하신 아들 예수 그리스도의 이름으로 당신께 드리는 기도를 들으시옵소서.

오, 주님이시여! 당신의 종의 어리석음과 연약함과 미천함과 죄를

16 니파이와 몇몇 사람들은 놋쇠판을 통하여 이사야의 가르침에 아주 많은 영향을 받았으므로 이 부분의 예언은 (이사야 11, 24장의 예언과 같이) 이사야가 예언한 것들과 매우 유사하다. 교리와 성약에도 세상의 끝에 관한 일반적인 추세가 계시되어 있다(교리와 성약 29, 133편 참조).

기쁘게 용서하여 주시옵고, 장차 모든 유혹을 뿌리칠 수 있도록 저를 강건케 하여 주시옵소서. 신중함과 분별력을 허락하사 악을 피하고 선을 택할 수 있는 마음을 갖도록 하여 주시옵고, 모든 성도들이 편히 쉴 수 있는 세상의 끝이 올 때까지 당신의 이름을 위하여 고된 역경에도 꺾이지 않는 꿋꿋함과 모든 것을 견딜 수 있는 은혜를 베풀어 주시옵소서.

오, 주님이시여! 이제 당신의 종은 당신께서 제 고국 땅에서 내려주신 하늘의 시현에 순종하여 당신께서 펼치신 팔의 그림자의 인도를 받아 이곳에 무사히 도착하여 당신께 이 땅을 헌납하며 성별하나이다. 이는 거룩한 선지자의 예언에 따라 흩어진 유다의 남은 자들을 모으기 위함이며, 오랫동안 이방인들에게 짓밟혀 온 예루살렘을 재건하기 위함이며, 당신의 이름으로 성전을 세우기 위함이니이다. 오, 하늘과 땅의 주님이신 아버지시여, 당신의 종을 바다의 위험으로부터 지켜주시고 이 땅이 애도하도록 만든 온갖 재앙과 역병으로부터 지켜주셔서 영원히 감사드리나이다. 사람들의 폭력도 없었고 밤과 낮으로 당신의 부족한 종을 보살펴 주셨나이다. 그러하오니, 오, 주님이시여! 이 미천한 종에게 그동안 베풀어 주신 모든 것에 대해 감사하는 저의 마음을 받아주시옵고, 계속해서 당신의 친절과 자비를 베풀어 주시옵소서.

오, 당신의 친구인 아브라함과 성약을 맺으시고 이를 야곱과 맹세로써 확인해 주신 주님이시여! 당신께서는 그들에게 이 땅을 영원히 기업으로 주셨고 그들의 후손도 영원히 기억하시나이다. 아브라함과 이삭과 야곱은 이미 오래전에 눈을 감아 무덤에 잠들어 있나이다. 그 자손들은 목자 없는 양들처럼 세계 이방 국가로 흩어졌으며, 당신께서 그들과 맺으신 약속이 성취되기를 고대하고 있나이다. 한때는 젖과 꿀이 흐르는 비옥한 땅이었던 이곳은 살인자들의 손으로 결코 죄가 없으셨던 당신의 아들의 피를 마신 후 불모지가 되어버렸나이다.

그러하오니 오 주여, 당신께서 사랑하시는 아들 예수 그리스도의 이름으로 이 땅의 저주를 거두어 주시고 생명수가 흐르는 샘물로 목마른 영혼을 적셔주시옵소서. 포도나무와 감람나무가 자라게 하시고 무화과나무가 꽃을 피우고 번성하게 하시옵소서. 이 땅을 의로운 상속자들이 소유하게 되는 날, 땅에 풍성한 결실이 있게 하시고, 은혜와 탄원의 영을 지니고 집으로 돌아오는 탕자를 먹이기에 충분하도록 다시 한번 넘치게 하시고, 구름에서 덕과 풍성함이 내리게 하시고, 들판이 미소를 짓게 하시옵소서. 산과 언덕에는 가축 떼가 번식하도록 하시고, 당신의 친절하심으로 인하여 백성들의 불신앙이 정복되고 가라앉게 하시옵소서. 저들의 무딘 마음을 거두어 가시고 대신 사람의 마음을 심어 주시옵소서. 주변을 흐리게 하는 암흑의 차가운 안개를 당신의 태양으로 걷히게 하여 주시옵소서. 당신의 말씀대로 저들을 이 땅에 모을 수 있도록 재촉하여 주시옵소서. 저들이 올 때에 구름이 몰려오듯 하게 하시며 비둘기가 창가에 모여들 듯하게 하여 주시옵소서. 열국의 큰 배가 저들을 실어 멀리 있는 바다의 섬들로부터 건너게 하여 주시고, 열방의 왕이 저들의 양부가 되고 어머니 같은 사랑을 지닌 열방의 왕비가 저들의 눈에서 슬픔의 눈물을 닦아 주도록 하시옵소서.

주님이시여, 당신께서는 전에 키루스의 마음을 움직여 예루살렘과 그 백성들에게 호의를 베푸셨나이다. 이제 열왕의 마음과 이 땅의 권능을 움직이셔서 이 땅에 호의를 베푸시고 당신의 의로우신 목적이 성취되는 것을 보게 하소서. 이스라엘에 왕국을 복원하여 예루살렘에 수도를 세우고 독립된 국가와 정부를 구성하여 다윗의 후손을 저들의 왕으로 삼는 것이 당신께서 보시기에 기쁜 일임을 저들이 알게 하소서.

아브라함의 후손들을 대신하여 예루살렘을 일으켜 세울 나라와 백성이 당신의 총애를 받도록 하시옵소서. 적들이 저들을 이기지 못하도록 하시고, 역병과 기근이 덮치지 않도록 하시고, 다만 이스라엘의 영광이 저들 위에 비추사 가장 높으신 이의 권능으로 저들을 보호하소서. 이 영광스러운 사업에서 당신을 섬기지 않는 나라와 왕국이 당신의 말씀대로 멸망하여 완전히 황폐해지도록 하시옵소서.

주님이시여, 비록 당신의 종은 당신의 사업을 위하여 가족 곁을 떠나 눈물로 적셔진 고향의 땅과 집에서 멀리 떨어져 있어도 그곳에 있는 가족과 친구들을 기억하고 있나이다. 비록 가난과 궁핍은 지상에 있는 동안 저희들이 짊어진 운명일지라도, 좀과 동록이 해하지 못하며 도둑이 구멍을 뚫지도 못하고 도둑질도 못 하는 하늘의 보화를 풍성하게 부어주시옵소서.

당신의 종이 가족과 멀리 떨어져 있는 동안에도 제 가족을 먹여주시고 입혀주시고 은혜를 베풀어주신 그 손길로 앞으로도 계속 돌보아주시옵소서. 그들이 보상을 잃지 않도록 하여 주시고 특별한 축복이 임하사 당신께서 영광 중에 오실 때 당신의 왕국을 기업으로 받게 하시옵소서.

또한 이 땅에 올 수 있도록 관용을 베풀어주신 모든 사람들에게 당신의 은혜가 함께하소서. 모든 사람들을 저들의 행위대로 보상하시는 날 이들도 기억하여 주시고 예수께서 마련하신 처소에 거하는 영광을 누릴 준비를 할 수 있게 하시옵소서. 특히, 제가 예루살렘에 있는 동안 자신을 위하여 기도를 해 달라고 부탁을 하면서 금을 보내 준 필라델피아에 거주하는 생면 부지의 그 사람도 축복해 주시옵소서. 오, 주님이시여! 이제 그에게 예상치 못한 곳으로부터 축복을 내려주시고, 그의 바구니와 곳간이 차도록 해 주시고, 이 땅의 좋은 것들만 그가 가진 것이 아니라 "네가 적은 일에 충성하였으매 내가 많은 것을 네게 맡기리라"라는 말을 들을 수 있게 하시옵소서.

하늘에 계신 아버지시여! 이제 예수 그리스도의 이름으로 당신께

비옵나니 시온의 모든 스테이크와 집회를 기억하여 주시옵소서. 시온은 극심히 시달렸고 매 맞았으며, 슬피 울었고, 원수들은 승리하며 말하기를 "네 하나님이 어디 있느뇨?"라고 했나이다. 시온의 대제사장들과 선지자들은 어두운 감옥에서 사슬과 질곡에 묶여 신음하였고, 죽임을 당하여 잠들어 있나이다. 오, 주여! 언제까지 악이 승리하며 죄가 벌 받지 않겠나이까?

당신의 힘으로 장엄하게 일어서사 당신의 백성을 대신하여 당신의 팔을 드러내소서. 저들의 잘못을 바로잡아 주시고, 슬픔을 기쁨으로 돌이켜 주시옵소서. 시온의 선지자들의 마음속에 빛과 지식의 영을 부어주시고 또 은혜와 지혜의 영을 부어주시고 대제사장들에게 구원의 옷을 입혀 주시옵소서. 빛과 지식이 암흑의 제국을 통과하여 전진하게 하옵시고, 마음이 정직한 자들이 당신의 법도를 지켜 신랑을 맞이하러 가는 대열에 참여하게 하시옵소서.

교회의 제일회장단에게 특별한 축복이 임하게 하시옵소서. 이는 원수의 화살이 그들을 향하고 있음이오니이다. 그들의 태양과 방패가 되어 주시고, 튼튼한 망대와 피난처가 되어 주시고, 고난과 위험에 처했을 때 가까이 계셔서 구해 주시옵소서. 또한 십이사도 정원회에게도 그들 곁에 서 계셔 주시옵소서. 당신께서는 그들이 부딪힐 장애를 아시며, 다가오는 유혹도 아시며, 그들이 고난에 시달릴 것도 아시나이다. 그러하옵건데, 저희 십이사도에게 그들의 날에 따라 힘을 주시고, 예수님과 그의 복음에 대하여 충실하게 간증을 할 수 있게 해 주시고, 당신께서 하라고 명하신 사업을 충실하고 명예롭게 마치도록 도와주셔서 당신의 영광스러운 왕국에서 거할 수 있게 하여 주시옵소서. 또한 당신의 교회의 역원들과 회원들 모두에게도 이 축복이 임하게 하시옵소서. 모든 영광과 명예를 영원토록 하나님과 어린양에게 돌리나이다. 아멘.

제10장

명백하고 귀한 부분과 성약들 및 기타 발견들

그러한즉 그 책이 크고 가증한 교회의 손을 거쳐 나아간 후, 하나님의 어린 양의 책인 그 책에서, 많은 명백하고 귀한 것들이 제하여진 것을 네가 보느니라.

또 이 명백하고 귀한 것들이 제하여진 후에, 그 책이 이방의 모든 국민들에게로 나아가나니, 그것이 이방의 모든 국민들에게로 나아가며, 참으로 네가 사로잡힘에서 벗어나 나아간 이방인들과 함께 본 그 많은 물들을 건너서까지 나아간 후, 하나님의 어린 양 안에 있는 명백함을 좇아, 사람의 자녀들이 이해하기에 명백했던 것들, 곧 그 책에서 제하여진 많은 명백하고 귀한 것들로 인해, 즉 어린 양의 복음에서 제하여진 이러한 것들로 인해, 실로 심히 많은 자들이 실족하여 넘어지며, 참으로 그 결과 사탄이 그들 위에 큰 권능을 가짐을 네가 보느니라. (니파이 전서 13:28-29)

◆
◆

지금까지는 이스라엘의 두 가지 경전(성경과 몰몬경)의 가르침에 대한 차이점을 여러 각도에서 비교, 분석, 검토해 보았다. 이 장에서는 앞의 장들에서 발견한 모든 것들을 분류하여 요약하고 그 주요 주제들을 선정해 보았다. 이 주제들을 보면 기원전 600-592년경 한 천사가 시현을 통하여 명백하고 귀한 부분과 성약에 관하여 니파이에게 보여준 것이 무엇인지 대략 알 수 있을 것이다.

다음은 이 책을 집필하기 위해 연구하는 과정에서 새롭게 발견한 내용이며, 각 주제마다 성경과 몰몬경 모두의 관점에서 본 것이다.

· 성경에는 누락되었으나 몰몬경에서는 가르치는 24가지의 명백하고 귀한 부분
· 성경에는 정확히 가르치지 않으나 몰몬경에서 가르치는 다섯 가지의 신권 의식 및 이와 관련된 성약과 정확한 수행 방법
· 몰몬경에서 구체적으로 가르치는 예수 그리스도의 무한한 속죄와 관련된 25가지의 주제
· 몰몬경에서만 찾을 수 있는 13가지의 고유한 예언들
· 성경과 몰몬경에 있는 특정한 단어 수로 비교한 9가지의 추론

· 몰몬경에서 지적하는 기존 정통 기독교의 12가지의 그릇된 전통적인 믿음과 관행

위의 발견 내용들을 이 장에서 모두 요약하는 과정에서 일부 주제들은 두 가지 이상의 범주에서 중복해서 다룬 것들이 있어 일부 겹친 것들도 있다.

◆ 24가지의 명백하고 귀한 부분

명백하고 귀한 부분은 많이 있지만, 이 단락에서는 앞 장들에서 확인한 24가지만을 열거한다. 이 중 일부는 성경에는 없는 새로운 지식을 제공하고, 일부는 성경의 가르침을 명확하게 해 주며, 일부는 심지어 성경의 오류를 바로잡아 주기도 한다.

이스라엘의 예정된 두 개의 막대기

유다 지파의 성경과 요셉 지파의 몰몬경은 후일에 공존하도록 예정(미리 정해짐)되었다.

유다 지파의 성경은 유다 지파의 사도들로부터 이방인들에게로 나아가도록 예정되었으며, 많은 사람들이 예수 그리스도에게로 집합할 것이다. 그 성취 과정에서 기독교는 전 세계 수십억 명의 지지자를 가진 최대 종교가 되었다.

요셉 지파의 몰몬경은 배도가 만연하는 후일에 티끌에서 (땅에서) 나아오도록 예정되었다(몰몬서 8:26-32 참조). 몰몬경은 성경과 함께 자라 거짓 교리들을 무너뜨리고, 평화를 이루며, 요셉인들 가운데서 그들 조상에 대하여 가르칠 것이다(니파이후서 3:12 참조). 이 몰몬경이 나올 때 유대인들의 집합의 준비가 시작될 것이다(제3니파이 21:26-28, 이더서 4:17 참조. 또한 제9장의 올슨 하이드의 헌납 기도문 참조).

성경과 몰몬경이 함께 자람

성경과 몰몬경은 여러 가지 면에서 밀접하게 연결되어 있다. 몰몬경에서 가르치는 놋쇠판에는 성경에서 인용한 구절들이 많이 있다. 이사야서의 35퍼센트(약간 추가되거나 누락된 것 포함)와 말라기서의 42퍼센트(한 가지 정정 포함)가 몰몬경에 인용되었다. 몰몬경에는 부활하신 예수 그리스도께서 니파이인들에게 산상수훈을 약간 다르게 다시 가르치셨다. 이 모든 것들은 몰몬경의 약 7퍼센트를 구성하고 있다.

이 책의 제7장에서는 성경과 몰몬경이 공통으로 가르치는 다음과 같은 열 가지의 주제를 토론했다.

1. 그리스도의 교리
2. 신앙, 소망, 온유함, 자애
3. 믿음으로 의롭다 하심을 받게 되는 것과 행위에 따른 심판
4. 씨뿌리는 자의 비유와 씨의 비유
5. 아담의 원죄와 예수 그리스도의 속죄
6. 극적인 개종의 예
7. "먼저 된 자가 나중 되고, 나중 된 자가 먼저 됨"에 관한 예언
8. 서로 잘 들어맞는 조목별 가르침의 예 (요한복음 1:1-18, 제3니파이 9:15-22)
9. 예수 그리스도의 제자의 본분
10. 몰몬경의 독특한 가르침의 예

이것은 주님께서 애굽의 요셉에게 이미 나아가 알려진 주님의 말씀을 읽는 사람들에게 요셉인들의 기록을 확신시켜 줄 것이라고 말씀하신 것을 성취한 것일 수도 있다(니파이후서 3:11 참조). 이것은 또한 몰몬경은 성경을 믿게 하려는 목적으로 기록된 것이며, 성경을 믿으면 몰몬경도 믿게 될 것이라고 말한 선지자 몰몬의 예언을 성취한 것일 수도 있다(몰몬서 7:9 참조).

다른 양들인 요셉인들

예수 그리스도께서는 유대인들에게 "또 이 우리에 들지 아니한 다른 양들이 내게 있어 내가 인도하여야 할 터이니, 그들도 내 음성을 듣고 한 무리가 되어 한 목자에게 있으리라"라고 말씀하셨다(요한복음 10:16). 몰몬경에서 예수께서는 니파이인들에게 그들이 예수께서 유대인들에게 말씀하신 다른 양들이라고 설명하셨다.

> 또 진실로 내가 너희에게 이르노니 너희는 내가 말하기를, 이 무리에 들지 아니한 다른 양들이 내게 있어 그들도 내가 인도하여야 할 터이니 그들이 내 음성을 듣고 한 무리가 되어 한 목자에게 있으리라 한 그 양이라. 그러나 그들이 내 말을 깨닫지 못하였으니, 이는 그것이 이방인들을 가리키는 것인 줄 그들이 생각하였음이라. 이는 이방인들이 그들의 전도를 통하여 돌이키게 될 것임을 그들이 깨닫지 못하였음이니라.
> 또 그들은 내 말 곧 그들이 내 음성을 들으리라고 한 말을 깨닫지 못하였나니, 그들은 어느 때라도 이방인들이 내 음성을 듣지 못할 것을—곧 성신으로 말미암지 않고서는 내가 그들에게 나를 나타내지 아니할 것임을 깨닫지 못하였느니라.
> 그러나 보라, 너희는 내 음성을 들었고, 또 나를 보았나니, 너희는 나의 양이라. 너희는 아버지께서 내게 주신 자들 가운데 헤아림을 받았느니라. (제3니파이 15:21-24)

따라서, 예수께서는 그가 언급하신 그 다른 양들은 미 대륙의 니파이인들(요셉인들)임을 확인해 주셨다. 부활하신 예수께서는 니파이인들에게 유대인들은 그들의 죄악으로 인하여 니파이인들에 대하여 알지 못했다고 가르치셨다(제3니파이 15:19 참조).

구약과 신약 사이에 단절이 생긴 이유

유대-기독교의 불행한 사태 중 하나는 유대 쪽과 기독교 쪽 사이의 연결이 끊어진 것이다. 유대인들이 예수님을 그들의 하나님인 여호와로 인정하지 않은 것이다. 신약에는 구약에서 인용한 그들의 메시야에 대한 구절이 많지만, 구약에는 나사렛 예수가 메시야임을 명백하게 가르치지 않는다. 예를 들면, 메시야의 이름이 예수임을 언급한 것이 없고, 부활도 언급되어 있지 않으며, 예수께서 모세의 율법을 성취하신다는 언급도 없다. 결과적으로, 유대인들은 나사렛 예수를 그들의 메시야로 받아들이지 않았다[1]. 동시에, 마틴 루터와 같은 일부 기독교 지도자들은 유대인들에 대한 반감을 드러냈고, 예수 그리스도를 십자가에 처형한 유대인들을 경멸했다.

몰몬경에서 야곱은 이러한 단절이 생긴 이유를 다음과 같이 설명했다(기원전 544-421년경).

> 그러나 보라, 유대인들은 목이 뻣뻣한 백성이었던지라, 그들이 명백함을 지닌 말씀을 경멸하고, 선지자들을 죽이고, 스스로 이해할 수 없는 것들을 구하였도다. 그런즉 그들이 푯대를 지나쳐 바라봄으로써 눈이 멀게 되었으매, 그들이 눈멀게 됨으로 넘어지지 아니할 수 없나니, 이는 하나님께서 그들에게서 그의 명백함을 제하시고, 그들이 원했으므로 그들이 깨달을 수 없는 것들을 많이 그들에게 내어 주셨음이라. 그들이 이를 원하였으므로 하나님께서 이를 행하사, 그들로 걸려 넘어지게 하신 것이니라. (야곱서 4: 14)

이 말은 하나님께서 그의 명백함을 유대인들로부터 제하여 가신 이유와 그들의 걸림돌로 인하여 예수께서 그들의 메시야임을 알지 못한 이유를 설명한다.

---

1 유대인의 전통적 믿음인 유대교의 메시야(Mashiach)는 이러한 예에 포함되지 않는다.

유대인들은 결국 예수님을 그들의 메시야로 받아들일 것이다

요한의 침례는 모세의 율법을 따르는 당시 유대인들의 전통적인 종교적 관례나 성전 의식과는 상당한 거리가 있었다. 예수님의 성역 기간 중 일부 유대인들은 나사렛 예수를 그들의 메시야로 받아들였지만, 대부분은 그러지 않았다. 심지어 유대인 지도자들은 그가 하나님의 아들임을 주장한다고 하여 그를 신성모독 죄로 붙잡아 처형을 하도록 한다. 그러나 선지자 니파이는 유대인들이 집합한 후 예수님이 그들의 그리스도임을 믿을 때가 올 것이라고 예언했다(기원전 559-545년).

> 또 이렇게 되리니 흩어진 유대인들도 그리스도를 믿기 시작할 것이요, 그리하여 그들이 그 땅 위에 모여들기 시작하리니, 그리스도를 믿는 자는 모두 또한 기뻐하심을 입는 백성이 되리라.
> 또 이렇게 되리니 주 하나님께서 지상에 자기 백성을 회복하시기 위하여, 모든 나라와 족속과 방언과 백성 가운데서 그의 일을 시작하실 것이라. (니파이후서 30:7-8)

모로나이 역시 여호와는 예수 그리스도이시며 산 자와 죽은 자의 영원한 재판관이시라고 했다(모로나이서 10:34 참조).

그리스도 안에서 모세의 율법이 성취됨

신약은 예수님의 성역 시대에 모세의 율법이 유대인들에게 가장 중요한 전통이었음을 분명히 하고 있다. 예를 들면, 요셉과 마리아의 경우에도 마리아는 정결 의식(예를 들면 미크베)을 치렀고, 성전에서 아기를 주께 드림으로써 모세의 율법을 준수했다(누가복음 2:22-24 참조). 예수께서는 모세의 율법에 대하여 구체적으로 말씀하지는 않으셨으나, 제자들에게는 모세의 율법과 선지자들의 말씀과 시편에서 그에 관하여 기록된 모든 것은 성취되어야 한다고 가르치셨다(누가복음 24:44 참조).

몰몬경에서는 다수의 선지자들이 모세의 율법은 그리스도 안에서 성취될 것이라고 가르쳤다(니파이후서 25:24, 모사이야서 3:15, 13:27, 앨마서 25:15-16, 34:13 참조). 부활하신 예수께서는 "그러나 나를 영접하는 자들에게는 내가 다 하나님의 아들들이 되게 하여 주었나니, 또 그와 같이 나의 이름을 믿게 될 모든 자에게도 내가 그리하여 줄 것은, 보라, 나로 말미암아 구속이 이르며 내 안에서 모세의 율법이 이루어짐이라"(제3니파이 9:17)라고 말씀하심으로써 모세의 율법이 그분 안에서 성취되었음을 몸소 선포하셨다. 니파이인들은 부활하신 예수께서 그들에게 모세의 율법이 그분 안에서 성취되었다고 가르치실 때까지 모세의 율법을 지켰다(제4니파이 1:12 참조).

구약 시대의 기독교인들

구약 기간에 기독교인들이 있었는지는 말하기 어려우나, 몰몬경의 니파이인들(요셉의 남은 자들)은 확실한 구약 기간이었던 기원전 550년경에 그리스도의 교리를 자세히 가르친 기독교인들이었다.

기원전 550년경에도 선지자 니파이는 예수 그리스도에 관하여 다음과 같은 두 가지의 힘찬 메시지를 전했다.

> "내가 말한 이 예수 그리스도 외에는 사람이 구원받을 수 있는 이름이 하늘 아래 달리 주어지지 아니하였느니라." (니파이후서 25:20)

> "또 우리는 그리스도에 대하여 이야기하며 그리스도 안에서 기뻐하며 그리스도에 대하여 가르치며 그리스도에 대하여 예언하며 또 우리는 우리의 예언에 따라 기록하노니, 이는 우리의 자손들이 그들의 죄 사함을 위하여 무슨 근원을 바라보아야 할지 알게 하려 함이니라." (니파이후서 25:26)

구약 시대의 유대인들과는 달리, 니파이인들은 예수 그리스도의 탄생 이전인 기원전 147년에 이미 침례 의식을 수행했으며 (모사이야서 18

장 참조), 기원전 73년에는 자신들을 그리스도인이라고 불렀다(앨마서 46장 참조).

이것은 성경과는 상당히 대조적이다. 구약 시대에는 유대인들 가운데서 기독교 교리를 가르치지 않았고 신약 시대부터만 가르치기 시작했다. 그러나 몰몬경에서는 구약 시대에도 요셉인들 가운데서 기독교가 존재했음을 보여준다. 이것은 예수께서 다음과 같이 말씀하신 것과 일치한다. "진실로 진실로 너희에게 이르노니 아브라함이 나기 전부터 내가 있느니라." (요한복음 8:58)

몰몬경은 구약과 신약을 연결하는 교리적 다리 역할을 한다

구약은 말라기서로 끝나고 신약은 그 후 약 400년이 지나 시작하므로, 구약과 신약 사이에는 4세기의 공백 기간이 있다. 이 공백을 메워주는 외경이 있지만, 구약과 신약 사이의 교리적 공백은 매우 크며, 일부의 경우, 특히 나사렛 예수가 메시야가 되심에 관하여 서로 모순이 되는 교리도 있다.

몰몬경에는 이러한 교리적 공백이 존재하지 않는다. 몰몬경의 니파이인들은 그들의 일천 년 역사를 통하여 예수 그리스도를 같은 방법으로 예배했다. 니파이인 선지자들의 그리스도에 대한 가르침은 그리스도의 탄생 이전과 이후에도 끊김이 없으며 한결같이 똑같다. 이것은 사도 바울의 다음과 같은 가르침을 증명해 준다. "예수 그리스도는 어제나 오늘이나 영원토록 동일하시니라." (히브리서 13:8)[2] 따라서, 구약과 신약 기간의 역사적인 다리 역할을 하는 것이 외경이라면, 교리적인 다리 역할을 하는 것은 몰몬경이라고 말할 수 있다.

2 몰몬경에서도 다수의 선지자들이 이와 같이 가르쳤다. (니파이전서 10:13, 니파이후서 2:4, 27:23, 29:9, 앨마서 3:17, 몰몬서 9:9, 모로나이서 10:19 참조)

침례를 통하여 예수 그리스도께로 개종함으로써 아브라함의 자손이 된다

성경에서 사도 바울은 중요한 새 교리를 가르쳤다. "너희가 그리스도의 것이면 곧 아브라함의 자손이요 약속대로 유업을 이을 자니라." (갈라디아서 3:29)

몰몬경에서는 이것이 여러 가지 방법으로 설명되어 있다. 니파이전서 20:1에 나타난 바와 같이, 니파이는 처음 인용한 구절인 이사야 48:1에 중요한 것을 추가했다. "유다의 물[역자 주: 성경에서는 water의 한글 번역이 '허리'로 되어 있으나, 몰몬경에서는 '물'로 번역됨]"이라는 구절에 "곧 침례의 물에서 나왔으며"라는 구절이 추가된 것은, 침례를 통하여 성약을 맺은 자들은 혈통(즉, 유대인)으로 성약을 맺은 자들과 똑같은 축복을 받음을 의미한다. 이것은 합당하게 침례를 받아 예수 그리스도께로 개종한 사람들은 아브라함의 혈통을 가진 사람들과 똑같은 성약의 축복이 주어짐을 가르쳐 준다.

모로나이는 말라기 4:6의 "아버지의 마음을 자녀에게 돌이키는 것"은 아버지에게 한 약속(아브라함의 성약)을 자녀(침례를 통하여 그리스도께로 개종한 자들)의 마음에 심는 것을 의미한다고 가르쳤다(교리와 성약 2:2, 조셉 스미스 역사 1:39 참조). 따라서, 예수 그리스도를 받아들이고 침례를 받는 자들은 아브라함의 후손으로 헤아림을 받을 것이다.

믿음, 소망, 자애(또는 사랑)의 목적

성경에서 예수 그리스도께서는 가장 큰 계명은 네 마음을 다하고 목숨을 다하고 뜻을 다하여 하나님을 사랑하고 이웃을 너 자신과 같이 사랑하는 것이라고 가르치셨다(마태복음22:35-40, 마가복음 12:28-34, 누가복음 10:25-37 참조). 모세는 히브리인들에게 이와 똑같은 계명을 가르쳤다(신명기 6:5-6, 레위기 19:18 참조). 사도 바울은 믿음, 소망, 사랑에 관한 설교에서(고린도전서 13장 참조) 사랑은 믿음이나 소망보다 더 위대하다고 가르쳤지만, 무엇에 대한 소망을 가져야 하는지는 명시하지 않았고, 사랑을 예수님이나 성신과 연관지어 설명하지 않았다. 선지자 몰몬의 설교에서는 이러한 점이 보완되어 설명되어 있다.

몰몬경에서 선지자 몰몬은 신앙, 소망, 사랑에 관하여 더 자세한 설교를 했다(모로나이서 7:38-48 참조). 그는 이 세 가지에 "온유함과 겸손한 마음"을 추가했으며, 사랑을 "그리스도의 순수한 사랑"으로 정의했고(모로나이서 7:47), 그리스도의 속죄와 그의 부활의 능력에 대한 소망을 가져야 한다고 가르쳤다(모로나이서 7:41 참조). 그는 또한 사랑을 가지려면 예수가 그리스도이심을 성신의 권능으로 시인해야 한다고 가르쳤다(모로나이서 7:44 참조). 선지자 앨마는 신앙과 소망, 사랑이 있으면 항상 선행이 넘치게 될 것이라고 가르쳤다(앨마서 7:24 참조). 선지자 모로나이는 신앙, 소망, 사랑을 모든 의의 근원으로 정의했다(이더서 12:28 참조).

성경과 몰몬경에서 가르치는 신앙, 소망, 온유함, 사랑에 관한 가르침을 모두 합치면 다음과 같이 요약할 수 있다.

가장 큰 두 계명: 하나님과 이웃에 대한 사랑

우리가 예수 그리스도의 속죄와 부활에 대한 소망을 품고, 선행을 통하여 나타나는 하나님과 이웃에 대한 사랑을 지니면, 우리는 신앙과 온유함으로 예수 그리스도를 성신의 권능으로 시인하며 주님의 모든 의의 근원으로 살아갈 수 있다.

위와 같은 성경과 몰몬경의 가르침은 몰몬의 다음과 같은 예언이 성취된 좋은 예가 된다. "이는 보라, 이것[몰몬경]은 너희로 그것[성경]을 믿게 하려는 목적으로 기록된 것인바, 만일 너희가 그것[성경]을 믿으면 너희는 이것[몰몬경]도 믿을 것이요…" (몰몬서 7:9)

그리스도의 교리에 대한 정의

사복음서에서 예수 그리스도께서는 그의 교리가 무엇인지를 구체적으로 말씀하지 않으시고 다만, "내 교훈은 내 것이 아니요 나를 보내신 이의 것이니라"(요한복음 7:16)라고만 하셨다. 히브리서 6:1-2에서 사도 바울은 완전한 길은 죽은 행실을 회개하는 것이 아니라, 하나님께 대한 신앙과 침례와 안수와 죽은 자의 부활과 영원한 심판에 관한 교리라고 가르쳤다. 따라서 그리스도의 교리가 실제로 무엇인지는 분명하지 않다.

성경과는 달리 몰몬경에서는 그리스도의 교리가 명백하고 분명하게 정의되어 있다. 니파이는 그리스도의 교리를 신앙, 회개, 물과 성령에 의한 침례, 끝까지 견딤 (니파이후서 31장 참조) 등과 같은 단순하고 평범한 말로 설명했다. 부활하신 예수 그리스도께서도 이와 같이 명백하게 가르치셨다(제3니파이 11, 27장 참조).

동체가 아닌 신회: 아버지, 아들, 성신

성경에는 *삼위일체*라는 말이 없지만, 아버지와 아들이 하나임을 가리키는 구절이 여러 개 있다(예: 요한복음10:28–30, 17:21, 요한1서 5:7–8). 삼위일체 신학이 서기 325년 니케아 신경과 서기 381년 콘스탄티노플 신경으로 공식 발표된 이래로, 대부분의 기독교인들은 아버지와 아들과 성신은 동체임을 믿고 전파했다. 많은 기독교 지도자들에게 삼위(아버지, 아들, 성신)의 신성은 동체라고 하는 것은 이해하기 어려웠으므로 그들은 신학의 신비주의에 의지할 수밖에 없었다.

몰몬경에서 선지자 아빈아다이는 아버지와 아들은 하나의 팀 또는 가족이라는 의미에서 한 하나님이 되신다고 가르쳤으며(모사이야서 15:1–5 참조), "아들은 [성신으로가 아닌] 하나님의 능력으로 잉태되었다"(모사이야서 15:3)라고 설명함으로써 지극히 높으신 이에 의해 잉태되었음을(누가복음 1:35 참조) 확인했다. 예수께서는 또한 그가 아버지요 아들이라고 불리는 이유를 명확히 하셨다. "나는 예수 그리스도라. 나는 아버지요 아들이니라. 나로 말미암아 모든 인류가 생명을 얻되 영원히 얻으리니, 곧 나의 이름을 믿을 자들이라. 그들이 나의 아들과 나의 딸이 되리라." (이더서 3:14)

부활하신 예수 그리스도께서는 니파이인들에게 "아버지께서 내게 명하사", "내가 아버지께 가노라", "아버지께서 나를 보내시어", "아버지께 내 이름으로 기도하라" 등과 같은 말씀을 통하여 아버지와 종속적 관계이심을 가르치셨다. 따라서, 몰몬경은 아버지와 아들은 동체가 아니라 두 분의 분리된 인격체들이심을 가르침으로써 신회의 교리를 명확히 해 준다.

구원의 계획

성경에 *구원(salvation)의 계획*—또는 다른 용어로 *구원(redemption)의 계획* 또는 *행복의 계획*—이란 말은 없다. 하지만, 몰몬경에는 독특하게 이러한 용어가 22번 나온다[3]. 이 용어들은 각각 다른 뉘앙스를 풍기지만, 서로 비슷하기 때문에 바꾸어 사용해도 무방하다.

앨마는 이 원리를 가장 많이 가르쳤다. 그는 이 계획은 세상의 기초가 놓일 때부터 준비되었으며(이더서 3:14, 앨마서 12:25, 30, 18:39, 34:16), 이것은 아버지께서 인류의 구원을 위하여 조건부로 구주의 자비로운 속죄를 마련하셨기 때문에 가능한 것이라고 가르쳤다. 그 조건은 회개, 완악하지 않은 마음, 그리고 그들의 행위인 것이다(앨마서34:16, 31, 42:13, 16 참조). 예를 들면, 앨마는 우리의 시조도 그들의 죄를 회개할 수 있도록 시험의 상태가 필요했다고 가르쳤다(앨마서 12:26, 42:5 참조). 또한 자비는 뉘우치는 자가 영원히 구원받을 수 있도록 예수 그리스도의 무한한 속죄를 통하여 공의의 요구를 충족해야 한다고 가르쳤다(앨마서 42:22-23 참조).

영체와 전세

성경에서는 이 주제를 가르치지 않지만 몰몬경에서는 가르치고 있다. 예수께서는 (구약의 바벨탑 시점에) 야렛의 형제에게 자신을 보여주시며 "보라, 네가 지금 보는바 이 몸은 나의 영의 몸이니, 사람을 내가 나의 영의 몸을 따라 창조하였고, 또 내가 지금 네게 영으로 있는 것처럼 장차 나의 백

3 교리와 성약에는 이러한 용어들이 없지만, 모세서에는 구원의 계획이란 말이 한 번 나온다. (모세서 6:16 참조) 따라서 이러한 용어들은 몰몬경에만 독특하게 여러 번 나온다.

성에게 육신으로 나타나리라"(이더서 3:16)라고 말씀하셨다. 따라서, 예수께서는 그의 영이 미래의 그의 육체와 닮은 영체를 갖고 계심을 가르치신 것이다.

모로나이는 이 말씀을 이해할 수 있도록 "또 이제 나 모로나이가 말한 대로, 나는 기록된 이 일들을 모두 기술할 수 없나니, 그러므로 나는 예수께서 참으로 니파이인들에게 자기를 보이신 것같이 그 동일한 몸의 모양과 모습으로 이 사람에게 자기를 영으로 보이셨음을 말하는 것으로 족하도다"(이더서 3:17)라고 말하면서 그것이 참됨을 확인해 주었다. 이것은 전세의 교리를 가르쳐 줄 뿐만 아니라, 전세에서의 우리의 영은 형체와 성별이 있음을 암시한다[4]. 따라서 성신(성령)은 영체를 갖고 계신다.

미 대륙: 요셉인들의 기업이며 새 예루살렘을 위한 땅

모세와 여호수아는 에브라임과 므낫세를 포함하여 이스라엘의 각 지파에게 할당된 기업(유산)의 땅을 지정했다(민수기 34:29, 여호수아 11:23 참조).

그렇지만, 부활하신 예수 그리스도께서는 아버지께서 (요셉의 남은 자들인) 니파이인들에게 그들의 기업(유산)으로 미 대륙을 줄 것을 명하셨다고 가르치셨다. "또 아버지께서는 너희 기업으로 이 땅을 너희[요셉의 남은 자들]에게 줄 것을 내게 명하셨느니라." (제3니파이 20:14, 또한 제3니파이 16:16 참조). 또한 그들은 이 땅에 새 예루살렘을 세울 것이라고 하셨다(제3니파이21:22-24, 이더서 13:4, 6 참조). 더 나아가, 예수 그리스도의 충만한 복음이 전파되는 때가 오면 아버지께서 유대인들을 옛 예루살렘으로 모으실 것이라고 하셨다(제3니파이 20:46, 이더서 13:5 참조).

---

4 조셉 스미스는 아버지와 아들과 성신의 육체적 특성에 관하여 다음과 같은 계시를 받았다. "아버지는 사람의 것과 같은 만져 볼 수 있는 살과 뼈의 몸을 가지셨으며, 아들도 그러하시니라. 그러나 성신은 살과 뼈의 몸을 가지지 아니하셨고 다만 영의 인격체시니라. 만일 그렇지 아니하면 성신이 우리 안에 거하실 수 없으리라." (교리와 성약 130:22) 그는 또한 영과 원소는 불가분하게 결합되어 있다는 계시도 받았다(교리와 성약 93:33 참조).

이사야의 말씀을 상고하라는 계명

부활하신 예수 그리스도께서는 니파이인들에게 구약의 이사야 52장과 54장에 기록된 이사야의 말씀을 가르치시며 이렇게 말씀하셨다. "참으로 한 가지 계명을 내가 너희에게 주노니, 너희는 이 일을 부지런히 상고하라. 이는 이사야의 말이 위대함이라." (제3니파이 23:1)

니파이, 야곱, 아빈아다이도 이사야의 말씀을 인용하여 가르쳤다. 이사야서[5]의 약 35퍼센트가 몰몬경에 인용되었다(이사야 2-14장, 29장, 48-54장). 니파이는 이사야의 말씀을 가장 많이 인용했으며, 이사야의 말씀이 그의 영혼을 기쁘게 한다고 말했다(니파이후서 11:2 참조). 그렇지만, 몰몬경에 인용된 이사야의 말씀은 성경의 이사야서와 비교할 때 추가, 생략, 교정된 것들이 있다.

신권 의식을 정확하게 가르침

구약에는 레위인들(레위 신권 소유자들)이 성전에서 수행하는 희생 의식에 관한 자세한 지침이 많이 기록되어 있다. 신약에는 사도 바울이 두 가지의 신권, 즉 레위 신권과 멜기세덱 신권에 관하여 가르쳤다(히브리서 7장 참조). 예수 그리스도와 그의 사도들은 침례, 성신의 부여, 성찬 집행[6] 등과 같은 신권 의식들을 수행했다. 그러나 신약에는 침례 방법을 포함하여(예: 마태복음 3:13-17 참조) 이러한 신권 의식들을 수행하는 정확한 방법에 관한 지침이 없다.

몰몬경에는 부활하신 예수 그리스도께서 침례를 베푸는 방법을 정확하게 가르치셨다(제3니파이 11:23-26 참조). 선지자 모로나이는 성신을 부여하는 방법, 교사와 제사를 성임하는 방법, 성찬의 떡과 포도주를 축복하고 전달하는 방법을 자세히 가르쳤다(모로나이서 2-5장 참조). 이 의식들

5 사해 두루마리에는 사실상 성경의 이사야서와 같은 내용이 기록되어 있다.

6 일부 기독교 분파에서는 이 의식을 성체(Eucharist) 또는 영성체(Holy Communion 또는 Communion)라고 부른다.

에 대한 기도문에는 각 의식과 관련된 특정한 성약들이 언급된다.

죽은 자를 위한 대리 침례

성경에는 사도 바울이 부활과 함께 죽은 자를 위한 침례를 간략하게 언급했다(고린도전서 15:29-30 참조). 이 간단한 구절만으로는 죽은 자를 위한 침례에 관하여 알기가 어렵다.

몰몬경에는 이 주제에 관한 언급이 없다. 그러나 부활하신 예수께서는 니파이인들에게 말라기 3-4장을 인용하시면서 이 주제에 관하여 간접적으로 가르치셨다. 예수께서 인용하신 구약의 마지막 두 구절은 다음과 같다. "보라, 주의 크고 두려운 날이 이르기 전에 내가 선지자 엘리야를 너희에게 보내리라. 이에 그가 아버지의 마음을 자녀에게로 돌이키게 하고, 자녀의 마음을 그들의 아버지에게로 돌이키게 하리라. 돌이키지 아니하면 두렵건대 내가 와서 저주로 땅을 칠까 하노라." (말라기 4:5-6, 제3니파이 25:5-6) 부활하신 예수께서는 이 구절들을 인용하신 후 니파이인들에게 다음과 같이 말씀하셨다. "너희가 갖지 아니하였던 이 경전을 아버지께서 너희에게 주라고 내게 명하셨나니, 이는 장래 세대에게 이를 주는 것이 아버지 안에 있는 지혜였음이니라." (제3니파이 26:2)

말라기서는 리하이가 예루살렘을 떠나고 일백 년도 더 지난 후에 기록되었으므로, 니파이인들은 그들이 갖고 있던 놋쇠판에 말라기의 말씀을 가질 수 없었다. 아버지께서는 예수께 장래 세대를 위하여 엘리야에 관한 이 말씀을 가르치라고 명하셨으므로, 장래 세대가 이 예언을 아는 것은 아버지께 매우 중요한 것임이 틀림없다. 엘리야의 오심에 관한 예언은 1836년 4월 3일 커틀랜드 성전에서 성취되었다(교리와 성약110:13-15 참조). 이때부터 예수 그리스도 후기 성도 교회는 죽은 자를 위한 대리 침례를 성전에서 수행해 왔다. 따라서 이 주제는 부활하신 예수 그리스도께서 몰몬경에서 언급하신 것이며, 우리의 경륜의 시대에 ("장래 세대"에게) 성취되고 있다.

고대의 헤롯 성전과 현대의 성전에서 부활과 관련된 의식들 사이에 차이가 있는 것은 흥미로운 일이다. 예수 그리스도의 성역 당시 성전 업무를 관장하고 있던 사람들은 부활을 믿지 않았던 사두개인들이었던 반면, 예수 그리스도 후기 성도 교회의 회원들은 죽은 자들의 부활을 준비하기 위한 모든 신권 의식을 현대의 성전에서 대리로 수행한다.

애굽의 요셉과 후일(마지막 세대)의 선지자에 관한 예언

몰몬경에서 리하이는 애굽의 요셉이 한 예언들을 인용했는데 이것은 성경에는 없는 기록이다(니파이후서 3:7-21 참조). 주께서 요셉의 허리로부터 선견자 한 명을 일으키실 것이며, 그 선견자의 이름은 요셉의 이름을 따라 그리고 그의 부친의 이름을 따라 요셉(조셉)이라고 일컬어질 것이다. 이 선견자는 요셉의 백성들을 애굽에서 건지기 위하여 일으키신 모세와 같을 것이다. 이 선견자는 요셉인들에게 주의 말씀을 가져다주며 그들 가운데 이미 나아갔을 주의 말씀을 그들에게 확신시켜 줄 권능을 가질 것이다. 유다 지파와 요셉 지파의 말씀이 함께 자라 거짓 교리들을 무너뜨리며, 다툼을 가라앉히며, 요셉인들 가운데 평화를 이루며, 후일에 그들로 하여금 그들 조상에 대하여 알게 할 것이다. 이 선견자가 기록한 말씀은 티끌(땅속)에서 회개를 외칠 것이다.

유대인들과 요셉인들의 열두 제자의 심판 역할

예수께서는 그의 제자들이 그와 함께 열두 지파를 심판할 것이라고 말씀하셨다. "예수께서 이르시되, 내가 진실로 너희에게 이르노니 세상이 새롭게 되어 인자가 자기 영광의 보좌에 앉을 때에 나를 따르는 너희도 열두 보좌에 앉아 이스라엘 열두 지파를 심판하리라." (마태복음 19:28, 또한 누가복음 22:30 참조)

몰몬경에서는 한 천사가 니파이에게 이와 똑같은 내용을 가르치면서 니파이인 열두 제자들은 니파이인들을 심판할 것이라고 덧붙였다(니파이전서 12:9-10 참조). 몰몬은 니파이의 기록을 확인했고, 니파이인 제자들은 예루살렘의 열두 제자들에게 심판받게 될 것이라고 덧붙였다.

> 참으로 보라, 내가 땅의 모든 끝을 위하여 기록하노니, 참으로 예루살렘 땅에서 예수께서 택하사 그의 제자로 삼으신 열둘에게 너희의 행위대로 심판을 받을 너희 이스라엘의 열두 지파를 위하여 기록하노라.
> 그리고 또한 나는 이 땅에서 예수께서 택하신 열둘에게 역시 심판받을 이 백성의 남은 자들을 위하여서도 기록하노니, 이들 열둘은 예루살렘 땅에서 예수께서 택하신 다른 열둘에게 심판을 받으리로다. (몰몬서 3:18-19)

성경에서 알려지지 않은 하나님의 선지자들의 예: 지노스와 지노크

몰몬경에는 현재의 성경에는 알려져 있지 않은 두 명의 선지자 지노스와 지노크가 있음을 알려준다. 몰몬경에서 지노스는 12번 언급되었고, 지노크는 5번 언급되어 있다.

야곱이 가꾼 감람나무와 들감람나무의 비유에 관한 지노스의 말을 인용한 것을 보면, 지노스는 이스라엘의 분산과 집합을 광범위하게 예언한 것을 알 수 있다(야곱서 제5장 참조). 야곱 이외에도 지노스와 지노크를 언급하거나 그들의 말씀을 인용한 몰몬경의 다른 저자들로는 두 명의 니파이, 앨마, 레이맨인 사무엘, 그리고 부활하신 예수 그리스도 등이 있다.

몰몬경에서 알려진 바와 같이, 지노스와 지노크는 예수 그리스도의 오심과 그의 성역과 후일에 요셉인들에 의해 복음이 회복될 것을 예언했다. 기원전 23-20년경, 니파이는 선지자 지노스가 그리스도의 오심과 예루살렘의 멸망에 대하여 담대히 증거했기 때문에 죽임을 당하였다고 기록했다(힐라맨서 8:19 참조).

먼저 된 자가 나중 되고, 나중 된 자가 먼저 됨 (예수 그리스도의 재림)

성경과 몰몬경은 모두 예수 그리스도께서는 처음에는 유대인들에게 먼저 오셨으며, 예수 그리스도의 복음은 유다 지파로부터 왔다고 증거한다. 몰몬경은 예수 그리스도의 회복된 복음이 요셉인들과 이방인들로부터 먼저 왔고, 그들은 이 복음을 유대인들에게 전할 것이라고 가르친다. 몰몬경은 또한 예수 그리스도께서 재림 시 새 예루살렘의 요셉인들에게 먼저 오실 것이라고 예언한다. 이것은 예수께서 유대인들에게 먼저 된 자로서 나중 되고 나중 된 자로서 먼저 된다(마태복음 19:30, 20:16, 마가복음 10:31, 누가복음 13:30 참조)고 가르치신 것을 성취시킬 것이다.

세상의 끝에 관하여 기록한 사도 요한

신약에 추가된 마지막 책은 요한계시록인데, 이 책은 서기 419년에 신약 정경에 포함되었다. 서기 363년 라오디게아 공의회는 요한계시록을 정경에서 제외시켰으나 서기 393년 히포 시노드에서 정경화되었다. 요한계시록의 정경화는 서기 419년 카르타고 공의회에서 마무리되었다. 유대-기독교인들 사이에는 이 책에 관하여 아직도 논란이 있다. 예를 들면, 일부 동방 정교회는 요한계시록을 경전으로 받아들이지 않는다[7].

몰몬경에서 예수 그리스도와 선지자 니파이는 사도 요한이 세상의 끝에 관하여 기록하는 임무를 받았다고 말씀했다(이더서 4:16, 니파이 전서 14:27 참조). 현재의 요한계시록이 원본과 비교해 얼마나 진본인지는 알 수 없으나, 몰몬경은 요한이 세상의 끝에 관하여 기록하는 임무를 맡았음을 확인해 준다.

비기독교 종교도 참된 원리를 가르친다

성경에서는 찾을 수 없으나 몰몬경에는 유교와 불교의 가르침과 관련된 독특한 가르침들이 몇 가지 있다. 예를 들면, 선지자 리하이는 "모든 것에는 반대되는 것이 있다"(니파이후서 2:11)라고 가르치면서 이 원리를 자세히 해석해 주었다. 모든 것에 반대되는 것이 있다는 것은 "음과 양"의

7 많은 기독교회들이 예수 그리스도의 재림의 때를 알고자 성경을 연구해 왔다. 일부는 그들이 믿는 재림 날짜를 (일부의 경우 장소까지) 공개적으로 발표하기도 했지만, 오늘날까지 아무도 맞지 않았다. 이것은 예수께서 말씀하신 그의 재림에 앞서 있을 재앙과 표적, 그리고 아버지를 제외하고는 아무도 그때를 모른다고 하신 것을 입증해 준다(마태복음 24:36, 마가복음 13:32, 사도행전 1:7 참조).

원리를 가르치는 중국 주역의 기본적 개념이며 우주의 모든 것을 이러한 반대의 원리에 근거하여 설명해 준다.

선지자 니파이와 앨마는 주의 진로는 "하나의 영원한 원"이라고 가르쳤다. (니파이전서 10:19, 앨마서 7:20, 37:12) 이 원리는 원불교의 기본적 교리이며, 사람은 하나의 텅 빈 둥근 원을 통하여 찾을 수 있는 이해의 원리로부터 자아의 깨달음에 도달할 수 있으며 무한한 무(無)로부터 열반의 경지에 이를 수 있다고 가르친다.

◆ 다섯 가지의 신권 의식과 관련 성약들

성약은 신권 의식과 관련이 있다. 예수 그리스도께서는 침례를 주고 성찬의 떡과 포도주를 베풀었다고 기록되어 있지만, 신약에는 이러한 의식을 수행하는 방법에 대한 지침이 없다. 이와는 대조적으로, 몰몬경은 다음과 같은 다섯 가지의 의식을 수행하는 방법에 대한 구체적인 지침과 관련 성약을 가르친다.

- · 신앙을 갖고 회개하는 성약과 함께 물에 의한 침례(제3니파이 11:23-27 참조)
- · 예수 그리스도를 믿고 아버지와 아들 안에서 하나가 되는 성약과 함께 성신에 의한 침례 (또는 성신의 부여) (모로나이서 2장, 제3니파이 19:20-23)
- · 회개와 예수 그리스도를 통한 죄 사함을 전파하고, 끝까지 그의 이름 안에서 견디는 성약과 함께 제사와 교사들을 성임 (모로나이서 3장 참조)
- · 예수 그리스도의 몸을 기억하여 먹으며 그의 영을 지니도록 아들의 이름을 받들고, 항상 그를 기억하고, 그의 계명을 지키고자 함을 아버지께 증거하겠다는 성약과 함께 성찬의 떡을 베풂 (모로나이

서 4장 참조)

· 예수 그리스도의 피를 기억하여 마시며 그의 영을 지니도록 항상 그를 기억함을 아버지께 증거하겠다는 성약과 함께 성찬의 포도주를 베풂 (모로나이서 5장 참조)

몰몬경에는 이러한 의식 수행 방법이 기록되어 있기 때문에, 위의 다섯 가지의 신권 의식을 수행하는 정확한 방법 및 이와 관련된 성약이 요셉의 막대기(몰몬경)로부터 나아와 유다의 막대기(성경)로 제공되는 것이다.

◆ 그리스도의 무한한 속죄에 관한 25가지 관련 주제

성경과는 달리 몰몬경은 예수 그리스도의 속죄와 부활의 교리에 대하여 매우 광범위한 해석을 제공한다. 성경에서 속죄(atonement)라는 단어는 구약에서는 81번 나오고 신약에서는 한 번만 나온다. 구약에서 사용되는 모든 속죄(atonement)는 사실상 성전에서 수행하는 짐승의 번제가 포함된 죄 사함을 위한 의식과 관련된 것들이다. 신약에서는 사도 바울이 흠정역 성경의 로마서 5:11에서 속죄를 한 번 언급했는데, 이것은 성경의 다른 버전들에서는 화해(reconciliation)로 번역되었다. 사도 바울은 예수 그리스도의 속죄 또는 화해의 역할에 대하여 설교를 했지만, 신약에는 예수 그리스도의 무한하고 영원한 속죄에 관한 명백한 가르침이 없다는 것을 쉽게 알 수 있다.

몰몬경에는 속죄(atonement)라는 말이 28번 나온다. 속죄의 파생어인 속죄하는(atoning), 속죄하다(atone, atoneth)라는 말도 총 11번 나온다. 이렇게 39번에 달하는 속죄에 관한 표현을 분석해 보면, 예수 그리스도의 속죄와 관련된 주제를 다음과 같이 25가지로 요약할 수 있다.

1. 모든 것에 반대되는 것을 통하여 속죄의 목적에 부응함

2. 유대인들은 결국 그리스도의 속죄를 믿을 것임
3. 무한한 속죄의 본질
4. 자비는 속죄를 통하여 공의의 요구를 충족함
5. 속죄의 권능을 통하여 영원한 사망으로부터 일어남
6. 속죄를 통하여 그리스도에 대한 완전한 지식에 이름
7. 속죄가 없다면 모든 인류는 잃은 바 되고 멸망함
8. 구원은 모세의 율법이 아닌 그리스도의 속죄를 통하여 옴
9. 그리스도의 속죄의 피를 통하여 아담의 범법을 극복함
10. 속죄의 효력은 그리스도를 모르고 죽은 자들에게도 미침
11. 모세의 율법은 그리스도의 속죄가 아니면 무익함
12. 속죄의 효력은 어린아이들에게도 미침
13. 속죄를 통하여 육에 속한 사람을 극복함으로써 어린아이와 같이 되게 해 줌
14. 속죄는 세상의 기초가 놓이던 때로부터 있었음
15. 사람의 죄를 위한 그리스도의 속죄의 피, 고통, 사망
16. 영원하신 하나님의 위대한 계획에 따른 속죄
17. 속죄는 마지막 희생임
18. 모든 인류를 위한 무한하고 영원한 속죄
19. 그리스도의 속죄를 통하여 모세의 율법을 이룸
20. 거룩한 신권과 속죄
21. 죄를 용서받고 마음을 정결케 하기 위한 그리스도의 속죄의 피
22. 속죄를 통한 자비의 계획
23. 속죄는 죽은 자의 부활을 가져옴
24. 행위에 따라 심판받음에 있어서 속죄의 역할
25. 그리스도의 속죄와 부활의 권능에 대한 소망

구약에는 *부활*이란 단어가 나오지 않는다. 신약에 보면 예수 그리스도의 많은 제자들이 예수의 부활을 알리고 증거했지만 유대인들은 예수님

의 부활에 대하여 의견이 분분하다. 몰몬경에서는 부활하신 예수께서 삼일간 니파이인들을 방문하셨고 그들 사이에서 그의 부활을 의심하는 사람은 없었다.

◆ 몰몬경의 13가지 독특한 예언

몰몬경에는 감람나무의 비유(야곱서 5장 참조), 니파이의 시현과 천사의 방문(니파이전서 10-15장 참조), 요셉에게 주는 리하이의 마지막 말씀(니파이후서 3장 참조), 니파이의 마지막 말씀(니파이전서 22장, 니파이후서 25-33장 참조), 부활하신 예수님의 가르침(제3니파이 16, 20-22, 26-27, 29장 참조), 몰몬의 말씀(몰몬서 7장 참조), 모로나이의 말씀(몰몬서 8장, 이더서 4, 13장 참조)에 많은 예언들이 있다. 이 예언들은 대부분 다음과 같은 13가지로 정리할 수 있다.

1. 집합이 시작되는 시점과 함께 이스라엘의 분산과 집합
2. 후일에 예수 그리스도의 복음의 회복
3. 요셉인들의 기업(유산)인 자유롭고 강한 나라를 가진 미 대륙
4. 티끌(땅속)에서 외치는 소리와 같은 몰몬경의 출현
5. 조셉이라 불리는 후일의 선지자와 후일에 예수 그리스도의 복음의 회복
6. 성경과 배도
7. 단지 두 개의 교회만 존재함
8. 더 많은 기록이 다른 지파들로부터 나옴
9. 유대인들이 집합한 후 예수 그리스도를 받아들임
10. 미 대륙에 새 예루살렘이 준비되고 세워짐
11. 후일(마지막 세대)에 요셉인들과 이방인들의 역할
12. 옛 예루살렘에는 유대인들이 집합하고 새 예루살렘에는 요셉인들

이 집합함

13. 먼저 된 자가 나중 되고 나중 된 자가 먼저 되는 예

이 중 많은 예언들은 이미 성취되었고, 일부는 성취되는 과정에 있으며, 일부는 앞으로 성취될 것이다.

◆ 단어 수로 비교한 수량적 사실: 9가지의 추론과 신학적 전개

이 책에서는 성경과 몰몬경에 어떤 특정한 단어나 문구가 사용되는 횟수를 기준으로 그 숫자를 언급했다. 이러한 수량적 사실을 기반으로 삼위일체나 믿음만으로 구원받음과 같은 몇몇 신학적 이론의 전개를 포함하여 9가지의 추론이 나올 수 있다. 이러한 추론들은 이 책에 수록된 여러 가지 발견들을 뒷받침해 준다. 다음 표는 흠정역 성경과 몰몬경에 일부 특정 단어나 문구가 몇 번 나오는지를 보여준다.

	구약 (흠정역)	신약 (흠정역)	몰몬경
여호와	4번 (출애굽기 6:3, 시편 83:18, 이사야 12:2, 26:4)	없음	2번 (니파이후서 22:2 (기원전 기록), 모로나이서 10:34 (기원후))
십자가에 못 박다, 십자가에 못 박히다, 십자가에 못 박음	없음	53번 (사복음서: 38번, 사도 바울의 서한: 11번)	9번 (모두 기원전 기록)

<table>
<tr><td>부활한,
부활</td><td>없음</td><td colspan="2">41번 (사복음서: 16번,
사도 바울의 서한: 11번)</td><td colspan="2">81번 (기원전: 75번,
기원후: 6번)</td></tr>
<tr><td>속죄하다,
속죄하는,
속죄</td><td>81번
(주로 짐승 번
제 등의 속죄)</td><td colspan="2">1번 (흠정역 로마서 5:11,
다른 버전에서는
주로 "화해"로 번역됨)</td><td colspan="2">39번 (속죄와 연관된
25개의 주제가 있음)</td></tr>
<tr><td>아버지와 아들
(또는 말씀)은
하나임</td><td>없음</td><td>4번 (요한
복음 1:1,
10:30,
17:21, 요한1
서 5:7 (흠정
역에만))</td><td>삼위일체
교리를
주장할 때
인용</td><td colspan="2">6번 (모사이야서 15:4,
제3니파이 11:27, 11:36,
19:23, 20:35, 28:10)</td></tr>
<tr><td>신앙 (믿음)</td><td>2번</td><td>241번
(사도 바울
의 서한: 171
번 (71%),
요한복음
에는 없음)</td><td rowspan="2">"sola fide"
(믿음으로
구원받음)
교리의
근거</td><td colspan="2">263번
(기원전: 170번,
기원후: 93번)</td></tr>
<tr><td>믿음으로
의롭다 하심을
받음</td><td>없음</td><td>3번 (사도
바울만 언급.
로마서 3:28,
5:1, 갈라디
아서 3:24)</td><td colspan="2">없음</td></tr>
<tr><td>행위에 따라
심판받음</td><td>없음</td><td colspan="2">3번 (마태복음 16:27,
베드로전서 1:17,
요한계시록 20:13)</td><td colspan="2">17번: 부활하신 예수 그리
스도, 니파이, 베냐민 왕,
아빈아다이, 앨마, 앰율레
크, 몰몬, 모로나이 등
여러 명이 가르침</td></tr>
<tr><td>자비</td><td>262번</td><td colspan="2">64번</td><td>102번</td><td rowspan="2">구원의 계
획의 일부
로 설명됨</td></tr>
<tr><td>공의</td><td>28번</td><td colspan="2">없음</td><td>70번</td></tr>
<tr><td>침례(세례),
침례(세례)
받은</td><td>없음</td><td colspan="2">100번
(사복음서: 55번, 사도행전:
27번, 사도 바울의 서한:
18번, 다른 책에는 없음)</td><td colspan="2">145번
(기원전 6세기부터
언급이 시작됨)</td></tr>
</table>

이렇게 되었나니 (It came to pass)	396번 (모세 오경: 109번, 예언서: 236번, 문서: 51번)	67번 (사복음서: 52번 (마태 6번, 마가 4번, 누가 41번, 요한 1번), 사도행전: 14번, 사도 바울의 서한: 1번)	1359번 (모로나이서를 제외한 그 외 14권에 모두 있음. 니파이후서 25-33장에도 없음)

추론 및 일부 신학적 이론의 전개

1. 구약은 여호와가 그들의 하나님이라고 하지만, 신약에는 여호와에 관한 언급이 없다. 이로 인해 기존의 정통 기독교인들 사이에서는 나사렛 예수가 여호와인지에 관하여 혼동이 초래되고 있다. 몰몬경의 가장 마지막 문장에서 모로나이가 예수 그리스도를 여호와라고 부른 것은 예수 그리스도가 구약의 여호와임을 확인해 준다. (모로나이서 10:34 참조)
2. 신약의 사복음서는 예수 그리스도께서 십자가에 못 박히심을 가장 많이 (총 53번) 언급했다. 그렇지만, 몰몬경에서는 십자가에 못 박히심이 9번 나오는데, 모두 예수 그리스도께서 탄생하시기 전에 언급된 것들이다. 이것은 (요셉 지파의 남은 자들인) 니파이인들이 예수 그리스도의 탄생 이전에 그의 십자가에 못 박히심에 관하여 가르침을 받았음을 가리킨다.
3. 구약에는 부활에 관한 명확한 가르침이 없으므로, 사두개인들과 바리새인들은 부활에 대한 그들의 상반되는 주장을 정당화할 수 있었다 (마태복음 22:23, 마가복음 12:18, 누가복음 20:27, 사도행전 23:6-8 참조). 신약에서는 부활보다는 그리스도의 십자가에 못 박히심을 더 많이 강조하는 반면, 몰몬경에서는 그리스도의 십자가에 못 박히심보다는 그의 부활을 훨씬 더 많이 강조하고 있다. 부활을 강조하는 것은 일부 동방 정교회의 가르침과 일치한다. 예수 그리스도의 부활은 그리스도께서 탄생하시기 전부터 몰몬경의 많은 선지자들이 예언했다. 니파이인들의 경우, 그들은 그리스도의 십자가에 못 박히심과 부활에

대하여 잘 이해하는 상태에서 그의 오심을 고대했다[8].

4. 몰몬경은 성경보다 예수 그리스도의 속죄를 훨씬 더 자세하게 다룬다. 니파이, 야곱, 앨마는 이것을 "무한한 속죄"(니파이후서 9:7, 25:16, 앨마서 34:12 참조)라고 묘사했는데, 이것은 구약에서 가르치는 짐승의 번제를 통한 속죄가 아니다.
5. 신약에서는 요한의 기록에서만 "아버지와 아들(또는 말씀)은 하나"와 같은 삼위일체성 표현이 언급된다. 그러나 몰몬경에서는 이와 똑같은 원리를 성경에서보다 더 자주 언급한다. 성경에는 삼위일체란 말이 없고 몰몬경에도 없다. 삼위일체 교리는 사도 시대 이후에 등장했다. 일반적으로, 흠정역 성경은 다른 버전의 영어 성경보다 삼위일체 교리에 우호적인 표현들이 더 많다(예: 영문판 요한1서 5:7 참조).
6. Sola fide(뜻: "믿음만으로")는 마틴 루터와 같은 종교 개혁자가 바울의 교리에서 가져온 원리이다. 몰몬경은 이러한 원리를 전혀 내포하지 않고 신약만큼 또는 그보다 더 많이 믿음에 관하여 가르친다. 요한복음에 믿음이란 말이 나오지 않는 것은 흥미롭다. 예수 그리스도, 베드로, 요한은 행위에 따라 심판받는 교리를 가르쳤으며, 심지어 야고보는 행함이 없는 믿음은 죽은 것이라고 선언했다(야고보서 2:17-18 참조). 그러나 일부 개신교 종파의 경우 행위의 중요성은 바울이 말한 "믿음으로 의롭다 하심을 받게 된다"라는 개념에 묻히고 말았다. 몰몬경은 믿음뿐 아니라 행위에 따른 심판의 중요성도 같이 강조하고 있다.
7. 구약, 신약, 몰몬경은 모두 공의보다는 자비에 관하여 더 많이 언급하고 있다. 흥미롭게도, 신약에는 공의라는 단어가 없다. 성경에는 공의보다는 자비가 훨씬 더 많이 강조된 것이 분명한 반면, 몰몬경에서는

8 유다 지파인 쿰란의 에세네파가 그들의 메시야를 기대하고 있던 유다 종파라면, 요셉 지파인 니파이인들은 그들의 메시야이신 그리스도를 기대하고 있었던 요셉 지파의 집단으로 생각할 수 있다.

이 두 가지 용어가 더 균형 있게 언급되고 있다. 몰몬경은 자비가 공의를 앗아갈 수는 없지만 그리스도의 속죄를 통하여 공의의 요구를 충족시킨다고 가르친다. 이것은 구원의 계획의 본질이다(앨마서 42장 참조).

8. 성경은 침례가 신약의 침례 요한에 의해 시작된 어떤 새로운 것이라고 가르친다. 몰몬경은 물과 성신에 의한 침례가 구약 시대인 기원전 6세기부터 니파이인들 사이에서 가르쳐지고 행해졌다고 가르친다(니파이후서 31장, 모사이야서 18장 참조). 신약에서는 침례를 수행하는 정확한 방법을 가르치지 않는다(마태복음 3:13-17 참조). 따라서, 기독교회에서는 몸이 물에 완전히 잠기거나, 부분적으로만 잠기거나, 머리에 물을 붓거나 뿌리는 등 다양한 세례 방식을 사용하고 있다. 그러나 몰몬경에서는 부활하신 예수 그리스도께서 몸이 물에 완전히 잠기는 방식으로 침례 의식을 수행하라고 정확하게 가르쳐주셨으므로 이 문제에 대해서 혼란이 없다(제3니파이 11:23-26 참조).

9. 구약과 몰몬경은 모두 여러 세대에 걸친 역사적 기록이다. "이렇게 되었나니[9]"라는 구절은 영어 흠정역 구약에서는 369회가 사용되었지만, 몰몬경에서는 1359회가 사용되었다. 구약의 분량이 몰몬경보다 세 배 이상인 것을 감안하면 이것은 압도적으로 많은 횟수이다[10]. 신약은 한 세대만의 역사적 기록인 관계로 이보다 훨씬 적은 67회가 사용되었다. 사복음서의 저자들 중 누가는 이 구절을 훨씬 더 많이 사용했다. 이 구절이 누가복음과 사도행전에서 가장 많이 사용된 것으로 미루어 볼 때, 여러 신약 학자들의 주장대로 누가복음과 사도행전의 저자는 같은 사람인 것으로 추정할 수 있다. 몰몬경에서는 이 구절이 상

---

9 "이렇게 되리니 [it shall come to pass]"라는 구절은 구약에는 116번(이사야서에만 25번), 신약에서는 4번, 몰몬경에서는 60번이 나온다.

10 구약에는 약 80만 단어가 있고, 몰몬경에는 약 23만 4천 단어가 있다.

당히 많이 사용된 것으로 보아 이 책은 역사가들이 나중에 기록한 문서임이 분명하다. 몰몬경의 마지막 책인 모로나이서에는 이 구절이 없는 것이 흥미롭다. 이것은 모로나이가 자신의 생애 동안 그 책을 본인이 직접 기록했음을 가리킨다. 또한 흥미로운 것은, 니파이의 마지막 말에도 이 구절이 없는데(니파이후서 25-33장 참조), 이것은 니파이가 그의 마지막 말이 과거를 회고하면서 쓴 기록이 아님을 가리킨다.

◆ 성경에는 없으나 전통적으로 믿고 있는 기독교의 교리와 관행에 대한 정정

유대-기독교의 경우, 성경에서는 찾아볼 수 없으나 그동안 널리 수용되어 온 전통적인 교리와 관행이 몇 가지가 있다. 이러한 전통적 교리가 하나님으로부터 온 것인지 아니면 선한 의도를 가진 신학자들로부터 온 것인지에 (예: 경전의 말씀과 혼합된 사람의 철학) 관한 논쟁이 많이 있었다. 사도 바울은 이에 관하여 다음과 같이 경고했다. "하나님의 의를 모르고 자기 의를 세우려고 힘써 하나님의 의에 복종하지 아니하였느니라." (로마서 10:3) 몰몬경은 사도 바울의 가르침대로 다음의 전통들이 하나님으로부터 온 것이 아니고 사람으로부터 온 것임을 확인해 준다.

삼위일체

앞서 토론한 바와 같이, 성경에는 *삼위일체*라는 말이 없다. 이 교리는 2세기경에 나왔지만 완전히 정립된 것은 4세기와 5세기 때였다. 이때 이후로 삼위일체는 유대-기독교회에서는 잘 알려진 교리가 되었다.

몰몬경의 선지자 아빈아다이는 모사이야서 5:1-5에서 하나님의 참된 신성에 대하여 가르쳤다. 그는 아버지와 아들은 신회의 구성원이라는 의미에서 한 하나님이라고 가르쳤으며, 가브리엘 천사가 마리아에게 나타나 그녀의 아들 예수는 지극히 높으신 이의 아들이라고 선포했음을 확인해 주었다. 성경의 가르침 이상으로, 몰몬경에서는 부활하신 예수 그리스도께서 삼일간 니파이인들을 방문하셨을 때 자신은 아버지와 종속 관계에 있음을 분명히 하셨다(제3니파이 18:27, 27:13 참조).

아담의 원죄

이 신학은 5세기에 가톨릭교회가 시작할 무렵 전개되었으며, 다음과 같은 사도 바울의 가르침에 근거를 두고 있다.

> 한 사람으로 말미암아 죄가 세상에 들어오고, 죄로 말미암아 사망이 들어왔나니, 이와 같이 모든 사람이 죄를 지었으므로 사망이 모든 사람에게 이르렀느니라. (로마서 5:12)

> 아담 안에서 모든 사람이 죽은 것같이 그리스도 안에서 모든 사람이 삶을 얻으리라. (고린도전서 15:22)

이것은 또한 다음과 같은 시편 저자의 말씀에서도 영향을 받았다

> 내가 죄악 중에서 출생하였음이여, 어머니가 죄 중에서 나를 잉태하였나이다. (시편 51:5)

몰몬경에서 선지자 리하이는 아담이 선악과를 따 먹은 것은 죄가 아니라 범법이며 의도적인 것이었다고 설명했다. 또한 "아담이 타락한 것은 사람이 존재하게 하려 함이요, 사람이 존재함은 기쁨을 갖기 위함이니라"(니파이후서 2:25)라고 선언함으로써 이것은 모든 것을 아시는 이의 지혜 안에서 이루어졌음을 확인해 주었다. 그는 아담의 범법, 예수 그리스도, 그리고 사람의 선택 의지 사이의 관계와 연계하여 아담이 그 열매를 따 먹기로 선택한 이유를 자세히 설명했다. 따라서 아담의 원죄설은 모든 것을 아

시는 하나님으로부터 온 것이 아니다.

침례의 본질

신약에 의하면 예수 그리스도께서는 침례 요한에게 침례를 받으심으로써 그의 성역을 시작하셨고(마태복음 3장 참조), 그와 그의 제자들도 사람들에게 침례를 베풀었다(요한복음 4:1-2 참조). 부활하신 예수께서는 하늘로 올라가시기 직전에 제자들에게 "그러므로 너희는 가서 모든 민족을 제자로 삼아 아버지와 아들과 성령의 이름으로 침례를 베풀라…"(마태복음 28:19)라고 명하셨다. 성경에서는 침례에 관하여 이렇게 가르치는 데도 불구하고, 여러 기독교 종파의 일부 충실한 신자들은 구원을 받기 위해서는 신앙만으로 충분하며 침례는 필수적인 것이 아니라고 믿는다.

부활하신 예수 그리스도께서 삼 일간 니파이인들을 방문하시는 동안 가장 먼저 가르치신 것은 침례에 관한 것이었고, 그들에게 침례 방법을 정확히 가르치심으로써 침례 의식을 다시 제정하셨다(제3니파이 11:21-28 참조). 니파이인들은 새로 배운 절차에 따라 예수 그리스도에게서 받은 권세로 침례를 받았다(제3니파이 19:13 참조). 또한 마지막에 가서는 다음과 같이 명하셨다. "이제 그 계명은 이것이라, 너희 땅의 모든 끝이여, 회개하고, 내게로 와서 내 이름으로 침례를 받으라. 그리하여 성신을 받음으로 말미암아 성결하게 되어, 마지막 날에 내 앞에 흠 없이 서도록 하라." (제3니파이 27:20)

예수께서는 이스라엘의 이 두 지파들에게 성역을 베푸시면서 침례로 시작하셨고, 사람들에게 침례를 주거나 받으라고 당부하시며 성역을 마치셨다. 따라서 몰몬경은 침례가 구원에 필수적이라는 예수 그리스도의 가르침에 대한 또 하나의 증거이다.

물에 완전히 잠기는 침례

성경에서는 모세의 시대부터 물로써 특별한 정결 의식을 갖는 것이 유대인들 사이에서는 흔한 일이었다(민수기 8:6-7, 19:12-13, 에스겔

36:25). 기원전 1세기에는 미크베라는 정결 의식이 주로 행해졌다(누가복음 2:22 참조). 따라서 유대인들은 물에 잠김으로써 죄 사함을 받는 의식에 익숙해졌으므로 요한이 요단강에서 침례를 베푸는 것을 받아들이기가 쉬웠을 것이다.

마태복음 3:13-17에 자세히 기록된 바와 같이, 침례 요한은 다음과 같은 방식으로 예수 그리스도에게 침례를 베풀었다. 요한과 예수님은 요한이 예수님을 침례하는 것에 대한 자격을 논했다. 요한이 예수님을 침례했다. 예수께서는 곧장 물 밖으로 나오셨다. 성령이 비둘기의 형상으로 하늘에서 내려왔고 하늘로부터 온 빛이 예수님을 비추었다. 하나님 아버지의 소리가 있었고 "이는 내 사랑하는 아들이요 내 기뻐하는 자라"라고 말씀하셨다.

이 다섯 구절은 예수님이 어떻게 침례를 받았는지, 즉 몸이 물에 완전히 잠기었는지, 부분적으로만 잠기었는지, 머리 위에 물을 부었는지 또는 물을 뿌렸는지, 구체적으로 설명해 주지 않는다. 결과적으로 유대-기독교회에는 여러 가지의 침례(세례) 방식이 있다.

몰몬경에서는 부활하신 예수 그리스도께서 니파이인들에게 구체적인 침례 절차를 가르치셨다.

> 진실로 내가 너희에게 이르노니 누구든지 너희의 말을 통하여 자기 죄를 회개하고 내 이름으로 침례 받기를 원하거든, 이같이 너희는 그들에게 침례를 줄지니—보라, *너희는 물에 내려가 서서, 내 이름으로 그들에게 침례를 줄지니라.*
> *또 이제 보라, 너희가 할 말은 이러하니라, 그들의 이름을 부르며 말하기를,*
> *예수 그리스도에게서 권세를 받아, 나는 아버지와 아들과 성신의 이름으로 그대에게 침례를 주노라. 아멘.*
> *그러고 나서 너희는 그들을 물에 잠기게 하였다가, 물 밖으로 다시 나오게 할지니라.*
> *이에 이같이 너희는 내 이름으로 침례를 줄지니라.* 이는 보라, 진실로 내

가 너희에게 이르노니, 아버지와 아들과 성신은 하나임이라, 내가 아버지 안에 있고 아버지께서 내 안에 계시매 아버지와 나는 하나니라. (제3 니파이 11:23-27, 강조체 첨가)

유아 세례

아담의 원죄와 침례(세례)의 본질을 조합한 믿음으로 보면, 유아를 포함한 모든 사람들은 구원을 받기 위해 침례를 받아야 할 필요가 있다고 믿기가 쉽다. 유아 침례(세례)는 기독교 초기에 시작되었지만 논란이 되어 왔다(예: 재세례파는 이것을 반대했다).

몰몬경에서는 선지자 몰몬이 "너희가 어린아이에게 침례를 줌은 하나님 앞에 중대한 조롱 행위"(모로나이서 8:9)임을 성신을 통해 배우게 되었다고 가르쳤다. 그는 또한 "그러나 어린아이들은 실로 세상의 기초가 놓이던 때로부터 그리스도 안에서 살아 있나니, 만일 그렇지 않다 할진대 하나님은 공평치 않으신 하나님이시요, 또한 변하시는 하나님이시요, 사람을 외모로 취하시는 분일지라, 대저 침례 없이 죽은 어린아이가 얼마나 많겠느냐!"(모로나이서 8:12)라고 말했다. 베냐민 왕도 그리스도의 피가 아담의 범법과 어린아이들의 죄를 대속하여 준다고 확인했다(모사이야서 3:16 참조).

하늘은 닫혀 있다 (정경의 무오류성으로 대체됨)

정경에는 오류가 없으므로 하늘은 닫혀 있다는 믿음은 16세기의 종교 개혁 이후 개신교 사이에서 일반화되어 있었다. 최근 수십 년 동안에는 많은 본문 비평 학자들이 여러 버전의 신약 사본을 발견하면서 성경의 무류성에 대하여 의문을 갖게 되었다. 몰몬경은 하늘이 열려 있으며 하나님의 많은 충실한 자녀들 가운데 성신의 권능이 끊임없이 드러나고 있다고 가르친다(모로나이서 10:3-5 참조). 몰몬경 자체가 "정경은 열려 있음"을 스스로 증명한다.

몰몬경의 선지자 모로나이는 서기 5세기 초에 몰몬경은 사람들이 기적은 폐하여졌다고 말하며 그리스도의 자비와 그의 성령의 권능을 부인하는 날에 나아올 것이라고 예언했다(몰몬서 8:26 참조). 부활하신 예수 그리스도께서도 유다 지파와 요셉 지파 이외의 다른 지파들도 기록할 것이며(니파이후서 29:12 참조) 더 많은 경전이 나아올 것이라고 가르치셨다.

예수 그리스도 이외의 사람의 이름으로 기도함

성경에서는 예수 그리스도의 이름으로 아버지께 기도하는 것이 일반적이지만 예수 그리스도의 이름으로 기도하라는 구체적인 계명은 나오지 않는다. 일부 기독교회에서는 신도들에게 그들의 교회 창시자나 성모 마리아와 같은 사람의 이름으로 기도하라고 가르친다.

몰몬경에서는 부활하신 예수 그리스도께서 그의 이름으로 아버지께 기도하라고 엄격하게 지시하셨다. "그러므로 너희는 항상 내 이름으로 아버지께 기도하여야 하느니라."(제3니파이 18: 19) 또한 "또 그들이 나를, 곧 내가 하나님의 아들 예수 그리스도임을 믿고, 내 이름으로 아버지께 기도할 것이라."(제3니파이 20:31)라고 하셨다.

"믿음으로 의롭다 하심을 받음"과 "행위에 따라 심판받음" 사이의 균형적인 가르침

"믿음으로만 의롭게 됨"의 교리는 바울이 가르친 교리의 좋은 예이다. 예수 그리스도는 그것을 가르치시지 않았지만 바울은 그렇게 가르쳤다. (로마서 2-3장, 갈라디아서 3-4장 참조) 신약에는 *믿음*이란 단어가 245번 나오며, 이 중 171번(70 퍼센트)은 바울이 쓴 14개의 서한에 나온다. 사복음서에는 이 말이 29번만 나오는데 그중 요한복음에는 한 번도 나오지 않는다. *자비*라는 단어는 신약에 64번 나오지만 *공의*라는 단어는 한 번도 나오지 않는다.

"믿음만으로 구원받음"은 사도 바울이 로마인, 고린도인, 갈라디아인,

에베소인, 히브리인 등에게 보낸 서한에서 가르친 *죽은 행실*[11] (히브리서 6:1, 9:14)과 같은 언급이 포함된 신앙을 토대로 많은 기독교인들 사이에서 널리 퍼진 믿음이 되어 왔다. 이러한 믿음은 다음과 같은 사실에도 불구하고 꾸준히 지속되어 왔다.

· 예수 그리스도께서는 "인자가 각 사람이 행한 대로 갚으리라"라고 가르치셨다. (마태복음 16:27)
· 사도 바울은 "하나님께서 각 사람에게 행한 대로 보응하시리라"라고 가르쳤다. (로마서 2:6)
· 사도 야고보는 "행함이 없는 믿음은 죽은 것이니라"라고 가르쳤다. (야고보서 2:26)
· "행위에 따라 심판받음"의 교리는 요한계시록 20:12-13에서 가르치고 있다.

몰몬경에는 "믿음으로 의롭다 하심을 받음"이라는 말은 없지만, 니파이, 베냐민 왕, 아빈아다이, 앨마, 앰율레크, 몰몬, 모로나이 등 여러 선지자들이 "행위에 따라 심판받음"을 가르쳤다. 몰몬경에는 *자비*라는 단어가 102번 나오고 *공의*라는 단어는 70번 나온다.

또한 베냐민 왕은 우리가 구원받기 위해서는 그리스도의 속죄를 통하여 성령의 이끄심을 따름으로써 육에 속한 사람(하나님의 적)을 벗어 버려야 한다고 가르쳤다(모사이야서 3:19 참조). 니파이는 우리가 우리의 신앙으로 말미암아 그리스도 안에서 살리심을 받을지라도 예수 그리스도의 속죄로부터 오는 은혜는 우리가 할 수 있는 모든 것을 한 후에만 적용된다고 말하며 이 원리를 잘 요약했다(니파이후서 25:23-25 참조).

11 흥미롭게도, 선지자 몰몬은 유아 침례를 죽은 행실이라고 했다(모로나이서 8:23 참조).

예정이 아닌 예임 또는 미리 아심으로 부름 받음

칼빈주의자와 같은 일부 개신교 종파에서는 예정설을 믿지만, 이것은 논란의 대상이 되어 왔다. 영어 성경의 여러 버전 중 대부분은 로마서 8:30에서 *predestinated(미리 정하신)*이라는 용어를 사용하며, 이것은 칼빈주의자들의 가르침을 확인해 주는 것 같다. 그렇지만, 일부 다른 버전에서는 똑같은 용어가 *foreordained(예임된), chosen(선택된), called(부름받은)* 등으로 번역되어 있다.

몰몬경에서 리하이와 야곱은 사람은 선택의 자유를 가지고 있다고 가르쳤고, (니파이후서 2:27, 10:23) 앨마는 하나님께서 그의 미리 아심으로 그의 자녀들에게 선택할 자유를 맡기셨다고 가르쳤다(앨마서 13:3)[12]. 따라서, 몰몬경은 고정된 예정이 아니고, 우리의 선택에 대한 미리 아는 지식을 가지고 예임되거나 또는 부름받은 것임을 명확히 해 준다.

교회의 이름에는 "예수 그리스도"가 포함되어야 한다

성경에는 이 주제에 관한 가르침이 없다. 그 결과, 서기 325년 가톨릭교회가 시작한 이래 기독교회들은 수없이 많은 이름들을 사용해 왔다.

몰몬경에는 부활하신 예수 그리스도께서 그의 교회의 이름에 그의 이름이 포함되어야 한다고 구체적으로 지시하셨다.

> 내 이름으로 일컫지 아니할진대 어찌 나의 교회이겠느냐? 만일 어떠한 교회가 모세의 이름으로 일컬어질진대 그것은 모세의 교회일 것이요, 만일 교회가 어떠한 자의 이름으로 일컬어질진대 그것은 어떠한 자의 교회일 것이라. 그러나 만일 교회가 내 이름으로 일컬어질진대 그것은 내 교회니, 만일 그들이 내 복음 위에 세워졌으면 그러하리로다. (제3니

12 여기에는 약간의 예외가 있어 보인다. 예를 들면, 예레미야는 그가 태어나기 전부터 선지자로 성임을 받았다(예레미야 1:5 참조). 그렇더라도, 그는 주님의 선지자가 되거나, 아니면 요나처럼 도망갈 (요나서 1:3 참조) 선택 의지를 가지고 있었다.

파이 27:8)

예수께서는 그의 교회의 이름의 중요성에 대해서 뿐만 아니라, 그의 복음 위에 세워지지 않고 사람이나 악마의 역사 위에 세워지는 결과에 대해서도 가르치셨다. "그들이 잠시 자기의 일에 기쁨을 누리나, 차차 마지막이 이르매, 찍혀 불에 던져지나니, 그곳에서는 다시 돌아옴이 없느니라." (제3니파이 27:11)

멜기세덱 신권과 레위 신권이 없는 성직자 제도

성경에는 사도 바울이 레위 신권과 멜기세덱 신권 등 두 가지의 신권에 대하여 가르쳤다(히브리서 7장 참조). 모세 시대의 지도력은 레위 신권을 기반으로 하지만, 멜기세덱 신권은 레위 신권보다 높으며 예수 그리스도께서는 멜기세덱 신권을 소유하고 계신다고 가르쳤다.

몰몬경에는 선지자 앨마가 멜기세덱 신권에 대하여 이와 똑같이 가르쳤다(앨마서 13장 참조). 그는 더 높은 신권(멜기세덱 신권)의 목적은 사람들을 구주께 인도하는 것이라고 덧붙였다.

그렇지만 유대-기독교회의 현 지도력 체제는 사도 바울과 선지자 앨마가 가르친 신권에 기반을 두지 않고, 해당 교파의 성직자 직분을 위한 신학 교육이나 학위에 기반을 두고 있다. 이 제도는 레위 신권과 멜기세덱 신권을 기반으로 한 지도력 체제와는 상당한 거리가 있다. 예수 그리스도 후기 성도 교회의 지도력은 바울과 앨마가 가르친 대로 이 두 가지 신권의 권세(교리와 성약 20, 84, 88, 107, 110편 참조)에 의해 운영된다.

죄를 용서받기 위해 돈을 지불함 (예: 면죄부)

성경의 어느 곳에도 돈을 내면 죄를 용서받을 수 있다는 가르침은 없다. 그렇지만, 지금은 비록 더 이상 시행되고 있지는 않지만, 가톨릭교회에서는 면죄부(죄를 용서받을 목적으로 면죄부를 사기 위해 돈을 지불하는 것)를 판매했었다. 또한 이와 똑같은 것은 아니지만, 많은 개신교회에서 거액의 헌금을 내는 사람에게 지도자의 직분을 맡기는 것은 드문 일이 아니다.

몰몬경에서는 서기 5세기 초에 선지자 모로나이가 다음과 같이 예언했다. "참으로 이것[몰몬경]은, 내게로 오라, 너희의 돈으로 인하여 너희가 너희의 죄 사함을 받으리라 하는 교회들이 세워지는 날에 나아오리라." (몰몬서 8:32) 모로나이는 면죄부나 심지어는 헌금 액수를 기반으로 한 지도력 임명과 같은 신학적 믿음과 시행을 가리키고 있는 것 같다.

위와 같은 정정 내용은 애굽의 요셉이 다음과 같은 주님의 말씀을 인용한 것을 성취한 것일 수 있다. "[유다와 요셉의 허리의 열매에 의한 기록]은 함께 자라 거짓 교리들을 무너뜨릴 것이다." (니파이후서 3:12)

◆ 결론

성경은 유다 지파의 기록을 담고 있으며, 유다 지파는 예수(실로)께서 오실 때까지 홀을 가지고 다스렸다. 그때 이후로 수십억 명의 사람들이 그에게 모여들었다. 이로써 야곱이 유다에게 준 족장의 축복은 성취되었다. 몰몬경은 요셉인들의 작은 무리가, 야곱과 리하이가 요셉 지파의 남은 자들에게 준 족장의 축복을 예루살렘에서 멀리 떨어진 약속의 땅에서 성취한 것을 보여준다.

예정된 이 두 경전에 대한 연구를 통해서 보면, 기독교는 유대인들로부터 시작하여 마지막에는 유대인들에게로 돌아가는 주기를 가지고 있음이 명백하다. 유대인들은 예수 그리스도의 복음을 먼저 가졌고, 그 복음은 성경을 통해 이방인들에게 전해졌으며, 이 성경에는 명백하고 귀한 부분들과 성약들이 누락되어 있는데, 개종한 이방인들이 몰몬경을 통하여 회복된 충만한 복음을 가져옴으로써 요셉인들과 이방인들에게 성경에서 누락된 명백하고 귀한 부분들과 성약들을 제공했으며, 개종한 요셉인들과 이방인들은 회복된 복음을 유대인들에게 다시 가져다줄 것이다. 이 완전한 주기는 먼저 된 자가 나중이 되고 나중 된 자가 먼저 됨을 증명해 준다(니파이전서 13:26-42).

이 책은 몰몬경이 정의를 내리고, 연결시키고, 명확히 하고, 확충시켜 주고, 심화시켜 주고, 왜곡된 사실들을 정정하고, 입증하고, 적용하고, 서로 연관시켜 주고, 명백하고 귀한 부분들을 제공하고, 신권 의식들을 정확한 방법으로 관련 성약들과 함께 가르치는 등 여러 가지 면에서 성경을 더 잘 이해하는 데 도움을 준다는 것을 입증해 준다. 따라서, 이 책은 에스겔, 리하이, 니파이, 몰몬의 예언대로 이스라엘의 두 막대기가 주님의 손에서 한 막대기가 되는 것을 보여준다. 이 책은 또한 야곱, 모세, 리하이의 축복과 애굽의 요셉의 예언이 성취되는 것을 보여준다. 성경에 기록된 대로 부활하신 예수께서 제자들에게 세상에 나아가 아버지와 아들과 성신의 이름으로 침례를 주라고 명한 바와 같이, 몰몬경의 마지막 저자인 모로나이는 모든 사람에게 그리스도에게로 나아와 그의 무한하고 영원한 속죄와 하나님의 은혜로 그리스도 안에서 온전하고 성결하게 되라고 권유했다.

성경과 몰몬경은 모두 이스라엘의 경전으로서 모든 인류에 대한 하나님의 사랑은 그들이 유대인이든, 요셉인이든, 이방인이든 관계없이 모든 세대를 통하여 한결같으심을 함께 증거한다. 이 책은 유다의 막대기와 요셉의 막대기가 함께 하나의 막대기로서 여호와이신 예수 그리스도를 증거하며, 에스겔, 리하이 등의 예언들이 이 마지막 경륜의 시대에 글자 그대로 성취되었다는 충분한 근거를 제시한다. 이 책에서 입증된 바와 같이 몰몬경을 공부하면 성경을 더 잘 이해할 수 있다.

부록

질의
응답

◆
◆

이 책 전체를 통틀어 성경과 몰몬경을 그리스도의 성역과 가르침(그리스도론) 그리고 복음 원리에 입각하여 다각도로 함께 검토해 보았다. 이렇게 조사를 하는 과정에서 많은 질문들이 제기되었는데, 독자들에게 명확성과 이해를 돕기 위해 세 가지 범주로 다음과 같은 40가지의 질문을 선정하여 그 대답들을 정리해 보았다. 즉, 성경과 몰몬경 둘 다 관련된 질문, 성경에만 관련된 질문, 그리고 몰몬경에만 관련된 질문이다.

◆ 성경과 몰몬경 둘 다 관련된 질문

질문 1

야곱은 그의 열두 아들들에게 족장의 축복을 줄 때 유다 지파는 실로가 오시기까지 규가 떠나지 아니하며, 백성들은 실로에 모일 것이며, 요셉 지파는 담을 넘을 것이며(다른 장소에 있을 것이며), 많은 자가 적개심을 가지나 주께서 보호하실 것이라고 말했다. 또한 에브라임(요셉의 둘째 아들)은 이스라엘의 장자권을 지니고 여러 민족의 아비가 될 것이라고 축복했다. 유대-기독교와 예수 그리스도 후기 성도 교회의 역사적 사실을 기반으로

할 때 유대인과 요셉인에 대한 야곱의 축복이 성취되는 것은 어떤 상관 관계가 있는가?

대답

예수께서 십자가에 못 박히신 후 유대인들은 서기 70년경에 로마인들에 의해 흩어졌다. 따라서, 유대 국가는 실로(구주)의 성역 정도까지만 존속했다. 그렇지만, 수십억 명의 사람들이 예수님을 그들의 그리스도(실로)로 믿어 왔고 기독교는 세계에서 가장 큰 종교가 되었다. 예수 그리스도 후기 성도 교회는 조셉 스미스가 몰몬경을 번역하고 출판한 다음, 천사로부터 아론(레위) 및 멜기세덱 신권을 받은 후 (다시 말하면, 장자권을 맡는 것처럼) 서기 1830년에 미국에서 조직되었다.

요셉의 기록인 몰몬경은 "예수 그리스도의 또 다른 성약"으로 전 세계에 일억 부 이상 배포되었다. 유대-기독교 교회(규모는 크지만 많은 종파로 다양해짐)와 예수 그리스도 후기 성도 교회(규모는 작지만 다양성이 거의 없이 통일됨)는 최근 몇 세기 동안 공존해 왔다. 전자는 유다 지파에서 나온 것이고 후자는 요셉 지파에서 나온 것이다. 따라서, 이스라엘의 이 두 지파에 대한 야곱의 축복은 성취되었다. 이 주제에 대한 더 많은 토론은 제1장과 제9장을 참조한다.

질문 2

*속죄*라는 단어는 구약에서 81번 언급된다. 유대인들도 특별한 속죄의 안식일(욤키퍼)을 기념하지만, 속죄에 대한 그들의 가르침은 대부분 성전에서 죄를 용서하는 것에 관한 의식(짐승 희생)이지 메시야를 통한 온 인류의 무한한 속죄는 아니다. 신약(흠정역)에 보면 *속죄*라는 단어는 단 한 번만 언급되는데(로마서 5:11-12 참조), 여기서 사도 바울은 예수 그리스도를 통한 무한한 속죄를 설명하고 있다. 이와 동시에, 예수 그리스도의 무한한 속죄는 몰몬경에서 39회 언급되고 있다(*속죄* 28회, *속죄하다* 또는 *속죄하기* 11회). 성경과 몰몬경에서 예수 그리스도의 무한한 속죄를 강조하고 가르

치는 것에 대한 이러한 주된 차이점에서 우리는 어떤 결론을 내릴 수 있는가?

대답

예수 그리스도의 속죄는 성경에서보다는 몰몬경에서 더 자주 가르치고 있음이 분명하다. 예수 그리스도의 부활과 속죄에 대한 가르침은 몰몬경에서는 기원전과 기원후 기간의 사이를 사실상 매끄럽게 연결하고 있는 반면, 성경의 구약과 신약 사이에는 예수 그리스도의 이러한 가르침에 있어서 커다란 공백이 있다. 제2장에서는 몰몬경의 아홉 선지자들이 가르친 속죄에 관한 25개의 관련 주제를 열거하고 있다(또한 제10장에도 요약되어 있다). 이 주제에 대한 더 많은 토론은 제2장을 참조한다.

질문 3

많은 기독교인들에게 "믿음(신앙)"은 아마도 가장 중요한 속성 중의 하나일 것이며, 그들은 "믿음으로 의롭다 하심을 받음"이라는 신학을 믿는다. 예수 그리스도께서는 고통받는 자를 치유하실 때 종종 그들이 믿음으로 말미암아 병 고침을 받았다고 가르치셨으며, 심지어는 사람들의 믿음을 작은 겨자씨와 비교하기도 하셨다. 따라서 예수께서는 믿음의 중요성을 가르치신 것이다. 그렇지만, 바울과 달리 (로마서 3-4장, 갈라디아서 2-3장 참조) 예수께서 "믿음으로 의롭다 하심을 받는다"라고 가르치신 기록은 없다.
바울은 이 원리를 "믿음으로 의롭다 하심을 받음"의 한 예로서 아브라함이 그의 아들 이삭을 희생하려고 한 순종심을 사용하여 가르친 반면, 흥미롭게도 야고보는 아브라함의 같은 이야기를 사용하여 "행위로 의롭게 됨"의 원리를 가르쳤다(야고보서 2:21-25 참조). 또한 베드로와 요한도 "행위에 따른 심판"을 가르쳤다(베드로전서 1:17, 요한계시록 20:12-13 참조).
몰몬경에서는 "믿음으로 의롭다 하심을 받음"은 찾아볼 수 없지만, "행위에 따른 심판"은 부활하신 예수 그리스도께서 가르치신 바 있으며(제3니파이 27:15), 니파이 (니파이후서 28:23, 29:11 참조), 베냐민 왕(모사이야서 3:24 참조), 아빈아다이(모사이야서 16:10 참조), 앨마와 앰율레크(앨마서 11:41, 44, 12:8, 12, 32:20, 33:22, 40:21, 41:3, 42:23 참조), 몰몬(몰몬서 3:18, 6:21 참조), 그리고 모로나이(몰몬서 8:19 참조)와 같은 많은 선지자들도 그렇게 가르쳤다.

기독교인들이 마틴 루터와 같은 개혁론자들이 가르친 *sola fide*("믿음으로만")를 믿고 전파할 정도로 그들에게 "믿음"이 그토록 중요한 이유는 무엇인가? 충실한 기독교인들은 바울이 가르친 "믿음으로 의롭다 하심을 받음"과 그 외 다른 이들이 가르친 "행위에 따른 심판" 간의 차이점을 어떻게 이해하고 해결할 수 있는가?

대답

믿음(신앙)은 그리스도 교리의 첫째가는 원리이며 그 중요성은 명백하다. 믿음이란 단어는 신약 전체를 통틀어 245번 언급되었으며, 이 중 70퍼센트(171번)가 바울의 서한에서 (히브리서 11장에만 24번) 언급되고 단지 12퍼센트만 (29번) 사복음서에서 언급된다. *믿음*이란 단어는 요한복음에서는 찾아볼 수 없다.

사도 바울의 교리는 "믿음"을 강조한 나머지 이것은 대부분의 (그리스) 기독교인들, 특히 개신교도들에게는 흔히 쓰는 말이 되었다. 결과적으로, 사도 야고보, 베드로, 요한은 믿음 이외에도 "행위로 의롭게 됨"을 가르치기는 했지만, 그들의 가르침은 많은 기독교인들에게 바울의 가르침에 의해 가려졌다. 그렇지만 사도 바울이 *행위*를 언급했을 때는 대부분 할례나 제사와 같은 모세의 율법을 가리킨 것이다.

니파이는 믿음과 행위에 관한 이 문제를 다음과 같은 말로 명백하게 요약했다.

> 이는 우리가 우리의 자손과 또한 우리의 형제들을 설득하여, 그리스도를 믿게 하고 하나님과 화목하게 하려 부지런히 수고하여 기록함이니, 이는 우리가 할 수 있는 모든 것 후에 우리가 구원받는 것이 은혜에 의

> 한 것임을 우리가 앎이라. 또 우리가 그리스도를 믿음에도 불구하고 율법이 이루어질 때까지는, 우리가 모세의 율법을 지키며 굳건함을 지니고 그리스도를 고대하느니라. 이는 이 목적으로 율법이 주어졌음이라. 그런즉 율법이 우리에게 죽은 바 되었고, 우리는 우리의 신앙으로 말미암아 그리스도 안에서 살리심을 받을지라도, 계명으로 인하여 우리는 율법을 지키느니라. (니파이후서 25:23-25)

이 주제에 대한 더 많은 토론은 제10장을 참조한다.

질문 4

구약에서 *공의*라는 단어는 28번 나오고, *자비*라는 단어는 256번 나오는데 대부분은 언약궤에 놓인 속죄소와 함께 쓰인다. 신약에서 *자비*라는 단어는 64번 나오지만 *공의*라는 단어는 한 번도 나오지 않는다. 신약에서는 분명, "공의"가 강조되지 않았다.

몰몬경에서 *자비*라는 단어는 102번 나오고 *공의*라는 단어는 70번 나온다. 따라서 성경과 몰몬경 둘 다 "공의"보다는 "자비"를 더 많이 사용했음을 알 수 있지만, 몰몬경에서는 그 차이가 훨씬 덜하다. 앨마는 "만일 그렇다면, 하나님은 하나님이시기를 그치시리라"(앨마서 42:25)라고 선포하면서 자비는 공의의 요구를 충족시킬 수 있다고 가르쳤다. 앨마의 가르침에 의하면 어떤 조건에서 자비가 공의의 요구를 충족시킬 수 있겠는가?

대답

자비와 공의는 법정에서 정반대 쪽이다. 자비는 피고 측을 대표하고 공의는 검사 측을 대표한다. 피고는 자비로운 판결을 받아내기 위해 검사의 요구에 맞서거나 이를 충족시켜야 한다.

선지자 앨마는 예수 그리스도의 자비로운 속죄는 그들의 시험의 상태에서 (지상에서) 회개하는 자들만을 위하여 공의의 요구가 충족될 것이라고 말함으로써 이 질문에 대답하고 있다.

> 그러므로 공의를 좇아 이 시험의 상태, 참으로 이 예비적 상태에서 사람들이 회개하는 조건 위에서가 아니고는 구속의 계획이 이루어질 수 없었나니, 이는 이러한 조건이 아니고는 공의의 일을 폐함이 없이 자비가 효력을 가질 수 없었음이니라. 이제 공의의 일은 폐하여질 수 없으리니, 만일 그러하면 하나님은 하나님이시기를 그치시리라. 또 이리하여 우리는 모든 인류가 타락하였고, 그들이 공의, 곧 하나님의 공의에 붙잡혀 있었음을 알게 되나니, 하나님의 공의는 그들을 영원히 그의 면전에서 끊어지게 하였느니라. 이에 이제 속죄가 행하여지지 않고서는 자비의 계획이 이루어질 수 없었던지라, 그러므로 자비의 계획을 이루시기 위하여, 공의의 요구를 충족시키기 위하여 하나님이 친히 세상의 죄를 위하여 속죄하시나니, 이는 하나님이 완전하신 공의로우신 하나님이시자, 또한 자비로우신 하나님이시고자 함이라. (앨마서 42:13-15)

이 주제에 대한 더 많은 토론은 제7장을 참조한다.

질문 5

주기도문은 기독교 역사를 통하여 가장 많이 인용되고 낭송된 기도 중의 하나일 것이다. 신약에서는 마태복음 6:9-13과 누가복음 11:2-4의 두 가지 버전이 기록되어 있다. 산상 수훈의 일부인 마태복음 6장의 버전은 가장 자주 인용되어 왔다. 부활하신 예수께서 나파이인들에게 산상 수훈을 다시 가르치셨을 때 그는 주기도문의 또 다른 버전을 가르치셨다(제3니파이 13:9-13 참조). 이 세 가지 버전의 차이는 무엇이며 그 차이의 중요성은 무엇인가?

대답

"나라와 권세와 영광이 아버지께 영원히 있사옵니다. 아멘."이라는 구절은 마태복음에는 있으나 누가복음에는 누락되어 있다. 이 누락된 부분은 무엇을 간구하는 것이 아니고, 아버지를 영광스럽게 하는 의미가 더 크다. 제3

니파이에는 마태복음 6장과 비교할 때 언급되어 있지 않은 다음과 같은 두 구절이 있다. 즉, “나라가 임하시오며”와 “오늘 우리에게 일용할 양식을 주시옵고”이다. 이것은 부활하신 예수께서 그들과 함께 계셨으므로 하나님의 나라가 이미 임했음을 가리킬 수도 있다(속죄의 과정이 이미 진행된 것이다). 또 다른 구절은 그 당시 니파이인들이 살았던 미 대륙에는 양식이 충분했을 수도 있다. 흥미로운 것은, 리하이 가족이 약속의 땅에 도착한 후 추위나 굶주림으로 고통을 겪은 니파이인들에 대한 언급이 없다는 것이다. 이 주제에 대한 더 많은 토론은 제5장을 참조한다.

질문 6

예수께서는 지상에서 그의 성역을 베푸시면서 그의 교리를 가르치셨다(누가복음 7:22 참조). 그는 말씀하시길, 그것은 그의 교리가 아니요 그를 보내신 그의 아버지의 교리라고 하셨다(요한복음 7:16 참조). 그러나, 신약의 사복음서에는 그의 교리의 요소에 관한 기록이 몇 가지밖에 없다. 반면, 몰몬경에서는 부활하신 예수께서 니파이인들에게 그의 교리의 요소들이 무엇인지를 설명하셨다. 니파이는 또한 그리스도의 교리의 다섯 가지 요소들을 매우 명백하고 간결하게 설명했다. 이 다섯 가지의 원리는 무엇이며, 어떻게 이것들이 유대-기독교의 여러 다른 종파들의 가르침에 잘 들어맞는가?

대답

몰몬경의 첫 번째 저자인 니파이는 그리스도의 교리를 다음의 다섯 가지 원리로 간단명료하게 설명했다(니파이후서 31장 참조). (1) 예수 그리스도를 믿는 신앙, (2) 회개, (3) 물로써의 침례, (4) 성신에 의한 침례, (5) 끝까지 견딤이다. 예수 그리스도 후기 성도 교회의 회원들은 니파이가 가르친 대로 이러한 원리들을 정확하게 따르고 있다. 이와는 대조적으로, 유대-기독교인들은 사람은 믿기만 함으로써 구원을 받을 수 있다고 가르치기 때문에, 침례는 절대적으로 필요하다는 주장에서부터 필요 없다는 주장까지 다양한 것 같다. 이 주제에 대한 더 많은 토론은 제7장을 참조한다.

질문 7

모세, 예수 그리스도, 바울, 몰몬, 그리고 앨마는 사랑의 중요성을 가르쳤다. 따라서, 사랑의 중요성은 모세의 시대부터 알려져 왔다. 예수께서는 하나님과 이웃을 사랑하는 것이 가장 큰 계명이라고 가르치시면서 선한 사마리아인의 비유를 통하여 누가 "이웃"인지를 설명하셨다.

바울은 사랑은 신앙과 소망보다 더 위대하다고 가르쳤다. 몰몬도 똑같은 것을 가르쳤지만 신앙, 소망, 사랑에 한 가지의 속성을 더 추가했다. 또한 몰몬은 무엇을 소망할 것인지 정의했고, 사랑을 성신의 권능으로 예수 그리스도와 연결했다. 앨마 또한 신앙, 소망, 사랑은 항상 선행이 넘쳐야 한다고 가르쳤으며(앨마 7:24 참조), 모로나이는 이것들은 "모든 의의 근원"인 하나님께로 인도한다고 가르쳤다(이더서 12:28 참조). 성경과 몰몬경에 있는 신앙, 소망, 사랑에 대한 가르침을 모두 합치면 어떤 결론이 도출되겠는가?

대답

선지자 몰몬은 신앙, 소망, 사랑에 온유함과 마음의 겸손을 추가했다(모로나이서 7:43-44 참조). 그는 예수 그리스도의 속죄와 그의 부활의 권능을 통하여 우리 자신의 구원을 소망할 것을 가르쳤다. 또한 사람은 사랑을 가졌을 때 예수께서 그리스도이심을 성신의 권능으로 고백할 수 있어야 한다고 했다. 성경과 몰몬경에 나오는 사랑에 대한 가르침을 모두 통합한다 해도 이에 대한 결론을 내리기는 다소 무리가 따르겠지만, 사랑의 목적은 가장 큰 두 계명인 하나님을 사랑하고 이웃을 사랑하는 것으로 요약할 수 있겠다. (*우리가 예수 그리스도의 속죄와 부활에 대한 소망을 품고, 선행을 통하여 나타나는 하나님과 이웃에 대한 사랑을 지니면, 우리는 신앙과 온유함으로 예수 그리스도를 성신의 권능으로 시인하며 주님의 모든 의의 근원으로 살아갈 수 있다.*)

이 주제에 대한 더 많은 토론은 제7장을 참조한다.

질문 8

사도 바울은 고린도인에게 죽은 자의 침례에 관하여 간략하게 말했다(고린도전서 15:29 참조). 그는 이 장의 다음 구절에서 세 가지 유형의 영광 (해의 영광, 달의 영광, 별의 영광[1]) 및 몸과 연관지어 부활에 관한 주제로 계속 말했다. 그러나, 복음의 충만함을 가진 경전으로 알려진 몰몬경에서는 죽은 자의 침례에 관한 언급이 없다. 몰몬경에서 누가 이 주제에 관하여 간접적으로 가르쳤는가? 몰몬경의 이 가르침과 예수 그리스도 후기 성도 교회의 현대의 성전에서 행해지고 있는 죽은 자를 위한 대리 침례 의식 사업 사이에는 어떤 관련이 있는가?

대답

부활하신 예수 그리스도께서는 니파이인들을 가르치실 때 이사야와 말라기를 인용하셨다. 이사야서는 기원전 7세기와 8세기의 기록이며 이 기록은 니파이인들이 인용한 놋쇠판에 포함되었을 수도 있다. 그렇지만, 말라기서는 기원전 5세기의 기록이며 리하이는 말라기 시대보다 훨씬 이전인 기원전 600년에 예루살렘을 떠났으므로 이 기록은 놋쇠판에 포함되지 않았을 것이다. 따라서 예수님의 성역 기간 중 예루살렘에 살던 유대인들은 말라기의 기록을 접할 수 있었으나 미 대륙의 니파이인들은 그럴 수가 없었다.

제3니파이 24장과 25장에서는 부활하신 예수께서 니파이인들에게 말라기 3장과 4장을 인용하신 후 이렇게 가르치셨다. "너희가 갖지 아니하였던 이 경전(말라기 3장과 4장)을 아버지께서 너희에게 주라고 내게 명하셨나니, 이는 장래 세대[몰몬경을 갖게 될 장래 세대]에게 이를 주는 것이 아버지 안에 있는 지혜였음이니라 하시니라."(제3니파이 26:2)

구약의 마지막 두 구절에는 이렇게 기록되어 있다. "보라, 여호와의 크고

1 바울은 telestial이란 단어를 쓰지 않고 star라는 단어를 사용했다(고린도전서 15:40–41 참조). telestial이란 단어는 조셉 스미스가 사용했다(교리와 성약 76:81 참조).

두려운 날이 이르기 전에 내가 선지자 엘리야를 너희에게 보내리니, 그가 아버지의 마음을 자녀에게로 돌이키게 하고 자녀들의 마음을 그들의 아버지에게로 돌이키게 하리라. 돌이키지 아니하면 두렵건데 내가 와서 저주로 그 땅을 칠까 하노라 하시니라." (말라기 4:5-6) 따라서, 부활하신 예수께서는 선지자 엘리야가 와서 장래에 아버지와 자녀의 마음을 서로에게로 돌이키도록 할 것이라고 가르치셨다.

이 가르침은 1836년 4월 3일 커틀랜드 성전에서 엘리야 천사가 조셉 스미스와 올리버 카우드리를 방문하여 아버지의 마음을 자녀에게로 그리고 자녀의 마음을 아버지에게로 돌이키게 할 신권 열쇠를 회복했을 때 글자 그대로 성취되었다(교리와 성약 110:13-15 참조). 부활하신 예수께서 니파이인들에게 이 교리를 가르치신 지 약 1800년 정도가 지난 그때 이후로, 예수 그리스도 후기 성도 교회의 성전에서는 침례를 포함하여 죽은 자들을 위한 대리 의식이 집행되어 왔다. 이 주제에 대한 더 많은 토론은 제5장을 참조한다.

질문 9

많은 유대-기독교 교회들은 그들의 역사를 통틀어 "아담 안에서 모든 사람이 죽은 것 같이 그리스도 안에서 모든 사람이 삶을 얻으리라"(고린도전서 15:22)라는 바울의 가르침과 성경의 몇몇 다른 구절을 근거로 아담의 원죄설을 가르쳤다. 따라서, 그들은 아담의 원죄로 말미암아 인류는 죄인으로 태어났으며, 침례(세례)는 유아들을 포함한 모든 인류의 구원에 필수적이라고 믿는다. 따라서, 유아 세례는 많은 기독교 종파에서 심지어는 현대에도 일반적으로 행해져 왔다. 몰몬경에서 몰몬은 유아 세례 이론을 반박하며 심지어는 "하나님 앞에 중대한 조롱 행위"(모로나이서 8:9)라고 했다. 전통적으로 잘 확립된 이러한 신학적 믿음을 부인하는 근간은 무엇인가?

대답

선지자 리하이는 "아담이 타락한 것은 사람이 존재하게 하려 함이요, 사람이 존재함은 기쁨을 갖기 위함이니라. 그리고 메시야는 사람의 자녀들을 타락에서 구속하시고자 때가 찰 때 오시느니라"(니파이후서 2:25-26)라고 말하면서, 아담은 율법을 어긴 결과에 대한 완전한 지식을 갖고 그의 후손(인류 전체)을 위하여 금단의 열매를 따 먹었다고 가르쳤다. 베냐민 왕도 다음과 같이 가르쳤다.

> 이는 성령의 이끄심을 따르며, 육에 속한 사람을 벗어 버리고 주 그리스도의 속죄를 통하여 성도가 되며, 어린아이와 같이 되고, 유순, 온유, 겸손, 인내하며, 사랑이 충만하게 되어, 주께서 합당하게 여겨 그에게 내리시는 모든 것에 기꺼이 복종하고자 하기를, 아이가 참으로 그 아버지에게 복종함같이 하지 아니하는 한, 육에 속한 사람은 하나님의 적이라, 아담의 타락 때로부터 그러하였고 영원무궁토록 그러할 것임이니라.(모사이야서 3:19)

따라서, 몰몬경은 비록 아담의 범법으로 인하여 육에 속한 사람은 하나님의 적이 되었지만 주님께서는 그리스도의 속죄를 통하여 이러한 육에 속한 사람을 극복할 방편을 마련하셨다. 그렇지만, 그분께서는 사람이 성령의 이끄심을 따라 어린아이처럼 죄가 없고 유순해야 함을 요구하신다. 따라서, 사람이 저주를 받는 것은 아담의 범법 때문이 아니라, 자신의 생활에서 그리스도의 속죄를 적용하지 않고 성령의 이끄심을 따르지 않기로 한 자신의 선택 때문인 것이다. 몰몬은 유아 침례를 "하나님 앞에 중대한 조롱 행위"(모로나이서 8:9)라고 했다. 그러므로 예수 그리스도의 속죄로 말미암아 어린아이들은 구원을 받기 위해 침례를 받아야 할 필요가 없게 되었다. 이 주제에 대한 더 많은 토론은 제10장을 참조한다.

질문 10

구약에는 메시야에 대한 몇몇 예언이 있기는 하지만 그리스도의 교리와 같은 그리스도의 가르침은 구약 시대에는 가르쳐지지 않았고 신약 시대부터 가르쳐졌다. 따라서, 기독교는 예수 그리스도의 탄생 이후에 시작된 것이다. 몰몬경에는 그리스도의 교리가 일찍이 기원전 559-545년에 첫 번째 저자인 니파이에 의해 가르쳐졌다. 기독교는 그리스도의 탄생 이전에 존재했는가?

대답

구약의 가르침에 근거하여 볼 때, 기원전 시대에 예수님이 미래에 그들의 그리스도로 태어날 것으로 믿는 기독교인들의 흔적과 그의 교리를 가르친 흔적은 찾기 힘들다. 그렇지만, 몰몬경에 의하면 기독교인들은 기원전에도 존재했다. 예를 들면, 첫 번째 저자인 니파이는 기원전 559-545년경에 *예수 그리스도*라는 이름을 알리면서 그리스도의 교리를 가르쳤다(니파이후서 25장과 31장). 기원전 72년 니파이인 장군인 모로나이는 그의 백성들을 "그리스도인들"이라고 불렀다(앨마서 42장 참조).

따라서, 구약에 따르면 유대인들 사이에서는 기독교인들이 없었던 것 같으나, 몰몬경에 따르면 기원전 6세기경 요셉인들 (니파이인들) 사이에서는 기독교인들이 존재했다. 더욱이, 주님께서는 바벨탑 시대에 야렛의 형제에게 그의 이름이 예수 그리스도임을 밝히셨다(이더서 3:14 참조).

이 주제에 대한 더 많은 토론은 소개와 제10장을 참조한다.

질문 11

몰몬경의 약 7퍼센트는 성경에서 인용한 것이다. 이사야서가 가장 많이 인용되었고(대부분 2-14장, 29장, 48-54장), 말라기서도 인용되었다(3-4장). 제3니파이 12-14장을 보면 부활하신 예수 그리스도께서는 마태복음 5-7장의 산상 수훈을 약간 변경하여 다시 가르치셨는데, 혹자는 이것을 성전 수훈이라고 부른다. 이사야서와 말라기서에서 인용된 주요점은 무엇인가? 성전 수훈과 산상 수훈의 주된 차이는 무엇인가?

대답

이사야 48-49장에 대한 니파이의 인용(니파이전서 20-21장 참조)을 보면, 그 주된 주제는 바로 주님께서는 결국에 가서는 이스라엘을 구원하신다는 것이다. 니파이는 또한 니파이후서 25-28장에 있는 그의 마지막 말에서 이사야서 29장을 여기저기 인용했는데 그 주된 주제는 장차 오실 그리스도, 이방인들의 교회 설립, 배도, 티끌(땅속)에서 나올 한 책의 출현에 관한 예언이다. 이사야 2-14장 전체에 대한 니파이의 인용(니파이후서 12-24 참조)을 보면, 그 주된 주제는 구주께서 동정녀에게서 태어나신다는 것과 후일의 집합, 주 재림 이전의 형벌, 주님의 복천년 통치 기간의 행복한 상태 등이다. 이사야 49:24-52:2에 대한 야곱의 인용(니파이후서 6:16-8:25 참조)을 보면, 그 주된 주제는 구주의 고난과 이스라엘의 시온 집합에 관한 것이다. 아빈아다이는 이사야 53장을 인용하면서 (모사이야서 14장 참조) 메시야의 고난과 그의 속죄에 초점을 맞추었다. 부활하신 예수께서는 이사야 52장과 54장을 인용하셨는데(제3니파이 20장, 22장 참조), 그 주된 주제는 시온의 이스라엘은 결국에는 승리한다는 것이었다.

부활하신 예수 그리스도께서는 또한 말라기 3-4장도 인용하셨는데(제3니파이 24-25장 참조), 그 주된 주제는 성스러운 의식과 십일조의 중요성이었으며, 자녀들의 마음을 아버지에게 돌이키고 아버지의 마음을 자녀에게 돌이키기 위해 오는 엘리야에 관한 것이었다.

부활하신 예수 그리스도께서는 산상수훈을 다시 가르치셨는데 몇 가지가 변경되었다. 눈에 띄게 변경된 가르침은 "*나[예수 그리스도]*나 하늘에 계신 너희 아버지처럼"(강조체 첨가) 온전하게 되라는 것, 주기도문의 변경, 그리고 모세의 율법이 성취되었다는 말씀을 추가한 것이었다.

이 주제에 대한 더 많은 토론은 제5장을 참조한다.

질문 12

몰몬경의 니파이전서 20:1에는 이사야 48:1이 인용되었다. "야곱의 집이여, 귀를 기울여 이를 들으라. 이스라엘의 이름으로 일컬음을 받으며, 유다의 물, 곧 *침례의 물에서 나왔으며*, 주의 이름으로 맹세하며, 이스라엘의 하나님을 이야기하나, 그들이 진리나 의로 맹세하지 아니하는도다."(강조체 첨가) 몰몬경에서는 "곧 침례의 물에서 나왔으며"라는 구절이 이사야 48:1에 추가되었다. 이 구절이 추가된 것의 중요성은 무엇인가?

대답

이것은 침례를 통한 성약과 혈통을 통한 성약을 동일시한다. 이방인들은 예수 그리스도를 받아들이고 침례를 받는 조건으로 모두 하나님의 성약의 아들과 딸이 될 자격이 있다. 즉, 아브라함의 성약 안에서 태어난 사람들과 같은 것이다. 이사야서는 대부분 유대인들을 위해 기록되었으므로 전적으로 혈통만을 언급하는 것이 적절해 보인다. 그렇지만, 니파이서는 요셉의 후손과 후일의 이방인들을 위해 기록된 것이므로 이 추가된 구절은 이방인들을 포함한 모두에게 매우 타당한 것이었다. 사도 바울은 갈라디아인들에게 보내는 서한에서 이와 똑같은 생각을 다음과 같이 나타냈다. "그리스도 예수 안에서 아브라함의 복이 이방인에게 미치게 하고"(갈라디아서 3:14), "너희가 그리스도의 것이면 곧 아브라함의 자손이요 약속대로 유업을 이을 자니라." (갈라디아서 3:29)

이 주제에 대한 더 많은 토론은 제5장을 참조한다.

질문 13

성경과 몰몬경에는 적그리스도들의 극적인 개종 이야기가 기록되어 있다. 신약의 바울과 몰몬경의 앨마 및 모사이야 왕의 네 아들들이다. 사도 바울은 유대인과 이방인 사이에서 기독교의 실체를 근본적으로 바꾸어 놓았으며, 앨마와 모사이야 왕의 아들들도 니파이인과 레이맨인 사이에서 그랬다. 이들이 기독교의 미래에 가져온 주된 변화는 무엇인가?

대답

이 선교사들은 처음에는 모두 적그리스도였다. 그렇지만, 이들의 기적적인 개종 이후 과거의 적그리스도 경험은, 깊이 뉘우치기 위한 회개뿐 아니라 그들의 삶을 예수 그리스도를 위해 헌신하게 하는 동기를 부여하는 요소였다. 그들은 예수님에 대한 확고한 사랑으로 사람들을 예수 그리스도께 데려오는 어떠한 고난도 견딜 수 있었다(고린도후서 11장, 앨마서 26장, 29장 참조). 그들은 위대한 교사였으며 모든 사람들을 인종, 사회적 지위, 정치적 지위 등을 막론하고 편견 없이 가르쳤다. 일이 힘들 때에는 언제나 어려움을 극복하기 위하여 예수님께 의지했다. 그들은 선교사업에서 매우 성공을 거두었지만, 모든 영광을 겸손히 예수님께 돌렸다.
사도 바울은 이방인들을 기독교로 데려와 이방인들 사이에서 예수 그리스도의 교회를 많이 세우기 위해 쓰인 주님의 주된 도구였다. 이 니파이인의 선교사들은 레이맨인들을 예수님께로 개종시켜 니파이인들과 함께 예수 그리스도의 교회를 세우기 위해 쓰인 주님의 주된 도구였으며, 교회가 어려울 때는 흔들리지 않도록 기둥 역할을 했다.
더 많은 토론은 제7장을 참조한다.

질문 14

가브리엘 천사가 사가랴에게 그의 아들 침례 요한의 출생에 관하여 알렸을 때 요한은 엘리야의 심령과 능력으로 아버지의 마음을 자식에게로 돌이키게 할 것이라고 말했다. 모로나이는 조셉 스미스를 방문했을 때 이것을 다시 가르쳤다. 아버지의 마음을 자식에게로 돌이키게 하기 위하여 요한이 한 일은 무엇인가?

대답

신약의 *일라이어스*라는 그리스 이름은 구약에 나오는 *엘리야*의 히브리 이름과 같다. 따라서, 침례 요한은 말라기 4:5-6에 예언된 바와 같이 엘리야의 영과 권능으로 아버지의 마음을 자녀에게로 돌이키도록 되어 있었다(누가복음 1:17 참조). 모로나이 천사는 조셉 스미스에게 이와 같은 구절을 가르쳤다.

> 그리고 또, 그는 [모로나이 천사] 그 오 절[말라기 4:5]을 다음과 같이 인용하였다.
>
> *보라, 주의 크고 두려운 날이 이르기 전에 나는 선지자 엘리야의 손으로 너희에게 신권을 드러내리라.*
>
> 그는 또한 그다음 구절[말라기 4:6]을 다르게 인용하였다.
>
> *그리고 그는 아버지들에게 한 약속들을 자녀들의 마음에 심을 것이요, 자녀들의 마음은 그들의 아버지들에게로 돌이키리라. 만일 그렇지 아니하면, 그가 오실 때에 온 땅은 완전히 황폐하게 되리라* (조셉 스미스 - 역사 1:38-39, 밑줄 첨가).

따라서, 아버지의 마음을 자녀에게로 돌이키는 것은 아버지에게 한 약속을 자녀의 마음에 심는 것을 뜻한다. 침례 요한이 태어났을 때 그의 아버지인 사가랴는 요한의 출생이 부분적으로는 다음 말씀을 성취시키기 위한 것이라고 예언했다. "우리 조상을 긍휼히 여기시며 그 거룩한 언약을 기억하셨으니 곧 우리 조상 아브라함에게 하신 맹세라." (누가복음 1:72-73) 예수께서도 침례 요한이 일라이어스 또는 엘리야라고 확인해 주셨다(마태복음 17:10-13 참조).

침례 요한의 독특한 유산 한 가지는 회개를 위해 물로 침례를 받는 것이다. 따라서 물에 의한 침례는 자녀의 마음에 아버지에게 한 약속을 심는 신성한 의식이다. 다시 말하면, 물에 의한 침례는 침례를 받는 사람들의 마음에 아브라함의 성약을 심는 것이다. 따라서, 요한의 침례로 침례를 받은 사람들은 아브라함의 후손과 같이 되며 히브리인들처럼 아브라함의 성약을 받게 된다. 니파이전서 20:1에서 가르치는 바와 같이, 침례의 물은 유다의 물(아브라함의 혈통에 대한 성약)과 똑같은 축복을 준다. 따라서, 물에 의한 침례는 침례를 받는 사람들의 마음속에 아브라함의 성약을 심어준다.

이 주제에 대한 더 많은 토론은 제6장을 참조한다.

◆ 성경에만 관련된 질문

질문 15

예수께서는 하늘로 올라가시기 전에 제자들에게 마지막 임무를 주셨다. 공관 복음서의 저자들은 근본적으로 예수께서 제자들에게 명하신 것과 같은 메시지를 기록했다. 그러나 요한의 기록은 다른 세 개의 기록과는 확연히 다르다. 즉, 예수께서는 베드로와 요한에게만 몇 가지 말씀을 남겼다. 사도행전 1장에도 예수께서 승천하시기 전에 제자들에게 하신 말씀의 기록이 있다. 예수 그리스도의 마지막 말씀을 모두 모아볼 때 예수께서 제자들에게 남기신 주된 계명들은 무엇인가?

대답

예수께서 제자들에게 남기신 주된 계명은 온 천하에 다니며 아버지와 아들과 성신의 이름으로 침례를 베풀고(마태복음 28:18-20, 마가복음 16:15-18, 누가복음 24:44-49 참조), 땅끝까지 그를 증거하라는 것이었다(사도행전 1:8 참조). 예수께서는 베드로에게 그의 양을 먹이라고 했고, 요한에게는 그가 재림하실 때까지 이 땅에 머무르라고 하셨다(요한복음 21:15-23 참조).

이 주제에 대한 더 많은 토론은 제8장을 참조한다.

질문 16

사두개인들과 바리새인들은 타나크 또는 토라와 같은 유대인 경전에 대한 해박한 지식이 있음에도 불구하고 부활에 대하여 반대의 견해를 가지고 있었다. 사두개인들은 부활을 믿지 않았으나 바리새인들은 믿었다. 예를 들면, 일부 사두개인들은 예수께 가설적으로 일곱 형제들과 결혼한 여인에 대한 냉소적인 이야기를 던지며 부활에 대하여 질문했다(마태복음 22장, 마가복음 12장, 누가복음 20장 참조). 유대인들의 비난을 받고 있던 사도 바울은 이에 대한 방어 전략으로 부활에 관한 주제를 꺼내어 이 두 그룹들의 견해 차이를 이용하고자 했으며, 그들은 사도 바울을 남겨두고 그들끼리 서로 논쟁했다(사도행전 23:5-10 참조). 심지어는 예수 그리스도의 몇몇 제자들까지도 부활하신 예수님을 실제로 만나서 물리적인 증거를 볼 때까지 예수님의 부활을 믿지 않았다(요한복음 20장 참조). 왜 똑같은 경전을 가지고 있는 독실한 유대인 지도자들 사이에서, 심지어는 예수님의 제자들 사이에서도, 부활에 대하여 이렇게 완전히 상반된 믿음들이 공존하는 것인가?

대답

*부활*이란 단어는 구약에서는 찾아볼 수 없다. 그렇지만 이사야와 에스겔 같은 일부 선지자들은 죽음 이후에 일어나는 것에 관하여 말하였다(이사야 25:8, 에스겔 37:11-14 참조). 따라서, 두 가지의 다른 견해가 공존할 수 있다. 이것은 또한 예수께서 자신의 죽음과 부활이 임박했다고 제자들에게 설명했을 때 제자들이 그의 말씀을 이해하지 못했다는 사실로도 입증될 수 있다(마태복음 16:21-23, 마가복음 8:31-33, 9:30-32 참조).
이 주제에 대한 더 많은 토론은 제10장을 참조한다.

질문 17

일부 유대-기독교인들은 정경에는 사람의 구원에 필요한 모든 신성한 복음 말씀이 들어있으므로 인류에게 하늘은 닫혀 있다는 개념을 옹호했다. 따라서 더 이상의 계시, 시현, 천사의 방문 등은 있을 수 없다고 믿으며, 성경에는 오류가 없다고 믿는다. 어떤 면에서는 그 오류가 없는 성경이 "하늘의 문"을 대신한 듯하며, 이러한 믿음으로 인하여 정경이 닫히게 된 것이다. 그들의 말은 맞는가, 틀리는가? 오늘날 하늘에 계신 하나님과 땅에 있는 인류 사이에 계속되는 계시가 있다는 증거가 있는가?

대답

기독교 개혁 운동을 하던 일부 초기 기독교 지도자들은 교황의 권세를 성경으로 대체하려고 시도하는 과정에서, 오류가 없는 성경이 인간의 구원에 대한 모든 답을 주며, 하늘로부터 그 외의 계시나 시현은 필요치 않다는 개념을 가진 *닫힌 정경*을 주장했다. 일부 기독교인들은 하늘로부터의 계시와 시현을 경험했고 하늘은 열려 있으며 신성한 계시는 아직도 실재한다는 *열린 정경*을 믿는다. 그러한 한 가지 예로, 예수 그리스도 후기 성도 교회는 계속해서 신성한 계시를 받고 있으며 현대의 선지자들에게 주어지는 중요한 계시들을 선별하여 이들을 모아 "교리와 성약"으로 출판하여 정경으로 받아들였다.

이 주제에 대한 더 많은 토론은 제10장을 참조한다.

질문 18

요한의 복음서는 마태, 마가, 누가의 복음서들과 많은 면에서 독특한 차이가 있다. 예를 들면, 예수 그리스도의 3년간의 성역 기간 동안 기록된 가장 중요한 사건(event) 중의 하나는 하몬산 또는 타보르산에서 모세와 엘리야가 예수님과 세 명의 수석 사도들(베드로, 야고보, 요한)을 방문했을 때 일어난 *변형*일 것이다. 이 사건은 공관 복음서 저자 세 명 모두가 기록했으나 (마태복음 17장, 마가복음 9장, 누가복음 9장 참조), 사복음서 저자 중 변형을 개인적으로 목격한 유일한 사람인 요한은 변형의 산에서 함께 있었음에도 불구하고 이를 기록하지 않았다. 요한의 기록과 세 공관복음서 저자들의 기록 사이의 주된 차이점을 어떻게 보아야 하는가?

대답

신약의 사복음서는 아마도 서로 간에 영향을 끼치지 못했거나 그 영향이 제한된 상태에서 기록되었고 저자들의 설명도 없었으므로 왜 그랬는지는 말하기가 어렵다. *변형*은 너무 특별한 것이어서 빼놓을 수는 없었던 것 같다. 이와 비슷한 *변형*이 몰몬경에도 나온다(제3니파이 28:15-17 참조). 어떻게 보면, 역사적으로 이와 유사한 경험은 *변형*에 대한 증거가 될 수 있다.

이 주제에 대한 더 많은 토론은 제3장을 참조한다.

질문 19

*변형*의 산에서 예수님을 비롯하여 그의 세 수석 제자들과 대화를 나눈 모세와 엘리야의 방문 목적은 무엇이었을까? 그것은 단지 사교적인 방문이었을까, 아니면 가브리엘 천사가 사가랴와 마리아에게 한 것처럼 하나님 아버지의 특별한 심부름 또는 임무를 수행하기 위해 온 것인가?

대답

*변형*은 마태복음 17:1-13, 마가복음 9:2-20, 누가복음 9:28-36에 기록되어 있다. 이 기록들은 세 명의 공관 복음서 저자들 간에 거의 같지만, 누가만 유독 "예루살렘에서 *별세하실 것*을 말할새"(31절에 강조체 첨가)라고 기록했다. 마태와 마가는 이것을 기록하지 않았지만, 누가는 모세와 엘리야가 예수 그리스도를 찾아와 예루살렘에서 곧 일어날 그리스도의 십자가에 못 박히심에 관하여 논의했음을 밝혔다. 마가는 예수께서 그의 세 제자들에게 자신의 부활 때까지 그들의 *변형*에 대하여 말하지 말라고 하셨음을 기록했다. 그들은 십자가에 못 박히심과 부활이 곧 일어날 것을 이해하지 못했기에 이 지침은 그들을 혼란케 했다.

이 주제에 대한 더 많은 토론은 제3장을 참조한다.

질문 20

예수께서 행하신 가장 극적이고 의미심장한 기적은 나사로를 죽음으로부터 일으키신 것이었다. 그는 죽은 지 사흘이 지났고 몸에서는 이미 악취가 났다(요한복음 11:1-46 참조). 이것은 예수께서 행하신 가장 획기적인 기적으로 간주될 수 있을 것이다. 요한은 이 기적에 대하여 아주 자세하게 설명을 했지만, 다른 세 명의 공관 복음서 저자들은 이에 대해 한 마디도 기록하지 않았다. 예수께서 행하신 이러한 의미심장한 기적을 단지 요한만 기록하고 다른 세 명의 공관 복음서 저자들은 기록하지 않은 것을 우리는 어떻게 보아야 할까?

대답

이것은 세 명의 공관 복음서 저자들은 기록했으나 요한은 기록하지 않은 변형과 반대되는 예이다. 왜 이렇게 되었는지에 관한 명확한 답은 없으며 이러한 이슈들은 사복음서를 이해하는 데 문제를 제기한다. 성경에는 이에 대한 명확한 답이 없지만, 이것은 또한 사복음서의 저자들이 그들의 원기록의 일부를 간과했거나, 필경사나 번역사들이 어느 시점에서 일부를 누락시켰을 수도 있다. 요한복음에는 다른 세 복음서에서는 찾아볼 수 없는 독특한 기록들이 있다.

이 주제에 대한 더 많은 토론은 제3장을 참조한다.

질문 21

예수께서는 마태복음 24장에서 헤롯의 웅장한 성전이 무너질 것이며 예루살렘이 황폐하게 되어 사람들은 살기보다는 차라리 죽기를 바라게 될 때가 온다고 말씀하시며 다가올 미래에 대하여 예언하셨다. 또한 같은 장에서 예수께서는 해가 어두워지고 달이 빛을 내지 아니하며 별들이 무화과나무에서 열매가 떨어지듯 떨어질 것이라고 하셨다. 예수께서는 몸소 십자가를 짊어지시고 골고다로 가시는 동안 극심한 고통을 겪으시면서도 우는 여인들에게 그를 위하여 울지 말고 그들의 자녀를 위하여 울라고 하셨다(누가복음 23:27-30). 예수 그리스도께서 하신 이러한 예언 중에 어떤 것이 언제 이미 성취되었으며 어떤 것이 아직 성취되지 않았는가?

대답

유대인의 역사(예를 들어, 요세푸스가 기록한)를 검토해 보면, 마태복음 24장에 나오는 대부분의 예언들은 서기 70년 예루살렘의 멸망에 관한 것이었다. 이 장에 나오는 예수 그리스도의 재림과 세상의 종말에 관한 예언은 아직 성취되지 않았지만, 이 예언들은 너무 보편적인 것이기 때문에 자세히 알 수 없다. 마가복음 13:32을 보면 예수께서는 아버지만 자신의 재림 시기를 아신다는 것을 분명히 하셨다.

이 주제에 대한 더 많은 토론은 제3장을 참조한다.

질문 22

마태복음 1장 20절의 기록을 보면 가브리엘 천사가 요셉의 꿈에 나타나 "그에게 잉태된 자는 성령으로 된 것이라"라고 말했다. 누가복음 1장 35절의 기록에는 똑같은 천사 가브리엘이 마리아에게 "성령이 네게 임하시고 지극히 높으신 이의 능력이 너를 덮으시리니, 이러므로 나실 바 거룩한 이는 하나님의 아들이라 일컬어지리라"라고 말했다. 따라서 하나님의 아들은 누구의 아기인가? 그는 성신의 아기인가, 아니면 지극히 높으신 분의 아기인가? 아니면 성신이 곧 지극히 높으신 분인가?

대답

삼위일체 교리가 맞다면 이러한 질문들은 불필요하다. 그 이유는 아버지와 아들과 성신은 모두 본질적으로 하나의 동체이기 때문이며, 삼위일체 교리는 영적인 실체(하나님)가 육신으로 물리적인 잉태를 가능하게 했음을 가르치기 때문이다. 삼위일체 교리가 틀리다면, 성신은 물리적인 육신이 없는 영적인 실체이므로 육신으로 물리적인 아기를 잉태할 능력이 없다. 이것은 지극히 높으신 분께서는 물리적인 몸을 가지고 계심을 가리킨다(교리와 성약 130:22 참조). 성경은 이와 같은 질문에 대한 답을 제공하지 않으므로 삼위일체 교리는 성경을 공부하는 학생들에게 혼란을 야기시킬 수 있다.

이 주제에 대한 더 많은 토론은 제4장을 참조한다.

질문 23

*삼위일체*라는 말은 성경에 없다. 4세기에 가톨릭교회에서 공식적으로 선포하기 전에도 삼위일체 교리에 대해 찬반 논란이 있었다. 양쪽 모두 성경의 다른 구절들을 인용하면서 자신들의 주장을 입증하려고 했다. 하지만 삼위일체 교리가 주장하는 신회의 동체성을 이해하기가 어려운 까닭에 가톨릭교회 지도자들은 그것을 신비주의라고 취급했다. 이 삼위일체 교리는 하나

님으로부터 온 참으로 신성한 계시인가, 아니면 바울의 가르침인 "자기 의를 세우려고"(로마서 10:3) 사람의 철학을 경전과 혼합한 경우인가?

대답

삼위일체의 개념은 아마도 사도 시대 이후 서기 2세기경에 시작된 교리이다. 신약의 일부 구절들은 이 교리에 우호적이며 일부 구절들은 이에 반한다. 따라서, 이 교리는 기독교 역사를 통틀어 많은 논쟁을 유발했다. 그렇지만, 몰몬경은 아버지와 아들은 본질적으로 동체가 아님을 가르친다(모사이야서 15:1-5 참조). 예수 그리스도의 또 다른 증인인 요셉인들의 기록에서 확인되었듯이, 삼위일체 교리는 하늘의 계시를 통하여 받은 것이 아닌 것으로 결론지어야 한다.

이 주제에 대한 더 많은 토론은 제4장을 참조한다.

질문 24

레위인들은 모세의 지시에 따라 성막에서 신권 업무를 수행하는 임무를 받았다. 솔로몬 성전에서는 레위인인 사독이 성전 전체를 관리했다. 예수께서 성역을 베푸실 당시의 헤롯 성전에서는 사두개인들이 (아마도 사독인 혈통) 성전 업무를 맡고 있었다. 서기 70년 헤롯 성전이 불에 타고 유대인들이 흩어진 후 레위인이나 사두개인을 계승할 사람이 없었다. 유대인들이 성전을 건축하고 다시 희생 제물을 드리는 때가 오면 그들의 신권은 어떻게 회복되겠는가? 랍비들이 성전 임무를 수행할 수 있는가?

대답

이 질문에 대한 명확한 대답은 없지만, 두 가지의 가능성이 있을 수 있다. 한 가지 가능성은, 하나님은 (요한계시록 11:3-12에 언급된 두 선지자와 같은) 적합한 신권의 권세를 지닌 새로운 선지자들을 보내실 것이라는 것이다. 또 다른 가능성은, 이미 아론 (또는 레위) 신권과 멜기세덱 신권을 가지고 있는 예수 그리스도 후기 성도 교회가 그들을 성임할 것이라는 것이다. 후자의 경우라면, 이것은 먼저 된 자(유다 지파)가 나중이 되고 나중 된 자(요셉 지파)가 먼저 될 것에 대한 하나의 예가 된다.
이 주제에 대한 더 많은 이해는 제6장을 참조한다.

질문 25

죄를 용서받기 위해 사두개인들이 성전 안에서 행한 짐승의 희생 의식과는 대조적으로, 요한의 침례는 죄 사함을 위해 새로운 권세를 가진 자에 의해 성전 밖에서 행해졌다. 이 두 가지의 신권 의식 사이에는 유사하면서도 반대되는 것이 있다. 하나는 성전 안에서 레위인에 의한 "용서를 받기 위함"이고, 또 다른 하나는 성전 밖에서 새로운 권세를 가진 자에 의한 "죄 사함을 받기 위함"이다. 요한의 침례는 당시 유대인들에게는 가장 중요한 종교 행사였던 모세의 율법 아래 성전 안에서 행한 희생 의식과 어떻게 비교되는가?

대답

이 새로운 움직임은 모세의 율법 아래서 짐승을 희생하는 의식과 사두개인들이 갖고 있던 레위인의 권세는 대체될 수 있음을 의미할 수 있다. 이것은 또한 그들이 독단적으로 수행한 전통적인 성전 의식들을 대신할 더 높은 권세를 가진 누군가가 있었음을 의미할 수도 있다.
이 주제에 대한 더 많은 토론은 제6장을 참조한다.

질문 26

침례 요한은 그 당시 유대인들 사이에서 인기가 있었고 그가 베푼 침례는 그 사회에서 잘 수용되었던 것 같다. 그의 침례는 새로운 의식이었지만 정결의 목적으로 흔히 행해진 미크베와 어느 정도 유사한 것이었다(누가복음 2:22 참조). 많은 바리새인들과 사두개인들이 그의 침례를 보러 왔을 때 침례 요한은 그들이 독사의 세대이며 아브라함의 혈통의 중요성을 부인한다고 비난하면서 성령으로 침례를 베풀 더 높은 권세를 지닌 분을 소개했다

(마태복음 3:7-12 참조). 요한의 침례가 인기가 있었음에도 불구하고 유대인 지도자들이 요한의 침례 의식을 받아들이지 않은 이유는 무엇인가?

대답

요한이 미크베와 유사한 침수 방법을 사용하여 죄 사함을 위한 침례를 베풀 수 있었다면, 이것은 모세의 율법에 따라 성전에서 죄를 용서받기 위해 짐승을 희생하는 의식을 수행한 사두개인들에게는 직접적인 도전으로 보일 수 있다(죄를 사함받는 것과 죄를 용서받는 것). 아브라함의 자손임과 성전에서의 희생 의식의 중요성을 무효로 한 요한의 이러한 행위는 동시대의 유대 지도자들에게는 단지 배교한 진보주의자의 가증스러운 행동으로 보일 수 있었다.
이 주제에 대한 더 많은 토론은 제6장을 참조한다.

질문 27

침례 요한이 예수님을 침례했을 때 이 모든 절차는 다음과 같은 순서로 기록되었다. 예수께서 물로 요한에게 오셨다. 그들은 요한이 예수님을 침례하는 것에 대한 타당성 또는 자격 요건을 논했다. 요한이 예수님을 침례했다. 예수께서 물 밖으로 곧장 나오셨다. 하늘이 열리고 성령이 비둘기처럼 내려왔다. 하늘로부터 "이는 내 사랑하는 아들이요 내 기뻐하는 자라"(마태복음 3:13-17 참조)라는 소리가 들렸다. 나중에 사도들은 예수님의 이름으로 사람들을 침례했다(요한복음 4:1-2 참조). 그렇지만, 신약에는 요한이 어떻게 예수님을 침례했는지, 사도들이 사람들을 어떻게 침례했는지를 설명해 주는 기록이 없다. 결과적으로, 유대-기독교인들의 교회는 완전한 침수, 부분 침수, 머리에 물을 부음, 물 뿌림 등 다양한 침례 방법을 사용한다. 신성한 침례 의식의 올바른 방법은 무엇인가? 또는 그것은 문제가 되는가? 그렇다면 왜인가?

대답

성경에서는 침례의 방법을 정확히 가르치진 않지만, 부활하신 예수께서 니파이인들에게 침례를 베푸는 방법을 정확하게 가르치셨는데 이것은 몰몬경에 기록되어 있다.

> 다시 주께서 다른 자들을 부르사, 그들에게도 마찬가지로 이르시고, 침례를 베풀 권능을 그들에게 주셨느니라. 또 그들에게 이르시되, 너희는 이같이 침례를 베풀어 너희 가운데 논쟁이 없도록 하라.
> 진실로 내가 너희에게 이르노니 누구든지 너희의 말을 통하여 자기 죄를 회개하고 내 이름으로 침례 받기를 원하거든, 이같이 너희는 그들에게 침례를 줄지니—보라, 너희는 물에 내려가 서서, 내 이름으로 그들에게 침례를 줄지니라.
> 또 이제 보라, 너희가 할 말은 이러하니라, 그들의 이름을 부르며 말하기를,
> 예수 그리스도에게서 권세를 받아, 나는 아버지와 아들과 성신의 이름으로 그대에게 침례를 주노라. 아멘.
> 그러고 나서 너희는 그들을 물에 잠기게 하였다가, 물 밖으로 다시 나오게 할지니라." (제3니파이 11:22-26)

따라서, 부활하신 예수 그리스도께서는 침례 기도문에 무슨 말을 해야 할지 정확하게 가르치셨고, 물에 완전히 잠기는 방법도 가르치셨다. 이러한 것이 성경에 기록되었더라면 다양한 세례 방법은 없었을 것이다.
이 주제에 대한 더 많은 토론은 제6장을 참조한다.

질문 28

마태복음, 마가복음, 누가복음에는 천사들을 포함하여 어느 누구도, 심지어는 예수님조차도, 이 세상이 끝나는 때를 알지 못한다고 명시하고 있다(마태복음 24:36, 마가복음 13:32 참조). 그렇지만, 일부 유대-기독교인들

은 예수 그리스도의 재림 시기를 (심지어는 일부의 경우 장소까지도 포함하여) 계산하거나 이론적으로 연구하여 발표했다. 아직까지는 그 어느 것도 맞지 않았다. 세상이 끝나는 날에 관하여 예수께서 무슨 말씀을 하셨는지 알고 있음에도 불구하고, 해박한 성경 지식을 갖고 있는 일부 기독교인들은 왜 아직도 예수 그리스도의 재림의 때를 예언하고 있는가?

대답

19세기에는 복천년이 오는 시점을 예측하는 것이 유행했던 것 같다. 특히 새로운 기독교 종파의 지도자들 사이에서 더욱 그러했다. 이 지도자들은 성경 전문가였으므로 복음서 저자들이 오직 아버지만이 아신다고 말한 것을 잘 알고 있었어야 했다. 그렇지만, 이에 대한 그들의 연구는 (모든) 기독교인들의 호기심을 충족시켰을 것이며, 그러한 그들의 발표로 인하여 그들은 더 많은 사람들을 그들의 종파로 끌어들였을 것이다. 조셉 스미스도 이에 대해 기도했으며 다음과 같은 응답을 받았다.

> 한번은 내가 인자의 오시는 때를 알고자 간절히 기도하고 있었는데, 그때에 다음과 같은 말씀을 하시는 한 음성을 들었나니,
> 내 아들 조셉아, 만일 네가 여든다섯이 되기까지 살면, 인자의 얼굴을 보게 되리라. 그러므로 이로써 만족하고 이 문제로 더 이상 나를 괴롭히지 말라 하시더라.
> 나는 이 오심이 복천년의 시작을 가리키는 것인지, 또는 이전의 그 어떤 나타나심을 가리키는 것인지, 또는 내가 죽어서 그의 얼굴을 뵙게 되리라는 것인지 판단할 수 없는 채로 있게 되었느니라.
> 내가 믿기로는 인자가 오심이 그때[1890년]보다 조금이라도 빠르지는 아니하리라." (교리와 성약 130:14-17)

조셉은 85세가 되기 훨씬 전인 1844년 38세에 사망했으므로, 이 계시는 주님께서 "이 문제로 더 이상 나를 괴롭히지 말라"라고 하신 말씀을 고수하

신 것을 보여준다.

이 주제에 대한 더 많은 토론은 제9장을 참조한다.

질문 29

사도 시대가 끝나고 몇 세기가 지난 후, 콘스탄틴 황제는 서기 325년 니케아 공의회에서 최초의 연합 기독교 교회(가톨릭)를 조직했다. 가톨릭교회는 사도 베드로가 초대 교황이었으며, 후임 교황들은 그로부터 신권의 권세를 계승했다고 발표했다(공식적인 선언은 19세기에 있었다). 개신교 기독교 교회들은 이 주장을 거부했으며 이것은 매우 논란의 여지가 있어 왔다. 신권의 계승이 어떻게 사도들이 세운 교회로부터 콘스탄틴 황제가 세운 가톨릭교회로 계속되었겠는가?

대답

교황의 계승은 성경의 문제가 아니라 가톨릭교회의 역사적인 문제이다. 가톨릭교회의 역사를 통틀어, 니케아 공의회 이후 체계적이고 끊임없는 교황의 계승이 있어 왔다. 그렇지만, 니케아 공의회 이전에 베드로와 그의 뒤를 이은 로마 교회의 지역 지도자들이 교회 지도력을 위한 계승자들을 어떻게 체계적으로 성임했는지를 보여주는 기록은 없다. 따라서, 이것은 가톨릭교회 탄생 이전의 로마 주교들을 그들의 교황으로 부르는 것에 관한 견해의 문제인 것이다. 로마 교황의 계승에 관한 자세한 내용은 다음 사이트를 참조한다.

http://www.historyworld.net/wrldhis/PlainTextHistories.asp?groupid=2851&HistoryID=ac65>rack=pthc

이 주제에 대한 더 많은 토론은 제6장을 참조한다.

질문 30

현대의 유대-기독교 교회에서 목사, 사제, 랍비는 성직자로서의 권세를 어떻게 받는가? 그들은 모세와 예수 그리스도의 시대처럼 레위 신권 및 멜기세덱 신권의 권세를 가지고 있는가, 아니면 단지 성직자로서 신도들을 관리하고 보살피는가?

대답

랍비, 사제, 목사 등과 같은 유대-기독교회의 영적인 지도자들은 신학교에서 받은 교육과 훈련을 통하여 그들 종파의 지도자로 성임된다. 따라서, 그들은 멜기세덱 신권과 레위 신권을 소유한 성임된 신권 소유자가 아니다.
이 주제에 대한 더 많은 토론은 제6장을 참조한다.

질문 31

사도 바울에 의하면, 신권에는 레위 신권과 멜기세덱 신권 두 가지가 있다(히브리서 5:5-8:2 참조). 그는 예수 그리스도께서는 멜기세덱의 반차를 따라 영원히 대제사장이 되신다고 가르쳤다(히브리서 6:20 참조). 신권의 권세와 관련하여 예수께서는 사도(마가복음 3:14 참조)와 칠십인(누가복음 10:1 참조)을 성임하실 때 그가 가진 신권의 권세를 행사하셨다. 예수께서 부활하신 후 그들은 성신도 받았다(요한복음 20:19-23 참조). 사도들은 침례를 베풀고 예수님을 대표할 권능을 가지고 있었다. 많은 기독교 교회 중 어떤 교회가 현대에 이 두 가지 신권의 권능을 행사하고 있는가?

대답

예수 그리스도 후기 성도 교회가 레위 (또는 아론) 신권과 멜기세덱 신권을 통하여 교회 지도자를 성임하는 현대의 유일한 교회일 것이다.
이 주제에 대한 더 많은 토론은 제6장을 참조한다.

◆ 몰몬경에만 관련된 질문

질문 32

니파이인들은 그들의 기록을 시작한 기원전 600년부터 예수님을 그리스도로서 예배했다. 비록 그들 사이에 예언에 대한 회의론자나 적그리스도가 몇몇 있었으나 몰몬경의 니파이인들은 이스라엘의 유대인들과는 정반대였다. 원래 예루살렘에서 나온 니파이인들은 예루살렘의 유대인들과 왜 그렇게 다른가? 그들은 유대인들과는 다르거나 그들보다 더 많은 정보나 경전을 가지고 있었을까?

대답

구약은 히브리인/유대인과 여호와와의 관계를 중점적으로 다룬 기록이며, 신약은 나사렛 예수에 관한, 그리고 그의 사도들이 예수님은 하나님의 아들이심과 그리스도이심을 간증한 기록이다. 나사렛 예수가 하나님의 아들이심에 관하여 구약의 메시지는 신약의 메시지와 완전한 조화를 이루지는 못한다. 즉, 신 · 구약 사이에는 예수님의 복음에 대한 가르침에 있어서 공동으로 기여하는 유사성이 많지가 않다. 그렇지만, 몰몬경은 천년의 역사(기원전 600년부터 서기 421년까지)를 통하여 한결같이 나사렛 예수는 하나님의 아들이시며 그리스도이시라는 똑같은 메시지를 소개하고 있다. 따라서, 몰몬경에는 기원전과 기원후 사이의 예수 그리스도에 관한 메시지에는 차이가 거의 없다. 즉, 신약과 몰몬경은 두 책 모두 예수님은 그리스도이심을 증거한다는 점에서는 유사하다.

우리는 놋쇠판의 내용에 대해서는 거의 알지 못하지만, 이것은 니파이인들이 이사야 및 다른 이들의 가르침에 접할 수 있었던 유일한 출처였다. 따라서, 놋쇠판에는 현재의 구약에는 실려 있지 않은, 나사렛 예수는 하나님의 아들이시라는 내용이 담겨 있었을 것이라고 강하게 추측할 수 있다(예: 성경에서는 알려지지 않은 지노스나 지노크와 같은 선지자들).

이 주제에 대한 더 많은 토론은 제1장과 제5장을 참조한다.

질문 33

모사이야서 15:1-5에서 선지자 아빈아다이는 하나님께서 친히 육체로 내려와 거하실 것이며, 하나님의 아들이라 일컬음을 받을 것이며, 아버지의 뜻에 복종할 것이라고 가르쳤다. 아버지와 아들이 되심으로 (아버지인 것은 그가 하나님의 능력으로 잉태되었음으로 인함이며, 아들인 것은 육체로 인함이다) 그들은 한 하나님, 바로 하늘과 땅의 영원하신 아버지가 되셨다. 선지자 아빈아다이는 삼위일체 교리를 가르쳤는가?

대답

깊이 분석해 보면, 선지자 아빈아다이는 삼위일체 교리를 가르친 것이 아니었고, 그의 주된 초점은 하나님의 권능이었음을 알 수 있다. 그는 아버지와 아들은 하늘과 땅을 다스리시는 하나님들의 팀이라는 것을 가르쳤다. 그는 누가가 누가복음 1:35에서 예수께서는 지극히 높으신 이(하나님 아버지)의 아들이라고 말한 가브리엘 천사의 말을 인용한 것을 확인해 준 것이다.

이 주제에 관한 깊은 분석은 제4장을 참조한다.

질문 34

리하이는 죽기 전에 그의 아들 야곱에게 심오한 교리를 가르치면서 마지막 고별인사를 했다. 그중에서도 그는 아담의 범법으로부터 오는 구속에 대한 중요한 교리적 원리의 일부와 모든 것에 반대되는 것이 있어야 하는 원리를 가르쳤다. 리하이는 아담이 선악을 알게 하는 나무의 열매를 따 먹은 이유에 대하여 무엇을 가르쳤는가?

대답

리하이가 그의 아들 야곱에게 준 중요한 가르침 중의 하나는, 아담이 선악과를 따 먹은 것은 의로운 판단을 통하여 심사숙고하여 행한 범법이었다는 것이다. 아담은 그의 후손(온 인류)과 그들의 기쁨을 위해 그 열매를 따 먹은 것이다. 이것은 모든 것을 아시는 하나님의 지혜로써 이루어진 것이다. 아담은 또한 모든 것에 반대되는 것이 없으면 창조는 아무런 목적도 없으며 하나님의 지혜는 무너진다고 가르쳤다.
이 주제에 대한 더 많은 토론은 제8장과 제10장을 참조한다.

질문 35

리하이는 죽기 전에 그의 막내아들인 요셉에게도 애굽의 요셉을 인용하면서, 후일의 그의 후손에 대하여 예언을 하며 마지막 고별인사를 했다(니파이후서 3:6-21 참조). 이렇게 인용된 예언은 정경화된 성경에서는 찾아볼 수 없다. 리하이가 요셉의 예언을 인용한 출처는 무엇이었겠는가? 그의 예언에서 요셉의 후손에 대한 주된 메시지는 무엇들이 있는가?

대답

니파이가 리하이의 가족이 갖고 있던 놋쇠판을 인용하여 언급한 바와 같이, (니파이전서 22:1, 니파이후서 4:15 참조) 이것은 놋쇠판에서 인용한 것일 가능성이 크다. 그 주된 메시지는 리하이의 후손의 미래, 그의 아버지의 이름을 따라 요셉(조셉 스미스)이라 불리는 후일의 선견자, 후일에 티끌(땅속)에서 나아오는 요셉인들의 기록(몰몬경)의 출현, 요셉인들이 미국 땅을 기업(유산)으로 받음 등을 포함하고 있다.
이 주제에 대한 더 많은 토론은 제8장을 참조한다.

질문 36

첫 번째 저자인 니파이에서부터 마지막 저자인 모로나이에 이르기까지, 몰몬경의 많은 선지자들은 예수 그리스도가 하나님의 아들이시며 그들의 구주요 구속주임을 증거했다. 몰몬경의 모로나이 장군은 네 번이나 니파이인들을 "그리스도인들"이라고 불렀다(앨마서 46:13,15,16, 48:10). 그렇지만, 많은 유대-기독교인들은 예수 그리스도 후기 성도 교회의 회원들을 진정한 기독교인으로 간주하지 않는다. 이것은 부분적으로는 그들이 성경 이외에도 몰몬경을 믿기 때문이다. 이러한 모순의 주된 이유로는 무엇이 있는가?

대답

이 질문에 대한 대답은 사람들이 가진 시각에 따라 여러 가지가 있을 수 있다. 비록 유대-기독교인들이 예수 그리스도 후기 성도 교회는 예수 그리스도를 믿는다고 인정한다 할지라도, 이 교회는 삼위일체 교리, 보수를 받는 전문 성직자 제도, 십자가의 상징적 사용, 지옥과 천국으로 제한된 사후, 유아 침례 등과 같은 많은 기독교의 전통과 믿음에 동의하지 않는다는 것을 쉽게 알 수 있다. 더욱이, 후기 성도들은 성경 이외에도 정경으로 인정받은 더 많은 경전(열린 정경)을 가지고 있으며, (아론 및 멜기세덱) 신권의 권세를 지닌 보수를 받지 않는 평신도에 의한 지도력, 성전에서 행해지는 영원한 결혼을 위한 인봉 의식과 죽은 자를 위한 대리 의식, 살아계신 선지자를 믿고 지지하는 것 등과 같이 새로 계시된 것을 믿고 실천하고 있다. 서기 1842년 조셉 스미스가 작성한 신앙개조는 예수 그리스도 후기 성도 교회가 믿는 열세 가지의 요점을 간결하게 보여준다. 이 13개 조항의 일부는 가톨릭교회가 선언한 신조에서 비롯된 전통적인 믿음과 다르며, 종교 개혁자들이 정립한 일부 신학적 이론과도 다르다.

예수께서 가르치신 대로 우리는 남을 판단해서는 안 되며, 열매가 그 진실을 말해 줄 것이다. 얼마나 꾸준히 믿으며 예수 그리스도의 제자와 같은 삶을 사느냐가 하나의 그런 열매가 되는 것이다. 사람들의 생각과 상관없이 하나님께서는 그의 계명과 의식을 지키고 항상 그리스도의 제자와 같은 삶을 사는 사람들을 참된 기독교인으로 여기실 것이다.

이 주제에 대한 더 많은 토론은 제8장을 참조한다.

질문 37

몰몬경에는 세상의 종말에 마지막으로 불에 타기 전에 있을 표적 이외에도 예수 그리스도의 재림에 관한 여러 가지의 예언이 있다. 그렇지만, 구약과 신약에 나오는 이스라엘 민족의 분산과 집합, 후일의 선견자, 티끌(땅속)로부터 외치는 책, 이방인들에 의한 예수 그리스도의 복음의 회복을 위한 미 대륙의 준비, 후일에 있을 예수 그리스도의 복음의 회복에 있어서 요셉 지파와 이방인들의 역할에 관한 많은 예언이 있다. 이러한 예언들 중에서 지금까지 성취된 예언들은 어떤 것이며 아직 성취되지 않은 것들은 어떤 것인가?

대답

이미 성취된 것들 중 주요 사건들을 열거해 보면, 콜럼버스의 신대륙 발견, 종교의 자유를 위한 유럽인들(청교도)의 미 대륙으로의 이주, 유럽인들에 의한 미 대륙의 식민지화, 유럽인들로부터의 독립을 위한 전쟁, 이방 백인들에 의한 아메리칸 인디언들의 흩어짐, 미 대륙에 강대한 자유 국가의 설립, 조셉 스미스, 몰몬경, 유대인들의 이스라엘 재집합 등이 있다. 아직 성취되지 않았거나 성취가 진행 중인 것들로는 예수 그리스도의 복음이 이방인들에 의해 유대인에게 전파되는 것, 유대인들이 예수 그리스도를 그들의 하나님으로 인정하는 것, 예수 그리스도의 회복된 복음이 모든 나라와 방언과 백성에게 전파되는 것, 미 대륙에 새 예루살렘이 세워지는 것, 예수 그리스도의 재림, 예수 그리스도의 복천년 통치, 지구 전체가 불에 탐, 새로운 지구의 형성 등이 있다.

이 주제에 대한 더 많은 토론은 제9장을 참조한다.

질문 38

모로나이는 몰몬경이 세상에 여섯 가지의 상황이 발생할 때 출현할 것이라고 예언했다. 그는 각 상황에 대하여 "그것[몰몬경]이…는 날에 나아올 것"이라고 말하면서 시작했다. 이 여섯 가지의 상황은 무엇인가?

대답

몰몬서 8:26-32에서 모로나이는 예수 그리스도께서 몰몬경이 다음과 같은 날에 티끌에서 말하는 소리로서 나아올 것을 보여주셨다고 가르쳤다. 즉, (1) 기적이 폐하여졌다 하는 날에, (2) 비밀 결사와 어둠의 일로 인하여 성도들의 피가 주께 부르짖는 날에, (3) 하나님의 권능이 부인되며, 교회들이 더럽혀지고 그 지도자들이 교만해지는 날에, (4) 도처에 많은 천재지변과 전쟁과 전쟁의 소문이 있는 날에, (5) 부도덕과 가증함과 같은 문화적 오염이 만연하고, 나쁜 일을 해도 궁극적으로는 끝에 가서 용서받을 것이라는 거짓 가르침이 있는 날에, 그리고 (6) 금전적인 이득을 얻기 위해 교회가 세워지는 날에 나아올 것이다.

이 주제에 대한 더 많은 토론은 제9장을 참조한다.

질문 39

몰몬경의 니파이인들은 그들의 천년의 역사를 통틀어 그들의 하나님을 *예수* 또는 *예수 그리스도*라고 (187회) 불렀다. 그들은 단 두 군데에서만 그를 *여호와*라고 불렀다. 하나는 이사야서에서 인용한 것이고(니파이후서 22:2에 인용된 이사야 12:2 참조), 또 다른 하나는 모로나이서에서 인용한 것이다. 모로나이가 그 특정한 시기와 상황에서 *예수* 또는 *예수 그리스도* 대신 *여호와*라는 이름을 사용한 것은 어떤 의미를 함축하고 있는가?

대답

몰몬경 전체를 통틀어 니파이인 선지자들은 모로나이가 딱 한 번 언급한 경우를 제외하고는 주님을 여호와라고 부르지 않았다. 그는 몰몬경 전체에 대한 편집을 마치면서 마지막으로 다음과 같이 기록했다. "내가 공중에서 승리자로 나아와, 산 자와 죽은 자의 영원한 재판관이신 위대한 *여호와*의 기쁜 심판대 앞에서 너희를 만나리라. 아멘." (모로나이서 10:34, 강조체 첨가) 그는 몰몬경의 맨 마지막 문장에서 주님을 *여호와*라고 부르기로 선택했다. 다시 말하면, 모로나이는 그렇게 함으로써 이사야가 언급한 구약의 하나님이신 여호와는 바로 몰몬경의 예수 그리스도이심을 확인해 주고 있으며, 또한 몰몬경 전체를 여호와께 헌정한 것으로 간주할 수 있다.

이 주제에 대한 더 많은 토론은 제10장을 참조한다.

질문 40

몰몬경에는 일부 신권 의식을 수행하는 기록들이 있다. 즉, 아버지 앨마와 예수 그리스도의 제자들이 베푼 침례, 니파이와 아들 앨마에 의한 교사와 제사의 성임, 성신의 부여, 예수 그리스도께서 성찬의 떡과 포도주를 베풂 등이다. 몰몬경에서 누가 이러한 각각의 신권 의식을 수행하는 방법을 정확히 가르쳤는가?

대답

부활하신 예수 그리스도께서는 침례를 베푸는 정확한 방법을 가르치셨다(제3니파이 11:23-26 참조). 모로나이는 부활하신 예수 그리스도께서 성신을 부여하신 정확한 방법을 기록했다(모로나이서 2장 참조). 모로나이는 또한 교사와 제사의 성임 방법(모로나이서 3장 참조), 성찬의 떡을 베푸는 방법(모로나이서 4장 참조), 성찬의 포도주를 베푸는 방법(모로나이서 5장 참조) 등 기타 신권 의식을 정확하게 수행하는 지침을 마련했다.
이 주제에 대한 더 많은 토론은 제6장을 참조한다.

참고 문헌

출판물

· Berrett, LaMar C., and Van Dyke, Blair G. Holy Lands (American Fork, Utah: Covenant Communication, Inc., 2005).

· Brown, S. Kent, and Holzapfel, Richard Nietzel. Between the Testaments from Malachi to Matthew (Salt Lake City: Deseret Book Company, 2002).

· Bushman, Richard Lyman. Joseph Smith: Rough Stone Rolling (New York: Knopf, 2005).

· "Epistle 337," in Collected Works of Erasmus, Vol. 3, 134.

· Ehrman, Bart D. Misquoting Jesus: The Story Behind Who Changed the Bible and Why (HarperSanFrancisco, 2007)

· Falconer, James E. The New Testament Made It Harder: Scripture Study Questions (Provo, Utah: Neal A. Maxwell Institute, Brigham Young University, 2015).

· Galbraith, David B., Ogden, D. Kelly, and Skinner, Andrew C. Jerusalem: The Eternal City (Salt Lake City: Deseret Book Company, 1996).

· Gaster, Theodore H. The Dead Sea Scriptures: With Introduction and Notes by Theodore H. Gaster (New York: Anchor Books, 1976).

· Green, Steve, and Hillard, Todd. The Bible in America (DustJacket Press, 2013).

· Green, Steven D. The Tribe of Ephraim: Covenant and Bloodline (Bountiful, Utah: Horizon Publishers and Distributors, 2007).

· Harline, Craig. A World Ablaze (Oxford, England: Oxford, 2017).

· Jenkins, Philip. The Next Christendom: The Coming of Global Christianity (Oxford, England: Oxford, 2002).

· Josephus (Grand Rapids, Michigan: Kregel Publications, 1974).

· Kimball, Spencer W. "Our paths have met again" (Ensign, December 1975).

· Largey, Dennis L. Book of Mormon Reference Companion (Salt Lake City: Deseret Book Company, 2003).

· Madsen, Truman G., ed. Reflections on Mormonism, Judaeo-Christian Parallels: Edited with an Introduction by Truman G. Madsen (Provo, Utah: Religious Study Center, Brigham Young University, 1978).

· McConkie, Bruce R. Mormon Doctrine (Salt Lake City: BookCraft, 1966).

· Nelson, Russell M. "The Book of Mormon, the gathering of Israel, and the Second Coming" (Ensign, July 2014).

· Nibley, Hugh. Teachings of the Book of Mormon, Transcripts of Lectures Presented to an Honors Book of Mormon Class at Brigham Young University, 1988-1990, Vols. 1-4 (Provo, Utah: FARMS, 2004).

· __________. The Approach of the Book of Mormon (Provo, Utah: FARMS, 1988).

· __________. The Prophetic Book of Mormon (Provo, Utah: FARMS, 1957).

· Nibley, Hugh, and Welch, John W. Since Cumorah (Provo, Utah: FARMS, 1967).

· Robinson, James M., ed. The Nag Hammadi Library (New York: Harper & Row Publishers, 1981).

· Robinson, O. Preston, and Robinson, Christine H. Christ's Eternal Gospel (Salt Lake City: Deseret Book Company, 1976).

· Schiffman, Lawrence H., and Patterngale, Jerry. The World's Greatest Book (Nashville, Tennessee: Worthy, 2017).

· Shin, Yong-In S. A Gift to My Missionaries (Korea Daejeon Mission, 2016).

· Skinner, Andrew, and Gayle Strathearn. Third Nephi: An Incredible Incomparable Scripture

(Salt Lake City: Deseret Book Company, 2012).

· Smith, Morton. The Secret Gospel (Lower Lake, California: The Dawn Horse Press, 1973).

· The Articles of Religion of the Methodist Church V-VIII. (The United Methodist Church, 2004).

· Thomas, David. Hebrew Roots of Mormonism (Springville, Utah: Cedar Fort, 2013).

· Top, Brent. A Peculiar Treasure: Old Testament Messages for Our Days (Salt Lake City: Deseret Book Company, 1997).

웹사이트

· http://www.sacred-texts.com/bib/vul/jo1005.htm#007

· https://bible.org/seriespage/3-christology-jesus-christ

· https://bible.org/article/gospel-according-bart

· https://www.biblegateway.com/verse/en/Romans%208:30

· http://www.icr.org/article/resurrection-old-testament/

· http://www.josephsmithpapers.org/paper-summary/printers-manuscript-of-the-book-of-mormon-circa-august-1829-circa-january-1830/1#full-transcript

· https://www.lds.org/study/ensign/1990/12/i-have-a-question/i-have-a-question?lang=eng

· http://www.jewfaq.org/qorbanot.htm

· http://www.jewfaq.org/holiday4.htm

· http://www.jewfaq.org/calendar.htm#Links

· https://carm.org/verses-showing-justification-by-faith

· http://www.newadvent.org/cathen/15006b.htm

· http://www.newadvent.org/cathen/07790a.htm#IIIB

· http://www.newadvent.org/cathen/12260a.htm

· http://www.newadvent.org/cathen/02035a.htm

· http://www.newadvent.org/cathen/11049a.htm

· http://www.setapartpeople.com/mikvah-part-1-spiritual-cleansing

· http://pemptousia.com/2017/10/emperor-constantine-and-the-theology-of-christianity-1/

· https://plato.stanford.edu/entries/trinity/trinity-history.html#OneGod

· https://www.britannica.com/biography/Theodor-Herzl

· https://www.ucg.org/studienhilfen/broschuren/is-god-a-trinity/the-surprising-origins-of-the-trinity-doctrine

· https://www.gotquestions.org/Peter-first-pope.html

· https://www.biblword.net/what-is-the-trinity/?gclid=EAIaIQobChMIgvCunL3X1wIVl4l-Ch2SKwgsEAAYAyAAEgKjd_D_BwE

· https://www.biblestudytools.com/lxx/

· https://www.theopedia.com/irenaeus

· https://www.ccel.org/creeds/nicene.creed.html

· https://www.goarch.org/en/-/the-orthodox-church-an-introduction

· https://www.biblestudytools.com/dictionary/essenes/

· http://www.biblearchaeology.org/post/2012/02/17/The-Role-of-the-Septuagint-in-the-Transmission-of-the-Scriptures.aspx?gclid=EAIaIQobChMI4LPMzbbX1wIVB25-Ch3KlQb2EAAYASAAEgKbz_D_BwE#Article

· http://www.dictionary.com/browse/apocalypse

· http://www.differencebetween.net/miscellaneous/difference-between-lutheranism-and-calvinism/

· http://www.christianitytoday.com/history/people/theologians/john-calvin.html

· http://www.christianitytoday.com/history/people/theologians/john-calvin.html

· https://www.ccel.org/ccel/wesley

· https://www.biography.com/people/erasmus-21291705

· https://www.gotquestions.org/Wesleyans.html

· https://www.gotquestions.org/Trinity-Bible.html

· http://www.Britannica.com/topic/arianism

· https://www.history.com/this-day-in-history/the-balfour-declaration

· https://chiasmusresources.org/index-chiasm-book-mormon

· http://textusreceptusbibles.com/Desiderius_Erasmus

· http://www.newadvent.org/cathen/11049a.htm

· http://www.vatican.va/archive/ENG0015/__P3B.HTM

· http://www.history.com/this-day-in-history/council-of-nicaea-concludes

· http://www.christianitytoday.com/history/issues/issue-28/325-first-council-of-nicea.html

· https://bible.org/seriespage/3-sadducees

· https://bible.org/seriespage/6-preparing-day-lord-malachi-313-46

· http://www.christianitytoday.com/ct/2008/april/heaven-is-not-our-home.html

· https://www.lds.org/study/ensign/2017/11/saturday-afternoon-session/the-book-of-mormon-what-would-your-life-be-like-without-it?lang=eng

· https://carm.org/verses-showing-justification-by-faith

· https://en.wikipedia.org/wiki/Christianity

· https://en.wikipedia.org/wiki/Papal_primacy

· https://en.wikipedia.org/wiki/Essenes

· http://www.luther.de/en/95thesen.html

· https://en.wikipedia.org/wiki/Martin_Luther

· https://en.wikipedia.org/wiki/Zadok

· https://en.wikipedia.org/wiki/John_Calvin

· https://en.wikipedia.org/wiki/John_Wesley

· https://en.wikipedia.org/wiki/Josephus

· https://en.wikipedia.org/wiki/Erasmus

· https://en.wikipedia.org/wiki/Jehovah%27s_Witnesses

· https://en.wikipedia.org/wiki/Presbyterianism

· https://en.wikipedia.org/wiki/Methodism

· https://en.wikipedia.org/wiki/Seventh-day_Adventist_Church

· https://en.wikipedia.org/wiki/Ellen_G._White_bibliography

· https://en.wikipedia.org/wiki/Anglicanism#.22Catholic_and_Reformed.22

· https://en.wikipedia.org/wiki/Charles_Taze_Russell

· https://en.wikipedia.org/wiki/Reformation

· https://en.wikipedia.org/wiki/Orthodoxy

· https://en.wikipedia.org/wiki/Trinity

· https://en.wikipedia.org/wiki/Biblical_inerrancy#Textual_tradition_of_the_New_Testament